# Umweltpolitik und technischer Fortschritt

# Umwelt- und Ressourcenökonomie

K.L. Brockmann, J. Hemmelskamp, O. Hohmeyer
Zertifiziertes Tropenholz und Verbraucherverhalten
1996, ISBN 3-7908-0899-7

K. Rennings, K.L. Brockmann, H. Koschel, H. Bergmann, I. Kühn
Nachhaltigkeit, Ordnungspolitik und freiwillige Selbstverpflichtung
1997, ISBN 3-7908-0975-6

H. Koschel, K.L. Brockmann, T.F.N. Schmidt
Handelbare $SO_2$-Zertifikate für Europa
1998, ISBN 3-7908-1135-1

T.F.N. Schmidt
Integrierte Bewertung umweltpolitischer Strategien in Europa
1999, ISBN 3-7908-1195-5

F. Pfeiffer, K. Rennings (Hrsg.)
Beschäftigungswirkungen des Übergangs zu integrierter Umwelttechnik
1999, ISBN 3-7908-1181-5

W. Bräuer, O. Kopp, R. Rösch
Ökonomische Aspekte internationaler Klimapolitik
1999, ISBN 3-7908-1206-4

Jens Hemmelskamp

# Umweltpolitik und technischer Fortschritt

Eine theoretische und empirische Untersuchung
der Determinanten von Umweltinnovationen

Mit 29 Abbildungen
und 44 Tabellen

Physica-Verlag

Ein Unternehmen
des Springer-Verlags

Forschungsbereich
Umwelt- und
Ressourcenökonomik
Umweltmanagement
des ZEW

**Reihenherausgeber**
Dr. Christoph Böhringer

**Autor**
Dr. Jens Hemmelskamp
Europäische Kommission
Joint Research Centre
Institute for Prospective Technological Studies
W.T.C. Isla de la Cartuja
E-41092 Sevilla, Spanien

Von der Wirtschaftswissenschaftlichen Fakultät der Ruprecht-Karls-Universität Heidelberg als Dissertation angenommen unter dem Titel: „Umweltpolitik als Determinante umwelttechnischen Wandels - Eine theoretische und empirische Untersuchung".

ISBN 3-7908-1222-6 Physica-Verlag Heidelberg
D16

Die Deutsche Bibliothek - CIP-Einheitsaufnahme
**Hemmelskamp, Jens:**
Umweltpolitik und technischer Fortschritt : eine theoretische und
empirische Untersuchung der Determinanten von
Umweltinnovationen / Jens Hemmelskamp. - Heidelberg : Physica-
Verl., 1999
(Umwelt- und Ressourcenökonomie)
Zugl.: Heidelberg, Univ., Diss. 1999
ISBN 3-7908-1222-6

Umschlaggestaltung: Erich Kirchner, Heidelberg
SPIN 10731328          88/2202-5 4 3 2 1 0 - Gedruckt auf säurefreiem Papier

*Für meine Familie*

# Vorwort

In den vergangenen Jahren hat die Bedeutung umweltpolitischer Eingriffe für das Wirtschaftsgeschehen ständig zugenommen. Für die Politik besteht so die Herausforderung einer zunehmenden Vernetzung von Umweltpolitik, internationalen Wettbewerbsstrategien und Innovationsförderung.

Eine wichtige Frage ist damit, wie die Wechselwirkungen zwischen dem Einsatz umweltpolitischer Instrumente und dem Innovationsverhalten der Unternehmen zu beurteilen sind. In der wissenschaftlichen Diskussion wurden diese Zusammenhänge bisher vernachlässigt. Die vorliegende theoretische und empirische Analyse des Einflusses der Umweltpolitik auf das Innovationsverhalten von Unternehmen leistet einen Beitrag zu dieser Thematik.

Die Arbeit ist die überarbeitete Fassung meiner Dissertation mit dem Titel „Umweltpolitik als Determinante umwelttechnischen Wandels – eine theoretische und empirische Untersuchung, die im Februar 1999 von der Wirtschaftswissenschaftlichen Fakultät der Universität Heidelberg angenommen wurde (Status März 1998). Die Dissertation ist im Rahmen einer Tätigkeit am Zentrum für Europäische Wirtschaftsforschung (ZEW) in Mannheim entstanden und steht im Zusammenhang mit Studien, die durch das Bundesministerium für Bildung und Forschung, das Bundeswirtschaftsministerium und die Europäische Kommission unterstützt wurden.

Ich danke meinem akademischen Lehrer Prof. Dr. Jürgen Siebke für seine wertvollen Ratschläge und seine konstruktive Kritik. Er hat den schwierigen Versuch der Kooperation zwischen der grundlagenorientierten Forschung an einer Universität und der stark auftragsorientierten Arbeit eines Forschungsinstitutes voll unterstützt und stand trotz seiner hohen Arbeitsbelastung als Rektor der Universität Heidelberg stets für Diskussionen zur Verfügung. Danken möchte ich auch Prof. Dr. Till Requate, der als Direktor des Instituts für interdisziplinäre Umweltforschung der Universität Heidelberg die Arbeit begleitete.

Mein besonderer Dank gilt Dr. Gerhard Becher, der mich auf den erheblichen Forschungsbedarf aufmerksam machte und damit den Anstoß für die Bearbeitung des Themas gegeben hat. Auf seinen Rat konnte ich jederzeit zurückgreifen.

Danken möchte ich auch meinen Freunden und meinen Kollegen am Zentrum für Europäische Wirtschaftsforschung für Anregungen. Insbesondere möchte ich mich bei Katja Knop, Michael Huch und Uwe Neuser sowie Dr. Norbert Janz, Dr. Klaus Rennings, Prof. Dr. Olav Hohmeyer und Dr. Georg Licht bedanken. Zudem möchte ich Steffen Jörg und Horst Steg danken, die mir als Famulanten am ZEW zur Seite standen.

Am wichtigsten war jedoch die Unterstützung meiner Familie. Diana, Jonas und Linus mußten leider so manche Stunde ohne mich verbringen. Vor allem aber gaben sie mir die Kraft, die Arbeit letztlich zu Ende zu bringen. Schließlich möchte ich meiner Mutter, meiner Schwester und meinem Schwager für ihre tatkräftige und langjährige Unterstützung meiner Ausbildung aufs herzlichste danken.

# Inhaltsverzeichnis

# Verzeichnis der Abbildungen

# Verzeichnis der Tabellen

# Verzeichnis der Abkürzungen

| SRU | Rat von Sachverständigen für Umweltfragen |
| TAB | Büro für Technikfolgenabschätzung des Deutschen Bundestages |
| UBA | Umweltbundesamt |
| VCI | Verband der Chemischen Industrie |
| VDC | Verband der chemischen Industrie |
| VDMA | Verband der Maschinenbauindustrie |
| VerpackV | Verpackungsverordnung |
| VO | Verordnung |
| VVC | Verband der Vereine Creditreform |
| WMEP | Wissenschaftliches Meß- und Evaluierungsprogramm |
| WZ | Wirtschaftszweigsystematik |
| ZEW | Zentrum für Europäische Wirtschaftsforschung |

# 1 Problemstellung, Ziele und Aufbau der Arbeit

## 1.1 Einleitung

Die derzeit vorherrschende technische Entwicklung ist, wie wir inzwischen wissen, mit erheblichen Eingriffen in die Natur und einer fortschreitenden Erschöpfung der natürlichen Ressourcen verbunden. Mit der wirtschaftlichen Entwicklung, einer stärkeren Verbreitung und Nutzung moderner Technologien und einer steigenden Energienachfrage in Entwicklungsländern, ist mit weiter steigenden Umweltbelastungen zu rechnen. Duchin und Lange (1994) zeigen beispielsweise, daß bei einem weiteren weltweiten Wirtschaftswachstum ohne einen grundlegenden Strukturwandel der Verbrauch von Brennstoffen und Materialien sowie die Emission von Schadstoffen auch in Zukunft deutlich ansteigen werden. Die Grenzen der Verfügbarkeit vieler Ressourcen und der Aufnahmefähigkeit der Umwelt für Emissionen sind entsprechend absehbar (vgl. Costanza/Patten 1995:195).

Es verwundert darum nicht, daß der Rat von Sachverständigen für Umweltfragen in seinem Umweltgutachten des Jahres 1994 die mit einer steigenden Umweltverschmutzung und einem zunehmenden Ressourcenverbrauch entstehenden Probleme als eine der großen Herausforderungen unserer Zeit bezeichnet (vgl. SRU 1994:62). Für die weitere wirtschaftliche und gesellschaftliche Entwicklung sind darum neue Konzepte notwendig. Bereits 1987 forderte die Weltkommission für Umwelt und Entwicklung in ihrem Bericht "Our Common Future" - dem sogenannten Brundtlandbericht - eine grundlegende Veränderung der Wirtschaftsweise in Richtung eines "sustainable development" (vgl. Hauff 1987). In dem Bericht wird betont, daß zukünftige Generationen ihre Bedürfnisse in gleicher Art und Weise wie die heutige Generation nur noch befriedigen können, wenn eine langfristige Erhaltung der Ressourcenbestände (Rohstoffe, Luft, Wasser) und der Umweltqualität erreicht wird. Das Konzept einer nachhaltigen Entwicklung wird seitdem intensiv diskutiert und in vielen Berichten, Gutachten oder wirtschaftspolitischen Stellungnahmen aufgegriffen (vgl. z.B. EG-Kommission 1993:106ff., Enquete-Kommission 1994:67; SRU 1994; UBA 1997).

Für eine langfristige Sicherung der natürlichen Ressourcen und der Umweltqualität im Kontext einer nachhaltigen Entwicklung sind vor allem grundlegende Veränderungen der bestehenden Produktions- und Konsumgewohnheiten notwendig. Dies wiederum erfordert die Notwendigkeit, neue Rahmenbedingungen für die wirtschaftlichen und gesellschaftlichen Entwicklungen in den Ländern dieser Erde und für ihren Austausch und ihre Zusammenarbeit zu setzen, um diese zu optimieren.

Idealtypisch kann hierzu eine Unterscheidung zwischen Suffizienz- und Effizienzstrategien, die beide auf das Erreichen dieses Ziels ausgerichtet sind, vorgenommen werden. Suffizienzstrategien zielen dabei auf Verhaltensänderungen ab. Effizienzstrategien hingegen betonen die Notwendigkeit eines umfassenden technischen Wandels und damit der Generierung von Umweltinnovationen, die bei einem gegebenen wirtschaftlichen Output den Energie- und Ressourcenverbrauch verringern, Umweltbelastungen einschränken und eine teilweise Substitution von Umweltkapital durch produziertes Kapital unter Beachtung eines kritischen Ressourcenbestandes erreichen lassen (vgl. Huber 1995:50).

Umwelttechnischer Fortschritt ist damit in diesem Konzept der Effizienzstrategien eine notwendige, allerdings nicht hinreichende Bedingung für eine nachhaltige Entwicklung. Das Umweltbundesamt (UBA 1997:35f.) betont, daß die angestrebten Umweltschutzziele für ein nachhaltiges Deutschland nicht allein mit technischen Maßnahmen erreicht werden können, zumal erreichte Effizienzsteigerungen und Emissionsminderungen durch die Art und Intensität der Nutzung von Technologien wieder kompensiert werden können, wie zahlreiche Beispiele zeigen.[1] Neben den technischen Möglichkeiten sind somit auch für das Effizienzkonzept grundlegende Veränderungen der sozio-ökonomischen Strukturen entscheidend, die allerdings im Unterschied zu den Suffizienzstrategien bei diesem Konzept keine Beschränkungen des Lebensstandards beinhalten (vgl. aus einer umfangreichen Literatur z.B. SRU 1994).[2] In der politischen und wissenschaftlichen Diskussion wird daher zur Zeit vor allem die Bedeutung umwelttechnischen Fortschritts betont (vgl. Enquete-Kommission 1994:65ff.; SRU 1994:131ff. und 1996:82 oder die US-amerikanische "National Commission on the Environment" 1993:11).

---

[1]   Hierzu zählen etwa die Verbesserungen in der Motorentechnik, die einen sparsameren Verbrauch an Kraftstoffen ermöglichen, deren Effekte jedoch durch größere und leistungsstärkere Antriebe und eine zudem noch beständig zunehmende Fahrleistung kompensiert werden.

[2]   Jänicke et al. (1997:187ff.) beispielsweise betonen die Notwendigkeit einer ökologischen Modernisierung durch die Reduzierung der Material-, Wasser-, Boden-, Transport- und Risikointensitäten durch technische und organisatorische Innovationen. Freeman (1992:190ff.) geht weiter und beschreibt in Anlehung an die Theorie der langen Wellen eine grundlegende Veränderung der sozio-ökonomischen Strukturen hin zu einem "green techno-economic paradigm".

## 1.2   Problemstellung

Der Staat bestimmt durch die Gestaltung der unternehmensexternen Rahmenbedingungen wesentlich das Ausmaß und die Richtung von Innovationen in Unternehmen. Ein wesentlicher staatlicher Eingriff dient der Eindämmung technologischer externer Effekte. Diese entstehen durch Produktions- und Konsumaktivitäten, die sich auf die Produktion oder den Konsum Dritter auswirken, ohne daß sich dies in den relativen Preisen der Aktivität niederschlägt (vgl. Baumol/Oates 1988:29 oder Fritsch et al. 1993:56ff.).

Umweltschäden sind ökonomisch gesehen ein Problem nicht internalisierter negativer technologischer externer Effekte. Um das damit bestehende Marktversagen zu korrigieren, werden seit Anfang der siebziger Jahre in vielen Ländern umweltpolitische Instrumente eingesetzt und damit ein wesentlicher Einfluß auf das umweltrelevante Verhalten von Unternehmen ausgeübt (vgl. u.a. Kemp/Soete 1992; Green et al. 1994; Lanjouw/Mody 1996:559).

Während allgemein anerkannt wird, daß es u.a. unter dem Einfluß der staatlichen Umweltpolitik gelungen ist, die Entwicklung der Schadstoffemissionen vom Wirtschaftswachstum abzukoppeln (vgl. Walz et al. 1992), wird deren Einfluß auf das Innovationsverhalten und die Wettbewerbsfähigkeit von Unternehmen im Rahmen der Standortdebatte jedoch konträr diskutiert. Einerseits wird angeführt, daß die ordnungsrechtlich geprägte Umweltpolitik die Innovationsfähigkeit und Innovationsbereitschaft der Unternehmen einschränkt und damit die internationale Wettbewerbsfähigkeit beeinträchtigen kann (vgl. BDI 1993, siehe auch Rothwell 1992:454). Demgegenüber wird argumentiert, daß umweltpolitische Maßnahmen Innovationsanreize bieten und den technischen Wandel vorantreiben können (vgl. u.a. Duchin/Lange 1994:27). Zentrale Bedeutung in dieser Diskussion hat die sogenannte "Porter-Hypothese", in der er sich für eine innovationsorientierte Umweltpolitik ausspricht, die aufgrund von induzierten Produkt- und Prozeßinnovationen langfristig zu Wettbewerbsvorteilen führen würde (vgl. u.a. Porter/van der Linde 1996a:61ff.). Dieser Argumentation folgend bemerkt beispielsweise der Rat "Industrie" der Europäischen Gemeinschaften, daß die technologische Entwicklung und die Umweltpolitik einen Beitrag zur Verbesserung der Wettbewerbsfähigkeit und der Standortqualität leisten kann (vgl. EG-Kommission 1993:106).[3]

Die Fragestellung zum Zusammenhang von Umweltpolitik und Innovation liegt im Grenzbereich zwischen den Arbeitsgebieten der Innovationsforschung und der Umweltökonomie. Die bislang vorliegenden Forschungsarbeiten zu den Innovationseffekten umweltpolitischer Instrumente in der Umweltökonomie beruhen überwiegend auf theoretischen Untersuchungen (vgl. Jaffe/Palmer 1996:4). Dabei werden die dynamischen Effekte umweltpolitischer Instrumente in der Regel

---

[3]   Gleiches spiegelt sich beispielsweise auch im offiziellen Planungskonzept für eine "Nachhaltige Entwicklung in der Schweiz" wider (vgl. IDARio 1996:11).

wohlfahrtstheoretisch nach den Kriterium "Anreiz zu technischem Fortschritt" bemessen. Bei der Analyse der dynamischen Wirkung wird untersucht, inwieweit umweltpolitische Instrumente Impulse zur Entwicklung neuer, bislang unbekannter Techniken und zur Weiterentwicklung bekannter Techniken geben können, die Emissionsreduktionen erreichen lassen. Eine grundlegende Arbeit hierzu wurde beispielsweise von Milliman und Prince (1989) erstellt, die in einem Modell die dynamische Effizienz von fünf umweltpolitischen Instrumenten vergleichend untersucht haben. Die Studie kommt, ebenso wie andere Untersuchungen, u.a. von Downing/White (1986), zu dem Ergebnis, daß marktwirtschaftliche Instrumente dynamische Effizienzvorteile gegenüber ordnungsrechtlichen Instrumenten haben.

Innovationsprozessen und technischem Fortschritt wird in den rein umweltökonomischen Modellen jedoch nur ansatzweise Rechnung getragen. Michaelis (1992:12) kritisiert beispielsweise die Ausklammerung der für realistische Modellierungen notwendigen schadstoffspezifischen Rahmenbedingungen, wie die zur Verfügung stehenden Vermeidungstechnologien oder die bestehende Emittentenstruktur. Hohmeyer und Koschel (1995:14) führen darüber hinaus an, daß unterschiedliche technische Optionen, wie beispielsweise eine Unterscheidung in integrierte und End-of-Pipe-Technologien, in der Regel nicht beachtet werden.

Aber auch die Aussagekraft empirischer Studien zum Zusammenhang von Umweltpolitik und Innovation ist eingeschränkt. So bemängeln Becher et al. (1990:109ff.) Fallstudien bei Anbietern von Umwelttechnologien, die bis Ende der achtziger Jahre vorlagen, aufgrund der zum Teil widersprüchlichen Ergebnisse und der methodisch mangelhaften Forschungsansätze. Die Zahl systematischer und umfangreicherer Unternehmensfallstudien in bestimmten Technologiebereichen oder einzelnen Branchen hat aber in jüngerer Zeit zugenommen (vgl. beispielsweise Faber et al. 1994; Koschel 1994; Skea et al. 1995; Blazejczak/Edler 1998). Statistische Untersuchungen zum umwelttechnischen Fortschritt werden bislang durch einen ungenügenden Datenbestand erschwert. Hartje und Zimmermann (1988:16) haben aufgrund dieses Datenmangels bereits vor Jahren zu Recht auf eine entsprechende Lücke in der empirischen Umweltpolitikforschung hingewiesen. Quantitativ-statistische Untersuchungen zu den Einflußfaktoren umweltschonender Technologien mit perzeptiven Daten wurden mit kleinen Stichproben u.a. von Maas (1987b) für die Textilindustrie und Cottica (1994) für die Verpakkungsindustrie durchgeführt. Branchenübergreifende Untersuchungen liegen von Jaffe/Palmer (1996) und Malaman (1996a) mit sekundärstatistischen Daten und von Green et al. (1994) auf der Grundlage einer schriftlichen Umfrage vor.

Insgesamt aber muß festgestellt werden, daß die Bedeutung des Einflusses der Umweltpolitik auf Innovationen in der wissenschaftlichen Diskussion bislang nicht genügend gewürdigt wurde.[4] Die bisherigen theoretischen und empirischen Untersuchungen weisen den grundlegenden Mangel auf, daß zumeist von einer direkten Korrelation zwischen Umweltpolitik und Innovationsaktivitäten ausge-

---

4    Auch allgemeine Untersuchungen zu den Einflußfaktoren von Innovationen wurden
      bislang in der Innovationsforschung nur in geringer Zahl durchgeführt (vgl. u.a. Maas
      1990; für einen Überblick siehe beispielsweise Dosi et al. 1988).

gangen wird. Die bisherigen Aussagen über die Innovationseffekte umweltpolitischer Instrumente sind damit oftmals für die umweltpolitische Praxis nur von begrenztem Nutzen. So führen britische Innovationsforscher zu recht an: "There is only a relatively small literature on how the recent upsurge in regulatory and public concern over environmental impacts has led to changes in what firms are doing in R,D & I and what (if any) new technological direction they are following" (Green et al. 1994:1048).

## 1.3 Ziele der Untersuchung

Mit der steigenden Bedeutung umweltpolitischer Eingriffe in das Wirtschaftsgeschehen, insbesondere zur Umsetzung der Ziele einer nachhaltigen Entwicklung (vgl. SRU 1994:13), wird es immer wichtiger, die Wechselwirkungen zwischen dem Einsatz umweltpolitischer Instrumente, dem Innovationsverhalten und der Wettbewerbsfähigkeit von Unternehmen abschätzen zu können (vgl. u.a Kemp 1995:19). So argumentiert beispielsweise Porter (1996:34): "Turning environmental concern into competitive advantage demands that we establish the right kind of regulations".

Ziel dieser Arbeit ist es, die Wirkungsweise und die Effekte umweltpolitischer Instrumente auf das umweltorientierte Innovationsverhalten von Unternehmen in eincr theoretisch fundierten und empirischen Analyse zu untersuchen. Die Untersuchung konzentriert sich aus Gründen der Durchführbarkeit auf technologische Innovationen.

Im einzelnen gilt es zu klären:

- Bestätigen sich die in theoretischen Untersuchungen analysierten Innovationswirkungen einzelner umweltpolitischer Instrumente in der unternehmerischen Praxis?
- Können sich die Innovationswirkungen umweltpolitischer Instrumente unter verschiedenen Rahmenbedingungen voneinander unterscheiden?
- Wenn ja, welche anderen Einflußfaktoren von Umweltinnovationen gibt es neben umweltpolitischen Instrumenten, und welche Wechselwirkungen bestehen zwischen den Faktoren?
- Welche Konsequenzen sind aus den Untersuchungsergebnissen für eine innovationsorientierte Umweltpolitik zu ziehen?

## 1.4    Vorgehensweise und Methodik der Untersuchung

Die Untersuchung besteht aus mehreren Teilenstudien, die zur Thematik ausgear-
beitet wurden und gliedert sich in drei Teile mit zusammen vierzehn Kapiteln. Im
ersten Teil werden die theoretischen Grundlagen für die Bearbeitung der Themen-
stellung erarbeitet. Basierend auf einer schriftlichen Breitenerhebung wird im
zweiten Teil eine deskriptive und ökonometrische Untersuchung der Einflußfaktoren umweltorientierter Innovationen in Deutschland durchgeführt. Ziel ist es sowohl allgemeine Strukturen der Einflußfaktoren von Umweltinnovationen zu
analysieren als auch den spezifischen Einfluß umweltpolitischer Instrumente innerhalb dieses Faktorensystems abzuschätzen. Im dritten Teil wird eine Fallstudie
zu den Innovationswirkungen umweltpolitischer Instrumente am Beispiel der
Windenergie durchgeführt, um die spezifischer Einflußfaktoren der Entwicklung
einer bestimmten Umwelttechnologie aufzudecken.

**Teil 1: Theoretische Grundlagen**

Der erste Teil der Untersuchung besteht aus vier Kapiteln. Für die Untersuchung
des Zusammenhangs von Umweltpolitik und Innovation ist es zunächst notwendig, ein Begriffsverständnis zu finden, welches semantische Mißverständnisse
vermeidet und Forschungsergebnisse vergleichbar macht. Um einen Ansatz für
eine gemeinsame Sprache und eine konsistente Systematik für Innovationen im
Umweltbereich zu gewinnen, werden in Kapitel 2 einige allgemeine Begriffsdefi-
nitionen der Innovationsforschung erläutert, der Begriff der Umweltinnovation
eingeführt, Unterschiede zwischen technologischen und organisatorischen Umweltinnovationen beschrieben und die Charakteristika von Innovationen im Bereich integrierter und additiver Technologien erläutert.

In Kapitel 3 werden in der Literatur vorliegende theoretische und empirische
Untersuchungen zum Zusammenhang von Umweltpolitik und Innovation ausgewertet. Es wird untersucht, welche Effekte durch Umweltabgaben, Umweltauflagen, Umweltzertifikate, Haftungsrecht und die Umwelt-Audit-Verordnung auf die
Generierung von Umweltinnovationen ausgelöst werden. Anschließend wird geprüft, ob die Ergebnisse theoretischer Wirkungsanalysen umweltpolitischer Instrumente mit den bisherigen empirischen Erfahrungen in Einklang zu bringen
sind oder nicht.

Für die Untersuchung der Innovationswirkungen umweltpolitischer Maßnahmen
ist es erforderlich, das Verständnis über die Abläufe von Innovationsprozessen in
Unternehmen zu diskutieren. Dies ist bislang in der umweltökonomischen Instrumentendiskussion kaum geschehen. In Kapitel 4 werden darum wesentliche
Aspekte des Innovationsprozesses dargestellt und die Besonderheiten des Innovationsprozesses bei Umwelttechnologien hervorgehoben. Dabei wird auf neoklassische und evolutorische Ansätze der Innovationsforschung zurückgegriffen.

In den Arbeiten der traditionellen neoklassischen Umweltökonomie werden die
Innovationseffekte umweltpolitischer Instrumente meist isoliert untersucht und

weitere Einflußfaktoren nur ungenügend berücksichtigt. Grundsätzlich können jedoch viele Faktoren einen Einfluß auf das umweltorientierte Innovationsverhalten und damit auch auf die Wirkung umweltpolitischer Instrumente haben. In Kapitel 5 werden darum die wesentlichen unternehmensinternen und -externen sowie die technologiespezifischen Einflußfaktoren von Umweltinnovationen identifiziert, wobei zwischen Anwendern und Entwicklern bzw. Anbietern von Umwelttechnologien unterschieden wird. In Kapitel 6 wird die Zwischenbilanz des Untersuchungsteils gezogen.

**Teil 2: Empirische Untersuchung der Determinanten umwelttechnischen Fortschritts**

Empirische Untersuchungen zu Umweltinnovationen werden vor allem durch eine ungenügende Datensituation erschwert. Eine Verbesserung der Datensituation wird durch die schriftliche Umfrage zu den Zukunftsperspektiven der deutschen Wirtschaft im Rahmen des Mannheimer Innovationspanels (MIP) erreicht. Im zweiten Teil der Untersuchung werden die Daten der 1. Welle des MIP aus dem Jahre 1993 genutzt, um den Einfluß umweltpolitischer Instrumente im Kontext allgemeiner Informationen zum Innovationsverhalten von Unternehmen zu analysieren.

In Kapitel 7 erfolgt zunächst eine deskriptive Analyse der Daten, um die potentiellen Einflußfaktoren von Umweltinnovationen aufzudecken und Hypothesen für die anschließende ökonometrische Analyse zu formulieren. In den ökonometrischen Analysen wird in Kapitel 8 dann in multivariaten Modellen der Zusammenhang zwischen umweltpolitischen Instrumenten sowie weiterer innovationsrelevanter Einflußfaktoren und der Bedeutung umweltorientierter Innovationsaktivitäten in Unternehmen geschätzt. Der Handlungsdruck umweltpolitischer Instrumente auf das Innovationsverhalten von Unternehmen wird dabei durch Regulierungsindikatoren abgebildet, die in einer schriftlichen Erhebung bei den deutschen Industrie- und Handelskammern ermittelt wurden.

**Teil 3: Unternehmensfallstudie Innovationen im Bereich der Windenergie in Deutschland**

Im dritten Teil der Arbeit wird eine Fallstudie im Bereich der Windenergie durchgeführt. Die Durchführung einer Fallstudie ermöglicht die Ermittlung industrie- und technologiespezifischer Informationen, die für die vorangegangenen ökonometrischen Anlaysen nicht zur Verfügung standen. So argumentieren beispielsweise Jaffe/Palmer (1996:19): "... to develop a better understanding of the nature of the relationship between regulation and innovation would be to conduct some focused industry studies. These studies ... could include a more detailed analysis of particular classes of regulation, say by media, on innovation effort".

Die Windenergienutzung wurde in den letzten Jahren in Deutschland durch umwelt- und förderpolitischen Maßnahmen unterstützt. Ziel des Untersuchungsteils ist es die Wechselwirkungen zwischen den umwelt- und förderpolitische Maßnahmen sowie anderen innovationsrelevanten Rahmenbedingungen und der

Entwicklung und Anwendung von Windkraftanlagen aufzudecken. Die Windenergietechnologie ist hierzu gut geeignet, da aufgrund der beschränkten Zahl von Akteuren und der relativ homogenen Technologie die Ursache-Wirkungszusammenhänge sowie die beeinflussenden Faktoren isoliert werden können. Es wurden Fachgespräche bei Herstellern und Betreibern von Windkraftanlagen, in Forschungseinrichtungen und in Behörden geführt sowie umfangreiche Literaturrecherchen vorgenommen.

In Kapitel 9 wird ein historischer Überblick über die technische Entwicklung im Windkraftanlagenbau gegeben. Im Kapitel 10 werden die wesentlichen umwelt- und förderpolitischen Instrumente beschrieben und in Kapitel 11 deren Einfluß im Zusammenhang mit weiteren innovationsrelevanten Faktoren der Windenergieentwicklung untersucht. Die Wirkung umwelt- und förderpolitischer Instrumente im Kontext unterschiedlicher Einflußfaktoren des Innovationsverhaltens wird in Kapitel 12 in einem internationalen Vergleich zwischen Deutschland, Dänemark und Großbritannien untersucht. Die Zwischenbilanz des dritten Untersuchungsteils erfolgt in Kapitel 13. In Kapitel 14 werden schließlich die Schlußfolgerungen der Untersuchung gezogen sowie Empfehlungen für eine innovationsorientierte Umweltpolitik entwickelt und der weitere Forschungsbedarf beschrieben.

# Teil I

# Theoretische Grundlagen

Die Diskussion im Kontext von umwelttechnischem Fortschritt, Innovation und Umweltpolitik zeichnet sich durch eine Vielfalt von Begriffen und Definitionen aus. So wird von nachsorgenden, additiven, nachgeschalteten und End-of-Pipe-Umweltschutztechnologien oder von vorsorgenden, sauberen und integrierten Umweltschutztechnologien gesprochen. Daneben werden verschiedene Begriffe der Innovationsforschung verwendet, wie inkrementelle oder radikale Innovationen, um umweltrelevanten technischen Wandel zu beschreiben. Die Liste gängiger Begriffe ließe sich noch beliebig verlängern. Neben der Vielfalt bestehen zudem erhebliche Unterschiede in den jeweiligen Definitionen der einzelnen Begriffe. In der Folge ergeben sich mitunter Verwirrungen und methodische Probleme.

So werden in einer Untersuchung des Büros für Technikfolgenabschätzung beim Deutschen Bundestag über die Umwelttechnik und ihre wirtschaftliche Bedeutung die Kategorien Umwelttechnik und Umweltschutzdienstleistungen unterschieden (vgl. Coenen et al. 1995:21ff.). Der technische Umweltschutz wird seinerseits in vier Bereiche gegliedert, denen verschiedene Umwelttechniken und Umweltschutzgüter zugeordnet werden. Diese sind:

- Nachsorgender Umweltschutz: Techniken, mit denen sich bereits eingetretene Umweltbelastungen wie eine Bodenkontamination beseitigen oder Rückstände aus der industriellen Produktion recyceln lassen.
- Kompensatorischer Umweltschutz: Verfahren zur Erhöhung der Belastungsfähigkeit bzw. der Verarbeitungsfähigkeit der Umweltmedien.
- Vorsorgender Umweltschutz: Nachgeschaltete und integrierte Techniken, die Abwasser, Abwärme und Abfälle aus Produktions- und Konsumtionsprozessen verringern.
- Umweltbeobachtung: Techniken zur Messung von Emissionen und zur Überwachung der Wasser-, Luft- und Bodenqualität.

Adler et al. (1994:13f.) unterscheiden Innovationen im Bereich des Umweltschutzes nach den Ansatzpunkten der Umweltschutzmaßnahmen. Dies sind:

- vorsorgende bzw. integrierte Umwelttechniken,
- nachsorgende, additive Umwelttechniken und Recyclingtechniken,
- umweltbezogene Meß-, Regel- und Analysetechniken und
- umweltbezogene Dienstleistungen.

Im Vergleich der Systematiken wird deutlich, daß spezifische Technologien verschiedenen, sich teilweise widersprechenden Kategorien zugeordnet werden können. So werden beispielsweise Techniken zur Abwasserbehandlung von Coenen et al. (1995) als eine Technik des nachsorgenden Umweltschutzes definiert. In der Systematik von Adler et al. (1994) hingegen wird die Abwasserbehandlung als eine nachsorgende und additive Umwelttechnik interpretiert. Additive Umwelttechniken zählen jedoch gemäß der Systematik von Coenen et al. zum Bereich des vorsorgenden Umweltschutzes.

Aufgrund dieser Abgrenzungsprobleme ist es für die Untersuchung des Zusammenhangs von Umweltpolitik und Innovation notwendig, ein Begriffsverständnis zu finden, welches semantische Mißverständnisse vermeidet und Forschungsergebnisse vergleichbar macht.

Im folgenden werden zunächst Definitionen erarbeitet, die der Festlegung eines gemeinsamen Innovationsverständnisses dienen und semantische Mißverständnisse vermeiden. Weiterhin werden Begriffsabgrenzungen der OECD (1992a und 1996) diskutiert, die für eine vergleichende Analyse der Innovationswirkungen umweltpolitischer Instrumente - vor allem auf der Mikroebene - hilfreich sind. Diese von der OECD im Oslo-Handbuch veröffentlichten und zur Zeit in Überarbeitung befindlichen Richtlinien wurden insbesondere für die Innovationsforschung entwickelt und bilden heute eine allgemein anerkannte Grundlage für die Erhebung und Interpretation von Daten zum Innovationsverhalten von Unternehmen. Die Richtlinien werden beispielsweise für die im Auftrag des BMBF vom ZEW jährlich durchgeführte deutsche Innovationserhebung, dem MIP, angewendet (vgl. u.a. Felder et al. 1995). Die Übertragung dieser Richtlinien auf die Analyse des Zusammenhangs von Umweltpolitik und Innovation gewährleistet begriffliche Konsistenz mit anderen Studien der Innovationsforschung.[5]

---

5    Vgl. für Kapitel 2 auch Hemmelskamp (1997b:481ff.).

# 2 Grundlegende Begriffe und Definitionen

## 2.1 Innovationstypen

Der Begriff Innovation wird in der wissenschaftlichen und politischen Diskussion in vielfacher Weise interpretiert. Sehr eingeschränkt können Innovationen in einer objektbezogenen Interpretation auf technische Neuerungen eingegrenzt werden. Eine viel breitere Definition liefert Schumpeter (1987:100f.), der neben technischen Innovationen auch die Erschließung neuer Bezugs- und Absatzmärkte sowie die Durchführung einer betrieblichen Neuorganisation aufführt. Grundsätzlich können damit auf Unternehmensebene die Einführung neuer Produkte (Güter und Dienstleistungen) und Produktionsverfahren sowie organisatorische Veränderungen im Aufbau eines Unternehmens unterschieden werden. Die Innovationsdefinition von Schumpeter umfaßt Neuerungen, die zu einer erstmaligen Anwendung neuen Wissens, neuer Verfahren oder neuer Produkte führen. Zudem werden Neuerungen erfaßt, bei denen keine neuen Technologien eingesetzt, sondern beispielsweise nur Produktdesignveränderungen vorgenommen wurden. Erstere werden als Basisinnovationen bezeichnet, die grundlegende Neuerungen für die Wirtschaft darstellen und neue Märkte und Industriezweige entstehen lassen. Letztere sind Verbesserungsinnovationen mit geringem Neuigkeitsgrad, die Weiterentwicklungen bereits vorliegender Produkte, Prozesse oder Organisationsformen darstellen und für bestehende Märkte neue Entwicklungsmöglichkeiten eröffnen.

Obwohl sich Produkt-, Prozeß- sowie organisatorische Innovationen theoretisch gut abgrenzen lassen, erweist sich dies in empirischen Untersuchungen jedoch aufgrund von Wechselbeziehungen als schwierig. So sind für die Umsetzung von Produkt- in der Regel auch Prozeßinnovationen notwendig, oder die Durchführung von Produkt- und Prozeßinnovationen ist eng mit parallelen organisatorischen Innovationen verbunden (vgl. Rosenberg 1982a:237). Ebenso ist die Entwicklung und Markteinführung eines neuen Produktes, z.B. eines Sensors, für das produzierende Unternehmen eine Produktinnovation. Die Nutzung dieser Sensoren zur Messung von Temperaturen oder Schadstoffemissionen durch ein anderes

Unternehmen im Rahmen seiner Produktion stellt für dieses eine Prozeßinnovation dar.

Zusätzlich zur Unterscheidung in Produkt-, Prozeß- und organisatorische Innovationen können Innovationen auch nach ihrer Neuigkeit unterteilt werden. Verbesserungsinnovationen erfolgen kontinuierlich und sind Neuerungen an bestehenden Produkten oder Prozessen. Basisinnovationen stellen eine grundlegende Neuerung dar, die deutliche Veränderungen für die Wirtschaft zur Folge haben können. Aber die Unterscheidung von Innovationen nach ihrer Neuigkeit in Basis- und Verbesserungsinnovationen ist meist zu ungenau. Dieses Dilemma resultiert aus dem jeweiligen Bezugsrahmen. Innovationen auf Unternehmensebene haben aus subjektiver Sicht eher den Charakter von grundlegenden Neuerungen - d.h. von Basisinnovationen - unabhängig davon, ob diese Innovationen bereits in anderen Unternehmen genutzt werden. Auf gesamtwirtschaftlicher Ebene hingegen entspricht eine Basisinnovation einer Neuerung, die bis dahin noch nicht zur Anwendung gekommen ist (vgl. Erdmann 1993:209). Mithin kann bei Innovationsstudien das Problem auftreten, daß bei einer einzelwirtschaftlichen Analyse Innovationen untersucht werden, die aus einer gesamtwirtschaftlichen Sicht zu einer Imitation generieren (vgl. Pfirrmann 1991:54f). Der erstmalige Einsatz eines Emissionsfilters kann beispielsweise für einen Produktionszweig eine grundlegende Neuerung darstellen, während diese Innovation auf gesamtwirtschaftlicher Ebene nur von geringer Bedeutung ist und heute nicht mehr als grundlegende Neuerung angesehen werden kann.

Um die aus diesen ungenauen Begriffsabgrenzungen resultierenden unterschiedlichen Definitionen und Untersuchungsgegenstände in der Innovationsforschung zu verringern, hat die OECD (1992a) mit dem Oslo-Handbuch einen allgemeinen Definitionsrahmen für Innovationsbegriffe erstellt. Der Innovationsbegriff des Oslo-Handbuchs der OECD verengt die Diskussion jedoch stark auf technologische Innovationen im Verarbeitenden Gewerbe. Veränderungen der Organisationsformen oder der Managementmethoden, die Erschließung neuer Absatzwege oder neuer Beschaffungsmärkte werden nicht berücksichtigt und die Dienstleistungsbranche nicht explizit erwähnt. Wenngleich organisatorische Innovationen oftmals in einem engen Zusammenhang mit den anderen Innovationstypen auftreten - insbesondere mit Prozeßinnovationen - erscheint es dennoch aufgrund der steigenden Bedeutung von organisatorischen Innovationen (z.B. im Rahmen von Lean-management- oder Lean-production Konzepten) notwendig, diese Art von Innovationen explizit zu erfassen.

Diese Mängel des Oslo-Handbuchs wurden von internationalen Experten der "Group of National Experts on Science and Technology Indicators" diskutiert. Ziel war es, die Erfahrungen der nationalen Innovationserhebungen und des 1993/1994 von der EU-Kommission und EUROSTAT initiierten europaweiten "Community Innovation Surveys (CIS)" zu berücksichtigen (vgl. hierzu Licht/Rost 1995). So wird im Oslo-Handbuch bislang zwischen technologischen Produkt- und Prozeßinnovationen unterschieden. Im Entwurf eines Diskussionspapier wird stattdessen allgemein von Produkt- und Prozeßinnovationen gesprochen und damit die Einengung auf technologische Innovationen aufgehoben (vgl. OECD 1996:8f.). In der aktuellen Version des Oslo-Handbuchs konnte sich diese Auffassung einer separaten Erfassung organisatorischer Innovationen noch nicht durchsetzen (vgl. OECD 1997:48ff.).

Für die vorliegende Untersuchung wird dennoch als Innovationsbegriff für die Analyse von Umweltinnovationen eine relativ weite und mikroökonomische Interpretation vorgenommen. Demnach umfassen Innovationen sowohl technische Neuerungen in Form neuer Produkte oder Prozesse und darüber hinaus auch organisatorische Innovationen. Während Schumpeters Innovationsbegriff die Marktneuheit verlangt und damit Innovationen auf einer volkswirtschaftlichen Ebene betrachtet, wird hier eine unternehmensspezifische Sichtweise gewählt. Damit wird das schwierige Problem der Abgrenzung von Innovationen in der Praxis verringert. Zudem werden gerade die für den Umweltschutz wichtigen Neuerungen auf Unternehmensebene, d.h. die Diffusion und Adaption von Umweltinnovationen, adäquat erfaßt.

Zusammenfassend kann festgehalten werden, daß Innovationen auf Unternehmensebene untersucht und in drei Kategorien unterteilt werden sollten: Produkt-, Prozeß- und organisatorische Innovationen. Dabei sollte die Untersuchung das Verarbeitenden Gewerbe und auch den Dienstleistungssektor erfassen. Im einzelnen wird von folgenden Definitionen ausgegangen:

- Produktinnovationen im Verarbeitenden Gewerbe umfassen die Markteinführung neuartiger oder grundlegend veränderter Produkte und die technische Leistungsverbesserung von Produkten durch die Verwendung neuer Materialien, Betriebsstoffe oder neuer funktionaler Produktbestandteile in einem Unternehmen. Prozeßinnovationen im Verarbeitenden Gewerbe beinhalten den unternehmensinternen Übergang zu neuen oder wesentlich verbesserten Produktionsverfahren. Zu organisatorischen Innovationen im Verarbeitenden Gewerbe zählt die Anwendung und Nutzung neuer Organisationsformen, Managementmethoden, Absatzwege oder Beschaffungsmärkte auf einzelwirtschaftlicher und volkswirtschaftlicher Ebene. Darunter fallen beispielsweise ablauforganisatorische Maßnahmen, wie etwa die Einführung eines "Total-Quality-Managements" oder die innerbetriebliche Umsetzung der Anforderungen der DIN ISO 9000, oder Veränderungen der Aufbauorganisation, wie z.B. die Erschließung eines regionalen Absatzmarktes durch die Gründung von Handelsniederlassungen.
- Die Kategorisierung von Innovationen im Dienstleistungsgewerbe ist zwar aufgrund der Vielfalt des dortigen Innovationsgeschehens schwierig, doch kann auch hier grundsätzlich eine Dreiteilung vorgenommen werden. Produktinnovationen im Dienstleistungssektor sind neue oder verbesserte Dienstleistungen, die ein Dienstleistungsunternehmen seinen Kunden offeriert. Um Prozeßinnovationen im Dienstleistungssektor handelt es sich, wenn ein Unternehmen neue oder verbesserte Verfahren zur Erbringung von Dienstleistungen einführt. Organisatorische Innovationen im Dienstleistungssektor sind schließ-

lich Maßnahmen, die wesentliche Verbesserungen des organisatorischen Aufbaus oder unternehmensinterner Abläufe bewirken (Licht et al. 1997:106).

## 2.2    Technischer und organisatorischer Umweltschutz

### 2.2.1    Innovationstypen und Umweltschutz

Innovationen, die der Vermeidung und Verminderung von Umweltbelastungen durch anthropogene Aktivitäten, der Sanierung bereits eingetretener Schäden und der Diagnose und Kontrolle von Umweltbelastungen dienen, werden hier als Umweltinnovationen definiert. Beispiele für Umweltinnovation sind:

- die Suche und Erschließung neuer Rohstoffvorkommen,
- die Entwicklung und Einführung umweltfreundlicher Konsumgüter,
- die umweltschonende Gewinnung von Rohstoffen,
- die Substitution von Rohstoffen (durch weniger knappe bzw. umweltschädliche Ressourcen oder durch regenerierbare Ressourcen)
- die Entwicklung und Einführung neuer Technologien, welche einen sparsameren Ressourceneinsatz benötigen und/oder weniger Emissionen verursachen,
- die Entwicklung und Einführung von nachgeschalteten Entsorgungsanlagen,
- die Entwicklung und Einführung von Technologien zur Umweltschadensanierung oder
- die organisatorische Optimierung betrieblicher Leistungsprozesse, die z.B. eine bessere Risikovorsorge gewährleisten.

Eine einheitliche Systematisierung solcher Umweltinnovationen wurde, wie bereits oben kurz erläutert, bislang nicht gefunden. In Anlehnung an die Systematik von Adler et al. (1994) ist eine Differenzierung der aufgezählten Beispiele in zwei umwelttechnische Entwicklungslinien möglich, die sowohl für Produkt- als auch für Prozeßinnovationen eingesetzt werden: In Innovationen a) im Bereich von End-of-Pipe-Technologien und b) im Bereich von integrierten Technologien (vgl. Abbildung 1). Diese beiden Technologiealternativen werden in den folgenden Kapiteln näher erläutert. Neben diesen umwelttechnischen Entwicklungslinien könnten noch organisatorische Umweltschutzinnovationen unterschieden werden.

Es ist jedoch auch eine Einordnung dieser Umweltschutzinnovationen in die oben allgemein getroffenen Definitionen von Produkt-, Prozeß- und organisatorische Innovationen möglich (vgl. Abbildung 2). Grundsätzlich können demnach organisatorische und technische Umweltschutzinnovationen im Verarbeitenden Gewerbe und im Dienstleistungsgewerbe unterschieden werden (für eine Übersicht siehe Anhang 3 und Anhang 4).

**Abbildung 1:**          Additiver und integrierter Umweltschutz

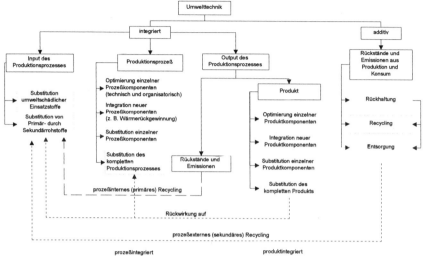

Quelle: Hohmeyer/Koschel (1995:6) (ergänzt)

Organisatorische Umweltinnovationen dienen der Optimierung der Ablauf- und Aufbauorganisation eines Unternehmens. Organisatorische Umweltinnovationen können die Umstellung der Betriebsabläufe im Sinne der EG-Umwelt-Audit-Verordnung umfassen und beispielsweise im Aufbau eines Umweltmanagement-systems bestehen (vgl. Hemmelskamp/Neuser 1994:386ff.).

Als technische Umweltinnovationen können technische Neuerungen definiert werden, die die von der Herstellung, dem Ge- und Verbrauch oder der Entsorgung ausgehenden Emissionen sowie die Belastungen bei der Rohstoffherstellung und dem Ressourceneinsatz verringern oder beseitigen. Technische Umweltinnovationen können differenziert werden in Innovationen, die auf Entwicklung und Einführung umweltfreundlicher Produkte (umweltorientierte Produktinnovationen) oder umweltfreundlicher Produktionsverfahren (umweltorientierte Prozeßinnovationen) abzielen.[6]

Umweltorientierte Prozeßinnovationen dienen der Vermeidung bzw. Reduzierung von Emissionen oder der Senkung der Kosten, die durch Umweltschutzauflagen entstehen. Dies kann sowohl durch integrierte als auch durch End-of-Pipe-

---

[6]  Die Möglichkeiten technischer Umweltinnovationen stehen teilweise in Verbindung mit Maßnahmen, die im Rahmen einer " lean production" umgesetzt werden. So können die mit einer " lean production" angestrebten Ziele der Qualitätsverbesserung von Produkten, der Kostensenkung oder der Ressourcenschonung auch Beiträge zur Umweltschonung leisten und damit unter bestimmten Rahmenbedingungen auch Aspekte einer " clean production" sein (vgl. Hemmelskamp et al. 1994: 221ff.).

Technologien erfolgen. Eine umweltorientierte Prozeßinnovation wäre demnach beispielsweise der Einsatz eines Emissionsfilters oder die Optimierung des Ressourceneinsatzes in einem Produktionsverfahren.

**Abbildung 2:**        Zusammenhang zwischen Innovationstypen und Umweltschutz

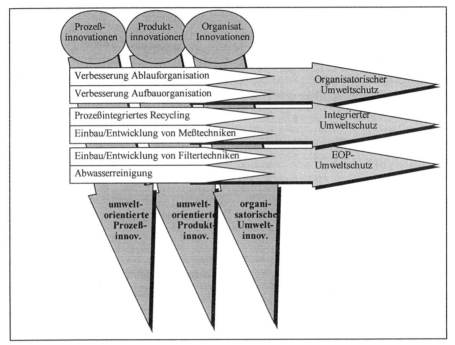

Umweltorientierte Produktinnovationen können ebenfalls End-of-Pipe-Technologien und integrierte Lösungen umfassen und die Emissionsreduzierung oder die Kostensenkung durch die Belastung mit Umweltschutzauflagen ermöglichen. Dies ist im Falle der Entwicklung und Einführung umweltschonender Konsumprodukte, wie beispielsweise von FCKW-freien Spraydosen der Fall. Umweltorientierte Produktinnovationen können jedoch auch der Verbesserung der Wettbewerbsfähigkeit von Unternehmen dienen. So ist die Entwicklung und Einführung eines Emissionsfilters für ein Unternehmen des Anlagenbaus vor allem eine Innovation, um Marktpotentiale im Bereich von Umwelttechnologien zu erobern.

## 2.2.2    Innovationen im Bereich von End-of-Pipe-Technologien

End-of-Pipe-Technologien sind dem eigentlichen Produktions- und Konsumtionsprozeß nachgeschaltete Entsorgungsverfahren und Recyclingtechnologien, mit
denen entstehende Rohemissionen so gereinigt oder verändert werden können,
daß sie weniger umweltbelastend, einfacher zu lagern oder wiederverwendbar
bzw. wiederverwertbar sind (vgl. Hartje/Zimmermann 1988:2). "Sie vermindern
nachträglich einen Teil der Umweltbelastung, statt ihn von vornherein zu vermeiden" (Blazejczak et al. 1993:74). In der Literatur werden solche Verfahren auch
als additive oder nachgeschaltete Technologien benannt.

Der Einsatz von End-of-Pipe-Technologien ermöglicht es, einen bereits im Einsatz befindlichen Produktionsprozeß, mit dem ein zu vermarktendes Produkt entsteht, weiter nutzen zu können. So ermöglichen Katalysatoren für Verbrennungs-
motoren im Kraftfahrzeugverkehr die Weiternutzung vorhandener Motorkonzepte
mit nur geringen technischen Veränderungen. Auch bestehende Konsumtionsver-
hältnisse können durch den Einsatz von End-of-Pipe-Technologien unverändert
bleiben. Es werden somit zwei Verfahrensschritte miteinander gekoppelt:

- Ein Produktionsprozeß, in dem ein Produkt hergestellt wird, oder ein Konsumtionsprozeß, in dem produzierte Güter genutzt werden.

- Ein Emissionsentsorgungsprozeß, der den Produktions- oder dem Konsumtionsprozeß angekoppelt ist und in dem als schädlich definierte Emissionen oder
  Abfälle den Input darstellen.

End-of-Pipe-Technologien sind mithin Verfahren, mit denen die Rückhaltung,
das Recycling oder die Entsorgung von Rückständen und Emissionen aus Produktion und Konsum gewährleistet werden können. Dies sind beispielsweise Filteranlagen zur Rauchgasreinigung in Kraftwerken, Verfahren zur Sanierung von
kontaminierten Böden oder Katalysatoren zur Abgasreinigung in Kraftfahrzeugen.

Die Charakteristika von End-of-Pipe-Technologien implizieren, daß sich Innovationen bei dieser Technologiealternative auf die Entwicklung bzw. die Anschaf-
fung und Einführung der End-of-Pipe-Technologie sowie auf anschließende Verbesserungen der Wirkungsgrade bzw. der Entwicklung kostengünstigerer
Verfahren bei konstantem Wirkungsgrad beschränken. Die Innovationseffekte bei
den verbundenen Produktions- und Konsumtionsprozessen sind hingegen gering.
Die notwendigen Veränderungen konzentrieren sich dort auf inkrementelle Anpassungen, um den Produktions- oder den Konsumtionsprozeß mit der End-of-
Pipe-Technologie zu koppeln. Als weitere Folge hiervon ist es auch in einer spä-
ten Phase des Lebenszyklus von Produktionstechnologien oder Produkten zumeist
noch relativ leicht möglich, nachsorgende Innovationen im Sinne des End-of-
Pipe-Umweltschutzes zu generieren.

Die ökologischen Effekte einer End-of-Pipe-Technologie sind begrenzt. Eine
Verminderung der Rohemissionen aus Produktions- und Konsumtionsprozessen
wird mit End-of-Pipe-Technologien nicht erreicht (vgl. Tabelle 1). Es wird im
Regelfall nur eine Transformation von einem als belastet eingestuften Medium in

ein anderes, gegenwärtig noch als belastbar bewertetes und nicht reglementiertes Umweltmedium ausgelöst. So werden die Schwefeldioxid-Emissionen von Kraftwerken durch Rauchgaswaschanlagen deutlich verringert, doch werden bei bestimmten Verfahren große Mengen Gips produziert. Da mit dem Einsatz von End-of-Pipe-Technologien keine wesentlichen Modifikationen der Produktionsprozesse notwendig sind, verändern sich die Inputmengen des Produktionsprozesses nicht. Insbesondere die vielfach für erforderlich gehaltenen Ressourceneffizienzsteigerungen können daher mit End-of-Pipe-Technologien allein nicht erreicht werden (vgl. u.a. Weizsäcker et al. 1995; BUND/Misereor 1996). Im Gegenteil sind mitunter durchaus Steigerungen des Ressourcenverbrauchs für den Betrieb von End-of-Pipe-Technologien notwendig. So werden zwar Rückhaltetechnologien für $CO_2$-Emissionen aus fossilen Kraftwerken entwickelt und auf ihre Anwendbarkeit geprüft. Diese Maßnahmen sind jedoch mit einem Energieaufwand verbunden, der oft die Effizienzgewinne durch die Rückhaltetechnologie übersteigt (vgl. Rösch/Bräuer 1997:16ff.).

**Tabelle 1:**       Vergleich der ökologischen Effekte von Umwelttechnologien

| *End-of-Pipe-Technologien* | *Integrierte Technologien* |
|---|---|
| Zeitliche und mediale Verschiebung von Umweltproblemen | Verringerung des Ressourceninputs und dadurch auch Emissionsminderungen |
| Zusätzlicher Ressourcenbedarf für den Betrieb | Verminderung von Rohemissionen |
| Geringes Potential zur Verringerung dringender Umweltprobleme (u.a. Treibhauseffekt) | Beitrag zur Lösung globaler Umweltprobleme wie der Treibhausproblematik oder den Ozonschichtabbau |

Quelle: In Anlehnung an Coenen/Klein-Vielhauer (1997:8)

Eine große Zahl existierender Technologien, die auf die Erweiterung mit End-of-Pipe-Technologien angewiesen sind, kann damit den Herausforderungen einer nachhaltigen Technologie nur bedingt gerecht werden. Zudem setzt sich der kontinuierliche, autonome technische Fortschritt fort, und es ist zu erwarten, daß mit der Einführung neuer Produkte und Produktionsprozesse gleichzeitig auch neue Umweltprobleme entstehen (vgl. Vergragt/Jansen 1993:135). Zukünftig wird es daher entscheidend sein, zusätzlich verstärkt Innovationen im Bereich integrierter Umwelttechniken anzustreben.

### 2.2.3 Innovationen im Bereich von integrierten Technologien

Bei integrierten Umweltschutztechniken ist im Gegensatz zu End-of-Pipe-Technologien oft kein eindeutiger Zusammenhang zwischen der Technik und ihrer Funktion im Umweltschutz zu erkennen. Integrierter Umweltschutz setzt im Gegensatz zu End-of-Pipe-Lösungen unmittelbar an der Quelle der Emissionen an, d.h. am Produktionsprozeß oder am Produkt, und umfaßt alle Maßnahmen, welche zu einer Reduktion des Rohstoff- und Energieeinsatzes und der Emissionen führen. Damit sind integrierte Techniken zumeist nur im Vergleich mit herkömmlichen Techniken mit gleichen Funktionen als umweltverträglicher zu beurteilen (vgl. Adler et al. 1994:197).

Ein spezifisches Kennzeichen des integrierten Umweltschutzes ist es, daß sich dieser nicht oder nur schwer innerhalb eines Prozesses oder eines Produkts abgrenzen läßt. Integrierte Maßnahmen beschreiben vielmehr die "umweltverträglichere Ausgestaltung und betreffen letztendlich (in weitester Interpretation) den gesamten Kreislauf der beteiligten (Einsatz)stoffe und Produktionsstufen" (Blazejczak et al. 1993:74f.). Meist ist der integrierte Umweltschutz somit nicht durch ein bestimmtes Bauteil materiell repräsentiert oder abgrenzbar, sondern in jedem Technologiebereich bestehen grundsätzlich Potentiale für eine ökologische Optimierung des technischen Fortschritts (vgl. Jänicke/Binder 1994:32).

Der integrierte Umweltschutz kann in einen produktionsintegrierten und einen produktintegrierten Umweltschutz differenziert werden. Beim produktionsintegrierten Umweltschutz wird versucht, Emissionsreduktionen bei der Herstellung von Produkten durch eine verbesserte Prozeßtechnologie zu erreichen und letztlich noch anfallende Restemissionen möglichst im Produktionsprozeß zu nutzen. Dies kann beispielsweise durch die Optimierung einzelner Prozeßkomponenten geschehen, durch technische Maßnahmen wie energiesparende Prozeßsteuerungssysteme oder die Substitution bzw. Verringerung umweltbelastender durch umweltfreundliche Inputs, wie der Einsatz von lösungsmittelfreien Wasserlacken oder die Rückgewinnung von Lackresten im Automobilbau im Zuge einer Kreislaufschließung. Der produktintegrierte Umweltschutz zielt darauf ab, den Ressourceneinsatz und die Menge und Umweltschädlichkeit von Produktabfällen zu verringern. Beispiele sind die Substitution von FCKW in Spraydosen durch nicht klimarelevante Treibgase oder durch Pumpzerstäuber.

Bei konstantem Output oder vergleichbarem Produktnutzen werden durch integrierte Umwelttechnologien somit weniger oder weniger schädliche Emissionen erzeugt, wobei sich die Profilbreite nicht nur auf spezifische Emissionen, sondern auf mehrere Umweltprobleme gleichzeitig beziehen kann. Weiterhin ermöglichen integrierte Technologien eine effizientere Nutzung der Roh-, Hilfs- und Betriebsstoffe und können damit einen Beitrag zum Schutz der natürlichen Ressourcen leisten. Die Umwelt wird absolut entlastet, und es findet keine mediale Verschiebung der Umweltbelastung statt. Als ein Beispiel für solche breite Emissionsminderungen kann das sogenannte QSL-Verfahren zur Bleierzeugung angeführt werden. Das QSL-Verfahren stellt einen kontinuierlichen Direktbleischmelzprozeß dar, bei dem das herkömmliche zweistufige Röst-Reduktionsverfahren mit Sinter- und Schachtofenanlage zur Bleierzeugung in einem einstufigen Prozeß erfolgt. Durch Schließen von Stoffkreisläufen konnten neben Energieeinsparungen Minderungen einer Reihe von Emissionen (z.B. Blei, Zink, Cadmium, SO2) sowie der Schädlichkeit von Rückständen erreicht werden (vgl. Umwelt 1994:240).

Im Gegensatz zu End-of-Pipe-Technologien liegt der Schwerpunkt von Innovationsaktivitäten im Sinne des integrierten Umweltschutzes somit nicht im Entsorgungsprozeß. Integrierte Technologien erfordern vielmehr grundlegende Innovationen im Produktions- und Konsumtionsprozeß. Umweltschutz wird damit zu einem Gegenstand der kontinuierlichen Innovation und ist nicht weiter abgrenzbar. Umweltschutzaspekte müssen damit bereits zu Beginn des Innovationsprozesses, d.h. schon bei den Entwicklungsarbeiten und weit vor der Markteinführung der neuen Produkte und Produktionsprozesse, berücksichtigt werden.

### 2.2.4    Anmerkungen zur Abgrenzung von End-of-Pipe-Technologien versus integrierte Technologien

Die dichotome Unterscheidung von umweltschonenden Technologien in End-of-Pipe- Technologien und integrierte Technologien ist, wie Zimmermann (1990:204) anführt, sehr grob. Insbesondere für die primär empirische Erfassung gilt, daß sich diese umso schwieriger gestaltet, je stärker die umweltschutzrelevante Aktivität in das jeweilige Produkt oder den Produktionsprozeß integriert. Abgrenzungen können darum durch willkürliche Zuordnungen verzerrt werden. So fallen unter die oben beschriebene Abgrenzung von End-of-Pipe-Technologien (vgl. Zimmermann 1990:204):

• Technologien, die marktfähige Nebenprodukte erzeugen,
• Technologien, die Reststoffe in ungefährlichere oder lagerbare Stoffe umwandeln,
• Technologien, die Reststoffe recyceln.

Insbesondere im Fall von Technologien, die Reststoffe recyceln, treten jedoch Abgrenzungsprobleme auf. Die Integration von Recyclingverfahren innerhalb eines Produktionsprozesses, die ermöglicht, daß anfallende Emissionen als Hilfsstoffe wieder direkt im Produktionsprozeß eingesetzt werden, könnte auch als integriertes Verfahren betrachtet werden (vgl. Coenen et al. 1995:26). Auch das BMBF definiert Recyclingmaßnahmen, durch die Produktionsprozesse mehrerer Unternehmen miteinander gekoppelt werden, als integrierte Umweltschutzmaßnahmen. So werden im Förderkonzept des BMBF zum "Produktionsintegrierten Umweltweltschutz" solche Produktionsverfahren und Produkte als integrierter Umweltschutz definiert, die " ... bereits bei der Konzeption so ausgelegt, optimiert und aufeinander abgestimmt werden, daß Abgase, Abwässer und Abfälle weitgehend gar nicht erst entstehen, sondern möglichst umfassend schon an der Quelle vermieden werden. Unvermeidbare Reststoffe müssen im Sinne einer Kreislaufschließung oder Vernetzung entweder direkt wieder in den Produktionsprozeß zurückgeführt werden oder in anderen Prozessen als Roh- bzw. Hilfsstoffe wieder einsetzbar sein" (BMBF 1994:3). Damit werden vom BMBF im Sinne einer Stoffkreislaufschließung auch Recyclingtechnologien, die einem Produktionsprozeß nachgeschaltet sind und damit grundsätzlich als End-of-Pipe-Technologie definiert werden könnten, als integrierte Technologien betrachtet (vgl. Hansen 1996:63ff.). Hartje und Zimmermann (1988:3) schlagen aufgrund dieser Abgrenzungsprobleme vor, neben End-of-Pipe-Technologien und integrierten Technologien eine dritte Kategorie zu unterscheiden, in der innerbetriebliche Recyclingprozesse und die Umwandlung von Rohemissionen in vermarktungsfähige Produkte (als Roh- oder Hilfsstoffe) zusammengefaßt werden.

Ein Einordnung in integrierte Technologien und End-of-Pipe-Technologien fällt auch bei Technologien schwer, deren Umweltbelastung so gering ist, daß eine Veränderung, der Ersatz oder die Ergänzung dieser Technologien kaum zur Verbesserung der Umweltsituation beitragen. Ein Beispiel ist die Erzeugung von Energie durch Windkraft- oder Photovoltaikanlagen. Schwierigkeiten bei der Identifizierung von Umweltschutztechniken bestehen auch, wenn diese nicht nur dem Umweltschutz dienen können, sondern auch in anderen Anwendungsbereichen eingesetzt werden (Multi-purpose-Güter). Dies gilt beispielsweise für die Meß- und Regeltechnik, deren Beitrag zur Verringerung von Umweltbelastungen erst innerhalb eines bestimmten Nutzungszusammenhangs zu erkennen ist.

Mangels eines meßbaren Abgrenzungskriteriums verwundert es daher nicht, daß eine Unterscheidung zwischen additivem und integriertem Umweltschutz in der Umweltökonomischen Gesamtrechnung des Statistischen Bundesamtes bislang nicht durchgeführt worden ist (vgl. Kuhn et al. 1994:675f.). Zimmermann (1990:205) sowie Zundel und Robinet (1994:10f.) regen darum an, End-of-Pipe und integrierte Umwelttechniken als Eckpunkte eines technologischen Kontinuums zu betrachten, welches nach dem Ausmaß des ökologischen Wirkungsgrades differenziert werden kann. Diese Vorgehensweise setzt die Erstellung von Ökobilanzen voraus, mit denen die Wirkungsgrade verschiedener Technologien bewertbar und vergleichbar werden. Die Bewertung von Produkten und Prozessen mit Ökobilanzen ist jedoch methodisch sehr schwierig und aufgrund der Komplexität solcher Verfahren sehr aufwendig. Erschwert wird eine solche Bewertung, da sich die Einschätzung von Produkten und Prozessen im Zeitverlauf in Abhängigkeit des ökologischen Kenntnisstandes ändern kann (vgl. Faber/Proops 1994:87).

Für empirische Untersuchungen in Unternehmen ist diese Methodik zur Bewertung von Umwelttechniken damit noch nicht geeignet. Da aussagekräftige Ökobilanzen bislang kaum zur Verfügung stehen, müßten die Unternehmen eine subjektive ökologische Bewertung ihrer Produkte oder Produktionsprozesse vornehmen. Die Ergebnisse eines solchen Verfahrens wären aufgrund ihres subjektiven Charakters für vergleichende Analysen jedoch nicht geeignet.

# 3 Umweltpolitische Instrumente und ihre Innovationseffekte - ein Literaturüberblick

## 3.1 Instrumententypen

Für die auf der Theorie des Marktversagens beruhende traditionelle neoklassische Umweltökonomie hat die Effizienz des umweltpolitischen Instrumentariums eine wesentliche Bedeutung. Eine pareto-optimale Ressourcenallokation wird erreicht, wenn alle externen Effekte vollständig internalisiert sind. Das Wohlfahrtsoptimum ist sowohl über die von Pigou (1920) entwickelte Steuerlösung als auch über den von Coase (1960:1ff.) entwickelten Ansatz einer Verhandlungslösung zwischen den Parteien zu realisieren. Beide Internalisierungslösungen führen trotz unterschiedlicher Ansätze zum gleichen Allokationsergebnis und erreichen eine vollständige Internalisierung der externen Kosten.

Die Pigou-Lösung weist dem Staat die zentrale Rolle zu. Dieser hat die Aufgabe, die externen Kosten der Umweltnutzung über eine Besteuerung von Emissionen (Pigou-Steuer) oder eine Subventionierung von Emissionsminderungen zu internalisieren. Das wohlfahrtsoptimale Umweltschutzniveau wird erreicht, wenn die korrigierten Preisverhältnisse die "wahren" volkswirtschaftlichen Knappheitsrelationen widerspiegeln.

Die Verhandlungslösung von Coase beschränkt die Rolle des Staates auf die Festlegung und Durchsetzung von Verfügungsrechten an dem freien Gut "Umwelt". Die Internalisierung der externen Kosten erfolgt hier über freiwillige, dezentrale Verhandlungen zwischen Verursachern und Geschädigten, in denen die jeweiligen Nutzungsansprüche geklärt werden und somit der optimale Verschmutzungsgrad erreicht wird (vgl. Gawel 1991:7).

Beide Ansätze lassen sich in der Realität jedoch nicht vollständig umsetzen. Die Verhandlungslösung von Coase setzt in der Realität nicht existierende vollständige Information der Beteiligten sowie geringe Transaktionskosten voraus. Daneben wird die praktische Relevanz des Ansatzes auch durch die Öffentliche-Gut-Problematik eingeschränkt, da vor allem bei Umweltproblemen mit vielen Verursachern durch Trittbrettfahrer pareto-effiziente Verhandlungslösungen verhindert werden können (vgl. Stephan/Ahlheim 1996:76). An der Pigou-Lösung wird kritisiert, daß die Bewertung der externen Kosten aufgrund der Probleme bei der Erkennung der Ursache-Wirkungs-Ketten von Emissionen nur subjektiv möglich ist (vgl. Gawel 1991:9).[7]

In der umweltpolitischen Praxis wird darum keine optimale Internalisierung der externen Effekte angestrebt, sondern es wird ein bestimmtes Umweltschutzniveau festgelegt. Für die Umsetzung dieser Umweltschutzziele kann die Umweltpolitik auf verschiedene Instrumente zurückgreifen, die in ordungsrechtliche, ökonomische und informatorische bzw. freiwillige Instrumente differenziert werden können (vgl. Tabelle 2). Das klassische umweltpolitische Instrumentarium besteht aus ordnungsrechtlichen Instrumenten in Form von Ge- und Verboten. Ökonomische Instrumente können in Instrumente mit und ohne staatliches Bewirtschaftungskonzept eingeteilt werden. Zu ersteren zählen Umweltabgaben nach dem Standard-Preis-Ansatz oder Umweltzertifikate. Auch Umweltsubventionen in Form von steuerlichen Anreizen oder Investitionshilfen zur Beschleunigung von Umweltschutzmaßnahmen können zu den ökonomischen Instrumenten mit staatlichem Bewirtschaftungskonzept gezählt werden. In die Kategorie ökonomischer Instrumente ohne staatlichem Bewirtschaftungskonzept fällt beispielsweise das Umwelthaftungsrecht. Umwelt-Audits und Umweltzeichen zählen zu den informatorischen und freiwilligen Instrumenten. Die Instrumente können weiterhin entsprechend ihrer Eingriffsstelle im Wirtschaftsprozeß unterschieden werden. Umweltpolitische Instrumente können den Input oder den Output von Produktionsprozessen regulieren (z.B. Inputabgaben, Emissionsauflagen, Produktanforderungen).

---

[7]   Die Schwankungsbreiten bei den externen Kosten der Energieerzeugung betragen beispielsweise etwa zwei Zehnerpotenzen. So schätzt Hohmeyer (1994:5) die externen Kosten fossiler Brennstoffe zur Stromerzeugung auf 41,40 - 60,85 Pf/kWh, während Friedrich und Voss (1993:119) von 0,44 - 1,68 Pf/kWh ausgehen.

**Tabelle 2:**         Umweltpolitische Instrumente

| *Ordungsrechtliche Instrumente* | *Ökonomische Instrumente* | *Informatorische, Organisatorische und Freiwillige Instrumente* |
|---|---|---|
| – Unterlassungsauflagen<br>– Verwendungsauflagen | *mit staatlichem Bewirtschaftungskonzept:*<br>– Umweltabgaben<br>– Umweltzertifikate<br>– Umweltsubventionen<br>*ohne staatliches Bewirtschaftungskonzept:*<br>– Privatisierungsmodelle<br>– Umwelthaftungsrecht | – Umweltmanagement und Umwelt-Audit<br>– betriebliche Umwelt-rechnungslegung<br>– ökologisches Marketing<br>– Kooperationslösungen<br>– Umweltzeichen |

Quelle: Rennings et al. (1996:80), nach Enquete Kommission (1994)

## 3.2    Innovationseffekte umweltpolitischer Instrumente

Die Innovationseffekte umweltpolitischer Instrumente werden in der neoklassi-schen Umweltökonomie nach dem Kriterium der "dynamischen Anreizwirkung" bemessen. Es wird dabei wohlfahrtstheoretisch untersucht, inwieweit umweltpoli-tische Instrumente Impulse zur Entwicklung neuer, bislang unbekannter und zur Weiterentwicklung bekannter emissionsreduzierender Techniken sowie deren Anwendung geben können (vgl. u.a. Carraro/Siniscaldo 1994:549; Hohmeyer/ Koschel 1994:14; Stephan/Ahlheim 1996:85f.). Die Ergebnisse dieser Studien werden im folgenden für ausgewählte umweltpolitische Instrumente erläutert.[8] Mit der Analyse von Auflagen wird die Kategorie der ordnungsrechtlichen In-strumente, mit der Analyse von Umweltabgaben und -zertifikaten sowie dem Umwelthaftungsrecht die Kategorie der ökonomischen Instrumente und mit der Umwelt-Audit-Verordnung schließlich die Kategorie der informatorischen und freiwilligen Instrumente abgedeckt.

---

[8]    Siehe zu diesem Kapitel auch Hemmelskamp (1997a:177ff.).

### 3.2.1    Innovationswirkungen von Auflagen

Umweltauflagen in Form von Geboten und Verboten sind direkte umweltbezogene Vorschriften, mit denen bestimmte Schutzziele erreicht werden sollen. Diese
werden im allgemeinen durch Verhaltensvorschriften für Behörden ergänzt. Emissionsauflagen definieren beispielsweise Belastungswerte, die nicht überschritten
werden dürfen und auf deren Basis die Umweltschutzbehörden Genehmigungen
für Neuanlagen oder nachträgliche Anordnungen für Altanlagen erteilen (vgl.
Abbildung 3).

**Abbildung 3:**          Systematik von Umweltauflagen

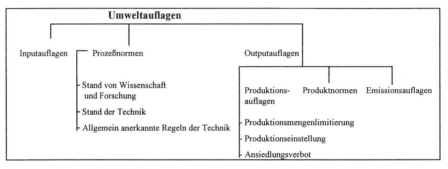

Quelle: Faber et al. (1989:50)

Gebote zielen darauf ab, gewisse Umweltbelastungen zu verringern, während
Verbote bestimmte Tätigkeiten vollständig unterbinden sollen, z. B. die Anwendung einer bestimmten Technik (vgl. Tischler 1994:159). Die Einhaltung dieser
Vorschriften wird durch den Staat kontrolliert und ihre Nichteinhaltung bestraft.
    Eine modelltheoretische Analyse der Wirkung von Umweltstandards und –auf-
lagen (vgl. Stephan 1987) zeigte, daß durch diese Instrumente Anreize für Innovationen und zur Einführung neuer umweltfreundlicher Techniken ausgehen. Es
zeigt sich aber, daß der Umfang der Innovationswirkung, d. h. das Ausmaß, die
Einführungsgeschwindigkeit und die Art der Umweltschutzmaßnahmen, von den
technologischen Möglichkeiten abhängig ist. Da diese überwiegend im Bereich
von End-of-Pipe-Technologien liegen, beschränkt sich der technische Fortschritt
zumeist auf Wirkungsgradverbesserungen. Der Einfluß von Auflagen auf den
umwelttechnischen Fortschritt wird darum in der Literatur mit weitgehender
Übereinstimmung als gering bewertet (siehe hierzu und für die folgenden Ausführungen u. a. Klemmer 1990; Faber et al. 1989; Endres 1987; Hansmeyer/Schnei-
der 1990; Walter 1989). Corfee-Morlot und Jones (1992:17) führen aber an:
"command and control systems do not always have negative impacts on technological progress. For example, regulatory bans have sometimes forced the development and penetration of new pollution control technologies".

Überwiegend wird jedoch darauf verwiesen, daß Auflagen die teuerste Alternative der umweltpolitischen Instrumente darstellen. Eine Differenzierung zwischen verschiedenen Emittenten ist mit dem Auflageninstrumentarium schwierig, so daß die Verursacher - unabhängig von ihren individuellen Vermeidungskostenstrukturen - gleichbehandelt werden. Effiziente individuelle Anpassungen werden darum verhindert, und ökonomische Effizienz könnte nur im (unrealistischen) Fall erreicht werden, daß die Grenzvermeidungskosten aller betroffenen Emittenten identisch sind.

Im Instrumentenvergleich gelten Auflagen eher als innovationshemmend, da Restemissionen, d. h. Emissionen die unterhalb der gesetzten Norm liegen, für den Emittenten keine Kosten verursachen und damit ein Interesse für weitergehende Minderungsmaßnahmen nicht mehr besteht. Ein solcher Anreiz würde nur dann bestehen, wenn der Grenzwert durch Betriebskosten senkende umwelttechnische Innovationen unterschritten werden kann. Dies könnte sich jedoch für die Unternehmen als ein Nachteil erweisen. Die erreichten Reduktionen könnten der Behörde signalisieren, daß weitere Emissionsminderungen technisch realisierbar sind und eine Verschärfung der Auflagen möglich ist, so daß auch andere Anlagen die schärferen Auflagen erfüllen müssen und weitere Kosten entstehen (vgl. Weimann 1991; Georg et al. 1992:547).

Wenn Auflagen die Genehmigung zur Umweltnutzung von der Erfüllung bestimmter technischer Anforderungen abhängig machen, um Neuanlagen an die technische Entwicklung anzupassen und die Instrumentenwirkung zu dynamisieren, dann wird der technische Fortschritt durch diese staatlichen Vorgaben geprägt.[9] Der Technikstandard muß von allen Emittenten eingehalten werden. Im Sinne des Untersuchungsgegenstandes fördert ein solcher direkter Eingriff der Umweltpolitik damit zwar technischen Fortschritt, jedoch keinen dynamischen technischen Fortschritt. Verstärkt wird dieser Effekt durch die Notwendigkeit der Behörden, aufgrund von Informationsmängeln und von Entscheidungs- oder Novellierungsdefiziten, den "Stand der Technik" in Abstimmung mit den Emittenten festzulegen (vgl. Rennings et al. 1996:98). Die Innovationswirkung wird dadurch insofern eingeschränkt, als der Stand der Technik für die Emittenten im Entscheidungsprozeß eine endogene Größe ist. Es ist zu erwarten, daß die Emittenten die technische Machbarkeit und die wirtschaftliche Vertretbarkeit strengerer Auflagen bestreiten und dann keine anspruchsvollen Forderungen gestellt werden (vgl. hierzu u.a. Weimann 1991:187ff.; Heister/Michaelis 1990:271; Gawel 1991:31).

Der Erlaß einer Rechtsverordnung zum Stand der Technik sowie dessen Fortschreibung zieht einen langen Instanzenweg nach sich, da Informationen über die angewendeten fortschrittlichen Verfahren gesammelt werden müssen und die generelle Anwendbarkeit neuer Verfahren unter Einbeziehung von Experten erörtert werden muß. Für eine effiziente Auflagenpolitik müßten damit innerhalb

---

9    Dies geschieht in der Regel durch Prozeßnormen nach dem Stand der Technik, der
     von Endres (1987:61) beschrieben wird als "... ein fortschrittliches Verfahren der
     Emissionsvermeidung, dessen Anwendbarkeit gesichert sein muß und von dem die
     regulierende Behörde Kenntnis haben muß".

der Behörden Kenntnisse über eine Vielzahl von Produkten und Aktivitäten, die mit Emissionen verbunden sind, vorhanden sein. Die Verwaltung müßte alle Reduktionsmöglichkeiten kennen, eine kostenminimale Vermeidungspolitik berechnen und die entsprechenden Auflagen vorschreiben können (vgl. Hansmeyer/ Schneider 1990:29). Schließlich müßten Veränderungen dieser Daten ständig berücksichtigt und die erlassenen Vorschriften kontrolliert werden. Der Stand der Technik kann darum bis zu seiner verbindlichen Einführung an Fortschrittlichkeit einbüßen oder wie Endres (1987:62) bemerkt, statt dem Stand der heutigen Technik eher "... dem umgangssprachlichen Begriff des Stands der Technik von gestern entsprechen".

Die Gefahr einer Verschärfung von Auflagen und der Fortschreibung des Stands der Technik für Altanlagen kann dazu führen, daß eine technische Anpassung oder ein Ersatz der Anlagen möglichst lange hinausgeschoben wird (vgl. Hohmeyer/Koschel 1995:26). Dies gilt insbesondere, wenn aus Bestandsschutzaspekten, wie beispielsweise beim Bundesimmissionsschutzgesetz (§ 7 Abs. 2 BImSchG), bestimmte Anpassungsfristen für die Nachrüstung von Altanlagen gewährt werden. Eine frühzeitige Auflagenerfüllung oder der Bau einer neuen Produktionsanlage wäre nur mit weiteren Kosten verbunden. Der Einsatz neuer Anlagen und somit grundlegende Innovationen werden erst erfolgen, wenn die Kostenvorteile der Verursacher aus technischem Fortschritt größer sind als die Kostennachteile durch verschärfte Emissionsvorschriften. Weimann (1991:194) spricht darum von Auflagen als einem Instrument, welches einen Strukturwandel in Richtung umweltschonender Technologien verzögert.

Mit einer steigenden Zahl wird für die Behördern schließlich auch die Überwachung der Einhaltung ordnungsrechtlicher Regelungen immer schwieriger. Mit steigenden Vollzugsproblemen vermindert sich das Risiko von Emissionskontrollen und die Gefahr von Strafen bei der Überschreitung der vorgeschriebenen Emissionsgrenzen, so daß die Innovationswirkungen immer schwächer werden (vgl. Rennings et al. 1996:85).

### 3.2.2    Innovationswirkungen von Umweltabgaben

Baumol/Oates entwickelten aus der Tradition des Pigou-Ansatzes heraus den Standard-Preis-Ansatz, bei dem eine partielle Internalisierung der externen Kosten durch eine Umweltabgabe erfolgt. Als Umweltabgaben werden Geldleistungen bezeichnet, welche der Staat zur Durchsetzung von Umweltschutzzielen verlangt. Unter dem Oberbegriff der Umweltabgaben können Umweltsteuern, Umweltgebühren und -beiträge sowie Umweltsonderabgaben subsumiert werden (siehe hierzu Hohmeyer/Koschel 1995:60; Zimmermann et al. 1996:23).

Umweltabgaben schreiben im Gegensatz zu ordnungsrechtlichen Lösungen keine verbindlichen Normen vor. Durch einen fixierten Preis der Umweltnutzung können Umweltabgaben der Erzielung von Staatseinnahmen für umweltbezogene Maßnahmen dienen oder das Ziel haben, einen finanziellen Anreiz für freiwillige und individuelle Anpassungen zur Vermeidung oder Verringerung von Umweltbelastungen zu bieten. Bemessungsgrundlagen sind u.a. Emissions-, Input- oder Produktmengen (vgl. Abbildung 4).

Im Gegensatz zu ordnungsrechtlichen Maßnahmen ermöglichen Abgaben eine gesamtwirtschaftlich effiziente Allokation. Jeder Emittent kann entsprechend seiner individuellen Grenzvermeidungskosten abwägen, in welchem Umfang Umweltschutzmaßnahmen ergriffen werden. Anpassungsreaktionen erfolgen, wenn die nötigen Innovationen kostengünstiger als die Zahlung der Abgaben sind. Bei Abgaben bestehen die Kosten aus den Vermeidungskosten und der Abgabenschuld auf die Restemissionen (vgl. Cansier 1993:155ff.).

Die Kostenpflichtigkeit unterstützt die Suche nach umweltsparenden, belastungs- und kostenvermeidenden Lösungen und damit auch den direkten umweltsparenden technischen Fortschritt, welcher sowohl Emissionen als auch Immissionen vermindert (vgl. Corfee-Morlot/Jones 1992:17). Je größer der Kostenvorteil, desto größer ist der Anreiz für Innovationen. Die entscheidende Wirkung wird dabei durch die Abgabenhöhe erzielt. Gerade die Festsetzung der zieladäquaten Abgabenhöhe ist in einem politischen Prozeß aber nur schwer möglich. Für eine anreizeffiziente Festlegung des Abgabensatzes sind Informationen über die Grenzvermeidungskosten aller Verursacher nötig, welche in der Realität aber nicht vorliegen. Für die umweltpolitische Praxis ist darum beispielsweise eine schrittweise Erhöhung an den notwendigen Abgabensatz über einen längeren Zeitraum möglich (vgl. DIW 1994:99ff.).

**Abbildung 4:**        Systematik der Umweltabgaben

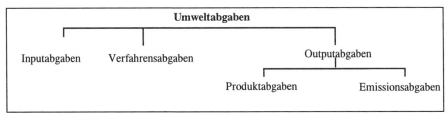

Quelle: Faber et al. (1989:52) (modifiziert)

Innovationsanreize werden durch Abgaben sowohl in der Wahrnehmungs- als auch in der Zahlungs- und Inzidenzphase gegeben (vgl. Rennings et al. 1996:86ff.). In der Wahrnehmungsphase haben Abgaben eine Signalwirkung, die die betroffenen Unternehmen veranlaßt, entsprechend ihrem Kostenkalkül technologische Innovationen oder Produktionseinschränkungen vorzunehmen. Für die anschließend noch gegebene Umweltnutzung muß nach Einführung einer Abgabe gezahlt werden. Damit besteht die dynamische Anreizwirkung, durch die Entwicklung umweltfreundlicherer und kostengünstigerer Technologien die Restverschmutzung weiter zu verringern (vgl. Gawel 1991:37). Markt- und Preiswirkungen treten schließlich auf, wenn in der Inzidenzphase versucht wird, die zusätzliche Kostenbelastung durch die Abgabenzahlung über die Preise auf andere Wirtschaftssubjekte abzuwälzen. In Abhängigkeit von den bestehenden Marktgegebenheiten (Nachfrage- und Angebotselastizitäten) kommt es auf vor- oder nachgelagerten Märkten zu Nachfrageverschiebungen zugunsten umweltfreundlicherer Produkte und dadurch zu entsprechenden Innovationsanreizen für Unternehmen.

### 3.2.3    Innovationswirkungen von Umweltzertifikaten

Umweltzertifikate werden von einer staatlichen Behörde ausgestellt und können zwischen Unternehmen gehandelt werden. Jedes Zertifikat garantiert ein mengenbeschränktes zeitliches Emissionsrecht, welches den Eigentümer zu der Schadstoffemission in spezifizierten Umweltmedien berechtigt. Die Summe der ausgegebenen Emissionsrechte entspricht dem vom Staat gewünschten Gesamtemissionsvolumen. Zertifikate - wie auch andere umweltpolitische Instrumente - setzen somit Kenntnisse über die angestrebten Umweltqualitätsziele und damit über die zulässigen Gesamtemissionen voraus. Diese Kenntnisse sind in staatlichen Behörden insbesondere im Luftreinhaltebereich vorhanden. Hier werden beispielsweise für $SO_2$ über den Critical-Loads-Ansatz Emissionsreduktionsziele für europäische Staaten abgeleitet. In anderen Bereichen, wie im Abfall- oder im Bodenschutzbereich, liegen hingegen Informationsmängel vor. Dort besteht die Gefahr, daß zu viele oder zu wenige Zertifikate ausgegeben werden und infolgedessen die ökologische Effektivität eingeschränkt wird, nur schwache Innovationsimpulse gegeben oder künstliche Marktzutrittsbeschränkungen geschaffen werden.

Im Handel mit den Zertifikaten bildet sich ein Preis heraus, der die Knappheit des Umweltgutes widerspiegelt und im Marktgleichgewicht den gesamtwirtschaftlichen bzw. den individuellen Grenzvermeidungskosten der Emittenten entspricht (vgl. Laffont/Tirole 1994:556). Emittenten, deren Grenzvermeidungskosten geringer als der Marktpreis der Zertifikate sind, werden solange Emissionen reduzieren, bis der Preis der Zertifikate und die marginalen Vermeidungskosten identisch sind.

Im Analogie zu den oben beschriebenen Abgaben bewirken Zertifikate einen permanenten Innovationsanreize. Im Zuge der Einführung emissionssenkender neuer Techniken können freigewordene Zertifikate auf dem Markt verkauft werden (vgl. Bonus 1984:171). Dabei kann ein Erlös erzielt werden, dessen Höhe durch die Differenz zwischen Marktpreis und Grenzvermeidungskosten determiniert wird und der zur Finanzierung der neuen Technologien eingesetzt werden kann. Emittenten mit Grenzvermeidungskosten über dem Marktpreis von Zertifikaten legalisieren ihre Emissionen durch den Kauf von Zertifikaten. Dieser Anreiz besteht, solange die Opportunitätskosten der Nutzung von Zertifikaten gegen Null tendieren (vgl. Bergmann et al. 1996:10). Damit bestehen sowohl beim Erstvergabeverfahren des Grandfathering als auch bei Versteigerungen von Zertifikaten Innovationsanreize. Während eine Untersuchung von Tietenberg (1994:27) zeigt, daß die Innovationsimpulse einer Erstvergabe der Zertifikate, bei welcher die bisher genehmigten Restemissionen kostenmäßig nicht belastet werden, gegenüber einer Versteigerung niedriger sind, stellen Requate und Unold (1997) keine Unterschiede fest.

Die Grenzvermeidungskosten sind jedoch nicht dauerhaft fix, sondern durch technischen Fortschritt veränderbar. Es können neue, rationellere und billigere Vermeidungstechnologien eingeführt werden, oder die Emissionsmenge kann, bei konstanter Produktionsmenge, durch die Weiterentwicklung von Produktionsanlagen bzw. durch die Substitution von Einsatzstoffen verringert werden. Im Zuge verstärkter Vermeidungsaktivitäten und der Weiterentwicklung von Technologien kommt es jedoch zu einem Rückgang der Nachfrage nach Zertifikaten und damit zu einem Kursverfall der Zertifikate, so daß die dynamische Anreizwirkung dieses Instruments bei konstantem ökologischen Rahmen auf Dauer verloren geht (vgl. Gawel 1991:43; Laffont/Tirole 1994; Requate 1995:295ff.).

Technischer Fortschritt wird durch Zertifikate somit bewirkt, wenn ein bestimmter Emissionsstandard mit neuen Technologien zu geringeren Gesamtkosten zu erreichen ist (vgl. Endres 1985). Eine Eigendynamik, durch welche Emissionsreduktionen über das gesetzte Mengenziel hinaus bestehen, existiert bei Zertifikaten nicht. Dies wird bei konstantem ökologischen Rahmen nur erreicht, wenn die Wirtschaft wächst, oder bei variablem ökologischen Rahmen, indem die Zertifikate durch staatliches Eingreifen abgewertet werden, d. h. der Nennwert in Emissionseinheiten wird herabgesetzt.

Bemängelt wird an einer Zertifikatepolitik die Möglichkeit, durch die Hortung von Emissionsrechten Marktzutrittsschranken zu schaffen, da neue und eventuell innovative Unternehmen mit modernen Produktionsanlagen beziehungsweise umweltfreundlichen Produkten keine Emissionsrechte kaufen können oder deren Preis durch das knappe Angebot zu hoch ist (vgl. Weimann 1991).

Die Gültigkeitsdauer von Zertifikaten schließlich hat ebenfalls Einfluß auf die Innovationseffekte von Zertifikaten. So erlauben zeitlich befristete Zertifikate den Behörden zwar eine höhere Flexibilität, um auf neue politische Vorgaben oder geänderte ökologische Rahmenbedingungen zu reagieren. Die damit verbundene Unsicherheit für die betroffenen Unternehmen bedingt jedoch vor allem schnell umsetzbare und kostengünstige Innovationen, die im technischen Bereich überwiegend den Einsatz nachgeschalteter Umweltschutzmaßnahmen erwarten läßt. Eine bessere Planungsgrundlage bieten zeitlich unbefristete Zertifikate, wobei die Behörden neue ökologische Ziele durch rechtzeitig angekündigte Abwertungsmaßnahmen vornehmen können. Unternehmen können dann entweder Zertifikate zukaufen oder versuchen, ihre Schadstoffemissionen durch Innovationsanstrengungen zu verringern.

### 3.2.4    Innovationswirkungen von Haftungsrecht

Die Zielsetzungen des Haftungsrechts beruhen auf dem Gedanken der Schadenskompensation und der Schadensprävention. Für die Frage der Innovationswirkung
sind primär die Aspekte der Prävention von Bedeutung, die das Haftungsrecht
über finanzielle Anreize erreicht.[10] Haftungsrecht löst im Gegensatz zu ordnungsrechtlichen Maßnahmen keinen Suchprozeß in einem bestimmten Suchkorridor
aus, sondern einen dezentralen Suchprozeß nach möglichen Schadensursachen
und -quellen sowie Substitutionsmöglichkeiten.

Mit dem Haftungsrecht ist die Aussicht verbunden, daß Wirtschaftssubjekte im
Fall einer Schädigung zu finanziellen Ersatzleistungen verpflichtet werden, falls
ihre Produktion bzw. ungenügende Vorsorgemaßnahmen für den Schadensfall
und dessen Umfang verantwortlich sind. Dies soll bewirken, daß potentielle Schädiger die Folgen ihres Handelns auf Dritte in ihren Entscheidungen berücksichtigen und Maßnahmen zur Verringerung bzw. Vermeidung solcher Risiken ergreifen, d.h. Innovationen durchführen.

Das Haftungsrecht überläßt Wirtschaftssubjekten in Abhängigkeit von ihrer Ri-
sikobereitschaft die freie Wahl der zu ergreifenden Maßnahmen. So wird ein risi-
kofreudiges Wirtschaftssubjekt bereit sein, die Vorsorge auf einem niedrigeren
Niveau zu belassen als ein risikoaverses Wirtschaftssubjekt. Das individuelle
Anpassungsverhalten und somit der Umfang der Präventionswirkung ist offen.
Der Wirkungsgrad dieses zivilrechtlichen Instrumentariums kann daher nicht
eindeutig festgelegt werden; vielmehr kann nur der Rahmen angegeben werden,
innerhalb dessen sich die Innovationswirkungen des Haftungsrechts entfalten
können.

Das bestehende Haftungssystem zeichnet sich durch das Nebeneinander zweier
Haftungsprinzipien aus, zum einen der Verschuldenshaftung und zum anderen der
Gefährdungshaftung. Aus der Summe der verursachten Schäden sollen bei der
Verschuldenshaftung nur diejenigen zu einer Belastung des Schädigers führen, bei
deren Eintritt diesen ein Verursachungsverschulden trifft. Der Verschuldensvor-
wurf geht bei den im Zusammenhang mit dem Einsatz von Techniken bestehenden Risiken zumeist dahin, die gebotenen Sorgfaltspflichten im Umgang mit der
jeweiligen Situation verletzt zu haben. Die Innovationsanreize, die von der Verschuldenshaftung ausgehen, sind in der Regel statischer Natur. Die Bestimmung
des jeweiligen Sorgfaltsstandards erfolgt in der Praxis durch die Rechtsprechung,
bei deren Einhaltung eine Inanspruchnahme im Falle der Verschuldenshaftung
nicht zu erwarten ist. Diese Anreize sind damit denen des ordnungsrechtlichen
Instrumentariums verwandt.

Die Gefährdungshaftung trägt dem Umstand Rechnung, daß die Nutzung moderner Techniken mit jeweils spezifischen Risiken verbunden ist. Aus der Nutzung dieser Technik ist der Anwender einerseits berechtigt, entstehende Gewinn-
und Einkommensvorteile zu ziehen, andererseits ist er jedoch verpflichtet, die

---

10    Für eine ausführlichere Diskussion vgl. Hemmelskamp/Neuser (1993:48ff.)

Verantwortung für die jeweiligen Risiken zu übernehmen. Sofern aus der Realisation dieser Risiken ein Schaden entsteht, stellt dies einen ausreichenden Zurechnungsgrund seiner Haftungsverpflichtung dar. Der wirtschaftliche Handlungsspielraum von Wirtschaftssubjekten wird verursachergerecht über die Wirkungen von Aktivitäten auf die Umwelt begrenzt. Ein Wirtschaftssubjekt kann sich dadurch nicht wie im Falle der Verschuldenshaftung auf die Einhaltung von Anordungen oder behördlichen Genehmigungen berufen, d. h es besteht ein latentes Restrisiko, welches einen stetigen Anreiz liefert, bekannte und unbekannte Gefährdungen zu verringern (vgl. u.a. Klemmer 1991:148f.; Nicklisch 1992:294ff.). Die Gefährdungshaftung kann ein generelles und dynamisches Interesse an Innovationen wecken, wenn davon ausgegangen wird, daß mit zunehmender Vorsorge die Schadenskosten sinken. Forschungs- und Entwicklungsaktivitäten zur präventiven Schadensvermeidung und -begrenzung können dann die Wahrscheinlichkeit des Eintretens und die Höhe von Schadensregulierungskosten reduzieren.

Die Innovationswirkungen relativieren sich jedoch, da es in der Rechtspraxis oftmals zu Einschränkungen des Haftungsumfangs kommt. So wird beispielsweise im bundesdeutschen Produkthaftungsgesetz (§1,II, Nr.5) die Haftung für Entwicklungsrisiken ausgeschlossen. Hierunter sind solche Schäden zu verstehen, die sich aus der Realisierung eines Risikos ergeben, das im Zeitpunkt der Veräußerung des Produktes nicht erkennbar war. Die Präventionswirkung des bundesdeutschen Produkthaftungsgesetzes beschränkt sich durch diesen Ausschluß darauf, die bisher bekannten Risikofaktoren eines Produktes zur Abschätzung des Haftungsrisikos zusammenzustellen und Maßnahmen zur Vermeidung dieser Risiken zu ergreifen. Ein Anreiz dafür, auch diejenigen Risiken aufzugreifen, die bisher noch nicht experimentell bestätigt wurden, besteht hingegen nicht (vgl. Taschner/ Frietsch 1990:§1 Rz 101). Im Gegenteil sichert die ausbleibende Nachforschung den jeweiligen Standard der bekannten Risiken und damit das jeweilige Haftungsniveau.

Das Risiko einer unbeschränkten Haftung für verursachte Schäden kann Innovationen bewirken, da zu erwarten ist, daß Wirtschaftssubjekte durch Weiter- oder Neuentwicklungen das Risiko von Schäden reduzieren bzw. durch die Einstellung von risikoreichen Verfahren die Gefahr gänzlich vermeiden. Eine Haftungsbegrenzung, wie beispielsweise im Umwelthaftungsgesetz (UmweltHG) auf 160 Mio DM für Personen- und Sachschäden, kann bewirken, daß Dritte bei Schäden oberhalb der Haftungsobergrenze einen Teil der Schäden tragen müssen. Wirtschaftssubjekte werden dann ihre betriebliche Vorsorge maximal am möglichen Schadensersatz und nicht am Erwartungswert des Schadens treffen. Übersteigt der Schaden diesen Betrag, muß der Schädiger nur einen Teil der Kosten tragen. Eine vollständige Internalisierung ist dann vermutlich nicht möglich, und auch die innovatorischen Effekte werden nicht vollständig erreicht (vgl. Karl 1992:185).

In der Realität stellt sich das Problem, daß ein bestrittener Schadensersatzanspruch vom Geschädigten vor einem Zivilgericht nachgewiesen werden muß. Dazu ist insbesondere auch der Nachweis der Kausalität zwischen der potentiell schädigenden Handlung und dem eingetretenen Schaden erforderlich. Die Informationen für einen solchen Nachweis liegen gerade bei den Gefahren moderner Technologien nur sehr unzulänglich vor (vgl. Endres et al. 1992:101). Diese Kenntnisse können bei Unternehmen und Genehmigungsbehörden vorhanden sein, bei Geschädigten jedoch in der Regel nicht. Für das hier interessierende Thema der Innovationswirkungen des Haftungsrechts spielen diese Entwicklungen des Kausalitätsnachweises eine bedeutende Rolle. Wenn die verursachergerechte Zuordnung von Schäden durch Beweiserleichterungen verbessert werden kann, so könnten für Unternehmen die "tatsächlichen" Kostenbelastungen sichtbar werden. Darüberhinaus können potentielle Umweltnutzer angeregt werden, Schäden zu vermeiden und die Wahrscheinlichkeit für Stör- und Unfälle, u.a. durch verbesserte Meß- und Kontrollverfahren, zu verringern.

Im aktuellen deutschen Umwelthaftungsgesetz soll die Beweisschwierigkeit durch eine gesetzliche Ursachenvermutung verringert werden (vgl. Fees 1995:23). So wird festgelegt, daß eine Anlage einen Schaden verursacht hat, wenn die Anlage geeignet ist, den Schaden zu verursachen. Die Eignung einer Anlage, den eingetretenen Schaden verursacht zu haben, muß im Einzelfall nachgewiesen werden. Um den Informationsmangel für den Beweis der Vermutungsbasis der Geschädigten und damit die Durchsetzung von Ansprüchen zu erleichtern, sind Auskunftsansprüche gegenüber dem vermeintlichen Schädiger und gegen Behörden enthalten. Durch derartige Beweiserleichterungen kann es jedoch auch zu einer Haftung für Schäden kommen, die nicht vom Unternehmen zu verantworten sind. Dieser Gegeneffekt könnte ebenfalls Auswirkungen auf die Techniksteuerung des Haftungsrechts besitzen, da mit der Verdachtshaftung für jegliche Schäden gehaftet werden muß und es nicht mehr auf eigene Vermeidungsaktivitäten ankommt. Die im bundesdeutschen Umwelthaftungsrecht getroffene Beweiserleichterung der Ursachenvermutung muß vor diesem Hintergrund betrachtet werden. Sie gilt nicht, wenn eine Anlage bestimmungsgemäß betrieben wurde, d. h. wenn die öffentlich-rechtlichen Genehmigungsvorschriften eingehalten wurden und keine Betriebsstörung vorliegt, sowie wenn im Einzelfall andere Gegebenheiten gleichfalls den Schaden verursachen können. Dadurch wird die Einhaltung des technischen Standards begünstigt und Innovationen, die im Fall Haftungsverpflichtung möglich wären, stark eingeschränkt (vgl. Nicklisch 1992:297).

Zusammenfassend ist festzustellen, daß in der ökonomischen Theorie die Gefährdungshaftung im Hinblick auf die dynamische Innovationswirkung der Verschuldenshaftung überlegen ist. Die Implementierung muß jedoch vor dem Hintergrund rechtsstaatlicher Erfordernisse gewisse Einschränkungen erfahren. Diese Einschränkungen können das Verursacherprinzip abschwächen und teilweise sogar beabsichtigten Innovationswirkungen entgegenlaufen. Die vom Haftungsrecht ausgehenden statischen bzw. dynamischen Innovationsimpulse gehen inbesondere dort über die durch das ordnungsrechtliche Instrumentarium implizierten Wirkungen hinaus, wo bisher eine ungesicherte Informationsbasis besteht.

### 3.2.5    Innovationswirkungen des Umwelt-Audits

Freiwillige und informatorische Maßnahmen sind Handlungen, die zur Umsetzung umweltpolitischer Zielsetzungen beitragen, ohne explizit vorgeschrieben zu sein. Mit der zunehmenden Bedeutung umweltorientierter Ziele gewinnen proaktive, d. h. im Vorfeld eigentlicher Gesetze wirkende Maßnahmen für Unternehmen immer mehr an Bedeutung. Eine besondere Bedeutung haben zur Zeit Umwelt-Audits.[11] Umwelt-Audits sind Evaluationen, mit denen das Umweltschutzinstrumentarium und die umweltrelevanten betrieblichen Tätigkeiten regelmäßig überprüft, bewertet und weiterentwickelt werden können. Vor dem Hintergrund der Innovationswirkungen kann das Umwelt-Audit erreichen, daß die Unternehmensleitung, aber auch andere Unternehmensbereiche wie Forschung und Entwicklung, Beschaffung, Produktion, Vertrieb und Entsorgung bzw. Recycling direkt in die Umweltpolitik eingebunden werden. Die damit verbesserte Transparenz der Unternehmensfunktionen kann bislang nicht erkannte Ansatzpunkte für umweltentlastende Maßnahmen identifizieren und zu ökonomisch effizienteren, insbesondere produktionsintegrierten Umweltschutzmaßnahmen hinführen.

Die Vorteile von Umwelt-Audits versucht die EU-Kommission mit der EG-Umwelt-Audit-Verordnung zu nutzen (für einen Überblick siehe u.a. Ensthaler et al. 1996). Diese Verordnung wurde am 29.6.1993 vom Europäischen Rat angenommen und gilt seit April 1995 (vgl. Rat der Europäischen Gemeinschaften 1993). Ein Ablaufschema des EG-Umwelt-Audits ist in Abbildung 5 dargestellt. Ein Hauptanliegen der EG-Verordnung ist die Förderung der kontinuierlichen Verbesserung des betrieblichen Umweltschutzes.

Unternehmen, die sich am EG-Umwelt-Auditverfahren beteiligen, können eine Teilnahmeerklärung für die Öffentlichkeitsarbeit verwenden, wenn eine Überprüfung durch einen Gutachter positiv validiert wird. Mit dieser Konstruktion könnte das Instrument des Audit-Verfahrens einen erheblichen Bedeutungswandel erfahren und einiges von seiner innovativen Kraft verlieren. In der Vergangenheit wurde es in den Unternehmen als ein innerbetriebliches Instrument eingesetzt, das als umso erfolgreicher angesehen werden konnte, je mehr neue Schwachstellen erkannt bzw. Risikopotentiale bestehender Schwachstellen näher quantifiziert werden können. Im Rahmen der EG-Verordnung könnte sich ein Umwelt-Audit jedoch durch die Außendarstellung als ein ergebnisorientiertes Finalprogramm darstellen, bei dem nur ein Ergebnis angestrebt wird, das die wirtschaftlichen Interessen nicht schädigt.

Die Aufgabe des in der Verordnung vorgeschriebenen Umweltmanagementsystems besteht u.a. darin, zu gewährleisten, daß regelmäßig Umweltbetriebsprüfungen durchgeführt werden. In welcher Form und Tiefe die Überprüfung der Aufgaben des Umweltmanagementsystems realisiert werden soll, ist jedoch in der Verordnung nicht eindeutig beschrieben, so daß für die Durchführung der Umweltbetriebsprüfung weite Interpretationsspielräume offen stehen. Wird der Prü-

---

11    Vgl. für einen ausführlichen Überblick  Hemmelskamp/Neuser (1994:386ff.) oder Hemmelskamp et al. (1994:199ff.)

fungsumfang in einem engeren Sinne interpretiert, der das Auseinanderfallen von
Prüfungskriterien und Ermittlungstiefe ausnutzt, reichen oberflächliche Maßnahmen. So können die Kriterien der Verordnung durch die Erstellung von Handbü-
chern, Arbeitsanweisungen oder ähnlichen Nachweisen formal erfüllt werden,
ohne daß entsprechend gründliche Überprüfungen der Ist-Situation vorgenommen
werden. Wird der Prüfungsumfang hingegen im Zusammenhang mit dem Verord-
nungsziel einer kontinuierlichen Verbesserung des betrieblichen Umweltschutzes
gesehen, so muß er in einem weiteren Sinne interpretiert werden und über ein
Systemaudit hinausgehen. Ein methodisches Hilfsmittel für einen umfassenden
Überblick über die ökologisch relevanten Auswirkungen können betriebliche
Öko-Bilanzen sein.[12] Die damit dokumentierten Informationen können dann die
Grundlage für zielgerichtete umweltschutzorientierte Innovationsentscheidungen
darstellen.

**Abbildung 5:**        Ablaufschema des EG-Umwelt-Audits

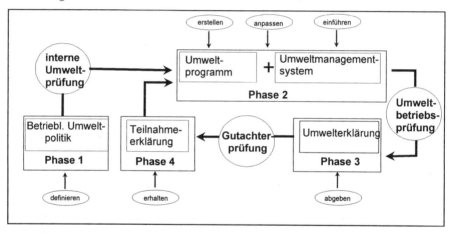

Die EG-Umwelt-Audit-Verordnung schreibt weiterhin vor, daß die am System
teilnehmenden Unternehmen nicht nur alle einschlägigen Umweltvorschriften
einzuhalten haben, sondern darüber hinaus auch eine angemessene, kontinuierliche Verbesserung des betrieblichen Umweltschutzes, "wie es sich mit der wirtschaftlich vertretbaren Anwendung der besten verfügbaren Technik erreichen
läßt", erzielen müssen (Art. 3 der VO). Die Betriebe gehen selbstverständlich von
den am jeweiligen Standort geltenden, nationalen Umweltstandards aus. Dies
führt im Hinblick auf die verschiedenen Umweltstandards innerhalb der EU zu
materiell unterschiedlichen Prüfungsmaßstäben. Abgesehen hiervon setzt eine
Überprüfung der Einhaltung von Umweltvorschriften voraus, daß im jeweiligen

---

12    Der Bereich der Öko-Bilanzierungen ist aber, wie oben bereits erwähnt, noch im
      Diskussionsstadium.

Unternehmen bekannt ist, welche Vorschriften für den Standort überhaupt anzuwenden sind. Das Wissen um die einschlägigen Normen ist aber angesichts immer differenzierter werdender Anforderungen nicht einmal für die zuständigen Umweltverwaltungen ohne weiteres vorhanden (vgl. Lübbe-Wolf 1993:226).

Durch das Verordnungsverfahren wird das Problem der Kenntnis der einschlägigen Normen in die Unternehmen hinein verlagert und ein aufwendiger Soll-Ist-Vergleich (Compliance-Audit) notwendig, der kaum zu leisten ist (vgl. Heuvels 1993:45; Ensthaler et al. 1996:192). Die Festlegung des Umfanges der angemessenen, kontinuierlichen Verbesserung des betrieblichen Umweltschutzes durch Einsatz der besten, verfügbaren Technik ist durch ihre Anbindung an die "wirtschaftliche Vertretbarkeit" allein in die Verantwortung des Unternehmers gestellt, der einen Maßnahmenkatalog für den Standort aufstellen und Durchführungsfristen für die einzelnen Maßnahmen festlegen muß (vgl. Art. 2 lit c der VO). Der Prüfungsmaßstab besteht darin, festzustellen, wie hoch der Grad der Übereinstimmung zwischen geplanten und durchgeführten Maßnahmen ist (vgl. dazu Anhang II.F.2.b. der VO). Dies führt zu merkwürdigen Konstellationen. So kann beispielsweise ein Unternehmen mit bereits installierter, innovativer Technik nur auf vergleichsweise geringe Verbesserungen verweisen, wohingegen ein Unternehmen, welches mit solchen Maßnahmen erst beginnt, sensationelle Verbesserungsleistungen dokumentieren kann, ohne jedoch im Ergebnis den Standard des ersten Unternehmens zu erreichen. Oder es entsteht die Situation, daß ein Unternehmen, welches fortschrittliche Technologien und organisatorische Neuerungen einführen will und das damit verbundene Risiko zu tragen bereit ist und/oder kurze Durchführungsfristen festgelegt hat, die sich dann beispielsweise am Ende des jeweiligen Prüfungszeitraumes lediglich zu 75 % realisieren ließen, in der "Gesamtnote" schlechter abschneidet als ein Unternehmen, das nur branchenübliche Umweltziele realisieren möchte, diese aber jeweils zu 100 % realisiert (vgl. auch Wruk 1993:61). In der dargestellten Form stellt diese Regelung beinahe schon eine Aufforderung zum Innovationsverzicht dar. Ein Technologiesprung von einer überwiegenden Anwendung additiver Technologien hin zu einem vermehrten Einsatz prozeßintegrierter Technologien wird nur in geringem Maße unterstützt.

In Art. 12 der VO wird den nationalen und internationalen Normungsverbänden die Möglichkeit eingeräumt, Parallelnormen zu verabschieden, die durch die EU-Kommission anerkannt werden können. Mehrere Parallelnormen unterstellt, werden die Unternehmen bestrebt sein, sich nach jener Norm überprüfen zu lassen, welche die geringsten Anforderungen stellt, wodurch die Umweltschutzbemühungen auf den international verfügbaren Minimalstandard reduziert werden. Letztlich wird es so durch die Hintertür der privaten Normung zu einem Prüfungsdumping hinsichtlich des Prüfungsmaßstabes kommen, wenn die EU-Kommission von ihrem Anerkennungsrecht der Parallelnormen nicht sehr restriktiv Gebrauch macht.

Kleine und mittlere Unternehmen (KMU) der gewerblichen Wirtschaft werden aus Konkurrenzgründen oder aufgrund von Ansprüchen ihrer Abnehmer gezwungen sein, am EG-Umwelt-Auditverfahren teilzunehmen. Insbesondere bei kleinen und mittleren Unternehmen sind bislang kaum Elemente wie Qualitätssicherung vorhanden, auf denen Umweltmanagementsysteme aufbauen können. Erfahrungen mit der Einführung von Umweltmanagementsystemen in den Niederlanden zeigten, daß die Entwicklung von Umweltmanagementsystemen in Großunternehmen weit vorangeschritten war, während der Aufbau in kleinen Unternehmen durch Zeit- und Kapazitätsengpässe nur ungenügend vorangekommen war. "Kleine Unternehmen verfügen zumeist nicht über separate Umweltabteilungen, die eine derartige Einführung (eines Umweltmanagementsystems) initiieren und begleiten können" (van Someren 1994:49). Die Verordnung könnte darum gerade in diesen Unternehmen wirkungsvolle Innovationseffekte in bezug auf eine kontinuierliche Verbesserung des Umweltschutzes erreichen.

Zusammenfassend kann festgestellt werden, daß die EG-Umwelt-Audit-Verordnung einen Normierungsrahmen für ein bereits angewendetes internes Instrument des betrieblichen Umweltschutzes darstellt, welches um einen Kommunikationsaspekt erweitert wurde. Durch dieses Merkmal besteht die Gefahr, daß die Innovationswirkung des Umwelt-Audits zugunsten der reinen Erlangung einer Teilnahmeerklärung in den Hintergrund tritt.

### 3.2.6    Vergleichende Wirkungsanalyse

Die bisherigen Ausführungen decken weitgehend nur die in der umweltökonomischen Instrumentendiskussion dominierenden isolierten Untersuchungen der Innovationswirkungen einzelner umweltpolitischer Instrumente ab. Vergleichende Analysen mehrerer umweltpolitischer Instrumente wurden bislang nur vereinzelt durchgeführt. Zu nennen sind hier vor allem die grundlegenden Arbeiten von Downing/White (1986) und Milliman/Prince (1989).

Downing/White (1986:18ff.) gehen in ihrer Untersuchung davon aus, daß der Verschmutzer und der Innovator identische Akteure sind. Eine Berücksichtigung von Innovationen bei spezifischen Anbietern von Umwelttechnologien erfolgt nicht. Untersuchungsgegenstand ist nur die Innovation, jedoch nicht die Diffusion einer Neuerung. In drei Szenarien werden die Innovationswirkungen von Subventionen, handelbaren Zertifikaten, Auflagen und Abgaben untersucht. Im ersten Szenario wird angenommen, daß der Verschmutzer durch seine Innovation keinen wesentlichen Einfluß auf den Verschmutzungsgrad der Umwelt hat. Im zweiten Szenario beeinflußt die Innovation des Verschmutzers zwar den Verschmutzungsgrad. Der Staat wählt jedoch keine umweltpolitischen Maßnahmen, die die Anwendung der Innovation vorschreiben. Im dritten Szenario werden die Wirkungen eines staatlichen Eingriffs durch umweltpolitische Maßnahmen, die die Diffusion der Innovation fördern, untersucht. In den graphischen Analysen erweisen sich unter Innovationsgesichtspunkten vor allem Abgaben als vorteilhaft. Auflagen werden in jedem Szenario als mangelhaft beurteilt (vgl. Tabelle 3).

Milliman und Prince (1989:247ff.) untersuchen ebenso wie Downing und White die Innovationswirkungen von Abgaben, Auflagen und Subventionen und handelbaren Zertifikaten (Grand Fathering) und zusätzlich noch die Wirkung von durch Versteigerung zugeteilten Zertifikaten. Eine wesentliche Verbesserung zum Downing/White-Modell liegt in der Berücksichtigung von Innovationen bei speziellen Umwelttechnologieanbietern, wodurch der in der Realität vorherrschende Zukauf von Umwelttechnologie durch die Verschmutzer modelliert und die Erfassung der Diffusion von Umwelttechnologien erreicht wird. Die Innovationseffekte unterscheiden sich in den Modellen je nach dem, ob der Innovator ein Verschmutzer oder ein spezieller Technologieanbieter ist und ob eine Neuerung patentiert wird oder nicht. Grundsätzlich kommen sie zu dem Fazit, daß im Instrumentenvergleich Emissionsabgaben und durch Versteigerung zugeteilte Zertifikate am besten geeignet sind, um technischen Wandel zu fördern. Dabei sind Zertifikate aber Emissionsabgaben in der Bewertung überlegen (vgl. Milliman/Prince 1989:260).

**Tabelle 3:**    Innovationswirkungen umweltpolitischer Instrumente im Downing/White-Modell

|  | *Effluent fees* | *Subsidies* | *Marketable permits* | *Direct regulation* |
|---|---|---|---|---|
| No change in marginal conditions | Optimal | Optimal | Optimal | Deficient |
| Change in marginal conditions, no ratcheting | Excessive | Excessive | Indeterminate | Deficient |
| Change in marginal conditions, ratcheting | Excessive | Deficient | Deficient | Deficient |

Quelle: Downing/White (1986:28)

Ein Unterschied zur Arbeit von Downing/White ist die Berücksichtigung der in der politischen Ökonomie[13] diskutierten Einflußmöglichkeiten von Akteuren mit unterschiedlichen Interessen und Einflußmöglichkeiten im Implementationsprozeß umweltpolitischer Instrumente bei Miliman and Prince. Ein Schwachpunkt beider Modelle ist die Annahme einer optimalen Ausgestaltung der umweltpolitischen

---

[13]    Siehe hierzu die Arbeiten von Horbach (1992), Bressers/Huitema (1996) und Jänicke (1997)

Instrumente. Der Wirkung unterschiedlicher Ausgestaltungsaspekte umweltpolitischer Instrumenten, wie beispielsweise die Stringenz der Maßnahme, die zeitliche
Flexibilität oder die Sanktionsmechanismen bleiben unberücksichtigt.

## 3.3 Empirische Studien zu den Innovationseffekten einzelner umweltpolitischer Instrumente

### 3.3.1 Einführung

Empirische Studien zu den Wirkungen von Umweltregulierungen auf das Innovationsverhalten liegen nur in begrenzter Zahl vor. Zudem wird die Aussagekraft
dieser Studien stark eingeschränkt. So bemängeln Becher et al. (1990:109ff.)
beispielsweise Fallstudien bei Anbietern von Umwelttechnologien, die bis Ende
der achtziger Jahre vorlagen, aufgrund der zum Teil widersprüchlichen Ergebnisse
und der methodisch mangelhaften Forschungsansätze. Erst in jüngerer Zeit hat die
Zahl systematischer und umfangreicherer qualitativer Unternehmensfallstudien in
bestimmten Technologiebereichen oder einzelnen Branchen zugenommen (vgl.
beispielsweise Faber et al. 1994, Koschel 1994, Skea et al. 1995). Auch wurden
mehrere quantitative Untersuchungen auf der Basis primär- und sekundärstatisti-
scher Daten durchgeführt (vgl. Green et al. 1994, Jaffe/Palmer 1996 oder Hemmelskamp et al. 1995)
   Grundsätzlich werden empirische Untersuchungen zum umwelttechnischen
Fortschritt durch einen ungenügenden Datenbestand erschwert. In der Innovationsforschung werden beispielsweise zur Untersuchung des Innovationsverhaltens
verschiedene Output- und Inputindikatoren genutzt. Ein oftmals verwendeter
Outputindikator als Nachweis für die erfinderische Leistung eines Unternehmens
ist beispielsweise die Zahl der Patentanmeldungen (vgl. u. a. Kabla 1996). Für
Umweltschutztechniken wurde vom Deutschen Patentamt zwar eine interne Son-
derklassifikation erstellt, diese ist jedoch unvollständig, da aufgrund der schwierigen Erfassung integrierter Umweltschutztechnologien überwiegend Patente im
Bereich von End-of-Pipe-Technologien erfaßt werden (vgl. Hemmelskamp/Wer-
ner 1999). Schwierigkeiten bestehen auch bei der Ausweisung umweltschutzorientierter FuE-Ausgaben von Unternehmen. Grundsätzlich können in Deutschland
Daten über die Höhe von FuE-Ausgaben der FuE-Statistik des Stifterverbands
-Gemeinnützige Gesellschaft für Wissenschaftsstatistik mbH - entnommen werden.[14] Diese Statistik erfaßt jedoch keine speziellen Daten zu umweltorientierten

---

14  Der Stifterverband-Gemeinnützige Gesellschaft für Wissenschaftsstatistik mbH führt
    im Auftrag des BMBF alle zwei Jahre eine Erhebung zu den FuE-Aktivitäten im
    Wirtschaftssektor durch (siehe SV-Gemeinnützige Gesellschaft für Wissenschaftssta-
    tistik mbH div. Jg.).

FuE-Aktivitäten von Unternehmen. Hartje und Zimmermann (1988:16) haben aufgrund dieses Datenmangels darum bereits vor Jahren zu Recht auf eine entsprechende Lücke in der empirischen Umweltpolitikforschung hingewiesen.

Im folgenden werden Fallstudien und schriftliche Breitenerhebungen analysiert, um weitere Schlüsse über die Innovationswirkungen von Umweltregulierungen ziehen zu können.

### 3.3.2    Fallstudien

*Die Effekte des Blauen Engels bei schadstoffarmen Lacken*
Die bislang vorliegenden Wirkungsanalysen von Umweltzeichen beruhen auf Befragungen von Konsumenten zu ihrem Umweltbewußtsein und ihren daraus resultierenden Konsumpräferenzen. Rückschlüsse auf die Anreizwirkung von Umweltzeichen für technische Innovationen lassen sich daraus nicht ableiten. Im folgenden wird darum am Beispiel der überwiegend mit dem Blauen Engel ausgezeichneten Dispersionslackfarben quantitativ untersucht, welchen Einfluß ein Umweltzeichen wie der "Blaue Engel" auf die Entwicklung eines Produktes haben kann.[15]

Umweltzeichen informieren den Konsumenten über positive umweltrelevante Merkmale eines Produktes. Auf diese Weise sollen die Konsumenten zum Kauf umweltfreundlicher Produkte angeregt und die Industrie zu deren Produktion und damit zu entsprechenden umweltschonenden Innovationen veranlaßt werden (vgl. RAL 1993:3). In der Bundesrepublik Deutschland wird seit 1977 vom Deutschen Institut für Gütesicherung und Kennzeichnungen das Umweltzeichen Blauer Engel vergeben. Für den Blauen Engel können grundsätzlich alle Konsumgüter vorgeschlagen werden. Voraussetzung ist, daß sich die Produkte innerhalb ihrer Produktgruppe als relativ umweltfreundlich auszeichnen. Der Erfolg des Blauen Engels zeigt sich in der stark gewachsenen Nachfrage von Herstellern nach diesem Zeichen. Während 1987 erst etwa 2000 Produkte das Umweltzeichen führten, durften dies 1993 bereits knapp 4000 Produkte aus 77 Produktgruppen (vgl. UBA 1994:53).

Seit 1988 besteht die Möglichkeit für schadstoffarme Lacke einen Blauen Engel zu erhalten[16]. In der amtlichen deutschen Produktionsstatistik werden lösemittelarme bzw. lösemittelfreie Lacke und lösemittelhaltige Lacke in unterschiedlichen Produktgruppen erfaßt. Die hier gewählte Abgrenzung zwischen lösemittelarmen bzw. -freien und lösemittelhaltigen Lacken lehnt sich an die des Verbandes der

---

15    Die Fallstudie zu den Effekten des Blauen Engels bei Dispersionslackfarben wurde vom Autor im Rahmen einer Untersuchung für das BMWi zum Einfluß einer Tropenholzzertifizierung auf das Nachfrageverhalten durchgeführt (vgl. hierzu Hemmelskamp/Brockmann 1996a:544ff.; Brockmann et al. 1996:23ff.; Hemmelskamp/ Brockmann 1997:67ff.).

16    Für schadstoffarme Lacke wurde das Umweltzeichen RAL-UZ 12a und für Pulverlacke das Zeichen RAL-UZ 12b vergeben.

Lackindustrie e.V. an (vgl. Verband der Lackindustrie 1993). Lösemittelarme
bzw. -freie Lacke sind unter anderem Pulverlacke, Dispersionsfarben, Dispersionslackfarben oder Elektrophoreselacke. Lösemittelhaltige Lacke sind beispielsweise Alkydharzlacke, Celluloselacke oder Polyesterharzlacke. Nach Aussagen von Experten (Broß 17.9.1996) kann davon ausgegangen werden, daß die
Mehrzahl der in der Produktionsstatistik unter der Meldenummer 4641-81 aufgeführten lösemittelarmen bzw. -freien Dispersionslackfarben für Bautenanstriche
heute mit dem Blauen Engel ausgezeichnet ist. Direkte Substitutionsbeziehungen
in der Anwendung bestehen für Dispersionslackfarben vor allem zu lösemittelhaltigen Alkydharzlacken.

Auf der Basis einer vergleichenden Analyse der Produktionsentwicklung der
Dispersionslackfarben, der sonstigen lösemittelarmen und -freien Lacke sowie der
lösemittelhaltigen Lacke wird im folgenden versucht, Hinweise auf die Wirkung
des Blauen Engels abzuleiten[17]. Inwieweit die Produktionsentwicklung von anderen Faktoren als der Vergabe des Blauen Engels beeinflußt wird, kann im Rahmen
dieser Studie nicht untersucht werden. Es wird daher angenommen, daß alle Lacke
den gleichen Rahmenbedingungen unterliegen und der Blaue Engel und die mit
ihm in direktem Zusammenhang stehenden Produkteigenschaften (zum Beispiel
geringere Lösemittelemissionen) das einzige Differenzierungsmerkmal sind. Wirkungen auf den Gesamtabsatz von Lacken und Farben werden durch eine Betrachtung der Entwicklung der jeweiligen Anteile an der Gesamtproduktion aus
der Analyse eliminiert.

Aus Tabelle 4 wird deutlich, daß der Anteil der lösemittelarmen bzw. -freien
Lacke an der Gesamtproduktion im Zeitverlauf stetig zugenommen hat. 1986 lag
der Anteil dieser Lacke noch bei ca. 14% und stieg bis 1994 auf über 23% der
gesamten Lackproduktion in Deutschland an. Der Produktionsanteil der lösemittelhaltigen Lacke sank hingegen von 1986 bis 1994 von 86% auf unter 77%. Alkydharzlacke bzw. Dispersionslackfarben haben sich beide gemäß dem Trend
ihrer Produktgruppen verhalten. Der Anteil der Alkydharzlacke an der Gesamtproduktion sank von 28% in 1987 auf unter 22% im Jahre 1994. Die seit 1988 mit
dem Umweltengel ausgezeichneten Substitute von Alkydharzlacken, die umwelt-
freundlicheren Dispersionslackfarben, haben im gleichen Zeitraum ihren Anteil
von 2,7% auf über 5% erhöht. Der Produktionsanteil der Dispersionslackfarben
hat dabei jedoch weitaus stärker zugenommen als jener aller lösemittelarmen bzw.
-freien Lacke insgesamt. Parallel dazu sank der Anteil der Alkydharzlacke stärker
als der Produktionsanteil aller lösemittelhaltigen Lacke insgesamt. Aus der Produktionsentwicklung ist folglich ersichtlich, daß lösemittelfreie bzw. -arme Lacke
stark an Bedeutung gewonnen haben. Insbesondere der Produktionsanteil der mit
dem Blauen Engel ausgezeichneten Dispersionslackfarben konnte sich in
Deutschland überdurchschnittlich ausweiten, während das direkte Substitut, die
Alkydharzlacke, deutlich verloren haben.

---

17   Es ist dabei zu beachten, daß neben den Dispersionslackfarben auch Pulverlacke den
     Blauen Engel erhalten können. Bis 1993 wurde bei Pulverlacken jedoch kein Blauer
     Engel vergeben (vgl. RAL 1993:35ff.)

**Tabelle 4:**    Anteil der lösemittelarmen bzw. -freien Lacke und der lösemittelhaltigen Lacke an der Gesamtproduktion in den alten Bundesländern [in %]

| [%] | 1986 | 1987 | 1988 | 1989 | 1990 | 1991 | 1992 | 1993 | 1994 |
|---|---|---|---|---|---|---|---|---|---|
| Anteil lösemittelhaltiger Lacke an der Gesamtproduktion | 85,9 | 84,5 | 83,9 | 82,4 | 81,4 | 79,1 | 78,2 | 77,2 | 76,5 |
| Darunter Anteil Alkydharzlacke an der Gesamtproduktion | k.A. | 28,1 | 26,5 | 26,5 | 24,4 | 25,7 | 24,2 | 22,2 | 21,8 |
| Anteil lösemittelarmer bzw. -freier Lacke an der Gesamtproduktion | 14,1 | 15,5 | 16,1 | 17,6 | 18,6 | 20,9 | 21,8 | 22,8 | 23,5 |
| Darunter Anteil Dispersionslackfarben an der Gesamtproduktion | 2,4 | 2,7 | 3,1 | 3,7 | 4,1 | 4,0 | 4,3 | 4,9 | 5,2 |

Anmerkungen: k.A.: keine Angaben. Marktanteile wurden auf der Basis von Mengen berechnet.
Quelle: Statistisches Bundesamt, Fachserie 4, Reihe 3.1, div. Jg.; Verband der Lackindustrie, Jahresberichte 1993, 1994 und 1995. Eigene Berechnungen.

Die vorangegangenen Aussagen beziehen sich nur auf die Entwicklung der inländischen Produktion. Da es auch ausländische Verbraucher der betrachteten Produkte gibt und inländische Verbraucher auch importierte gleichartige Waren nutzen, müssen für eine Analyse der inländischen Anwendung von lösemittelarmen Lacken auch Außenhandelseffekte berücksichtigt werden. In Ergänzung zu der obigen Analyse der Produktionsentwicklung von Farben und Lacken erlauben die Daten der Außenhandelsstatistik durch die Berücksichtigung von Exporten und Importen Rückschlüsse auf die Entwicklung des inländischen Marktes für lösemittelhaltige und lösemittelarme bzw. -freie Lacke und Farben. Es wird deutlich, daß sich auch im inländischen Konsum, das heißt unter Berücksichtigung des Nettoaußenhandels, ein Trend zu lösemittelarmen bzw. -freien Lacken abzeichnet. Der Anteil der lösemittelarmen bzw. -freien Lacke am inländischen Verbrauch hat sich von 1989 bis 1994 von 16% auf über 22% erhöht, während sich der Marktanteil der lösemittelhaltigen Lacke in dieser Zeit von 84% auf knapp 77% verringert hat. Aus der Inlandsmarktentwicklung ist folglich ersichtlich, daß lösemittelfreie bzw. -arme Lacke stark an Bedeutung gewonnen haben.

Gespräche mit Vertretern von Industrieverbänden und Unternehmen, die im Rahmen dieser Arbeit durchgeführt wurden, machten deutlich, daß in der Regel weder bei privaten, noch bei gewerblichen Endverbrauchern de facto eine merklich erhöhte Zahlungsbereitschaft für umweltfreundliche Produkte zu beobachten ist (vgl. BMU 1996: 26). Vor allem von gewerblichen Endverbrauchern werden Preisnachteile von zertifizierten gegenüber nichtzertifizierten Produkten kaum akzeptiert, und ein zertifiziertes wird einem nichtzertifizierten Produkt nur bei Preisgleichheit vorgezogen. So konnten beispielsweise höhere Preise bei mit dem Blauen Engel ausgezeichneten Sägekettenölen aus pflanzlichen Ölen gegenüber Ölen aus fossilen Rohstoffen ohne Blauen Engel nicht durchgesetzt werden (Deutschmann 20.12.1994). Auch die Erfahrungen mit zertifizierten Kopiergeräten zeigen, daß einzig Kostenargumente eine Rolle spielen und Preisnachteile zertifizierter Produkte nicht akzeptiert werden (VDMA-Kopiergeräte 12/1994). Die Beispiele weisen auf die Problematik von Umweltzeichen für Hilfs- und Betriebsstoffe sowie für Rohstoffe hin, die nicht direkt wahrnehmbar im Endprodukt enthalten sind. Ihre Verwendung kann gegenüber dem Endverbraucher nur schwer werbewirksam deutlich gemacht werden.

Im verbrauchernahen Do-it-Yourself.Bereich hingegen ist der Einsatz des Blauen Engels ein wirkungsvolles Marketinginstrument, da er eine Produktdifferenzierung gegenüber Konkurrenzprodukten ermöglicht. Die erfolgreiche Umsetzung des Umweltbewußtseins der privaten Verbraucher in eine konkrete Kaufhandlung wird bei Lacken zusätzlich durch die persönliche Betroffenheit des Käufers durch toxische Emissionen bei der Nutzung lösemittelhaltiger Lacke begünstigt. Im Bereich der professionellen Anwender, wo der Einkäufer in der Regel nicht selbst den Ausdünstungen ausgesetzt ist, haben lösemittelfreie Lacke mit dem Blauen Engel aber eine geringere Bedeutung. Die Materialauswahl wird von diesen Anwendern weniger durch Umweltaspekte, sondern stärker durch Produkteigenschaften und durch den Preis bestimmt (vgl. OECD 1991:29). Dennoch ist auch im professionellen Bereich verstärkt festzustellen, daß z.B. öffentliche Auftraggeber die Verwendung von mit dem Blauen Engel augezeichneten Lacken fordern (Broß 17.9.1996).

Aus Umwelt- und Gesundheitsgesichtspunkten erwachsende Präferenzen haben dazu geführt, daß bei Dispersionslackfarben die beobachtete zunehmende Marktpenetration trotz steigender Preise erfolgte. Der durchschnittliche Produktionswert pro Tonne bei den mehrheitlich mit dem Blauen Engel versehenen Dispersionslackfarben konnte einen überdurchschnittlichen Anstieg verzeichnen. Der Wert hat sich von 1987 bis 1994 um über 60% erhöht. Hierin spiegeln sich die höheren Produktionskosten für schadstoffarme Lacke wider, da die Substitution der Lösemittel nur durch höherwertige Rohstoffe möglich ist. Die höheren Kosten lassen sich jedoch bislang an die Verbraucher weitergeben, da für umwelt- und gesundheitsschonende Lacke eine erhöhte Zahlungsbereitschaft festzustellen ist (Dödebrinck 17.9.1996).

Es kann somit zusammenfassend festgestellt werden, daß in Deutschland eine deutliche Tendenz zu lösemittelarmen bzw. -freien Lacken besteht. Sowohl die Produktionsentwicklung von Lacken in Deutschland als auch die Marktentwicklung verdeutlichen dies. Insbesondere die Produktion der mit dem Blauen Engel ausgezeichneten Dispersionslackfarben hat überdurchschnittlich zugenommen. Inwiefern die positive Entwicklung der lösemittelarmen bzw. -freien Lacke allein auf die Wirkung des Blauen Engels zurückzuführen ist, läßt sich aus den verfügbaren statistischen Informationen nicht mit Gewißheit schließen. Dazu wäre ein Differenzierung innerhalb der lösemittelarmen bzw. -freien Lacke nach Produkten mit und ohne Blauen Engel notwendig. In Gesprächen mit Vertretern des Verbands der Lackindustrie e.V. bestätigte sich aber, daß der Blaue Engel einen erheblichen Einfluß auf die Marktentwicklung umweltfreundlicher Dispersionslackfarben genommen hat (Broß 17.9.1996). Der Verband der Lackindustrie (1993:8) sieht im Blauen Engel darum auch ein wirkungsvolles Marketinginstrument und zieht in seinem Jahresbericht ein positives Fazit: " ... sowohl die Industrie als auch die Verbraucher [haben] mit dem vergleichenden, die Kaufentscheidung erleichternden "Blauen Engel" gute Erfahrungen gemacht ...".

*Umweltabgaben - das Beispiel der Abwasserabgabe in Deutschland*
Auf einzelwirtschaftlicher Ebene untersuchten Faber/Stephan (1987) in einer Fallstudie die Anpassungsprozesse im Bereich des Gewässerschutzes in einem chemischen Großbetrieb. Dieses Unternehmen konnte seine Abwassermengen deutlich verringern, indem die Herstellung abwasserintensiver Güter reduziert und u. a. eine Kreislaufführung eingerichtet sowie neue Produktionsverfahren eingeführt wurden. Die finanzielle Belastung des Unternehmens war umso höher, je kürzer die Zeiträume für eine Anpassung waren.

Einen erheblichen Einfluß auf Umweltschutzmaßnahmen im Abwasserbereich hatte bislang in Deutschland die Abwasserabgabe (Abwasserabgabengesetz, AbwAG). Die Abwasserabgabe wird in Deutschland seit 1981 erhoben und wurde seitdem in vier Gesetzesnovellen verändert. Gleichzeitig mit der Verabschiedung des AbwAG wurde in der Novelle des Wasserhaushaltsgesetzes (WHG) festgelegt, daß bei der Genehmigung von Einleitungen Mindestanforderungen gemäß dem allgemein anerkannten Stand der Technik zu erfüllen sind (vgl. Meyer-Renschhausen 1990:47).

In einer empirischen ex-ante Untersuchung befragten Ewringmann et al. (1980) vor Inkrafttreten des AbwAG Unternehmen und Gemeinden zu ihren Maßnahmen. Mit der Einschränkung, daß neben den gewässergütepolitischen Instrumenten auch andere Faktoren das Anpassungsverhalten der untersuchten Unternehmen beeinflußt haben, kam die Untersuchung zu dem Ergebnis, daß bereits die Ankündigung der Gesetze Reaktionen bewirkte (vgl. Ewringmann et al. 1980:78). Obwohl die Abwasserabgabe ein in der Praxis bis dahin unbekanntes Instrument war und zunächst Informationsprobleme über das Technologieangebot sowie Unsicherheiten über die zu erwartenden Kostenbelastungen bestanden, zeigte sich, daß die Abwasserbehandlung in den befragten Unternehmen bereits im Vorfeld verbessert wurde. Die Verringerung der Abwasserschädlichkeit wurde überwiegend durch physikalisch-mechanische Verfahren erreicht. Einige der Unternehmen änderten das Produktsortiment oder lagerten Produktionsbereiche aus. Daß sich die Abwasserabgabe insgesamt positiv ausgewirkt hat, betonen auch Faber et al. (1989:57ff.).

Kritisiert wird jedoch von Faber et al. (1989:56) die Kombination der Abwasserabgabe mit dem ordungsrechtlichen Instrument des WHG, da die damit verbundene Berücksichtigung des Stands der Technik die eigentliche ökonomische Wirkung der Abwasserabgabe "verwässere". Dieser Verwässerungseffekt wurde durch die jüngsten Novellierungen noch verstärkt (vgl. Gawel/Ewringmann 1993). Jass (1990:266) geht in ihrer Kritik sogar soweit, daß sie der Abwasserabgabe lediglich vollzugunterstützende Funktionen, den Auflagen jedoch die eigentlichen Innovationswirkungen zuspricht. Sie stellt fest, daß keine Emissionsminderungen im Bereich der Restverschmutzung erreicht werden konnten, d. h. daß durch die Abwasserabgabe keine dynamischen Innovationswirkungen ausgelöst wurden (vgl. auch Meyer-Renschhausen 1990:62 und Maas 1987a:65ff.)

*Das deutsche Chemikaliengesetz*

Das in der Bundesrepublik Deutschland gültige Chemikaliengesetz (ChemG) erstreckt sich auf die Verbreitung neuer chemischer Verbindungen außerhalb des Betriebsgeländes, den Schutz der Beschäftigten bei der Herstellung und der Verwendung gefährlicher Stoffe. Der Verband der Chemischen Industrie (VCI) bezeicht das Gesetz als ein Beispiel für bestehende Überregulierungen, welche Chemieinnovationen verhindert (vgl. VCI 1993).

Eine Gesetzesfolgenabschätzung des Chemikaliengesetzes durch Staudt et al. (vgl. 1993) kam im Hinblick auf die Innovationstätigkeit zu dem Ergebnis, daß das ChemG zum Abbruch von FuE-Projekten für neue Stoffe, zu ihrer Verlagerung ins Ausland sowie zu einer verstärkten Verwendung von Altstoffen geführt hat (vgl. Staudt et al 1993:18). Die von Staudt et al. kommen weiter zu dem Ergebnis, daß die Erfüllung des ChemG für die betroffenen Unternehmen mit zeitlichen Verzögerungen und mit Kostensteigerungen, u.a. durch einen verspäteten Markteintritt, verbunden ist. Die Reaktionen der Unternehmen bestehen demnach darin, den Kosten- und Zeitaufwand vor allem im Hinblick auf die Verbesserung der innerbetrieblichen Organisationsstrukturen zu reduzieren. Die Richtung dieser Innovationsbemühungen wird dabei nicht alleine durch das Chemikaliengesetz bestimmt, sondern ist abhängig von einem Zusammenspiel verschiedener Rahmenbedingungen (vgl. Staudt et al. 1993:17).

Inwieweit diese Untersuchungsergebnisse Allgemeingültigkeit besitzen, ist allerdings kritisch zu hinterfragen. Gloede (1994:25) bemängelt beispielsweise, daß die Untersuchung auf Expertengesprächen und Fallstudien basiert, die nur eine geringe Repräsentativität aufweisen. Auch die von Staudt festgestellten Zeitverzögerungen beim Markteintritt interpretiert Gloede (1994:26) im Hinblick auf die allgemeine Dauer von Neuentwicklungen als unbedeutend. Zudem betont Gloede (1994:27), daß viele der in der Altstoffliste enthaltenen Stoffe eher Neustoffe sind, da über deren Eigenschaften nur geringe Kenntnisse vorhanden sind und diese bislang kaum vermarktet wurden.

*Das dänische "Clean Technology Development Program"*
Georg et al. (1992:550ff.) untersuchen in fünf Fallstudien den Einfluß des von der dänischen Umweltschutzbehörde initiierten Umwelttechnologieförderprogramms. Der Schwerpunkt des Programms lag auf der Entwicklungs- und Anwendungsförderung von Umwelttechnologien.

Das dänische Umwelttechnologieförderprogramm begann 1986 und endete 1989. Ziel des Förderprogramms war die Unterstützung von wissenschaftlichen Untersuchungen über Umwelttechnologien und deren Nutzungspotential in verschiedenen Branchen, die Entwicklung eines computergestützten Informationssystems für Umwelttechnologien und die Entwicklung von Umwelttechnologien und deren Anwendung in Pilot- und Demonstrationsvorhaben.

Die meisten der durch die Vergabe der Subventionen ausgelösten Innovationen bezogen sich auf Produktionsprozesse, da die Förderung von Produktinnovationen von der Umweltschutzbehörde als zu risikoreich bewertet wurde (vgl. Georg et al. 1992:538). Das Förderprogramm wird als erfolgreich bewertet, da in den meisten Projekten gute Umweltverbesserungen ohne finanzielle Belastung der Unternehmen erreicht werden konnten. Einzelne Unternehmen konnten durch Input-Substitution sogar Kostenreduktionen erzielen.

Ein Teil der FuE-Ergebnisse wurde patentiert bzw. auf dem Markt eingeführt. Der Erfolg des Programms wird wesentlich darauf zurückgeführt, daß nur solche Unternehmen gefördert wurden, die bereits über die technologischen Voraussetzungen zur Lösung spezifischer Umweltprobleme verfügten. Zum anderen betonen Georg et al. (1992:540f.) die Bedeutung der Förderung von Unternehmenskooperationen als einen Erfolgsfaktor des Programms, denn dadurch wurde in den Vergabekriterien berücksichtigt, daß in der Regel nicht der Verschmutzer der Innovator ist, sondern daß Umweltinnovationen das Ergebnis einer engen Zusammenarbeit zwischen den Entwicklern von Umwelttechnologien, den Verschmutzern sowie deren Kunden sind.

*Umweltinnovationen in der italienischen Verpackungsindustrie*
Unternehmen des Einzelhandels weisen im Rahmen ihres Ökomarketings oft auf eine umweltorientierte Sortimentsgestaltung hin. Hierbei spielt die Verpackung der Produkte eine entscheidende Rolle.

Vor diesem Hintergrund untersucht Cottica (1994) umweltorientierte Innovationen in der Verpackungsindustrie. Zur Verpackungsindustrie werden sowohl Hersteller von Verpackungen bzw. von Vorprodukten als auch die Produzenten der Verarbeitungstechnologien gezählt. Auf der Basis von Unternehmensbefragungen stellt er konkrete Aktivitäten im Rahmen einzelner Strategien dar, die die negativen Umweltwirkungen durch die Verwendung von Verpackungen reduzieren können. Hierzu zählt der Wegfall von Verpackung, die Gewichtsreduktion, die Mehrfachverwendung, das Recycling und die Werkstoffsubstitution. Auf der Grundlage von Fachgesprächen leitet Cottica folgende Hypothesen ab:

• Umweltinnovationsprozesse knüpfen an bestehende Technologien an.
• Umweltinnovationsprozesse sind von vertikaler Kooperation innerhalb der
  Verpackungsindustrie geprägt.

   In einer ökonometrischen Analyse werden diese Hypothesen auf der Grundlage
von Daten über erfolgreiche Innovationen im Bereich der Verpackungsindustrie
überprüft.[18] Die Schätzungen bestätigen die Hypothese zum Kooperationsverhal-
ten. Auch wird festgestellt, daß Umweltinnovationen in der Regel in den Unternehmen auch mit einer Kostenreduktion verbunden sind. Keine Aussagen lassen
sich jedoch hinsichtlich der Einflußfaktoren des umweltorientierten Innovationsverhaltens in der Verpackungsindustrie machen. Es ist nicht zu erkennen, ob die
Umweltinnovationen eher technologie- bzw. marktinduziert sind oder umweltpolitische Maßnahmen einen Einfluß haben (vgl Cottica 1994:29). Vor allem der
verwendete Zeitdummy als Indikator für den Einfluß der Umweltpolitik ist ungenügend, da dieser auch andere Einflußfaktoren abbildet.
   Zusammenfassend stellt Cottica (1994:36) fest, daß eine Vielzahl von inkrementellen Umweltinnovationen zu beobachten sind. Diese Innovationen sind
meistens auch mit einzelwirtschaftlichen Vorteilen, z.B. Kosteneinsparungen
durch eine Verpackungsreduktion verbunden. Eine grundlegende technologischen
Neuorientierung hingegen kann bei den Innovationsaktivitäten in der Verpakkungsindustrie nicht festgestellt werden. Weitreichende Innovationen, so Cottica
(1994:37), werden durch die Unsicherheit über die zukünftig umweltpolitisch und
gesellschaftlich gewünschten Verpackungs- und Entsorgungslösungen verhindert.

*Innovationseffekte umweltpolitischer Regulierungen in der Titandioxid-Industrie*
   Koschel (1994) untersuchte in einer empirischen Studie die Wirkung von Umweltregulierungen auf den technischen Wandel in der Herstellung von Titandioxid
in Europa und den USA.[19] Titandioxid ist ein Pigment, das vor allem in der Far-
ben- und Lackindustrie, in der kunststoffverarbeitenden Industrie und in der Papierindustrie eingesetzt wird.
   Bei der Herstellung von Titandioxid entsteht bei dem in Europa überwiegend
angewendeten Sulfatverfahren u. a. Dünnsäure. Die Dünnsäure wurde bis Ende
der achtziger Jahre auf hoher See verklappt. Bereits seit Anfang der siebziger
Jahre stieß diese Entsorgungspraxis in der Öffentlichkeit auf zunehmende Kritik.
Die Diskussion löste ordnungsrechtliche umweltpolitische Maßnahmen aus, die
bei den Titandioxidproduzenten zu Umweltinnovationen auf Prozeßebene führten.
Diese beruhen bei Altanlagen auf End-of-Pipe- und Recyclinglösungen, die die
Sulfatverfahren ergänzen (vgl. Koschel 1994:15ff.). Diese nachgerüsteten Sulfat-
anlagen dominieren heute in Europa die Titandioxidproduktion. In der Untersuchung zeigte sich, daß die Umweltschutzinnovationen stark von der Einführung
gesetzlicher Regelungen abhängig waren. Aufgezeigt wird von Koschel auch die

---

[18]   Als erfolgreiche Innovationen werden Innovationen angesehen, die im Rahmen meist
       nationaler Wettbewerbe der Verpackungsindustrie prämiert wurden.
[19]   Die Ergebnisse der Untersuchung beruhen auf einer eingehenden Literaturanalyse
       und zahlreichen Gesprächen mit Experten aus der Titandioxidindustrie.

Möglichkeit von Pioniergewinnen durch frühzeitige Innovationen. Ein deutsches Unternehmen wurde durch die Erfüllung von Umweltschutzregulierungen in den achtziger Jahren erheblich mit finanziellen Aufwendungen für Forschung und Planung in der Titandioxidproduktion belastet und erlitt dadurch gegenüber seinen ausländischen Konkurrenten Wettbewerbsnachteile. Als 1989 europaweit eine Richtlinie zur Vermeidung von Verschmutzungen der Titandioxidindustrie eingeführt wurde, profitierte das Unternehmen jedoch von seinem technologischen Vorsprung.

Auch in den USA wurden durch Umweltschutzregulierungen Innovationen in der Titandioxidindustrie induziert. Diese führten jedoch fast gänzlich zur Ablösung der Sulfatverfahren und zur Einführung des später entwickelten Chloridverfahrens (vgl. Koschel 1994:22). Die zwischen Unternehmen in Europa und in den USA bestehenden Unterschiede in der Technologiewahl werden von Koschel aber nicht mit den gewählten umweltpolitischen Instrumenten erklärt. Der Beweggrund war vielmehr die günstige Verfügbarkeit von Rohstoffen für das Sulfatverfahren. Daneben wird die mangelnde Verfügbarkeit der besten, von einem amerikanischen Unternehmen entwickelten Technologie in Europa angeführt, da für diese keine Lizenzen vergeben wurden. Schließlich wird auch die in Europa wichtige Herstellung von Titandioxid-Spezialitäten für den Export als ein Eiflußfaktor für die Technologiewahl beschrieben, da hierzu eine breitere Produktspezifikation des Sulfatprozesses benötigt wird.

### 3.3.3    Breitenerhebungen

Empirische Untersuchungen des Einflusses der Umweltpolitik auf Innovationen auf Basis schriftlicher Erhebungen wurden erst vereinzelt durchgeführt. Frühe Arbeiten auf Branchenebene stammen von Maas (1987b) und Theißen (1987) für die Textil- bzw. die Gießereiindustrie in Deutschland. Neuere empirische Untersuchungen zu technischen Umweltinnovationen wurden von Green et al. (1994:1047ff.), Malaman (1996a) und Jaffe/Palmer (1996) durchgeführt. Im folgenden werden das methodische Vorgehen und die Ergebnisse dieser Studien kurz dargestellt.

*Effekte von Umweltregulierungen auf Innovationen in der Gießerei- und Textilindustrie*

In einer schriftlichen Umfrage in Unternehmen der deutschen Graugießereiindustrie untersucht Theißen (1987) den Zusammenhang von Umweltschutz und Innovation. Die Gießereiindustrie zählt in Deutschland zu den Schrumpfungsbranchen und produziert relativ umweltintensiv. In der Untersuchung wurden zunächst jene Unternehmenscharakteristika analysiert, denen ein Einfluß auf das Innovationsverhalten zugemessen wird. Dies sind die Betriebsgröße, der Standort, die Zahl der im FuE-Bereich beschäftigten Mitarbeiter, der Anteil der Hochschulabsolventen, die FuE-Ausgaben, die Produktionstechnik, der Wasserbedarf und der Abwasseranfall sowie die Umweltschutzregulierungen. Zu den für die

Branche relevanten Umweltregulierungen zählen Umweltauflagen zur Temperatur des Abwassers, zu Lärmemissionen und zur Luftreinhaltung gemäß der TA-Luft.

Die Untersuchung kommt zu dem Ergebnis, daß eine intensivere Betroffenheit der Großunternehmen durch umweltpolitische Instrumente nicht festgestellt werden kann. Kleinere Unternehmen geben jedoch tendenziell einen höheren Umsatzanteil für Umweltschutz aus. Als Umweltschutzmaßnahmen wurden von den untersuchten Unternehmen zumeist End-of-Pipe-Lösungen gewählt, wie zum Beispiel Entstaubungsanlagen. Insgesamt zeigt sich, daß der Herstellungsprozeß in den untersuchten Graugießereiunternehmen durch die umweltorientierten Innovationen energiesparender, umweltfreundlicher und produktiver wurde und somit eine Verbindung von Umweltschutz und Kostensenkung zu beobachten ist.

Die Studie beschränkt sich jedoch auf beschreibende univariate Auswertungen der oben genannten Einflußfaktoren des Innovationsverhaltens. Beziehungen zwischen den Faktoren werden nicht hergestellt. Inwieweit die Innovationen damit eine Folge der Umweltregulierungsintensität in dieser Branche sind, wird nicht thematisiert.

Maas (1987b) führte nach dem gleichen Muster wie Theißen eine schriftliche Befragung in der deutschen Textilindustrie durch. Auch diese Branche ist mit Auflagen zur Reduzierung von Abwässern, Abluft oder Lärm konfrontiert. Die Untersuchung zeigt, daß die wichtigsten Innovationen in der Textilindustrie die Automatisierung der Produktion zum Ziel hatten. Die Maßnahmen dienten primär der Rationalisierung, erbrachten jedoch quasi automatisch eine Umweltverbesserung durch einen effizienteren Ressourceneinsatz. Der Einsatz umweltpolitischer Maßnahmen führte überwiegend im Abwasserbereich, aber auch im Lärm- und Luftbereich zu Innovationen. Die Innovationen umfassen sowohl integrierte- als auch End-of-Pipe-Maßnahmen. So wurde beispielsweise die Reduzierung von Luftemissionen durch die Substitution von Heizöl durch Gas erreicht. Die Gewässerbelastung durch Farbstoffe wurde durch die Einführung einer automatischen Färbedosierung erheblich reduziert.

*Umweltinnovationen in britischen Unternehmen*

Die Einflußfaktoren umweltorientierter Produkt- und Prozeßinnovationen untersuchen Green et al. (1994:1047ff.) in Rahmen einer schriftliche Umfrage bei 800 britischen Unternehmen. 169 Unternehmen (Antwortquote von 20%) aus dem Verarbeitenden Gewerbe und dem Dienstleistungsgewerbe beteiligten sich an der Umfrage. Für ihre Untersuchung greifen Green et al. auf Erkenntnisse der Innovationstheorie, und hierbei vor allem auf Ansätze der evolutorischen Innovationsforschung, zurück. Das wesentliche Ergebnis der Untersuchung ist, daß eine Vielzahl von äußeren Umfeldbedingungen die Generierung umweltorientierter Produkt- und Prozeßinnovationen beeinflussen. Vor allem gesetzliche Bestimmungen sowie in der Vergangenheit verfolgte Technologiepfade bestimmen die umwelttechnische Entwicklung. Für Produktinnovationen sind speziell die Vergrößerung des Marktanteils und für Prozeßinnovationen die Kostensenkung durch einen effizienteren Material- und Energieeinsatz von Bedeutung. Green et al. betonen aber auch, daß sich die Wirkung der Umweltbedingungen in Abhängigkeit von unternehmensinternen Faktoren, wie der Organisationsstruktur oder der Unternehmensstrategie, deutlich unterscheiden kann (vgl. hierzu auch Rothwell 1992:456).

*Der Einfluß von Umweltregulierung auf Innovationen im Verarbeitenden Gewerbe in den USA*

Auf der Grundlage von US-amerikanischen Paneldaten über den Umsatz und die FuE-Aufwendungen von Unternehmen sowie auf der Basis von Daten über erfolgreiche Patentanmeldungen untersuchen Jaffe und Palmer (1996) den Einfluß von Umweltregulierungen auf Innovationen im Verarbeitenden Gewerbe. Die Höhe der FuE-Aufwendungen und die Zahl der Patentanmeldungen sind in dem ökonometrischen Modell endogene Variablen, die die Intensität der Innovationsanstrengungen messen. Die Regulierungsintensität wird durch die Höhe der Umweltschutzinvestitionen gemessen (vgl. Jaffe/Palmer 1996:6). Die Schätzungen zeigen einen signifikanten positiven Zusammenhang zwischen der Höhe der Umweltschutzinvestitionen und den FuE-Ausgaben, jedoch keinen Zusammenhang mit den Patentaktivitäten in den regulierten Branchen. Jaffe und Palmer kommen zu dem Schluß, daß die negativen Effekte von Regulierungen auf die Höhe der FuE-Aufwendungen von Unternehmen durch die positiven Innovationseffekte bei Umweltschutztechnologien kompensiert werden. Die methodische Schwäche der Untersuchung beruht vor allem auf der Verwendung der Umweltschutzinvestitionen als Indikator für die Regulierungsintensität. Die Höhe der Umweltschutzinvestitionen hängt nicht nur linear von der Regulierungsintensität ab, sondern auch von der Art der Unternehmensreaktion. So können die Kosten für inkrementelle Verbesserungen einer bestehenden Produktionstechnologie deutlich geringer ausfallen als weitgehende Neuinvestitionen. Weiterhin erfaßt dieser Indikator keine Innovationen bei Anbietern von Umwelttechnologien und er erlaubt keine Differenzierung zwischen einzelnen umweltpolitischen Instrumenten.

*Entwicklung und Diffusion integrierter Umweltschutztechnologien in Italien*

Auf der Grundlage von Daten über 192 erfolgreiche, in 168 italienischen Unternehmen durchgeführte Innovationen, untersucht Malaman (1996a; 1996b) deskriptiv die Evidenz von 28 Einflußvariablen für die Entwicklung und Diffusion umweltschonender Technologien. Die Vorgehensweise der Untersuchung basiert im wesentlichen auf Erkenntnissen der neueren Innovationstheorie. In Anlehnung an Pavitt (1984:343ff.) untersucht Malaman beispielsweise die Existenz sektoraler Muster von Umweltinnovationen. Darüber hinaus wird der Einfluß der Marktnachfrage, der Aneignungsbedingungen für Innovatoren, der technologischen Voraussetzungen oder der Bedeutung von Unternehmenskooperationen für Umweltinnovationen analysiert. Der Einfluß der Umweltpolitik auf Innovationen wird im Datensatz auf einer Skala von "niedrig" bis "hoch" nach Medien und Innovationsarten gemessen (vgl. Malaman 1996a:19). Die Arbeit zeigt, daß vor allem Produktinnovationen und Innovationen im Lärmbereich durch den Einsatz von Umweltregulierung induziert werden. Detailliertere Informationen zur Bedeutung von Umweltregulierungen liegen im Datensatz nicht vor, so daß keine

Differenzierung zwischen einzelnen umweltpolitischen Instrumenten möglich ist. Eine Schwäche der Untersuchung ist die Beschränkung auf deskriptive Analysen.


## 3.4   Zwischenbilanz zum Stand der umweltökonomischen Forschung


Als Ergebnis der umweltökonomischen Untersuchungen wird unter dem Kriterium der dynamischen Effizienz zumeist die Überlegenheit ökonomischer Instrumente betont, da diese Instrumente "einen permanenten Anreiz [bieten] nach weitergehenden Möglichkeiten der Emissionsminderung zu suchen" (Michaelis 1996:48). Die traditionelle neoklassische umweltökonomische Instrumentendiskussion weist jedoch Schwächen hinsichtlich ihrer praktischen Evidenz auf. In der Folge ergeben sich die beschriebenen Innovationseffekte in der Unternehmenspraxis oft nicht.[20]

Bei der Interpretation theoretischer Untersuchungen muß beachtet werden, daß ideale Modellprämissen (konkurrenzwirtschaftliche Interaktionen, unendlich schnelle Anpassungsvorgänge und geringe Transaktionskosten) in der Praxis nicht bestehen. Weiterhin wird oft nur die Instrumentenwirkung auf die Reduktion eines spezifischen Schadstoffes berücksichtigt. Die für realistische Modellierungen notwendigen schadstoff- und technologiespezifischen Rahmenbedingungen, wie die zur Verfügung stehenden additiven und integrierten Vermeidungstechnologien oder die bestehende Emittentenstruktur, werden kaum berücksichtigt.

Ein weiterer Schwachpunkt umweltökonomischer Untersuchungen ist die weitgehende Ausklammerung angebots- und nachfrageseitiger Einflußfaktoren des Innovationsverhaltens sowie deren Wirkung auf den Einsatz umweltpolitischer Instrumente. In der Praxis sind umweltpolitische Maßnahmen nur eine von vielen relevanten Determinanten innerhalb komplexer und kontinuierlicher Innovationsprozesse, wodurch die Spielräume für umweltschutzorientierte Innovationsentscheidungen von Unternehmen stark eingeschränkt werden (vgl. auch OECD 1997:95). Auch wird meist keine Unterscheidung zwischen Anbietern und Entwicklern von Umwelttechnologien getroffen. Hierdurch werden wichtige Innovationen bei Anbietern von Umwelttechnologien ausgegrenzt, die nicht direkt durch umweltpolitische Maßnahmen induziert sind. Der Nutzen für die Technologieanbieter besteht nicht in geringeren Verschmutzungskosten, sondern in der Umsatzsteigerung. Dementsprechend müßten in Untersuchungen die spezifischen Einflußfaktoren von Umweltinnovationen von Technologieanbietern und von regulierten Unternehmen analysiert werden. In vielen Untersuchungen wird auch davon ausgegangen, daß als Reaktion auf den Einsatz umweltpolitischer Instrumente eine völlige Reorganisation der zurückliegenden Umweltschutzbemühungen

---

20    Vgl. hierzu auch die Arbeiten von Gawel (1991) oder Hahn/Stavin (1992:466)

möglich ist. Die Existenz von sunk-costs beispielsweise bleibt dann unberücksichtigt.

Zusammenfassend ist festzustellen, daß das Problem des Einflusses der Umweltpolitik auf Innovationen in der wissenschaftlichen Diskussion bislang nicht in seiner wirklichen Tiefe erforscht wurde. Die bisherigen theoretischen und empirischen Untersuchungen weisen Mängel auf, die vor allem auch von der Annahme einer direkten Korrelation zwischen Umweltpolitik und Innovationsaktivitäten verursacht werden. Gerade dies ist aber aufgrund der komplexen Einflußstrukturen von Umweltinnovationen nicht möglich, wie sich beispielsweise im Gewässerschutz in Schweden und den Niederlanden zeigt (vgl. Jänicke 1997:4). Beeinflußt durch vielfältige Einflußfaktoren und Lernprozesse erwiesen sich im holländischen Gewässerschutz Abgaben als wirksam, während die Erfolge im schwedischen Gewässerschutz durch massive Subventionen erreicht.

Im folgenden Kapitel wird darum ein Untersuchungsansatz entwickelt, der sowohl auf umweltökonomische Erkenntnisse als auf Ergebnisse der Innovationsforschung aufbaut. Ansätze hierzu liegen u.a. von Faber/Proops (1994) vor. Damit soll die Kompatibilität der Forschungsergebnisse aus dem Bereich der Umweltökonomie zu den Fragen der dynamischen Effekte umweltpolitischer Instrumente mit den Erkenntnissen der Innovationsforschung zum Innovationsverhalten erreicht und ein besserer Einblick in die Beweggründe, das Ausmaß und die Richtung umweltschonender Innovationen und deren Diffusion möglich werden.

# 4 Technischer Wandel und Umweltinnovationen

## 4.1 Forschungsansätze in der Innovationsforschung

Die Forderung einer Umweltentlastung durch eine Steigerung der ökologischen Effizienz zur Umsetzung einer nachhaltigen Entwicklung bedingt einer stärkere Verzahnung der Umwelt- und der Innovationsökonomik. Beide Disziplinen haben sich jedoch bislang weitgehend getrennt entwickelt. Im Rahmen der traditionellen neoklassischen Umweltökonomie werden die Innovationswirkungen umweltpolitischer Instrumente, wie in Kapitel 3.2 angesprochen, unter dem Kriterium der dynamische Effzienz untersucht. Die Problematik eines innovationsfreundlichen umweltpolitischen Instrumenteneinsatzes wird durch diese Instrumentendiskussion jedoch nicht abgedeckt. Die wissenschaftliche Diskussion in der Untersuchung des Innovationsgeschehens ist gekennzeichnet durch die Kontroverse zwischen neoklassischen Forschungsansätzen (siehe hierzu u.a. Solow 1957 und Arbeiten der "neuen" Wachstumstheorie von Lucas 1988 und Romer 1990) und evoluto-risch geprägten Betrachtungsweisen (hierzu als grundlegende Arbeit Nelson/ Winter 1982; siehe auch Faber/Proops 1994; Erdmann 1993 oder die Sammelbän-de von Dosi et al. 1988 und Witt 1993). Die Innovationsökonomik beginnt jedoch erst langsam, unter dem zunehmenden Problemdruck im Umwelt- und Ressour-cenbereich, die Zusammenhänge zwischen der Einführung und Verbreitung neuer Produkte und Produktionsprozesse und dem Verbrauch knapper Umweltgüter zu berücksichtigen.

Eine geschlossene Theorie oder eine empirische Methode zur Analyse des Ein-flußes von umweltpolitischen Instrumenten auf das Innovationsverhalten besteht mithin noch nicht. Es ist somit notwendig, ein Analyseraster zu entwickeln, das außer auf den Erkenntnissen der umweltökonomischen Instrumentendiskussion auch die wesentlichen Aspekte der Innovationstheorie erfaßt.

Im folgenden werden hierzu die wesentlichen Merkmale der neoklassischen und der evolutorischen Innovationsökonomik beschrieben und dabei Besonderheiten

umweltorientierter Innovationsprozesse abgeleitet sowie Rückschlüsse für die
Erklärung, Messung und Förderung von Umweltinnovationen herausgearbeitet.

### 4.1.1    Neoklassische Innovationsforschung

Die neoklassische Innovationsforschung untersucht vor allem Gleichgewichtszu-
stände in der Wirtschaft und die Wirkung exogener Impulse auf die Lage der
Gleichgewichte. Es wird angenommen, daß das Ziel von Unternehmen die Ge-
winnmaximierung ist und Innovationsentscheidungen aufgrund von Kosten/Nut-
zen-Vergleichen getroffen werden. Bei gleicher Ausgangssituation, d.h. gleiche
Präferenzen, Erstausstattung und Handlungsrestriktionen wird bei vollständiger
Voraussicht grundsätzlich ein homogenes Verhaltens der Unternehmen vorausgesetzt. Die Kosten und der Nutzen von Innovationsentscheidungen wird in den
Modellen mit subjektiven Wahrscheinlichkeiten berücksichtigt. Der Markt ist im
Gleichgewicht, wenn die subjektiven Pläne und Erwartungen der Unternehmen
übereinstimmen. Erdmann (1993:3) weist jedoch darauf hin, daß die Annahme
rationaler Kosten/Nutzen-Entscheidungen ein Defizit der neoklassischen Theorie
begründe, da insbesondere die Folgen von grundlegenden Neuerungen, wie sie
mit Basisinnovationen erreicht werden, nicht vorhersehbar seien und sich aufgrund von Unsicherheiten hinsichtlich der Optimierungslogik einfacher individueller Erwartungsnutzenmodelle entziehen würden (vgl. hierzu auch MacKenzie
1992:29).
   In den neoklassischen Modellen zeigte sich, daß, unabhängig vom Typ der gesamtwirtschaftlichen Produktionsfunktion, das Wirtschaftswachstum nur zum Teil
auf einen steigenden Einsatz der Produktionsfaktoren (Arbeit, Kapital, Energie,
Rohstoffe) zurückgeführt werden kann. Der nicht-erklärbare Rest des Produktivitätswachstums wird durch Effizienzsteigerungen mittels technischen Fortschritts
erreicht, der jedoch letztlich wie "Manna vom Himmel fällt" (vgl. hierzu beispielsweise Solow 1957; Coombs et al. 1987:24ff).
   Die endogene Erklärung des Produktivitätswachstums beschränkt sich in den
neoklassischen Modellen bis in die 80er Jahre weitgehend auf die Untersuchung
des Einflusses der relativen Verknappung von Produktionsfaktoren bzw. Veränderungen der relativen Faktorkosten von Arbeit und Kapital auf die Richtung von
Innovationen: "A change in the relative prices of the factors of production is itself
a spur to invention, and to innovation of a particular kind - directed to economi-
sing the use of a factor which has become relatively expensive" (Hicks 1932,
zitiert bei Erdmann 1993:90). Wenn beispielsweise höhere Extraktionskosten zu
relativen Kupferpreiserhöhungen im Vergleich zu den Kapital- und Arbeitskosten
führen, dann wird in der neoklassischen Theorie angenommen, daß die Innovationsbemühungen in Richtung ressourceneffizienterer Technologien gehen.
   In  neueren  Forschungsarbeiten  wird  von  neoklassischen  und  neo-
schumpeterianischen bzw. evolutorisch geprägten Autoren versucht, technischen
Fortschritt als endogene Größe zu berücksichtigen. Die Endogenisierung techni-

schen Fortschritts in neoklassisch orientierten Arbeiten erfolgte u.a. in den Modellen der "neuen" Wachstumstheorie von Lucas (1988) oder Romer (1990). Romer betrachtet Humankapitalinvestitionen bzw. Lerneffekte und Lucas die Wissensgenerierung durch den Forschungssektor als wesentliche endogene Ursachen von Produktivitätswachstum.

### 4.1.2    Evolutorische Innovationsforschung

Joseph Schumpeter (u.a. 1987) kann als Vater der neueren Innovationstheorie angesehen werden. Er kritisiert in seinem Arbeiten vor allem die Annahme der neoklassischen Theorie, technologischer Wandel sei im Wachtumsprozeß eine exogene Variable, die sich als "unerklärte Restgröße" aus der Differenz zwischen den eingesetzen Faktormengen "Arbeit" und "Kapital" ergibt. Stattdessen betrachtet Schumpeter technischen Wandel als endogene Größe und berücksichtigt die Wechselwirkungen von technologischer und ökonomischer Entwicklung (vgl. Becher 1996:23f.).

Demnach konkurrieren Unternehmen nicht nur über den Preis, sondern auch durch die Entwicklung neuer Produkte und Prozesse. Innovationstätigkeiten führen dazu, daß eine Wirtschaft aus einem gleichgewichtigen Zustand heraus in eine Aufschwungphase kommt. Als Triebfeder von Innovationen betrachtet Schumpeter Unternehmerpersönlichkeiten und dabei vor allem Großunternehmen. Diese können zu Beginn eines Aufschwungs eine temporäre Monopolstellung erreichen und Pioniergewinne erzielen, die aber im Zeitablauf wegen Nachahmern, neu in den Markt drängende Unternehmen oder steigenden Produktionskosten sinken (vgl. Schumpeter 1987:342ff., siehe auch Vergragt et al. 1992:228). Die Wirtschaft erreicht mit der zunehmenden Diffusion der Innovation ein neues Gleichgewicht, welches mit einer neuen technologischen Veränderung jedoch wieder instabil wird (vgl. Bollmann 1990:47).

Schumpeter unterscheidet mit der Invention, der Innovation und der Imitation drei Phasen eines Innovationsprozesses. Der Innovationsprozeß umfaßt damit sowohl die Forschung- und Entwicklung (Grundlagenforschung, strategische Forschung, angewandte Forschung und Entwicklung), die Konstruktion des Prototyps, die Markteinführung und Produktionsvorbereitung sowie schließlich die Diffusion. Das Hauptaugenmerk von Schumpeter liegt jedoch auf der Innovationsphase und dabei vor allem auf der Bedeutung von Basisinnovationen als Quelle für Gewinne und Wachstum in einer Wirtschaft (vgl. Freeman 1992:76). Die Invention- und die Diffusionsphase sowie die Verbesserung bekannter Technologien werden von ihm vernachlässigt (vgl. Coombs et al. 1987:94).

Aufbauend auf den Arbeiten von Schumpeter haben sich viele Ökonomen in Anlehnung an die Biologie mit "evolutorischen" Ansätzen zur Erklärung des Innovationsverhaltens und des technischen Wandels beschäftigt. Die neoschumpeterianische bzw. evolutorische Ökonomik greift auf das Konzept der biologischen Evolutionstheorie und die Prinzipien der Thermodynamik zurück.

Einen wesentlichen Beitrag zu den Forschungsansätzen im Bereich der evolutorischen Innovationstheorie leisteten u.a. Ökonomen wie Richard Nelson und Sidney Winter (vgl. u.a. 1982), Givanni Dosi (vgl. u.a. 1988a), Chris Freeman (vgl. u.a. 1992) oder Ulrich Witt (vgl. u.a. 1987 und 1993). Die Untersuchung technischen Fortschritts erfolgt auf mikroökonomischer Ebene, wobei neoklassische Annahmen wie die Gewinnmaximierung oder die vollständige Konkurrenz aufgegeben werden (vgl. Harabi 1997:4). Im Mittelpunkt des Interesses steht im Gegensatz zur neoklassischen Theorie weniger die komparativ-statische Beschreibung von Gleichgewichtszuständen, als die Charakteristika und Prozesse des wirtschaftlichen und technischen Wandels im Zeitverlauf, deren zentrales Kennzeichen die Irreversibilität und Zukunftsoffenheit innovativer Prozesse ist (vgl. Faber/Proops 1994:20,62).

Eine Synthese aus evolutorischen und neoklassischen Ansätzen versucht Erdmann (1993). Erdmann (1993:93) bestätigt zwar den Einfluß relativer Faktorpreisveränderungen auf Innovationen, doch betrachtet er die Wirkung relativer Faktorpreisveränderungen auf das Problembewußtsein in Unternehmen als entscheidender. Er belegt dies mit den Ereignissen in Folge der Energiekrisen in den siebziger Jahre. Die damaligen politischen Interventionen der erdölproduzierenden Länder führten zunächst zu erheblichen relativen Energiepreiserhöhungen. Entsprechend den Annahmen der neoklassischen Theorie realisierten die Unternehmen, so Erdmann, nach den Preiserhöhungen wesentliche Energieeffizienzsteigerungen. Entgegen den Erwartungen, daß mit den fallenden relativen Energiepreisen der achtziger Jahre auch die Innovationsbemühungen für Energieeinsparungen nachlassen würden, setzte sich der Trend zur höheren Energieeffizienz fort (vgl. Erdmann 1993:93). Aufgrund der zu beobachteten Effekte sieht Erdmann die Preissteigerungen der Energiekrise nur als einen Auslöser für die Entwicklung und Einführung energiesparender Technologien und Produkte. Wichtiger sei die Signalwirkung der Energiekrise gewesen. Die steigenden Energiepreise hätten die absehbare Erschöpfung fossiler Energierohstoffe verdeutlicht und damit eine Veränderung der langfristigen Markterwartungen der Unternehmen bewirkt. Die Preisveränderungen wären demnach ein Impuls gewesen, der die langfristigen Innovationsstrategien der Unternehmen und damit den weiteren technischen Fortschritt determiniert haben (vgl. MacKenzie 1992:33). Dennoch betrachtet Erdmann die evolutorische Ökonomik nur als eine sinnvolle Erweiterung der neoklassischen Gleichgewichtstheorie, um deren Schwachstellen auszugleichen. Er verweist unter anderem auf die "analytische Präzision und Stringenz" des Gleichgewichtkonzeptes und die in der Empirie bestätigten Aussagen als Vorteile der neoklassischen Theorie. Aus diesem Grund solle kein radikaler Paradigmenwechsel stattfinden, sondern die Erkenntnisse der Neoklassik sollten in das Konzept der evolutorischen Ökonomik übernommen werden (vgl Erdmann 1993:61ff.).

## 4.2   Der Innovationsprozeß

Im traditionellen Modell des Innovationsprozesses werden Innovationen überwiegend in einer phasenspezifischen Betrachtung in Form linearer Prozesse abgebildet, der in drei Phasen unterteilt werden kann: Invention, Innovation und Diffusion. Die Inventionsphase kann feiner gegliedert werden, wenn man davon ausgeht, daß Erfindungen auf Forschung und Entwicklung beruhen (vgl. Abbildung 6).

**Abbildung 6:**        Phasen des Innovationsprozesses

Quelle: Harabi (1997:7)

Forschung und Entwicklung stellen damit die Grundlage für eine Innovation dar. In dieser Phase werden in der Forschung neue Ideen und Erkenntnisse für Produkte und Verfahren geschaffen, die zunächst in Modellen umgesetzt und getestet werden und dann in Prototypen, Versuchsanlagen und schließlich in eine marktfähige Neuerung einfließen. In der Innovationsphase kommt es zur wirtschaftlichen Nutzbarmachung eines neuen Produktes oder Verfahrens. In der Diffusionsphase schließlich findet eine Neuerung nach und nach ihre Verbreitung und Anwendung in vielen Unternehmen oder Haushalten. Die Diffusion von Neuerungen bewirkt, daß Produktivitätssteigerungen nicht nur in Unternehmen mit Forschungs- und Entwicklungsabteilungen realisiert werden, sondern daß auch in anderen Bereichen durch die Anwendung neuer Verfahren oder Produkte bzw. durch Wissenstransfer (Spillover-Effekte) Produktivitätssteigerungen möglich werden (vgl. OECD 1992c:59). So können durch die Diffusion von Umweltinnovationen neue umweltschonende Verfahren und Produkte eine weite Verbreitung finden und dadurch soziale Wohlfahrtsgewinne ausgeschöpft werden. Unterschiede im Diffusionsverlauf bestehen bei Umweltinnovationen zwischen Technologien, die primär aufgrund ihrer Umweltfreundlichkeit eingesetzt werden und Technologien, deren Umweltfreundlichkeit kein ausschlaggebender Aspekt für die Einsatzentscheidung ist (vgl. Kemp 1994:102). Weiterhin müssen die Anwender von Umweltinnovationen in Endverbraucher und in Unternehmen, die die Technologie im Produktionsprozeß einsetzen, unterschieden werden. Die phasenspezifische Betrachtung des Innovationsprozesses legt den Schwerpunkt auf den Einfluß von Forschung und Entwicklung. Andere Inputfaktoren, die ebenfalls einen wesentlichen Einfluß nehmen können, werden somit vernachlässigt. Zudem wird vorausgesetzt, daß jede Teilphase notwendig ist, damit ein Innovationsprozeß erfolgreich sein kann. Die Folgerungen aus diesem Modell für die Innovationsförderung fassen Kurz et al. (1989:25) zusammen:

- Die Förderung von Forschung und Entwicklung in Unternehmen wird letztlich zu mehr Innovationen führen.
- Vielfältige Schwachstellen für Innovationen sind identifizierbar, deren Überwindung durch staatliche Förderung möglich ist.

In der neueren Innovationsforschung wird der technische Wandel jedoch nicht mehr als ein linearer phasenspezifischer Prozeß betrachtet. Es dominiert die Auffassung, daß technischer Wandel ein interaktiver Prozeß mit stetigen Rückkopplungen und Korrekturen zwischen den einzelnen Phasen des Innovationsprozesses bzw. den beteiligten Wirtschaftssubjekten verstanden werden muß und wechselseitige Beziehungen mit unternehmensexternen Faktoren bestehen (vgl. Domrös 1994:31ff.). Forschung und Innovation sind nicht mehr trennbar. Zwar bestimmt die Forschung und Entwicklung die technischen Merkmale einer Innovation sowie deren Produktionskosten. Die Diffusion einer Innovation wird jedoch letztlich von ihrer ökonomischen Vorteilhaftigkeit bestimmt, und die Neuerungen einer Innovation beruhen oftmals auf Rückkopplungen und Erfahrungsaustausch mit den Anwendern (vgl. Kemp 1994). "Erst durch learning by using und in dem Maße, wie sich der Innovator aufnahmefähig für die Rückmeldungen des Marktes zeigt, wird aus der rohen eine reife Innovation" (Kurz et al. 1989:25). Diese Zusammenhänge heben Kline und Rosenberg (1986) in ihrem interaktiven "chain-link" Modell des Innovationsprozesses hervor (vgl. Abbildung 7). Darin wird davon ausgegangen, daß innerhalb von Unternehmen jeweils kurze Rückkopplungen zwischen nachfolgenden Phasen des Innovationsprozesses bestehen und lange Rückkopplungen zwischen dem Markt, der Forschungs- und Entwicklungsabteilung sowie dem Produktionsprozeß. Zwischen einzelnen Unternehmen und dem Forschungs- und Technologiesystem schließlich bestehen direkte Verbindungen im Bereich der Grundlagenforschung und der industriellen Forschung.

**Abbildung 7:**            Interaktives Modell des Innovationsprozesses

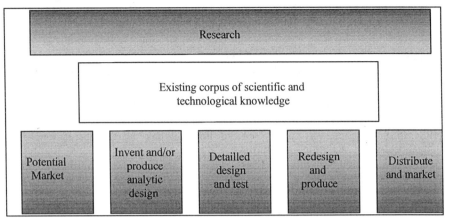

Quelle: Kline/Rosenberg (1986:2891)

## 4.3    Die Richtung des technischen Wandels

### 4.3.1    Die Entstehung technologischer Paradigmen

In der Innovationsforschung werden die kumulativen Effekte von Innovationsprozessen betont. Die neuere, von Schumpeter geprägte Innovationstheorie, geht
davon aus, daß Innovationsentscheidungen mit hohen Unsicherheiten und vielen
Zufälligkeiten verbunden sind und eine vollkommene Voraussicht über die Folgen
dieser Entscheidungen nicht besteht (vgl. Dosi 1988a:1125).
   Der Innovationsprozeß kann mit einem trial and error-Verfahren verglichen
werden, in dem die Generierung von Innovationen in Unternehmen in gewissem
Maße davon abhängt, welche Erfahrungen und welches Know-how bereits im
Unternehmen vorhanden sind. Der Nutzung des bereits bestehenden Wissens
kommt damit im Rahmen von Innovationsprozessen eine entscheidende Bedeutung zu (vgl. Rosenberg 1994a:10). Die kreative Verknüpfung des bestehenden
allgemein zugänglichen Wissens über u.a. FuE-Methoden und FuE-Ergebnisse
sowie des individuellen, personengebundenen Wissens (vgl. Becker 1983) ermöglicht innovative Problemlösungen. Betont wird darum die Bedeutung von
Lernprozessen durch "learning by doing", "learning by using", "learning by learning" oder "learning by interacting" sowie die Relevanz von nicht-
vermittelbarem, spezifischem Erfahrungswissen ("tacit knowledge") (vgl. u.a.
Dosi 1988a:1127).
   Dosi vergleicht den Innovationsprozeß darum mit dem Erkenntnisprozeß in den
Wissenschaften und beschreibt Forschungsanstrengungen von Unternehmen als

einen Prozeß, der sich in technologischen Paradigmen entwickelt (vgl. Dosi 1988a:1127). Technologische Paradigmen stellen eine Wissensbasis dar, innerhalb derer eine Vielzahl von Entwicklungs- und Verbesserungsmöglichkeiten von Produkten und Prozessen bestehen, die einer spezifischen Anwendung oder Problemlösung dienen (vgl. Metcalfe 1989:7). Die Innovationsmöglichkeiten eines technologischen Pardigmas und damit die Potentiale für eine spezifische Problemlösung werden durch die Wissensgrundlage des Paradigmas begrenzt. Die technologischen Optionen sind demnach eine Funktion der potentiellen Kombinationsmöglichkeiten aus personengebundenen und öffentlichen Wissen (vgl. Pavitt 1984:353). Beispiele für Paradigmen zur Verringerung der Luftemissionen sind beispielsweise (vgl. Erdmann 1993:183):

• der Einsatz von End-of-Pipe-Technologien
• die Substitution von Energieträgern,
• die Verbesserung der Energieeffizienz,
• der Einsatz regenerativer Energieträger oder
• Effizienzsteigerungen bei der Energieverwendung.

Ein neues Technologieparadigma entsteht, wenn zur Lösung eines spezifischen Problems eine Selektion aus dem umfangreichen Grundlagenwissen und den bisherigen Erfahrungen getroffen wird und eine grundlegend neue Produktinnovation oder eine radikale Prozessinnovation erfolgt. Mit dem Versuch, grundlegend neue Produkte oder Prozesse zu generieren, entsteht die Möglichkeit, Umweltschutzaspekte bereits frühzeitig als Innovationsziel zu berücksichtigen und damit präventive Maßnahmen umzusetzen.

Der Versuch, durch Forschungs- und Entwicklungsbemühungen einen grundlegenden Wandel der Technik zu erreichen, ist jedoch mit einem erheblichen Unwissen über die technologischen und ökonomischen Folgen verbunden und entzieht sich weitgehend der Optimierungslogik des individuellen Erwartungsnutzenmodells (vgl. MacKenzie 1992:29; Erdmann 1993:3; Faber/Proops 1994:87). In noch stärkerem Maße sind die Umweltwirkungen einer Innovationsentscheidung durch Unwissen gekennzeichnet. Denn während die mit einer Innovation verbundenen ökonomischen Zielsetzungen kurzfristig orientiert sind, treten die damit verbundenen Umweltprobleme zumeist erst langfristig und nach dem Erreichen der wirtschaftlichen Ziele auf. Eine Abhilfe können hier nur Aktivitäten auf dem Gebiet der Technikfolgenabschätzung und -bewertung bieten, die frühzeitig Aufschlüsse über die mögliche Gefährdungspotentiale grundlegend neuer Produkte und Prozesse für die Umwelt geben können.

## 4.3.2    Technologietrajektorien

Innerhalb eines technologischen Paradigmas bestehen verschiedene Möglichkeiten der technischen Entwicklung, die alle auf den bis dahin im Paradigma akkumulierten Wissen aufbauen. Entsprechend der bestehenden Wissenspotentiale finden stetige Veränderungen der Basisinnovation statt, denn Basisinnovationen sind in der Regel zunächst teuer und risikobehaftet (vgl. Kurz et al. 1989:25). Im vernetzten Modell des Innovationsprozesses wird darum die Bedeutung von inkrementellen Innovationen betont. Diese inkrementellen oder Verbesserungsinnovationen stellen geringe Fortentwicklungen von existierenden Produkten und/oder Prozessen dar, die mehr oder weniger kontinuierlich generiert werden (vgl. Utterback/Suarez 1993:6).

Verbesserungsinnovationen entstammen dabei weniger aus Forschungs- und Entwicklungsanstrengungen, sondern sind meist das Ergebnis aus der Verarbeitung von Erfahrungen bei Ingenieuren oder Anwendern. Durch inkrementelle Verbesserungen werden die Potentiale einer Basisinnovation ausgeschöpft und oftmals Nutzungsmöglichkeiten entdeckt, die zuvor nicht bekannt waren. Letztlich ermöglichen erst Weiterentwicklungen von Basisinnovationen, daß Neuerungen gegenüber konventionellen Problemlösungen, d.h. auf dem Markt befindlichen Produkten und Prozessen, konkurrenzfähig werden. Diese Merkmale bedingen, daß die Unsicherheiten über den Verlauf von Verbesserungsinnovationen und damit über ihre ökonomischen, technologischen und ökologischen Folgen im Vergleich zu Basisinnovationen deutlich geringer sind (vgl. Faber/Proops 1994:43ff.). So ist der Einsatz von End-of-Pipe-Technologien für Unternehmen mit weniger Unwissen verbunden, da diese auf bereits verwendeten Technologien aufbauen und keine umfassenden Umgestaltungen von Produktionsprozessen oder Produkten erforderlich sind. Es verwundert darum nicht, daß diese unspektakulären und stetigen inkrementellen Veränderungen bestehender Produkte und Technologien in der Volkswirtschaft eine hohe Relevanz haben (vgl. Freeman 1992:78ff.). Rothwell und Gardiner (1988:373) schätzen beispielsweise, daß etwa 90% der Innovationen in einer Volkswirtschaft nur Verbesserungsinnovationen sind.

Eine Basisinnovation kann somit einen Prozeß kontinuierlicher Verbesserungsinnovationen entlang eines Paradigmas in Gang setzen. Die möglichen Verbesserungen bauen jedoch auf den durch die Basisinnovationen determinierten Grundlagen auf, d.h. sie nutzen das mit der Basisinnovation selektierte Wissen. Damit schränkt das Technologieparadigma die weiteren technologischen Möglichkeiten der darin agierenden Unternehmen ein. In Abhängigkeit von den Voraussetzungen der Basisinnovation und dem darin gebundenen Wissen wird durch ein Technologieparadigma ein Innovationskanal für weitere technologische Verbesserungen gebildet. Innerhalb dieses Innovationskanals bestehen jedoch verschiedene Entwicklungsrichtungen, die auch als Trajektorien (vgl. Nelson/Winter 1982:258ff.) oder "innovation avenues" (vgl. Sahal 1985:462) bezeichnet werden. Ein Paradigma kann insofern als ein Cluster von Trajektorien betrachtet werden. In einem Paradigma "Regenerative Energiequellen" können sich die Innovationsanstrengungen beispielsweise sowohl entlang von Trajektorien im Bereich der Wasser- oder der Windenergie bündeln und dabei verschiedene technologische Möglichkeiten verfolgt werden.

Aus diesen Zusammenhängen sind wesentliche Rückschlüsse für die Akkumulation technologischen Know-hows auf Unternehmensebene abzuleiten. In Abhängigkeit von der Entwicklungsrichtung innerhalb eines gerade dominierenden Paradigmas wird weiteres spezifisches Know-how akkumuliert und die Grenzen des Wissens immer weiter nach vorn geschoben. Somit gestaltet sich auch der Wissenszuwachs als eine pfadabhängige Entwicklung (vgl. Rosenberg 1994a:16). Dieser Prozeß des pfadabhängigen Lernens bedingt für Unternehmen auf Dauer eine immer weitere Spezialisierung. Diese Spezialisierung erlaubt im Zeitverlauf die Realisierung von Spezialisierungsgewinnen, die vom akkumulierten Wissen der Mitarbeiter, Routinen im Arbeitsablauf oder von bewährten Entwickler-Nutzer Kooperationen abhängig sind. Ein Wechsel der Richtung von Innovationsbemühungen und die Wahl einer alternativen Trajektorie wird damit im Zeitverlauf immer unwahrscheinlicher (vgl. Erdmann 1993:86). Je länger dieser Prozeß der Spezialisierung jedoch fortdauert, desto höher sind die Kosten bzw. Nutzeneinbußen durch den Verlust der Spezialisierungsgewinne und desto mehr sind die technologischen Kompetenzen für andere Trajektorien bzw. für andere technologische Paradigmen verloren gegangen. Die Folge dieses pfadabhängigen Lernprozesses ist eine Spezialisierung der Innovationsbemühungen auf Unternehmens-, Branchen- oder volkswirtschaftlicher Ebene. Im Umweltschutz ist beispielsweise zu beobachten, daß die dominierenden End-of-Pipe-Technologien stetig verbessert werden und für immer neue Einsatzgebiete Anwendung finden. Damit haben die Hersteller von End-of-Pipe-Technologien während der vergangenen Jahre erhebliche Wissenspotentiale auf diesem Technologiefeld akkumuliert. Ursprünglich wurden Filteranlagen für die Emissionsminderung in Kraftwerken eingesetzt. Heute werden einzelne Produktionsanlagen mit Filteranlagen ausgerüstet oder Kraftfahrzeuge mit Katalysatoren ausgestattet. Kenntnisse im Bereich integrierter Technologien, denen längerfristig eine steigende Bedeutung im Umweltschutz zugemessen wird, sind demgegenüber noch relativ gering. Insofern ist anzunehmen, daß für die Hersteller von Umweltschutztechnologien ein starker Anreiz besteht, auch zukünftig ihre Innovationsbemühungen überwiegend auf End-of-Pipe-Technologien zu konzentrieren. Dieser Anreiz wird zudem noch durch die derzeitige Umweltpolitik verstärkt, deren Vorschriften sich am Stand der Technik bei End-of-Pipe-Technologien orientieren und damit Absatzmärkte umweltpolitisch induzieren und sichern.

Ein Wechsel der Technologietrajektorie wird erst erfolgen, wenn sich das Innovationspotential erschöpft, die möglichen Marktgewinne immer geringer werden oder ein externer Impuls gegeben wird (vgl. Freeman 1992:79; Erdmann 1993:89f.; Coombs et al. 1987:118). Sahal (1985:459f.) beschreibt diesen Mechanismus am Beispiel einer topographischen Landkarte, in der technische Entwicklungen entlang von Tälern verlaufen. Berge stellen Hindernisse dar, die durch Verbesserungen von Technologien bestiegen und eventuell überschritten werden können. Die Berge sind jedoch umso höher, je weiter Technologien bereits durch Verbesserungsinnovationen perfektioniert wurden. Utterback/Abernathy (1975:639ff.) bestätigen diesen Mechanismus in einer empirischen Studie mit

Daten über erfolgreiche Innovationen in Unternehmen. Sie kommen zu dem Ergebnis, daß sich die Innovationsraten von Produkt- und Prozeßtechnologien in Abhängigkeit ihres Entwicklungsstandes unterscheiden und längerfristig die Innovationsraten immer geringer werden. Übertragen auf Umwelttechnologien wären verstärkte Innovationsaktivitäten bei integrierten Technologien zu erwarten, wenn beispielsweise der Betriebskostenanteil von End-of-Pipe-Anlagen an den gesamten Umweltschutzinvestitionen solange steigt bis sich die Spezialisierungsvorteile dieser Technologie erschöpfen. Eine zunehmende Bedeutung integrierter Technologien wäre auch zu erwarten, wenn sich die Rohstoffpreise erhöhen, der Nachfragedruck für inputorientierte Umweltschutzlösungen steigt und die Effizienzvorteile von End-of-Pipe-Technologien schließlich immer geringer werden.

### 4.3.3    Innovationscluster und die Entwicklung von Technologiesystemen

In der Realität sind Innovationen meistens interdependent, so daß Neuerungen oder Verbesserungen von Technologien auch technischen Fortschritt in Wirtschaftszweigen generieren, die die Innovation aufgreifen und weiterentwickeln. Rosenberg und Frischtak (1984:17) stellen beispielsweise fest: "Such interindustry flow of technology is one of the most distinctive characteristics of advanced capitalist societies, where innovations flowing from a few industries may be responsible for generation a vastly disproportionate amount of technological change, productivity improvement and output growth in the economy".

Eine wichtige Innovation kann demnach Folgeinnovationen in vielen anderen Bereichen anstoßen, die durch positive Lerneffekte von den neuen Erkenntnissen profitieren oder die Neuerung direkt nutzen. So können Innovationen in einem Technologiefeld die Einführung von Innovationen in anderen Technologiebereichen wirtschaftlich machen, ohne daß technische Abhängigkeiten bestehen. Es können aber auch technische Verbindungen zwischen Innovationen bestehen und eine Innovation die FuE-Anstrengungen eines anderen Technologiebereichs auf neue Schwerpunkte lenken. Freeman (1992:194ff.) beschreibt solche technischen Abhängigkeiten zwischen Innovationen und ein daraus resultierendes Bündel neuer Technologietrajektorien als ein "Technologiesystem" (vgl. auch Nelson/ Winter 1982:259ff.).

In der Praxis können verschiedene Beispiele technisch interdependenter Innovationen im Sinne eines Technologiesystems beschrieben werden. So haben beispielsweise Innovationen im Bereich der Mikrosystemtechnik positiv auf die Entwicklung von Umweltinformationssystemen ausgestrahlt. Der Einsatz von Sensoren ermöglicht eine genaue Fernüberwachung und Messung von Emissionen und verbessert damit die Lenkung von Emissionsströmen und die Einhaltung von vorgeschriebenen Emissionsgrenzen.

Gleiches gilt schließlich beispielsweise auch für die Biotechnologie, deren Innovationspotentiale im Hinblick auf eine umweltfreundliche Ausgestaltung industrieller Produkte und Prozesse in nahezu allen Industriezweigen als beträchtlich angesehen wird. So kann beispielsweise mit der Anwendung biologischer Technologien ein geringerer Material- oder Energieinput verbunden sein oder das verwendete bzw. produzierte Material ist umweltfreundlich, da es selbst aus biologischen Substanzen besteht, die vollständig in einen Umweltkreislauf integriert werden können (vgl. Becher et al. 1997).

### 4.3.4    Nachhaltigkeit und lange Wellen im Wirtschaftswachstum

In der Einleitung wurde betont, daß für eine langfristige Sicherung der natürlichen Ressourcen und der Umweltqualität im Kontext einer nachhaltigen Entwicklung grundlegende Veränderungen der bestehenden Produktionsweisen und Konsumgewohnheiten notwendig sind. Dabei wurde argumentiert, daß umwelttechnischer Fortschritt zwar eine notwendige aber keine hinreichende Bedingung für eine nachhaltige Entwicklung ist, so daß ergänzend auch grundlegende Veränderungen der sozio-ökonomischen Strukturen entscheidend sind. Für einen solchen Veränderungsprozeß können die oben beschriebenen Interdependenzen zwischen einzelnen Innovationen einen Ansatzpunkt darstellen

Ein interessantes theoretisches Konzept hierzu liefert Perez (vgl. 1984:27ff. und 1985:441ff.). Perez verbindet im Konzept eines "techno-ökonomischen Paradigma" Überlegungen zu den langen Wellen im wirtschaftlichen Wachstum mit der Generierung von technologischen Innovationen.[21] Perez geht davon aus, daß ein "techno-ökonomisches Paradigma" durch einen zentralen Produktionsfaktor gekennzeichnet ist, der beispielsweise für die zweite lange Welle preiswerte Kohle oder für die vierte lange Welle günstige Energie war (vgl. Perez 1983:362). Als Schlüsselfaktor des derzeitigen techno-ökonomischen Paradigmas beschreibt Perez preiswerte Mikroelektronik. Im Hinblick auf eine nachhaltige Entwicklung könnten beispielsweise regenerierbare Ressourcen für die folgende lange Welle den Schlüsselfaktor darstellen.

Den Überlegung von Perez zu techno-ökonomischen Paradigmen liegt die Annahme zugrunde, daß lange Wellen im wirtschaftlichen Wachstum durch grundlegende "revolutionäre" technologische Veränderungen charakterisiert werden können (vgl. Perez 1984:28).[22] Eine entscheidende revolutionäre Innovation in Zusammenhang mit dem Schlüsselfaktor, wie beispielsweise die Einführung der

---

21    Vgl. Marchetti (1980), der die Existenz von Invention und Innovationswellen empirisch untersucht hat.

22    Auch Schumpeter hat die Existenz langer Wellen untersucht und dabei die Bedeutung technischen Fortschritts hervorgehoben. Im Gegensatz zu Kontradiev vertritt Schumpeter die Auffassung, daß technische Innovationen nicht eine Konsequenz, sondern die Ursache für die Zyklen im Wirtschaftswachstum sind. Demnach kommt es in bestimmten Zeitperioden zur Bildung von Innovationsclustern, die einen Investitionsschub zur Folge haben, durch den schließlich Impulse für neues wirtschaftliches Wachstum ausgelöst werden (vgl. Schumpeter 1987:318 und Rosenberg/Frischtak 1984:7).

Elektrizitätsnutzung, eröffnet für die Unternehmen neue Potentiale für Gewinne oder Produktivitätssteigerungen und schafft neue Investitionsmöglichkeiten. Die Entdeckung dieser Marktnischen löst eine Kette wechselseitig verbundener Produkt- und Prozessinnovationen aus und führt zur Bildung verschiedener Technologiesysteme, zwischen denen sich Forschungsergebnisse leicht transferieren lassen (vgl. Perez 1984:31). Die Veränderungsprozesse erfassen schließlich das gesamte Produktions und Distributionssystem der Wirtschaft und sind damit weitergehend als im Konzept des "Technologiesystems". Hierzu zählen im einzelnen (vgl. Perez 1985:467):

- Die Einführung neuer Management- und Organisationsmodelle.
- Höhere Arbeitsproduktivitäten und veränderte Qualifikationsmerkmale für die Beschäftigten.
- Höhere Innovations-und Investitionsraten in Bereichen, die den Schlüsselfaktor nutzen.
- Höhere Wachstumsraten bei Produkten, die in Verbindung mit dem Schlüsselfaktor stehen.
- Veränderungen in der Wirtschaftsstrukur zwischen großen und kleinen Unternehmen.
- Verlagerungen der Investitionsschwerpunkte aufgrund neuer komparativer Vor- oder Nachteile.
- Veränderungen der Branchenstruktur: Branchen die Schlüsselfaktoren nutzen, werden zum Wachstumsmotor.

Im Gegensatz zu Erdmann (1993:80) geht Perez davon aus, daß die Vielzahl von Technologien einer langen Welle miteinander verbunden sind. Dies impliziert, daß positive Lerneffekte auch zwischen Technologiebereichen möglich sind, die sich in den Einsatzverhältnissen der Produktionfaktoren Material, Kapital, Energie oder in den produktionstechnischen bzw. produktspezifischen Eigenheiten unterscheiden. "...Behind the apparently infinite variety of technologies of each long wave upswing, there is a distinct set of accepted ´common-sense` principles, which define a broad technological trajectory towards a general ´best practice`frontier" (Perez 1985:466).

Obwohl der Ansatz zyklischer Innovationsschübe unter Ökonomen stark umstritten ist (vgl. beispielsweise Erdmann 1993:202f.; Dosi 1993:75), ist der Ansatz von Perez aufgrund der Rückschlüsse auf den Verlauf von Veränderungsprozessen für das Konzept eines durch umwelttechnischen Fortschritt induzierten Wandels des sozio-ökonomischen Systems in Richtung einer nachhaltigen Entwicklung interessant. Offen bleibt jedoch die Frage, welche externen Einflußfaktoren die technischen Innovationen für einen Systemwechsel auslösen können und welche Bedeutung dabei der Einsatz umweltpolitischer Instrumente haben kann.

Im nächsten Kapitel werden darum die in der Literatur beschriebenen Einflußfaktoren des Innovationsverhaltens von Unternehmen beschrieben und ihr möglicher Einfluß auf Umweltinnovationen diskutiert.

# 5 Determinanten von Umweltinnovationen

## 5.1 Innovation und Innovationsimpulse

Die zentrale Motivation für ein Unternehmen zur Generierung von Innovationen ist der wirtschaftliche Erfolg und somit die Aussicht auf Gewinne. Von entscheidender Bedeutung für Innovationen sind mithin die zu erwartenden Kosten- und Erlösstrukturen. Diese ergeben sich jedoch nicht nur in Abhängigkeit von technischen oder organisatorischen Neuerungen, sondern auch aufgrund weiterer Einflußfaktoren. Arrow (1969:35) führt hierzu beispielsweise an: "European desire for spices in the fifteenth century may have a good deal to do with motivating Columbus` voyages, but the brute, though unknown, facts of geography determined what in fact was their economic results".

Die oben in Kapitel 4 beschriebenen Abläufe und Zusammenhänge bei Innovationsprozessen heben die Bedeutung des bestehenden Know-hows sowie den Einfluß bereits eingesetzter Technologien hervor und betonen die Bedeutung einer pfadabhängigen, kumulativen und an Paradigmen gebundenen technischen Entwicklung (vgl. Dosi 1988b:222f.).[23] Kemp (1995:242) führt jedoch zu recht an, daß die Generierung von Innovationen ein weitaus vielschichtigerer Prozeß ist, der, über die beschriebenen technischen Faktoren und Lerneffekte hinaus, durch weitere sozio-ökonomische Faktoren beeinflußt wird. Technische Entwicklungen "... have benefited from all kinds of evolutionary improvements, in terms of prices and technical characteristics, from a better understanding of the technologies on the user side, and from the adaptation of the socioeconomic environment (produc-

---

[23] Ein vielfach genanntes Beispiel für eine solche pfadabhängige Entwicklung ist das von David (1985:332ff.) beschriebene Beispiel der QWERTY-Schreibmaschinentastatur. Diese Tastatur wurde Ende des letzten Jahrhundert entwickelt und ist heute der allgemein anerkannte Tastaturstandard. Obwohl im Zeitverlauf überlegene Tastaturen entwickelt wurden, konnten sich diese nicht durchsetzen, da mit einem Wechsel der Tastatur ein Verlust der akkumulierten Kenntnisse mit QWERTY verbunden gewesen wäre.

tion modes, available skills, regulation, social norms etc.)" (Kemp/Soete 1992:445).

## 5.2   Die "Demand-pull" versus "Technology-push" Debatte

Die zahlreichen potentiellen Faktoren erschweren umfassende quantitative Untersuchungen der Einflußfaktoren von Umweltinnovationen. Es fehlt beispielsweise an aussagekräftigen Indikatoren für die einzelnen Einflußfaktoren und an umfassenden, vergleichbaren Statistiken, um Innovationsprozesse quantitativ umfassend untersuchen zu können.

Dennoch ist es notwendig, die Zahl der Einflußfaktoren auch für die vorliegende Untersuchung einzuschränken. Ziel ist es, die Einflußfaktoren systematisch einzugrenzen und einen Mittelweg zwischen einer stark eingegrenzten und einer umfassenden Analyse zu finden. Hierzu kann auf die Synergetik zurückgegriffen werden, wonach in einem Vielkomponentensystem das Verhalten des Gesamtsystems von der Dynamik weniger Ordnungsparameter beherrscht wird (vgl. Erdmann 1993:32). Für die Untersuchung der Einflußfaktoren von Umweltinnovationen bedeutet dies, daß wenige Schlüsselfaktoren die Dynamik eines Innovationsprozesses festlegen. Im Rückgriff auf Erkenntnisse der empirische Innovationsforschung über den Einfluß verschiedener Variablen gilt es im folgenden diese Einflußfaktoren zu identifizieren.

Die Frage nach den Einflußfaktoren spielt in der Innovationsforschung eine zentrale Rolle. Trotzdem wird der Stand der Innovationsforschung zu den Einflußfaktoren immer noch als ungenügend bezeichnet und darauf verwiesen, daß nach wie vor ein erheblicher Forschungsbedarf besteht (vgl. Olschowy 1990:81 oder Becher et al. 1993a:39ff.). Es wird sogar darauf hingewiesen, daß sich die Innovationsforschung noch „...durch eine sehr große Vielzahl von konkurrierenden und bruchstückhaften Hypothesen bzw. Theorien über die möglichen Ursachen und Anstöße von Forschung, Entwicklung und Innovation auszeichnet und von einer geschlossenen `Theorie des technischen Wandels´ weit entfernt ist" (Becher 1994:30).

Die Diskussion der Einflußfaktoren wurde in der Literatur zur Innovationsforschung lange von der Frage beherrscht, ob das verfügbare technische Know-how - die sogenannte "Supply-oder Technology-push"-Hypothese - oder ob bestehende Marktchancen - die sogenannte "Demand-oder Market-pull"-Hypothese - einen stärkeren Einfluß auf das Innovationsverhalten von Unternehmen haben. Die "Technology-push"-Hypothese geht von der Annahme aus, daß in Unternehmen oder Forschungsinstituten entwickelte Technologien die Motoren des Fortschritts sind. Die "Demand-pull"-Hypothese geht auf die Arbeiten von Schmookler (1966:144) zurück, der feststellt, daß sich eine verstärkte Nachfrage nach Investitionsgütern in verschiedenen Wirtschaftszweigen der USA in entsprechenden Patentaktivitäten niederschlägt. Er folgerte daraus, daß vor allem Nachfragefaktoren die Innovationsaktivitäten determinieren.

Es scheint aber mittlerweile ein Konsens in der Innovationsforschung zu bestehen, daß sowohl angebots- als auch nachfrageseitige Einflußfaktoren technische Innovationen beeinflussen (vgl. Pavitt 1984:271 oder Becher et al. 1993a:34). Technology-push-Faktoren scheinen einen größeren Einfluß zu Beginn eines Produktzykluses zu haben und Demand-pull Faktoren wirken vor allem in späteren Phasen des Produktzykluses (vgl. Coombs et al. 1987:103). Heute werden darum in der Innovationsforschung sowohl Unternehmensmerkmale als auch die Nachfragebedingungen, die Marktstruktur, die technologischen Rahmenbedingungen und unterschiedliche Bedingungen zur Aneignung von Innovationserträgen als Einflußfaktoren in Untersuchungen berücksichtigt (vgl. u.a. Cohen/Levin 1989:1059ff. oder Maas 1990). Die Besonderheiten von Umweltinnovationen und die besondere Relevanz umweltpolitischer Maßnahmen sind in der innovationsökonomischen Diskussion jedoch bislang kaum berücksichtigt worden.

Im folgenden wird davon ausgegangen, daß umweltpolitische Instrumente in Zusammenhang mit den traditionellen angebots- und nachfrageseitigen Faktoren auf Unternehmen wirken. Einfache Erklärungsmuster können demnach den Einfluß der Umweltpolitik nicht erklären. Entscheidend sind interdepente Strukturen innovationsrelevanter Einflußfaktoren (vgl. Ewers/Brenck 1992:316f). Die in der Innovationsforschung diskutierten Einflußfaktoren werden hierzu im weiteren vor dem Hintergrund ihrer Wirkung auf Umweltinnovationen diskutiert.[24] Unterschieden werden dabei:[25]

- Einflußfaktoren von Innovationen bei Entwicklern von Umweltinnovationen
- Einflußfaktoren von Innovationen bei Anwendern von Umweltinnovationen

## 5.3   Einflußfaktoren der Entwicklung von Umwelttechnologien

Entwickler von Umweltschutztechnologien sind Unternehmen, die Güter entwickeln, die "der Erfassung, Vorbeugung, Vermeidung, Verminderung von Umwelt-

---

[24]  Die makroökonomischen Einflußfaktoren des technischen Fortschritts, wie die allgemeine Wirtschaftspolitik, die Geld-, Währungs- und Steuerpolitik oder die Bildungspolitik werden nicht berücksichtigt. Es wird davon ausgegangen, daß diese Faktoren für alle Unternehmen in einer Volkswirtschaft vorgegeben sind und keinen Beitrag zur Erklärung von nationalen Unterschieden im Innovationsverhalten von Unternehmen leisten (vgl. Harabi 1997:6ff.).

[25]  Eine Systematisierung der Einflußfaktoren ist beispielsweise nach unternehmensexternen oder unternehmensinternen Einflußfaktoren möglich. Möglich ist auch eine differenzierte Unterteilung in global relevante und partiell relevante Umweltbedingungen sowie organisationsinterne Einflußfaktoren (vgl. Becher et al. 1993a:30).

belastungen dienen oder zur Schonung der natürlichen Ressourcen beitragen"
(Halstrick-Schwenk et al. 1994:25). Damit können die Entwickler von Umweltinnovationen Unternehmen sein, die für eigene Zwecke neue Technologien entwik-
keln oder aber Unternehmen, die versuchen, durch diese Aktivitäten neue Ge-
schäftsfelder zu erschließen.

Die Einflußfaktoren von Innovationen bei Entwicklern von Umwelttechnologi-
en werden im folgenden unter vier Kategorien diskutiert. Dies sind:

- Technologische Voraussetzungen,
- Schutzrechte für Innovationen,
- Marktstruktur und Unternehmensgröße und
- Marktnachfrage.

## 5.3.1    Technologische Voraussetzungen

Die technologischen Voraussetzungen für Innovationen werden in hohem Maße
durch das in der Vergangenheit akkumulierte unternehmensinterne und -externe
Wissen bestimmt.

Das Know-how besteht aus dem wissenschaftlichen Grundlagenwissen und den
individuellen Kenntnissen der Arbeitskräfte sowie dem in den vorhandenen technischen Einrichtungen und Ausrüstungen, den Produkten und den Organisationsformen gebundenen technischen Wissen (vgl. Kemp/Soete 1992:448). Dieses
akkumulierte technische Know-how kann als ein Wissenspool für Innovationen
verstanden werden, für den sich in der Literatur der von Rosenberg (1974:90ff.)
geprägte Begriff "technological opportunities" durchgesetzt hat (siehe auch Dosi
1988a:1135ff.).

Das unternehmesinterne Wissen beruht vor allem auf den Ergebnissen der bisherigen Forschungs- und Entwicklungsaktivitäten und dem spezifischen Fachwissen der Mitarbeiter. Zudem bestimmen die technologischen Potentiale eines Unternehmens, in welchem Maße es externes Know-how absorbieren und für
Innovationen nutzen kann (vgl. Cohen/Levinthal 1989:569ff.). Damit können sich
die unternehmensinternen Wissensgrundlagen zwischen Unternehmen deutlich
unterscheiden, denn entscheidend sind die Erfahrungen aus den zurückliegenden
Unternehmensaktivitäten (vgl. Kemp 1995:204). Gleichzeitig determiniert das
akkumulierte Wissen aber auch, wie oben beschrieben, die Bereitschaft von Unternehmen, neue Wege in der technischen Entwicklung von Produkten und Prozessen einzuschlagen (vgl. Erdmann 1993:90).

Das unternehmensexterne technische Know-how beruht im wesentlichen auf der
wissenschaftlichen Grundlagenforschung an Universitäten und in unabhängigen
Forschungsinstituten. Die Nutzung der dort erarbeiteten Forschungsergebnisse
kann eine Vielzahl neuer Innovationsmöglichkeiten in verschiedenen Wirtschaftszweigen schaffen (vgl. Dosi 1988a:1136; Orsenigo 1991:43). Dies gilt für dynamische Technikfelder heute in steigendem Maße, denn "science will often provide

the capability to acquire information about technological alternatives that we do not presently possess" (Rosenberg 1994a:12; vgl. auch Meyer-Krahmer/Schmoch 1993:210). Eine zunehmende Wissenschaftsbindung ist bei der Entwicklung von Umwelttechnologien zu erwarten, denn zur Identifizierung und Abschätzung möglicher umweltschädigender Technikfolgen und zur Lösung von Umweltproblemen ist die Einbindung vieler wissenschaftlicher Fachdisziplinen notwendig. Dies gilt beispielsweise für die Biotechnologie, die eine erhebliche ökologische Relevanz aufweist und eine Vielzahl von potentiellen Anwendungsfeldern an verschiedenen grundlegenden Stufen des Produktionsablaufes eröffnet (vgl. Becher et al. 1997:227ff.). Eine weitere externe Wissensquelle ist das in bereits existierenden Produkten und Prozessen gebundene technische Wissen, das Potentiale für technische Verbesserungen und Möglichkeiten für Innovationen in anderen Technologiefeldern eröffnet (vgl. Coombs et al. 1987:44; Rosenberg 1994a:14f.).

Die Nutzung der unternehmensinternen und -externen Wissenspotentiale erfolgt durch Forschungs- und Entwicklungsaktivitäten, die jedoch nicht in allen Unternehmen erfolgen (vgl. Rosenberg 1994a:12f.; Funck 1988:11; Cohen/Levinthal 1989:569). Infolgedessen erfolgt insbesondere die Entwicklung von Prozeßtechnologien zumeist nicht bei den Anwendern, sondern bei speziellen Technikanbietern. Dies gilt auch für umweltschonende Prozeßtechnologien, die überwiegend durch spezialisierte Unternehmen der umwelttechnischen Industrie entwickelt werden. Diese Unternehmen sind überwiegend Anbieter von End-of-Pipe-Technologien, deren durchschnittliche FuE-Ausgaben über dem Schnitt des Verarbeitenden Gewerbes liegen (vgl. Hartje 1990:174). Eine eigenständige Entwicklung umweltschonender Prozeßtechnologien ist im wesentlichen nur bei forschungsintensiven Unternehmen zu erwarten, wie beispielsweise in Unternehmen der chemischen Industrie. Für umweltorientierte Produktinnovationen ist hingegen davon auszugehen, daß diese überwiegend von den Herstellern der Produkte entwickelt werden (vgl. Pavitt 1984:343ff.). Wichtig für Innovationen sind dabei auch FuE-Kooperationen, wie beispielsweise personelle Kontakte zwischen Hochschulen und Unternehmen, informelle Kontakte von Forschern oder die gemeinsame Nutzung von Forschungsinfrastrukturen. In Tabelle 5 ist ein Überblick über diese möglichen Muster der Innovationstätigkeiten gegeben.

**Tabelle 5:**          Klassifikation von Wirtschaftszweigen nach umweltorientierten
                        Produkt- und Prozeßinnovationen

| Unternehmenskategorie | Wirtschaftszweig | Schwerpunkt umweltorientierte Innovationen | Quelle umweltorientierter Prozessinnovationen |
|---|---|---|---|
| Supplier-dominated | Landwirtschaft Dienstleitung | Prozessinnovationen | Umweltschutzindustrie |
| Massengutersteller | Stahlerzeugung Autoindustrie, Glas, Keramik, Zement | Prozessinnovationen Produktinnovationen bei Investitions- und Konsumgütern | Umweltschutzindustrie |
| Spezialisierte Zulieferer   Umweltschutzindustrie | Maschinenbau | Produktinnovationen (End-of-Pipe-Technologien) | |
| andere | Maschinenbau | Produktinnovationen (integrierte Lösungen möglich) | |
| Forschungsorientierte Unternehmen | Chemische Industrie, Pharmaindustrie, Elektronikindustrie | Produktinnovationen bei Rohstoffen, Investitions- und Konsumgütern Prozessinnovationen | Umweltschutzindustrie und eigene Entwicklungen |

Quelle: In Anlehnung an Pavitt (1984:354)

## 5.3.2   Schutzmechanismen

Die Entwicklung umweltschonender Produkte und Prozesse ist für Unternehmen
mit erheblichen Risiken und FuE-Aufwendungen für Personal, Materialien und
Maschinen verbunden. Für innovierende Unternehmen ist es unter diesen Bedingungen entscheidend, den maximalen Nutzen aus FuE-Aktivitäten zu erzielen
(vgl. Arrow 1971:164ff.). Innovationen werden dann von Unternehmen nur angestrebt, wenn ex-ante eine hohe Wahrscheinlichkeit besteht, sich einen erheblichen
Teil der Erträge aneignen zu können (vgl. Harabi 1997:18).
   Eine vollkommene Internalisierung von FuE-Ergebnissen ist jedoch aufgrund
der Eigenschaften von Wissen und Information als öffentlichem Gut unwahr-
scheinlich (vgl. Bernholz/Breyer 1993:95ff.). Wettbewerber können aufgrund
einer partiellen Nichtausschließbarkeit und Nichtrivalität in einem gewissen Umfang kostenlos an den Ergebnissen fremder FuE-Aktivitäten partizipieren, diese
ökonomisch verwerten und damit den Zeit- und Kostenaufwand für eigene Innovationen erheblich reduzieren (vgl. Mansfield et al. 1981:337). So stellte Mans-

field (1985:221) fest, daß technische Einzelheiten über Produktinnovationen bereits nach etwa 6-12 Monaten und über Prozessinnovationen nach 6-18 Monaten allgemein bekannt sind.

Möglich ist die Wissensdiffusion durch Publikationen von FuE-Ergebnissen, den Wechsel von Mitarbeitern oder informelle Kontakte zwischen Mitarbeitern (vgl. Dosi 1988a:1146). Zudem haben Zulieferer und Kunden eines Unternehmens meist Zugang zu spezifischen Informationen über Innovationen und können diese als "Trittbrettfahrer" verwerten (vgl. Mansfield 1985:221).

Aus volkswirtschaftlicher Perspektive ist schnelle Diffusion neuen Wissens bei Umweltinnovationen wünschenswert, damit positive Umwelteffekte einer Neuerung möglichst schnell und umfassend wirksam werden können. Mit zunehmender "kostenloser" Partizipation von Trittbrettfahrern an FuE-Ergebnissen sinkt jedoch die Bereitschaft von Unternehmen, in FuE zu investieren.

Es wird deshalb durch verschiedene Mechanismen versucht, FuE-Ergebnisse zu schützen, Spillover-Effekte einzuschränken und einen zeitlichen Vorsprung in der Produktvermarktung zu ermöglichen, denn je länger Produkte gegen Imitationen geschützt sind, desto länger können Unternehmen durch Erfahrungskurveneffekte oder durch Marketingmaßnahmen ihre Marktposition verbessern und die Chance zur Amortisation von Entwicklungskosten vergrößern. Als Schutzmechanismen stehen verschiedene staatliche und unternehmensinterne Aneignungsmittel zur Verfügung, die als "appropriability conditions" bezeichnet werden und inhaltlich in Patente, Geheimhaltung und die Erzielung eines Zeitvorsprungs gegenüber der Konkurrenz unterteilt werden können (vgl. Harabi 1997:19).

Der Schutz des geistigen Eigentums durch nationale und internationale Patente ist eine staatlich regulierte Möglichkeit zum Schutz von Produkt- und Prozeßinnovationen. Patente schaffen temporäre Marktzutrittsbarrieren, in dem die freie Nutzung neuen technischen Wissens durch die Gewährung eines zeitlich befristeten Monopolrechtes eingeschränkt wird. Nach Ablauf der Schutzdauer eines Patentes ist die Imitation einer Erfindung legal. Damit stellt das Patentsystem den Versuch dar, durch staatliche Eingriffe das Marktversagen bei der Produktion von Wissen zu beheben, die Wissensproduktion zu fördern und dennoch längerfristig deren Diffusion zu ermöglichen (vgl. Harabi 1997:23). In der Praxis haben Patente damit für den Schutz von Produktinnovationen zwar eine gewisse Bedeutung, wenngleich der Patentschutz meist nur als komplementäre Schutzmöglichkeit zu unternehmensinternen Mechanismen gewählt wird (vgl. Dosi 1988a:1139). Vor allem im Umwelttechnikbereich ist seit Mitte der achziger Jahre weltweit eine Zunahme der Patentanmeldungen festzustellen (vgl. Gehrke/Grupp 1994:188ff.; Adler et al. 1994: 168ff.; DPA 1995:20; NIW et al. 1995:73ff. ).[26]

---

26  Die wissenschaftliche Analyse von Umweltpatenten gestaltet sich jedoch schwierig. Untersuchungen mit Patentdaten des Deutschen Patentamtes (DPA) und des Europäischen Patentamtes (EPA) werden durch die ungenügende statistische Erfassung und eingeschränkte Recherchemöglichkeiten erschwert. Die Datenqualität ist mangelhaft, da die Umweltrelevanz eines Patentes kein Klassifikationsmerkmal der internationalen Patentklassifikation (IPC) ist. Dies führt dazu, daß die bislang durchgeführten

Die Geheimhaltung neuen technischen Wissens wirkt sofort und schließt im Idealfall jeglichen Informationsfluß an die Konkurrenz aus. In der Realität ist die Geheimhaltung jedoch nur bedingt zu gewährleisten. Spillovers können beispielsweise durch den Verkauf eines Produktes entstehen, welches durch "reverse-engineering" auf Neuerungen hin untersucht werden kann (vgl. Harhoff/König 1993:55ff.). Aber auch Personalfluktuationen führen zwangsläufig zu Know-how-Transfers und erschweren damit eine völlige Geheimhaltung. Zudem besteht bei der Geheimhaltung einer Erfindung die Gefahr, daß Konkurrenten die gleiche Erfindung machen und sich diese dann durch eine Patentierung exklusiv sichern. Geheimhaltung wird darum von Unternehmen gewählt, wenn (vgl. Harabi 1997:26):

• das Nutzen/Kosten-Verhältnis zu gering,
• eine Erfindung nicht patentierbar oder
• der Patentschutz leicht zu umgehen ist.

Die Erzielung eines Zeitvorsprungs ("first mover") im Bereich von Umwelttechnologien wird u.a. von Porter/van der Linde (1996a:73) als wesentliches Argument für eine Vorreiterrolle im Umweltschutz genannt. Ein Zeitvorsprung bei der Einführung einer Neuerung ermöglicht Innovatoren die Erlangung einer befristeten Monopolmacht und damit die Möglichkeit einen hohen Marktpreis durchzusetzen und einen hohen Marktanteil zu erzielen (vgl. Harabi 1997:27). Durch die Erzielung eines hohen Marktanteils besitzt ein "first-mover" höhere Kostensenkungspotentiale als die Konkurrenten. Es wird davon ausgegangen, daß die realen Stückkosten eines Produktes bei einem Zeitvorsprung durch Lerneffekte, Betriebs- und Losgrößendegressionseffekte um einen konstanten Betrag zurückgehen, wenn sich der kumulierte Output verdoppelt. Solche Erfahrungskurveneffekte sind beispielsweise in der Konsumgüterindustrie oder in Unternehmen der chemischen Industrie von Bedeutung (vgl. Kemp 1994:243). In enger Verbindung mit den Erfahrungskurveneffekten steht die zu beobachtende Beschleunigung des Produktlebenszyklusses. Denn je schneller ein Unternehmen Innovationen generiert, desto eher sind Erfahrungskurveneffekte möglich.

Welche dieser Schutzmechanismen von Unternehmen genutzt werden, hängt u.a. von der Art der Innovation ab. So argumentiert Levin (1986:199ff.), daß sowohl für Produkt- als auch für Prozessinnovationen zumeist die Erzielung eines Zeitvorsprungs der wirkungsvollste Schutzmechanismus ist, um die Amortisation von Innovationsaufwendungen zu gewährleisten. Bei Produktinnovationen seinen zusätzliche Marketinganstrengungen wirkungsvoll und bei Prozessinnovationen hätte die Geheimhaltung eine wesentliche Bedeutung. Patente schließlich seien in den meisten Fällen als ein ergänzendes Schutzinstrument relevant.

---

Studien überwiegend nur Patentierungen im Bereich von End-of-Pipe-Technologien erfassen, während integrierte Umweltschutztechnologien kaum identifiziert werden können.

### 5.3.3    Marktstruktur und Unternehmensgröße

Der Einfluß der Marktmacht und der Unternehmensgröße wurde in vielen Studien der Innovationsforschung untersucht. Den Studien liegen Hypothesen zugrunde, die aus den Arbeiten Schumpeters abgeleitet wurden (vgl. Frisch 1993:19; Rottmann 1995:17f.). Dabei wird davon ausgegangen, daß Monopolmacht die Generierung von Innovationen fördert und große Unternehmen innovativer sind als kleine Unternehmen.

Erste Untersuchungen zum Einfluß der Marktstruktur auf das Innovationsverhalten wurden von Arrow (1971:164ff.) durchgeführt. Im Gegensatz zur Hypothese zunehmender Innovationsaktivitäten mit steigender Marktkonzentration kommt Arrow zu dem Ergebnis, daß bei monopolistischer Konkurrenz ein geringerer Innovationsanreiz besteht als bei atomistischer Konkurrenz. Dieses Ergebnis wird durch Analysen von Kamien/Schwartz (1982:36ff.) oder Scherer (1983:107ff.) bestätigt. Vergleichbare Untersuchungen zum Einfluß der Marktstruktur auf Umweltinnovationen wurden bislang nicht durchgeführt. Es ist aber anzunehmen, daß auch die Entwicklung von Umwelttechnologien von der Struktur und den Wettbewerbsbedingungen auf dem Umwelttechnikmarkt beeinflußt wird. So ist der Anbietermarkt von End-of-Pipe-Technologien durch eine niedrige Marktkonzentration gekennzeichnet (vgl. Halstrick-Schwenk et al. 1994:116). Es herrscht ein scharfer Preiswettbewerb, bei dem nur durch den Einsatz absatzpolitischer Instrumente oder durch technische Innovationen eine Abgrenzung gegenüber der Konkurrenz möglich ist (vgl. Adler et al. 1994:150f.)[27]. Im Bereich von End-of-Pipe-Technologien ist demnach zu erwarten, daß sich die Anbieter auf unterschiedliche Teilmärkte konzentrieren und durch den hohen Wettbewerbsdruck eher Anreize für Umweltinnovationen gegeben werden. Für den Markt für integrierte Technologien ist aufgrund der spezifischen Einsatzgebiete hingegen eine hohe Marktkonzentration auf den jeweiligen Teilmärkten zu vermuten (vgl. Adler et al. 1994:150f.). Damit würden Anreize für den Anbieter von integrierten Technologien bestehen, sich auf den Teilmarkt mit dem größten Anteil am Gesamtmarkt zu konzentrieren (vgl. Caves 1975:129). Im Regelfall wird dies der Markt für Ersatzinvestitionen und Neuanlagen ohne primäres Umweltschutzziel sein. Eine Ausrichtung der FuE-Aktivitäten auf die Entwicklung integrierter Technologien wäre demnach zu erwarten, wenn die Konflikte zwischen Umwelt- und anderen Innovationszielen gering sind und die Nachfrage sowohl Neu- oder Ersatzinvestitionen ohne primäres Umweltschutzziel als auch Technologien zur Verringerung von Umweltbelastung umfaßt (vgl. Hartje 1990:170ff.).

Auch über den Einfluß der Unternehmensgröße auf das Innovationsverhalten liegt eine große Zahl empirischer Arbeiten der industrieökonomischen Innovationsforschung vor. Der Erkenntniswert dieser Studien ist jedoch eingeschränkt, da die Ergebnisse widersprüchlich sind. Es werden positive, negative und keine Zusammenhänge zwischen der Unternehmesgröße und den Innovationsaktivitäten

---

[27]  Ein solcher Wettbewerb mit differenzierten Produkten ist ein Merkmal der monopolistischen Konkurrenz (vgl. Siebke 1995:93)

festgestellt (vgl. Link/Bozemann 1991:179ff). Acs und Audretsch (1991:739ff.) schließlich stellen einen U-förmigen Zusammenhang von Unternehmensgröße und Innovation fest. Die Innovationsintensität nimmt erst ab und steigt ab einer bestimmten Unternehmensgröße wieder an. Pianta und Sirilli (1996:5) stellten für Italien fest, daß Umweltinnovationen mit zunehmender Unternehmensgröße an Bedeutung gewinnen. In Deutschland hingegen ist der Umweltschutzmarkt zwar weitgehend klein- bis mittelbetrieblich strukturiert, doch im Vergleich zum Verarbeitenden Gewerbe eher durch größere Unternehmen geprägt. Dies gilt insbesondere für gemischte Anbieter, bei denen der Umsatz mit Umweltschutztechnologien nur einen Teil des Gesamtumsatzes ausmacht (vgl. Halstrick-Schwenk et al. 1994:113ff.). Welche Auswirkungen diese Größenstruktur auf Umweltinnovationen hat, wurde für Deutschland bislang nicht untersucht.

### 5.3.4    Marktnachfrage

Kemp (1995:204) argumentiert, daß die Bereitschaft, umweltschonende Technologien zu entwickeln, stark von der Marktnachfrage und den damit verbundenen Nachfragebedingungen, wie den Präferenzen, den Preisen oder dem Einkommen abhängt. Dies ergibt sich aus dem Zusammenhang zwischen Absatzpotential und Vermarktungsrisiken, denn je größer das Absatzpotential, desto geringer sind die Vermarktungsrisiken und umso größer ist der Anreiz für Anbieter von Umweltschutztechnologien in FuE zu investieren (vgl. Becher et al. 1990:118).

Die Marktnachfrage beeinflußt Innovationen über die Marktgröße und das Marktwachstum in statischer und dynamischer Hinsicht. Die Größe und das Wachstum des Umwelttechnikmarktes wird in Deutschland wesentlich durch die Zahl und Stringenz umweltpolitischer Regulierungen und die Höhe von Fördermitteln sowie zunehmend auch durch ein umweltorientiertes Konsumverhalten der Verbraucher determiniert. Als Nachfrager treten dabei der Staat, durch umweltpolitische Instrumente betroffene Unternehmen und umweltbewußte Konsumenten auf (vgl. Adler et al. 1994:29).

Im Hinblick auf die Marktgröße und das Marktwachstum bestehen jedoch Unterschiede zwischen End-of-Pipe-Technologien und integrierten Technologien. End-of-Pipe-Technologien sind in der Regel schadstoffspezifisch oder für mehrere Schadstoffgruppen einsetzbar und damit von einer Vielzahl von Nutzern in unterschiedlichen Wirtschaftszweigen für die Vermeidung oder zur Verringerung von Schadstoffen anwendbar. Entsprechend groß ist das erschließbare Marktpotential. Integrierte Umwelttechnologien sind hingegen nur für bestimmte Produktionsprozesse nutzbar und damit nur in bestimmten Unternehmen einsetzbar. Der potentielle Markt ist stark eingeschränkt. Zudem garantiert die derzeitige Konkretisierung der Umweltpolitik nach dem Stand der Technik den Entwicklern von End-of-Pipe-Technologien eine bestimmte Marktgröße und verringert damit in statischer Sicht die Erfolgsrisiken. Aufgrund höherer FuE-Kosten und geringerer Marktgröße sind die Absatzrisiken für Entwickler integrierter Technologien höher als die von End-of-Pipe-Technologieanbietern (vgl. Hartje 1990:166f.). Damit bestehen stärkere Anreize für die Entwicklung von End-of-Pipe-Technologien. Längerfristig kann aufgrund eines steigenden Umweltbewußtseins in der Öffentlichkeit, steigenden regionalen und globalen Umweltproblemen und einen absehbar zunehmenden Druck durch umweltpolitische Maßnahmen von einem wachsenden Markt für Umwelttechnologien ausgegangen werden. Dies gilt insbesondere, wenn weltweit strengere Umweltschutzregelungen eingeführt werden (vgl. Porter/ van der Linde 1996a:61ff.).

Die Entwicklung des Marktwachstums von End-of-Pipe-Technologien unterliegt jedoch Risiken (vgl. Kemp 1995:204). Die dynamische Entwicklung der Umweltpolitik ist schwer zu prognostizieren, wenngleich durch politische Einflußnahmen eine Verschärfung von Auflagen oder die Anpassungen des Stands der Technik an Neuentwicklungen erreicht werden kann. Der Markt für integrierte Technologien hingegen wird sich weitgehend auf die Nachfrage nach Neuanlagen bei Unternehmsgründungen oder auf den Ersatz von Altanlagen konzentrieren. Solche Neu- oder Ersatzinvestitionen hängen wesentlich mit dem Wachstum und dem Strukturwandel der Wirtschaft zusammen. In Deutschland zeichnen sich jedoch gerade jene Wirtschaftszweige durch geringe Kapitalersatzquoten aus, die relativ hohe Umweltschutzinvestitionen aufweisen (vgl. Hartje 1990:167f.). Dennoch wird vor dem Hintergrund der Umsetzung einer nachhaltigen Entwicklung zukünftig mit einer steigenden Bedeutung integrierter Technologien gerechnet (vgl. SRU 1994:131ff.).

Neben der Marktfrage haben auch die damit zusammenhängenden Nachfragebedingungen, d.h. die Möglichkeiten zur Überwälzung von Kosten, einen Einfluß auf umwelttechnischen Fortschritt. Die Preiselastizität der Nachfrage wirkt auf Produkt- und Prozeßinnovationen (vgl. Harabi 1997:30). Eine preisunelastische Nachfrage ist aus Sicht der Entwickler von Umwelttechnologien bei Investitionen in Prozeßtechnologien zu erwarten, die aufgrund neuer oder verschärfter umweltpolitischen Maßnahmen eingesetzt werden müssen. Bei umweltschonenden Konsumgütern ist hingegen eine preiselastische Nachfrage zu vermuten. Eine höhere Zahlungsbereitschaft ist nur zu erwarten, wenn ein Produktnutzen für die Konsumenten unmittelbar erkennbar und nachvollziehbar ist, wie beispielsweise bei Produkten mit gesundheitsschonenden Effekten (vgl. Graskamp et al. 1992:153ff.; Hemmelskamp/Brockmann 1997:75).

## 5.4 Einflußfaktoren der Anwendung von Umwelttechnologien

Es stellt sich nun die Frage, welche Faktoren die Entscheidung von Unternehmen für die Anwendung von Umwelttechnologien beeinflussen. Entsprechend des Untersuchungsgegenstandes wird davon ausgegangen, daß staatliche Umweltpolitik den entscheidenden Bestimmungsfaktor für die Anwendung umweltschonender Technologien darstellt. Dies wird in verschiedenen empirischen Untersuchungen bestätigt (vgl. z.B. Halstrick-Schwenk et al. 1994:139, Green et al. 1994:1050ff., Adler et al. 1994:145 oder Jaffe/Palmer 1996:12ff.). Um die daraus resultierende Innovationsentscheidung eines Umwelttechnologieanwenders verstehen zu können, werden im folgenden weitere Einflußfaktoren diskutiert. Dies sind:

• Zugang zu Informationen über Umwelttechnologien,
• Kosten des Einsatzes von Umwelttechnologie und
• technische und ökonomische Risiken von Umwelttechnologien.

### 5.4.1    Zugang zu Informationen über Umwelttechnologien

Unternehmen, die Umweltschutzmaßnahmen ergreifen wollen, müssen einen Überblick über die bereits verfügbaren Umweltschutztechnologien bzw. über mögliche Neuentwicklungen bekommen sowie vollständige Informationen über deren Wirkungsweise und Einsetzbarkeit zur Erreichung der gewünschten Umweltschutzziele erhalten (vgl. Kemp 1995:206). Informationen können Unternehmen aus diversen betriebsinternen und betriebsexternen Quellen erhalten.

Die zur Verfügung stehenden Technologien sind in der Praxis erprobte Verfahren und Produkte. Damit sind Informationen relativ einfach über Fachzeitschriften, Datenbanken, Industrie-, Handels- und Handwerkskammern sowie Kongreß- und Messebesuche zu erhalten. Zudem bestehen bereits oft Kontakte zu Technologieanbietern. Während die Informationskosten für verfügbare Umweltschutztechnologien damit relativ gering sind, ist die Informationsbeschaffung über potentielle Umwelttechnologien, die erst als Idee, Konstruktionsplan oder Prototyp vorliegen, kosten- und zeitaufwendig. Damit ist es schwierig Informationen über die Zuverlässigkeit einer Technologie, die Wahrscheinlichkeit ihrer Wirksamkeit zur Erfüllung von gesetzlichen Vorschriften oder ihre Kompatibilität mit den organisatorischen und technischen Abläufen im Unternehmen zu erhalten. Hierbei treten insbesondere für kleine und mittlere Unternehmen Probleme auf, da diese in der Regel nicht über das notwendige Know-how und die personellen Kapazitäten verfügen, um selbst die entscheidenden Informationen zu sammeln und zu verarbeiten (vgl. Georg et al. 1992; Wolff et al. 1991:170; Strebel 1991:3ff.). Eine Hilfestellung hierbei können staatliche Technologietransferzentren, wie beispielsweise die Steinbeis-Stiftung in Baden-Württemberg, oder private und staatliche Forschungseinrichtungen bzw. Beratungsstellen leisten (vgl. Becher et al. 1993b:5ff.).

Es ist darum zu erwarten, daß bei Umweltinnovationen eine Tendenz zu bekannten End-of-Pipe-Technologien besteht, die seit langem auf dem Markt verfügbar sind und bereits in vielen Unternehmen zur Emissionsminderung eingesetzt werden. Zudem verringern die Umweltschutzbehörden mit der Definition des "Stands der Technik" automatisch die Kosten für die Informationssuche über relevante Technologien. Bei integrierten Technologien hingegen sind spezielle Fachkenntnisse notwendig, so daß die Zahl der möglichen Partner sinkt und die Informationsprobleme steigen.

## 5.4.2 Kosten

Investitionsentscheidungen zugunsten umweltschonender Technologien müssen den Kaufpreis der Technologie bzw. die Aufwendungen für FuE im Falle einer Eigenentwicklung, die Betriebs-, Finanzierungs- und Anpassungskosten für die Umstellung des Betriebsablaufs, die Größe des Lerneffektes und das erwartet Nachfragewachstum berücksichtigen (vgl. Kemp/Soete 1990:253). Dementgegen steht der Nutzen der Einführung umweltschonender Technologien durch die Reduzierung von Abfällen, Abwässern oder Abluftemissionen, durch Absatzmöglichkeiten für Kuppelprodukte und geringere Energiekosten, niedrigere Gebühren- oder Abgabenzahlungen, einem verbesserten Image in der Öffentlichkeit sowie direkte Nachfrageerhöhungen.

Unternehmen werden sich letztlich für die Technologievariante entscheiden, die einen relativen Vorteil aufweist (vgl. Rogers 1995:212). Es wird somit jene Umwelttechnologie zum Einsatz kommen, deren Nettogegenwartsgewinnn am höchsten oder Nettogegenwartsverlust am geringsten ist (vgl. Hartje 1990:144). Zu unterschieden gilt es dabei zwei Investitionsalternativen: a) eine Ersatz- oder Neuinvestition und b) eine Erweiterungsinvestition, bei der eine bestehende Technologie durch Umweltschutztechnologien ergänzt wird. Einen wesentlichen Einfluß auf die Kostenstruktur haben Sunk-costs, Umstellungskosten, Lerneffekte und Skaleneffekte.

### 5.4.2.1    Sunk-costs

Sunk-costs sind die Kapitalkosten einer Altanlage, die kurz- bis mittelfristig fix sind. Selbst eine Produktionseinstellung würde hier zu keiner Kosteneinsparung führen. Sunk-costs werden wirksam, wenn Technologien kapitalintensiv sind, eine hohe Lebenszeit haben und nicht an andere Unternehmen verkauft werden können.

Besteht bereits eine Altanlage, die durch eine End-of-Pipe-Technologie erweitert werden kann, werden nur die variablen Kosten für die Weiternutzung der Altanlage kalkuliert. Bei einer Entscheidung für eine umweltschutzorientierte Erweiterungsinvestition wird darum nur die Summe der langfristig variablen Kosten der Altanlage plus den Kosten der End-of-Pipe-Technologie mit den Gesamtkosten einer integrierten Technologiealternative verglichen (vgl. Hartje 1990:148ff).

Im Falle einer Ersatzinvestition oder einer Investionen in eine Neuanlage spielen sunk-costs hingegen keine Rolle. Bei dieser Investitionsentscheidung werden sämtliche Kosten der Standardtechnologie plus die zusätzlichen Kosten für eine End-of-Pipe-Technologie mit den Gesamtkosten eines neuen integrierten Produktionsverfahren verglichen. Eine integrierte Technologie wird vorgezogen, wenn deren Kosten geringer sind, als die Kosten einer Standardtechnologie, die mit einer End-of-Pipe-Technologie erweitert wird.

Bei Altanlagen sind somit aufgrund von sunk-costs Vorteile für End-of-Pipe-Technologien zu erwarten. Wie deutlich die Kostenunterschiede jedoch sind, hängt von den FuE-Aktivitäten der Entwickler von Umwelttechnologien und den Produktivitätsfortschritten bei den Anwendern der Technologien ab. Die Entwickler von Umwelttechnologien können durch Innovationen die Kosten der Technologien senken und damit beispielsweise die Kostennachteile integrierter Technologien bei Ersatzinvestionen gegenüber End-of-Pipe-Technologien verringern. Veränderungen der Kostensituation sind auch durch Produktivitätsfortschritte oder Energieeinsparungen bei den Anwendern der Umwelttechnologien möglich. So können im Zeitverlauf durch Lerneffekte die Produktionskosten integrierter Technologien im Vergleich zu den erweiterten Altanlagen sinken und die Konkurrenzsituation sich dadurch verbessern (vgl. Hartje 1990:149f.). Der Einfluß von sunk-costs auf Innovationsentscheidungen hängt aber auch von den Unternehmensstrategien ab. Je kürzer der Anpassungszeitraum an Umweltregulierungen, desto eher werden sunk-costs wirksam und desto größer ist die Wahrscheinlichkeit von End-of-Pipe-Lösungen. Je längerfristig jedoch eine Anpassung für Unternehmen planbar ist, desto eher werden im Rahmen normaler Ersatzinvestitionen auch integrierte Technologien eingesetzt (vgl. Faber et al. 1994:12).


## 5.4.2.2      Umstellungskosten

Ein weiterer Kostenfaktor, der Innovationsentscheidungen für Umwelttechnologien beeinflußt, sind die Umstellungskosten (vgl.Hartje 1990:150f.). Die Umstellungskosten einer Technologie sind umso höher (vgl. Maas 1990:65),

- je mehr Bearbeitungsstufen durch die Innovation betroffen sind,
- je grundlegender die Innovation ist und
- je geringer die Erfahrungen mit der Einführung neuer Technologien sind.

Diese Kriterien treffen vor allem auf Ersatz- und Neuinvestitionen zu. Die Erweiterung einer Produktionsanlage oder eines Produktes durch eine End-of-Pipe-Technologie erfordert nur geringe Veränderungen im bisherigen Arbeitsablauf. Der eigentliche Prozeß bzw. das Produkt bleibt bis auf geringe Anpassungen unverändert, so daß für die Mehrzahl der Beschäftigung die Routinen bestehen bleiben. Bei integrierten Technologien sind hingegen zeitaufwendige und mit hohen Kosten verbundene Veränderungen der bislang bekannten Arbeitsabläufe und Arbeitsplatzanforderungen gegeben. Neue Qualifizierungen und Schulungen sind erforderlich, neue Mitarbeiter müssen eingestellt und andere entlassen werden.

### 5.4.2.3    Lerneffekte

Lerneffekte ermöglichen ein Sinken der Stückkosten bei zunehmender kumulativer Produktionsmenge. Ursachen hierfür sind u.a. Routinen der Beschäftigen, die die Fehlerhäufigkeit in der Produktion verringern. Je schneller die Produktionsmenge aufgrund einer steigenden Nachfrage zunimmt, desto schneller werden Kostensenkungen durch Lerneffekte möglich. Durch das Vorliegen von Lerneffekten verändert sich damit die langfristige Kostenkalkulation für Umwelttechnologien in Abhängigkeit von den Absatzchancen der Produkte. Dies kann dazu führen, daß sich die Investionsentscheidungen im Zeitverlauf ändern können. So ist es möglich, daß Lerneffekte die Kostennachteile einer integrierten Technologie gegenüber einer Standardtechnologie plus End-of-Pipe-Technologie kompensieren.

### 5.4.2.4    Skaleneffekte

Bei Emissionsminderungsmaßnahmen können mit zunehmenden Schadstoffmengen die Vermeidungskosten für jede zusätzliche Einheit sinken. Solche Skaleneffekte bedingen, daß Unternehmen mit großen Schadstoffmengen relativ günstiger Vermeidungsmaßnahmen durchführen können als Unternehmen mit geringeren Emissionen. In größeren oder umweltintensiven Unternehmen sind damit intensivere Aktivitäten im Bereich von Umweltinnovationen zu erwarten, während zu vermuten ist, daß kleine und mittlere Unternehmen versuchen, Umweltinnovationen durch Gebührenzahlungen oder externe Dienstleistungen zu umgehen (vgl. Gernert 1990:57ff.).

### 5.4.3    Technische und ökonomische Risiken

Aufgrund der Schwierigkeiten, einen Überblick über die verfügbaren Umweltschutztechnologien und vollständige Informationen über deren Wirkungsweise und ihre Einsetzbarkeit zu erhalten, resultieren technische und ökonomischen Risiken (vgl. Kemp/Soete 1990).

Technische Risiken beruhen beispielsweise auf Fehlkonstruktionen oder Materialermüdungen, aber auch auf Fehlbedienungen aufgrund der Komplexität oder ungenügenden Erfahrungen mit einer Technologie (vgl. Rosenberg 1982b:108f.; Maas 1990:61; Erdmann 1992:186). Rogers (1995:204ff) führt hierzu an:

- je komplexer eine Technologie ist, desto höher ist deren Störanfälligkeit (Komplexität),
- je neuer eine Technologie ist, desto weniger kann man auf bestehende Erfahrungen zurückgreifen (Kompatibilität) und
- je geringer die Erfahrungen mit einer Technologie sind, desto höher ist das Ausfallrisiko

Damit haben End-of-Pipe-Technologien aufgrund der bestehenden Anwendungserfahrungen und der guten Kompatibilität mit den vor- und nachgelagerten
Bearbeitungsstufen eines Produktionsprozesses bzw. mit einem Produkt gegenüber integrierten Technologien einen Vorteil.
Mit der steigenden Gefahr von Störfällen nehmen auch die ökonomische Risiken zu. Bei integrierten Umwelttechnologien bedingt ein Störfall einen vollständigen Ausfall eines Prozesses oder Produktes und somit erhebliche Umsatz- bzw.
Nutzeneinbußen. Bei Störungen von End-of-Pipe-Technologien hingegen kann
die Standardtechnologie weiterhin genutzt werden. Da sich die meisten Wirtschaftssubjekte in Entscheidungssituationen eher risikoavers verhalten, kann davon ausgegangen werden, daß dann End-of-Pipe-Technologien gegenüber integrierten Technologien Vorteile haben (vgl. Hartje 1990:151f., Erdmann
1992:192). Die Orientierung am umweltpolitisch fixierten "Stand der Technik"
schließlich reduziert die Innovationsrisiken dynamischer Technologien, bei denen
durch kontinuierliche technische Verbesserungen stets die Gefahr eines häufigen
Technologiewechsels besteht, bevor die Investitionskosten vollständig amortisiert
sind (vgl. Rosenberg 1982b:117f.).

# 6 Zwischenbilanz

In der Diskussion um die Einflußfaktoren von Innovationen besteht in der Innovationsökonomie mittlerweile ein Konsens, daß sowohl angebots- als auch nachfrageseitige Faktoren wirken. Den Besonderheiten von Umweltinnovationen und der spezifischen Relevanz umweltpolitischer Instrumente als nachfrage- und angebotsseitige Einflußfaktoren wurde im Rahmen dieser Diskussion bislang jedoch kaum Beachtung geschenkt.

Die Mehrzahl der vorliegenden Arbeiten zur Untersuchung des Zusammenhangs zwischen Umweltpolitik und Innovation stammen aus der umweltökonomischen Forschung. Diese Arbeiten verfolgen einen eher mechanistischen Ansatz auf der Basis der traditionellen neoklassischen Theorie der Umweltökonomik, in der die Innovationswirkungen umweltpolitischer Instrumente unter dem Kriterium der dynamischen Effizienz untersucht werden. Als Ergebnis diese Untersuchungen zeigen sich dynamische Effizienzvorteile ökonomischer Instrumente, wie Abgaben oder Zertifikate. In empirischen Untersuchungen bestätigen sich diese Aussagen jedoch nicht immer.

Der grundlegende Mangel der umweltökonomischen Ansätze ist, daß die Komplexität der bestehenden Einflußstrukturen von Umweltinnovationen nicht erfaßt wird. Betrachtet man den Einfluß der Umweltpolitik aus der Sicht der Innovationsforschung, wird deutlich, daß der umweltpolitische Instrumenteneinsatz als Teil eines interdependenten Systems komplexer Einflußstrukturen des Innovationsverhaltens betrachtet werden muß.

Der Einsatz umweltpolitischer Instrumente stellt für Unternehmen somit nur einen zusätzlichen Einflußfaktor des Innovationsverhaltens innerhalb eines Bündels innovationsrelevanter Rahmenbedingungen dar, wodurch die Spielräume für umweltschutzorientierte Innovationsentscheidungen von Unternehmen stark eingeschränkt werden. Für eine aussagekräftige Instrumentenanalyse ist es darum notwendig, die Erkentnisse der umweltökonomischen Instrumentendiskussion sowie der innovationsökonomischen Forschung über die angebots- und nachfrageseitige Einflußfaktoren miteinander zu verknüpfen. Für die Entwicklung von Umwelttechnologien müssen hierzu neben den eingesetzten umweltökonomischen Instrumenten weitere Einflußfaktoren berücksichtigt werden (vgl. Abbildung 8). Für die Entwicklung von Umwelttechnologien sind dies:

- die technologische Voraussetzungen (vorhandenes Know-how),
- die Schutzmechnismen (z.B. Möglichkeiten des Patenschutzes),
- die Marktstruktur und Unternehmensgröße (z.B. Konkurrenzsituation) sowie
- die Marktnachfrage (Marktvolumen und Kundenbedürfnisse)

- der Zugang zu Informationen (unternehmensinterne und -externe Quellen),
- die Kosten (z.B. Umstellungskosten) sowie
- die technische und ökonomische Risiken (z.B. Störanfälligkeit).

In den folgenden emprischen Untersuchungen wird geprüft, ob sich diese Einflußfaktoren im Zusammenhang mit dem Einsatz umweltpolitischer Instrumente als wirksam erweisen oder nicht.

**Abbildung 8:**          Modell der Einflußfaktoren von Umweltinnovationen

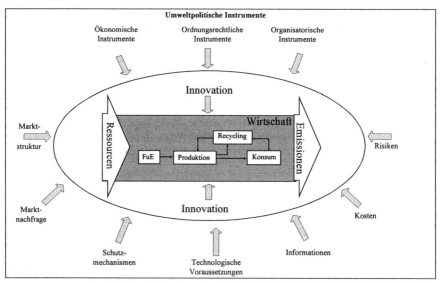

# Teil II

# Statistische Analyse der Innovationseffekte umweltpolitischer Instrumente

Im vorangegangenen Untersuchungsteil ist deutlich geworden, daß für eine empirische Untersuchung des Zusammenhangs von Umweltpolitik und Innovation eine Vielzahl weiterer Einflußfaktoren auf die Anpassungsreaktionen der Unternehmen beachtet werden müssen. Eine solche Vorgehensweise erweist sich für quantitative Untersuchungen oft aufgrund eines Mangels an entsprechenden Daten als nur bedingt durchführbar. Einen Beitrag zur Lösung dieses Problems können die Daten des MIP leisten. Im Rahmen des MIP wird seit 1993 jährlich vom ZEW im Auftrag des BMBF die schriftliche Innovationserhebung in der deutschen Wirtschaft durchgeführt (vgl. Harhoff/Licht 1994).

In dem Datensatz sind umfassende Informationen zum Innovationsverhalten deutscher Unternehmen enthalten. Hierzu zählen neben Angaben zur Bedeutung von umweltschutzorientierten Innovationszielen auch Daten zu den FuE-Aufwendungen von Unternehmen oder zur Bedeutung von verschiedenen Innovationshemmnissen. Mit den MIP-Daten ist aber die in Kapitel 5 vorgenommene Differenzierung der Einflußfaktoren der Anwendung und der Entwicklung von Umwelttechnologien nicht möglich. Es kann jedoch, ebenso wie bei Green et al. (1994:1047ff.), eine Unterscheidung von verschiedenen umweltorientierten Produkt- und Prozeßinnovationen vorgenommen werden. Damit bietet das MIP erstmals die Möglichkeit:

• für eine Untersuchung der Fragestellung mit einem umfangreichen Satz unternehmensspezifischer Daten und
• für eine Kombination allgemeiner Angaben zum Innovationsverhalten von Unternehmen mit Informationen über umweltschutzorientierte Aktivitäten.

Im folgenden Kapitel 7 wird zunächst das MIP als Datengrundlage für die empirische Untersuchung beschrieben. Anschließend werden in einer Faktoranalyse die Innovationsziele einer umweltschutzorientierten Unternehmensstrategie identifiziert. Aufbauend auf den theoretischen Überlegungen im vorangegangenen Untersuchungsteil werden dann in einer deskriptiven Analyse die oben diskutierten innovationsrelevanten Einflußfaktoren untersucht. Ziel der deskriptiven Analysen ist es, Hypothesen über die potentiellen Einflußfaktoren von Umweltinnovationen abzuleiten.

Diese Hypothesen werden im anschließenden Kapitel 8 in einem multivariaten Kontext ökonometrisch überprüft. Ein Nachteil der MIP-Daten liegt dabei im Fehlen von Informationen zum umweltpolitischen Handlungsdruck. Es ist somit notwendig, den Datensatz durch entsprechende externe Informationen zu ergänzen. Hierzu wird zunächst ein kurzer Überblick über die deutsche Umweltpolitik gegeben, um einen Eindruck über den durch eine Vielzahl von umweltpolitischen Instrumenten ausgeübten Handlungsdruck zu vermitteln. Dann wird die Bildung eines Regulierungsindikators beschrieben, mit dem der umweltpolitische Handlungsdruck auf die Unternehmen abgebildet werden kann. Die Bildung des Indikators erfolgt auf der Grundlage einer Umfrage bei den Industrie- und Handelskammern (IHK) in den neuen und alten Bundesländern. Die Regulierungsintensität wird auf Branchenebene durch die durchschnittliche Betroffenheit durch

Umweltabgaben und Umweltauflagen gemessen. Die Regulierungsindikatoren werden in den Modellschätzungen zur Analyse der Einflußfaktoren von Umweltinnovationen als exogene Variablen berücksichtigt. In einem multivariaten Kontext wird dann das Zusammenspiel der Regulierungsindikatoren und weiterer Einflußfaktoren untersucht, um den partiellen Beitrag der einzelnen Einflußfaktoren auf die Bedeutung von Umweltinnovationen zu quantifizieren. Abschließend erfolgt eine Zwischenbilanz des Untersuchungsteils.

# 7 Analyse der Einflußfaktoren von Umweltinnovationen - eine deskriptive Untersuchung

## 7.1 Das Mannheimer Innovationspanel

Die Datengrundlage für die Untersuchung ist die erste Welle des MIP aus dem Jahre 1993. Diese Welle stellte gleichzeitig die deutsche Teilerhebung der europaweiten Innovationserhebung (CIS) dar (vgl. Harhoff/Licht 1994:258f). Der CIS wurde 1993/94 erstmals von der EU-Kommission und von EUROSTAT initiiert und in allen Ländern der Europäische Union zur Erhebung von Daten zum Innovationsverhalten von Unternehmen durchgeführt. Auf der Grundlage des OSLO-Handbuchs der OECD (1992a) wurde ein harmonisierter Fragebogen entwickelt, der in den einzelnen Ländern der Europäischen Union nur in gering abgewandelter Form verwendet wurde. Zuvor wurden Innovationserhebungen in den EU-Ländern ohne gemeinsame Koordination durchgeführt. Internationale Vergleiche der Ergebnisse waren dadurch nur in begrenztem Maße möglich. Mit dem CIS wurde ein erster Schrittt in Richtung auf die Gewinnung international vergleichbarer Daten zum Innovationsverhalten von Unternehmen in der Europäischen Union gegangen.

Die in der Innovationserhebung 1993 an die deutschen Unternehmen gestellten Fragen (siehe hierzu Anhang 2) können mehreren Fragekomplexen zugeordnet werden (vgl. Tabelle 6). Für den Untersuchungsgegenstand sind direkte Informationen nur im Fragekomplex „Innovationsziele" enthalten.

Die Bruttostichprobe des MIP basiert auf der Unternehmensdatei des Verbandes der Vereine Creditreform (VVC), in der zu Beginn des Jahres 1993 ca. 1,5 Millionen Unternehmen aus den alten und ca. 200.000 Unternehmen aus den neuen

Bundesländern erfaßt waren. Die Branchengliederung des MIPs wurde auf Basis der NACE-Rev. 1-Klassifikation vorgenommen.[28] Aus dem Datenbestand des VVC wurde für die erste Welle des MIP eine nach Größenklassen und Wirtschaftszweigen geschichtete Stichprobe gezogen. Insgesamt wurden 1993 an 13.317 Unternehmen Fragebögen verschickt. Von diesen Unternehmen beteiligten sich 2.954 Unternehmen an der Befragung. Die Rücklaufquote entspricht einer bei schriftlichen Unternehmensbefragungen in Deutschland durchaus üblichen Größe von ca. 25% (vgl. Felder et al. 1994:19).

**Tabelle 6:**          Fragenkomplexe der Innovationserhebung 1993

| *Fragenkomplex* | *Informationsgehalt* |
|---|---|
| Unternehmensprofil | Umsatz, Exporte, Beschäftigte, Investitionen, mittelfristige Erwartungen und Entwicklung in den letzten Jahren hinsichtlich Nachfrage, Wettbewerbsintensität und Beschäftigung |
| FuE-Aktivitäten | regelmäßige FuE, FuE-Abteilung, Beschäftigte in FuE, FuE-Aufwendungen, Zielrichtung der FuE-Aufwendungen, regionale Herkunft der FuE-Kooperationspartner, Technologiebereiche |
| Innovations-aufwendungen | Höhe und Struktur |
| Indikatoren zum Innovationserfolg | Umsatz mit innovativen Produkten im In- und Ausland, Branchenneuheiten, Patent- und Gebrauchsmusteranmeldungen |
| Technologietransfer und -erwerb | Formen des Technologieerwerbs/-transfers, Mechanismen zum Schutz des technischen Wissens |
| Informationsquellen | Unternehmensinterne und -externe Informationsquellen |
| Innovationsziele | z.B. neue Absatzmärkte, Marktanteil, Diversifizierung, Kostensenkung, Umweltschutz |
| Innovations-hemmnisse | Allgemeine ökonomische Faktoren, unternehmensspezifische Faktoren, Faktoren wie Gesetzgebung, Verwaltungsverfahren |
| Regionale Aspekte | Anzahl der Beschäftigten der fünf größten Niederlassungen mit Bundeslandangabe; regionale Verteilung von FuE-Abteilungen |

---

28    Die NACE-Rev.1-Klassifikation ist die Wirtschaftszweigklassifikation in der Europäischen Union, die 1989 auf der Grundlage der Internationalen Klassifikation der Wirtschaftszweige (ISIC) erstellt wurde. Die gültige Wirtschaftszweigsystematik (WZ) des deutschen Statistischen Bundesamtes hat die NACE-Rev.1 übernommen und durch eine fünfte Gliederungsebene ergänzt (vgl. Krug et al. 1994:15ff.).

Aus der Stichprobe von 2.954 Unternehmen der 1993'er Umfrage des MIP werden 2481 Unternehmen für die vorliegende Untersuchung ausgewählt. Bei der Auswahl werden Unternehmen des Verarbeitenden Gewerbes und des Bergbaus berücksichtigt, während der Dienstleistungsbereich nicht erfaßt wird. Von den 2.481 Unternehmen haben 1.666 Unternehmen (67%) ihren Standort in den alten Bundesländern und 815 in den neuen Bundesländern (33%). Die Wirtschaftszweige der NACE-Einteilung werden für die vorliegende Untersuchung zu 13 Wirtschaftszweigen aggregiert. Die Brancheneinteilung und ihre Zuordnung zu den NACE-Wirtschaftszweigen ist Tabelle 7 zu entnehmen.

Die relativ niedrige Teilnahmequote an der Erhebung kann zu Verzerrungen bei den Auswertungen der Untersuchungsergebnisse führen, wenn über die Stichprobe hinaus auch auf umfassendere Populationswerte Rückschlüsse gezogen werden sollen. Solche Verzerrungen liegen zum Beispiel vor, wenn sich innovierende Unternehmen oder Unternehmen mit FuE-Abteilung mit einer größeren Wahrscheinlichkeit an der Innovationserhebung beteiligen. Verzerrungen können zum Teil mit statistischen Verfahren korrigiert werden (vgl. Krug et al. 1994:131ff.). Hierzu werden für die Daten des MIP auf Basis der realisierten Stichprobe und einer Non-Response-Befragung unternehmensspezifische Gewichtungfaktoren geschätzt, die eine Korrektur von Innovatoren- und FuE-Verzerrungen ermöglichen (vgl. Harhoff/Licht et al. 1996:97ff.). Für die vorliegende Untersuchung wird für die deskriptiven Analysen überwiegend auf die mit selektionskorrigierenden Faktoren hochgerechnete Stichprobe des MIP zurückgegriffen. In Fällen, in denen die ungewichtete Stichprobe genutzt wird, ist dies besonders gekennzeichnet.

In der ungewichteten Stichprobe haben der Wirtschaftszweig „Chemie" mit 386 Unternehmen (15%) sowie der Wirtschaftszweig „Maschinenbau" mit 547 Unternehmen (22%) die größten Anteile. Den geringsten Anteil hat mit 71 Unternehmen (2,8%) die Branche „Möbel/Sport/Spiele". Der Verteilung zwischen Unternehmen aus den alten und neuen Bundesländern liegt innerhalb der einzelnen Wirtschaftszweige in etwa im Verhältnis 2:1. Die Gewichtung der Daten verschiebt die Branchenanteile teilweise deutlich. So sinken beispielsweise die Anteile des Maschinenbaus auf nur noch knapp 11% und der chemischen Industrie auf etwa 12%, während der Anteil der Branche „Möbel/Sport/Spiele" auf 6% steigt (vgl. Tabelle 8).

Für die Analysen werden die Unternehmen in fünf Größenklassen eingeteilt, um Unterschiede im Antwortverhalten von großen und kleinen Unternehmen aufdecken zu können. Es wird in Unternehmen mit weniger als 50 Beschäftigten, mit 50-199 Beschäftigten, 200-499 Beschäftigten, 500-999 Beschäftigten und schließlich mit mehr als 1.000 Beschäftigten unterschieden. Die meisten Unternehmen (33%) haben weniger als 50 Beschäftigte. Ungefähr 27% der Unternehmen haben zwischen 50 und 199 Beschäftigte, etwa 16% zwischen 200 und 499 Beschäftigte und zirka 9% der Unternehmen haben zwischen 500 und 1.000 Beschäftigte. Die restlichen Unternehmen (12%) haben mehr als 1.000 Beschäftigte. Die im Datensatz enthaltenen Betriebsgrößen sind im Durchschnitt größer als die in der amtlichen

Statistik ermittelten (vgl. Statistisches Bundesamt 1993:218f). Die Größenklassenverteilung wird aber durch die Gewichtung der Daten korrigiert (vgl. Tabelle 9).

**Tabelle 7:**    Wirtschaftszweigeinteilung der Untersuchung

| Nr. | NACE | Beschreibung | Abkürzung |
|---|---|---|---|
| 1 | 10-114, 40-41 | Bergbau u.Gewinnung von Steinen u. Erden; Energie und Wasserversorgung | Bergbau/ Energie |
| 2 | 15; 16 | Ernährungsgewerbe, Tabakverarbeitung | Ernährung |
| 3 | 17-19 | Textil-, Leder- und Bekleidungsgewerbe | Textil |
| 4 | 20-22 | Holz-, Papier- und Druckgewerbe, Vervielfältigung von bespielten Trägern | Papier/Druck |
| 5 | 23-25 | Chemische Industrie, Kokerei, Mineralölverarbeitung, Herstellung und Verarbeitung von Brut- und Spaltprodukten; Herstellung von Gummi- und Kunststoffwaren | Chemie |
| 6 | 26 | Glasgewerbe, Keramik, Verarbeitung von Steinen und Erden | Glas/ Keramik |
| 7 | 27 | Metallerzeugung u. -bearbeitung | Metallerzeugung |
| 8 | 28 | Herstellung von Metallerzeugnissen | Stahl und Leichtmetallbau |
| 9 | 29 | Maschinenbau | Maschinenbau |
| 10 | 30-32 | Herstellung von Büromaschinen, Datenverarbeitungsgeräten u. -einrichtungen; Rundfunk-, Fernseh- und Nachrichtentechnik; Herstellung von Geräten der Elektrizitätserzeugung, Elektrizitätsverteilung u.ä. | ADV/Elektrotechnik |
| 11 | 33 | Herstellung von Medizin-, Meß-, Steuer- u. Regelungstechnik u. Optik | Medizin/Regelungstechnik |
| 12 | 34-35 | Herstellung von Kraftwagen und deren Teilen mit sonstigem Fahrzeugbau; Luft- und Raumfahrzeugbau | Fahrzeugbau |
| 13 | 36 | Herstellung von Möbeln, Schmuck, Musikinstrumenten, Sportgeräten, Spielwaren und sonstigen Erzeugnissen | Möbel/Sport/ Spiel |

**Tabelle 8:**            Anteile der Wirtschaftszweige an der Stichprobe
[ungewichtete und gewichtete Daten in % der Unternehmen]

| Branchen | ungewichtet | | | gewichtet | | |
|---|---|---|---|---|---|---|
| | Alte Bundesländer | Neue Bundesländer | Gesamt | Alte Bundesländer | Neue Bundesländer | Gesamt |
| Bergbau/ Energie | 4,9 | 5,0 | 4,9 | 1,1 | 1,6 | 1,2 |
| Ernährung | 3,8 | 6,4 | 4,7 | 8,1 | 19,5 | 9,3 |
| Textil | 4,6 | 5,5 | 4,9 | 8,4 | 5,8 | 8,2 |
| Papier/Druck | 5,5 | 7,0 | 6,0 | 14,4 | 11,0 | 14,0 |
| Chemie | 14,9 | 13,0 | 14,3 | 12,9 | 6,3 | 12,2 |
| Glas/ Keramik | 3,9 | 5,0 | 4,3 | 5,7 | 4,5 | 5,6 |
| Metallerzeugung | 3,4 | 4,0 | 3,6 | 2,6 | 2,1 | 2,6 |
| Stahl-/Leichtmetallbau | 9,4 | 11,2 | 10,0 | 15,3 | 17,2 | 15,5 |
| Maschinenbau | 22,7 | 18,9 | 21,5 | 10,7 | 12,9 | 10,9 |
| ADV/ Elektrotechnik | 8,7 | 8,6 | 8,7 | 6,6 | 5,2 | 6,4 |
| Medizin/Regelungstechnik | 7,6 | 6,2 | 7,1 | 6,0 | 4,8 | 5,9 |
| Fahrzeugbau | 6,6 | 5,5 | 6,2 | 2,5 | 2,1 | 2,5 |
| Möbel/Sport/ Spiel | 4,0 | 3,8 | 3,9 | 5,8 | 7,0 | 6,0 |
| Summe | 100 | 100 | 100 | 100 | 100 | 100 |

Quelle: MIP 1993

**Tabelle 9:**          Anteil der Unternehmen in den Betriebsgrößenklassen
                        [ungewichtete und gewichtete Daten in % der Unternehmen]

| Größen-klasse | *ungewichtet* | | | *gewichtet* | | |
|---|---|---|---|---|---|---|
| | *Alte Bundes-länder* | *Neue Bundes-länder* | *Gesamt* | *Alte Bundes-länder* | *Neue Bundes-länder* | *Gesamt* |
| < 50 | 28,9 | 44,1 | 34,0 | 71,8 | 71,4 | 74,4 |
| 50 - 199 | 22,4 | 36,2 | 27,0 | 18,8 | 18,6 | 21,1 |
| 200 - 499 | 19,2 | 10,7 | 16,4 | 7,1 | 7,5 | 3,0 |
| 500 - 999 | 12,7 | 4,4 | 9,9 | 1,4 | 1,5 | 0,8 |
| > 1000 | 16,8 | 4,6 | 12,7 | 0,9 | 1,0 | 0,7 |
| Summe | 100 | 100 | 100 | 100 | 100 | 100 |

Quelle: MIP 1993

## 7.2   Umweltschutz als Innovationsziel von Unternehmen

### 7.2.1   Innovationsziele der Unternehmen

Die Herausforderungen sich verändernder Rahmenbedingungen, wie neue Markt-
und Technologietrends oder neue bzw. novellierte gesetzliche Regelungen, spiegeln sich in den langfristigen Unternehmensstrategien wieder. Eine wesentliche
Frage ist darum, welche Bedeutung Umweltschutzzielen innerhalb der Innovationsstrategien von Unternehmen zukommt. Zur Beantwortung können die Daten
des MIP herangezogen werden. Im MIP sind zwar nicht ausdrücklich Informationen zu den Innovationsstrategien von Unternehmen vorhanden. Hinweise zu den
Innovationsstrategien können aber aus den technologieorientierten Innovationszielen der Unternehmen abgeleitet werden.

Im MIP wurden die Unternehmen um eine subjektive Einschätzung der Bedeutung von 21 Innovationszielen auf einer Skala von 1 bis 5 (keine Bedeutung bis
sehr große Bedeutung) gebeten (siehe Box 1).

Als Antwortmöglichkeiten für Unternehmen waren u.a. die Schaffung neuer
Absatzmärkte, die Erweiterung der Produktpalette oder die Reduzierung der Umweltbelastung vorgegeben (vgl. Tabelle 10). Von diesen Innovationszielen lassen
sich einige, wie beispielsweise die Reduzierung der Umweltbelastung in der Produktion, direkt einer Zielrichtung „Umweltschutz" zuordnen. Es ist jedoch anzunehmen, daß auch andere Innovationsziele von den Unternehmen vor dem Hinter-

grund ihrer Umweltschutzbemühungen angestrebt werden, ohne daß dies eindeutig zu erkennen ist.

**Box 1:**            Frage nach den Innovationszielen der Unternehmen

> Mit Produkt- und Prozeßinnovationen können eine Reihe verschiedener Ziele verfolgt werden. Wir möchten mehr über die wichtigsten Motive für die Innovationsentscheidung und die Innovationsstrategie ihres Unternehmens wissen. Bitte beurteilen Sie die Bedeutung der folgenden Innovationsziele auf einer Skala von 1-5 für die Innovationsaktivitäten hinsichtlich neuer Produkte und Prozesse in den vergangenen drei Jahren (1990-1992).

**Tabelle 10:**            Innovationsziele im MIP

| | |
|---|---|
| 1. Steigerung oder Erhalt des Marktanteils | 12. Entwicklung umweltfreundlicher Produkte |
| 2. Verbesserung der Produktqualität | 13. Senkung des Energieverbrauchs |
| 3. Verringerung des Lohnkostenanteils | 14. Reduzierung der Umweltbelastungen in der Herstellung |
| 4. Verminderung des Ausschusses | 15. Schaffung neuer Absatzmärkte in den alten Bundesländern |
| 5. Erweiterung der Produktpalette innerhalb der Erzeugnisschwerpunkte | 16. Schaffung neuer Absatzmärkte in der EG |
| 6. Erhöhung der Produktionsflexibilität | 17. Erweiterung der Produktpalette außerhalb der Erzeugnisschwerpunkte |
| 7. Schaffung neuer Absatzmärkte in den alten Bundesländern | 18. Schaffung neuer Absatzmärkte in Osteuropa |
| 8. Schaffung von Nachfolgeprodukten | 19. Schaffung neuer Absatzmärkte in anderen Ländern |
| 9. Verminderung der Produktionsvorbereitungskosten | 20. Schaffung neuer Absatzmärkte in Nordamerika |
| 10. Senkung des Materialverbrauchs | 21. Schaffung neuer Absatzmärkte in Japan |
| 11. Verbesserung der Arbeitsbedingungen | |

Eine Möglichkeit, um aus den 21 genannten Innovationszielen die relevanten Umweltinnovationsziele herauszukristallisieren, ist die Durchführung einer Faktoranalyse (vgl. für eine Übersicht Backhaus et al. 1996:189ff.). In einer Faktoranalyse lassen sich Strukturen zwischen den einzelnen Innovationszielen herausarbeiten. Damit können Hinweise gewonnen werden, welche Innovationsziele sich einer bestimmten Innovationsstrategie zuordnen lassen. Zudem kann analysiert werden, ob zwischen den Innovationszielen Komplementaritäten bestehen, d.h. ob mit einem Innovationsziel gleichzeitig auch andere Innovationsabsichten verbunden sind.

### 7.2.2    Die Identifizierung von Umweltinnovationszielen

Aus dem Variablenbündel der Innovationsziele wurden mit einer Faktoranalyse fünf Faktoren nach dem Eigenwertkriterium extrahiert.[29] Als Abgrenzungskriterium wurde ein Eigenwert von > 1 gewählt. Diese verborgenen Ziele können als Unternehmensstrategien interpretiert werden. Im einzelnen sind dies die Strategien „Kostensenkung", „globale Markterweiterung" „lokale Markterweiterung", „Umweltschutz" und „Marktsicherung". Tabelle 11 gibt einen Überblick über die Ergebnisse der Faktoranalyse. Die stärksten Zusammenhänge zwischen den einzelnen Zielen und den fünf Unternehmensstrategien sind durch eine Schattierung hervorgehoben. Je höher die absolute Faktorladung, desto stärker ist der Zusammenhang zwischen der in der Umfrage angegebenen Bedeutung des Innovationsziels und einer Unternehmensstrategie. Einige Innovationsziele stehen nicht nur mit einer, sondern mit mehreren Unternehmensstrategien in engem Zusammenhang. Eine Interpretation muß die Zusammenhänge zwischen diesen Innovationszielen und den zutreffenden Unternehmensstrategien beachten.

Es überrascht nicht, daß die Entwicklung umweltfreundlicher Produkte, die Senkung des Energieverbrauchs und die Reduzierung der Umweltbelastung als Innovationsziele der Unternehmensstrategie „Umweltschutz" zuzuordnen sind. Der Umweltschutzaspekt ist bei den Innovationszielen „Reduzierung der Umweltbelastung in der Produktion" und „Entwicklung umweltfreundlicher Produkte" offensichtlich. Auch der Beitrag einer Senkung des Energieverbrauchs ist angesichts der damit möglichen Emissionsminderung bei der Energieproduktion nachvollziehbar. Neben diesen drei Innovationszielen können auch die „Verbesserung der Produktqualität" und die „Verbesserung der Arbeitsbedingungen" einer Innovationsstrategie „Umweltschutz" zugeordnet werden. Die Verbesserung der Produktqualität weist dabei sowohl bei der Umweltschutzstrategie als auch bei den Strategien „Kostensenkung" und „Marktsicherung" relativ niedrige Faktorladungen auf. Eine Interpretation ist darum schwierig, so daß dieses Innovationsziels nicht zur Interpretation der Unternehmensstrategie „Umweltschutz" herangezogen wird.

---

[29]    Ein Cronbach-alpha von 0,818 läßt auf eine hohe interne Konsistenz des Fragebogens schließen, so daß geringe Landungshöhe nicht überrascht.

**Tabelle 11:**          Rotierte Faktorladungsmatrix der Innovationsziele

|  | Kosten-senkung | globale Markter-weiterung | lokale Markter-weiterung | Umwelt-schutz | Markt-sicherung |
|---|---|---|---|---|---|
| Schaffung von Nachfolgeprodukten | 0,091 | 0,273 | 0,132 | -0,013 | 0,404 |
| Steigerung oder Erhalt des Marktanteils | 0,123 | 0,100 | 0,209 | 0,043 | 0,406 |
| Erweiterung der Produktpalette innerhalb der Erzeugnisschwerpunkte | 0,087 | 0,092 | 0,213 | 0,055 | 0,360 |
| Erweiterung der Produktpalette außerhalb der Erzeugnisschwerpunkte | 0,085 | 0,094 | 0,112 | 0,050 | 0,216 |
| Schaffung neuer Absatzmärkte in den alten Bundesländern | 0,106 | 0,099 | 0,626 | 0,045 | 0,092 |
| Schaffung neuer Absatzmärkte in den neuen Bundesländern | 0,114 | -0,005 | 0,633 | 0,123 | 0,046 |
| Schaffung neuer Absatzmärkte in Osteuropa | 0,049 | 0,343 | 0,447 | 0,066 | 0,053 |
| Schaffung neuer Absatzmärkte in der EG | 0,095 | 0,519 | 0,467 | -0,003 | 0,091 |
| Schaffung neuer Absatzmärkte in Japan | 0,012 | 0,737 | -0,004 | 0,079 | 0,041 |
| Schaffung neuer Absatzmärkte in Nordamerika | 0,031 | 0,822 | -0,013 | -0,006 | 0,039 |
| Schaffung neuer Absatzmärkte in anderen Ländern | 0,046 | 0,688 | 0,187 | 0,017 | -0,007 |
| Verbesserung der Produktqualität | 0,286 | 0,034 | 0,131 | 0,293 | 0,301 |
| Entwicklung umweltfreundlicher Produkte | 0,074 | 0,124 | 0,134 | 0,518 | 0,194 |
| Erhöhung der Produktionsflexibilität | 0,405 | 0,006 | 0,162 | 0,277 | 0,246 |

**Tabelle 11:**          (Fortsetzung)

| | Kosten-senkung | globale Markter-weiterung | lokale Markter-weiterung | Umwelt-schutz | Markt-sicherung |
|---|---|---|---|---|---|
| Verringerung des Lohnkostenanteils | 0,592 | 0,039 | 0,054 | -0,010 | 0,072 |
| Senkung des Materialverbrauchs | 0,628 | 0,076 | 0,085 | 0,125 | 0,025 |
| Senkung des Energieverbrauchs | 0,554 | -0,033 | 0,087 | 0,427 | -0,104 |
| Verminderung der Produktionsvorbereitungs-kosten | 0,643 | 0,080 | 0,093 | 0,208 | 0,073 |
| Verminderung des Ausschusses | 0,557 | 0,068 | 0,045 | 0,314 | 0,124 |
| Verbesserung der Arbeitsbedingungen | 0,385 | -0,004 | 0,091 | 0,563 | 0,031 |
| Reduzierung der Umweltbelastungen in der Herstellung | 0,241 | 0,037 | 0,010 | 0,679 | -0,025 |

Anmerkungen: ungewichtete Daten; Cronbachs $\alpha$ =0,818
Quelle: MIP 1993

Die hohe Faktorladung bei der Verbesserung der Arbeitsbedingungen ist mit der engen Verknüpfung zwischen Arbeitsplatz- und Umweltschutz zu erklären. Umweltschädliche Produktionsprozesse, wie zum Beispiel Schadstoffemissionen bei der Lackierung von Kraftfahrzeugen, können die Gesundheit der dort Beschäftigten schädigen, oder Arbeitsplatzunfälle, wie beispielsweise bei der Verwendung giftiger Substanzen, können zu erheblichen Umweltverschmutzungen führen. Überraschend ist hingegen, daß die Umweltschutzstrategie keine hohe Ladung bei dem Innovationsziel „Verringerung des Materialverbrauchs" aufweist, obwohl die Reduzierung des Ressourcenverbrauchs bei der Operationalisierung einer nachhaltigen Entwicklung eine wesentliche Maßnahmenkomponente ist (vgl. Pearce/Turner 1990:43). Die „Verringerung des Materialverbrauchs" weist nur bei der Unternehmensstrategie „Kostensenkung" eine hohe Ladung auf, woraus zu schließen ist, daß Unternehmen die Materialreduzierung primär unter Effizienzgesichtspunkten als Maßnahme zur Kostensenkung betrachten.

Die Faktoranalyse läßt über die Identifizierung der Umweltinnovationsziele hinaus weitere Rückschlüsse auf die Innovationsaktivitäten der Unternehmen zu.

Innovationsziele, die bei mehreren Innovationsstrategien eine hohe Ladung aufweisen, deuten auf Zielkomplementaritäten hin. Cottica (1994:32) stellte beispielsweise fest, daß Umweltinnovationen in der italienischen Verpackungsindustrie nicht von kostensenkenden Innovationen zu trennen sind. Für die deutsche Verarbeitende Industrie ist ein solcher Zusammenhang von Effizienz- und Umweltschutzmaßnahmen nur bei der „Senkung des Energieverbrauchs" festzustellen. Dieses Innovationsziel weist sowohl bei der Umweltschutzstrategie als auch bei der Kostensenkungsstrategie hohe Ladungen auf. Eine höhere Faktorladung deutet jedoch auf eine etwas größere Bedeutung der Kostensenkung gegenüber dem Umweltschutz als Motiv für Energieverbrauchssenkungen hin. In den weiteren Analysen werden die vier in der Faktorenanalyse ermittelten Innovationsziele „Reduzierung der Umweltbelastung in der Produktion", „Entwicklung umweltfreundlicher Produkte", „Senkung des Energieverbrauchs" und die „Verbesserung der Arbeitsbedingungen" als Umweltinnovationsziele definiert. Darüber hinaus wird aber aufgrund der hohen Bedeutung im Konzept einer nachhaltigen Entwicklung auch das Innovationsziel „Senkung des Materialverbrauchs" in die Analysen einbezogen (vgl. Tabelle 12).

**Tabelle 12:**     Umweltinnovationsziele in der Innovationserhebung

| *Innovationstyp* | *Innovationsziele im MIP* |
|---|---|
| Umweltorientierte Prozeßinnovation | 1. Reduzierung der Umweltbelastung in der Produktion |
| | 2. Verringerung der Produktionskosten durch die Senkung des Materialverbrauchs |
| | 3. Verringerung der Produktionskosten durch die Senkung des Energieverbrauchs |
| | 4. Verbesserung der Arbeitsbedingungen |
| Umweltorientierte Produktinnovation | 5. Entwicklung umweltfreundlicher Produkte |

### 7.2.3    Die relative Bedeutung der Umweltinnovationsziele

Im Ifo-Innovationstest wurde für die Bundesrepublik Deutschland für den Zeitraum 1982 bis 1991 eine zunehmende Bedeutung des Umweltschutzes als Innovationsziel festgestellt. Im Jahre 1982 gaben in dieser schriftlichen Umfrage 38,2%, im Jahre 1988 etwa 42% und 1991 schon über 45% der befragten Unternehmen des Verarbeitenden Gewerbes die Verminderung der Umweltbelastungen als Ziel ihrer Innovationsaktivitäten an (vgl. Adler et al. 1994:168).[30] Bei den Angaben über die Bedeutung des Umweltschutzes wäre jedoch eine weitere Spezifizierung hinsichtlich der Bedeutung des Umweltschutzzieles wünschenswert. So kann beispielsweise mit den Angaben im Ifo-Innovationstest nicht erkannt werden, ob die Innovationsaktivitäten eher auf Prozeßebene stattfinden oder Produktverbesserungen betreffen.

Die Angaben im MIP erlauben weitergehende Analysen als die Ifo-Daten. Im MIP sind mit den Angaben zu den fünf identifizierten Umweltinnovationszielen spezifische Informationen zu Aktivitäten im produkt- und prozeßorientierten Umweltschutz vorhanden. Die Angaben im MIP zur Senkung des Material- bzw. Energieverbrauchs sowie zur Reduzierung der Umweltbelastung in der Produktion und zur Verbesserung der Arbeitsbedingungen lassen Rückschlüsse auf umweltorientierte Prozeßinnovationen zu. Die Entwicklung umweltfreundlicher Produkte gibt Hinweise zu umweltorientierten Produktinnovationen:

- Die *„Entwicklung umweltfreundlicher Produkte"* deutet auf das Bestreben von Unternehmen hin, die Produktlebensdauer zu verlängern, die Mehrfachnutzung zu erreichen, die Recyclierbarkeit zu verbessern oder die Lärmemissionen bei der Produktverwendung zu verringern. Dies sind umweltorientierte Produktinnovationen.

- Die *„Verringerung der Umweltbelastung in der Produktion"* gibt Hinweise auf die Absicht von Unternehmen, integrierte oder additive Prozeßtechnologien zu entwickeln oder einzusetzen, die die produktionsabhängige Umweltbelastung verringern. Dies sind umweltorientierte Prozeßinnovationen.

- Die *„Verbesserung der Arbeitsbedingungen"* kann mit dem Ziel angestrebt werden, durch Schutzmaßnahmen gesundheitschädigende Emissionen zu vermeiden oder das Risiko umweltgefährdender Tätigkeiten zu verringern. Dies sind umweltorientierte Prozeßinnovationen.

- Die Verringerung der Produktionskosten durch eine *„Senkung des Materialverbrauchs"* und eine *„Senkung des Energieverbrauchs"* weist auf Innovationsanstrengungen zur Ressourcenschonung oder zur Reduzierung von Abfallstoffen hin. Dies sind umweltorientierte Prozeßinnovationen.

Bei der Analyse der von den Unternehmen angegebenen Einschätzung zur Bedeutung der Innovationsziele auf einer Skala von 1-5 (keine Bedeutung bis sehr große Bedeutung) wird deutlich, daß die relative Bedeutung der Umweltinnovationsziele im Vergleich zu den anderen Innovationszielen nicht herausragend ist (vgl. Tabelle 13).

---

[30]    Es gilt zu beachten, daß die Ergebnisse der Ifo-Innovationserhebung nur bedingt mit denen des MIP zu vergleichen sind. Zum einen unterscheiden sich die Stichproben in ihrer Struktur (geographisch und in ihrer Repräsentativität) deutlich. So sind im Sample des MIP beispielsweise die neuen Bundesländer enthalten. Zum zweiten wurde die Bedeutung von Umweltschutzinnovationen im ifo-Test durch eine Ja/Nein - Frage erhoben, während das MIP sowohl die Bedeutung umweltfreundliche Prozeß- als auch Produktinnovationen in einer 5-er Skala zur Auswahl stellt.

**Tabelle 13:**                    Innovationsziele der Unternehmen [Median]

| Innovationsziel | Median |
|---|---|
| Steigerung oder Erhalt des Marktanteils | 5 |
| Verbesserung der Produktqualität | 5 |
| Verringerung des Lohnkostenanteils | 4 |
| Verminderung des Ausschusses | 4 |
| Erweiterung der Produktpalette innerhalb der Erzeugnisschwerpunkte | 4 |
| Erhöhung der Produktionsflexibilität | 4 |
| Schaffung neuer Absatzmärkte in den alten Bundesländern | 4 |
| Schaffung von Nachfolgeprodukten | 4 |
| Verminderung der Produktionsvorbereitungskosten | 4 |
| Senkung des Materialverbrauchs | 4 |
| Verbesserung der Arbeitsbedingungen | 4 |
| Entwicklung umweltfreundlicher Produkte | 4 |
| Senkung des Energieverbrauchs | 3 |
| Reduzierung der Umweltbelastungen in der Herstellung | 3 |
| Schaffung neuer Absatzmärkte in den neuen Bundesländern | 3 |
| Schaffung neuer Absatzmärkte in der EG | 3 |
| Erweiterung der Produktpalette außerhalb der Erzeugnisschwerpunkte | 2 |
| Schaffung neuer Absatzmärkte in Osteuropa | 1 |
| Schaffung neuer Absatzmärkte in anderen Ländern | 1 |
| Schaffung neuer Absatzmärkte in Nordamerika | 1 |
| Schaffung neuer Absatzmärkte in Japan | 1 |

Quelle: MIP 1993

Eine hohe Bedeutung als Innovationsziele haben in den Unternehmen Produktinnovationen und Maßnahmen zur Produktionskostensenkung. So haben die Steigerung bzw. der Erhalt des Marktanteils und die Verbesserung der Produktqualität die höchste Priorität. Die geringste Bedeutung als Innovationsziel haben Aktivitäten zur Schaffung neuer Absatzmärkte. Von den Umweltinnovationszielen haben die Senkung des Materialverbrauchs, die Verbesserung der Arbeitsbedingungen und die Entwicklung umweltfreundlicher Produkte einen höheren Stellenwert.

Die Senkung des Energieverbrauchs und die Reduzierung der Umweltbelastung in der Herstellung haben hingegen nur eine durchschnittliche Bedeutung.

## 7.3    Deskriptive Analyse der Einflußfaktoren des Innovationsverhaltens umweltinnovativer und nicht-umweltinnovativer Unternehmen

### 7.3.1    Beschreibung der zu analysierenden Variablen

In der folgenden deskriptiven Analyse wird der Einfluß der oben in Kapitel 5 aus der Innovationstheorie abgeleiteten Einflußfaktoren von Innovationen untersucht. Hierzu liegen im MIP Informationen zu folgenden Einflußfaktoren vor:

- **Branchenzugehörigkeit:** Im Innovationsverhalten können zwischen Wirtschaftszweigen erhebliche Unterschiede bestehen (vgl. Pavitt 1984:343ff.). Für Umweltinnovationen können diese beispielsweise auf unterschiedliche Kosten durch den Einsatz umweltpolitischer Instrumente beruhen (vgl. Henriques/Sadorsky 1996). Im MIP liegen Informationen über die Wirtschaftszweigzugehörigkeit der Unternehmen vor.
- **Standort der Unternehmen:** Unterschiede in der wirtschaftlichen Entwicklung und spezielle Umweltschutzprobleme macht die Untersuchung von Abweichungen im Umweltinnovationsverhalten zwischen neuen und alten Bundesländern sinnvoll. Angaben zum Unternehmensstandort sind im MIP enthalten.
- **Technologische Voraussetzungen:** Das Konzept der technologischen Voraussetzungen kann nicht mit einem einzigen Parameter empirisch erfaßt und quantitativ gemessen werden (vgl. Harabi 1997:11). Im MIP liegen hierzu sowohl Informationen über die Existenz einer separaten FuE-Abteilung, die Höhe von FuE- und Innovationsaufwendungen sowie den Umsatzanteil mit neuen bzw. verbesserten Produkten vor. Schließlich bieten auch Angaben über Kooperationspartner in Innovationsprojekten, wie beispielsweise Zulieferer oder Hochschulen, Hinweise auf die technologischen Voraussetzungen.
- **Marktstruktur:** In Untersuchungen wird der Einfluß der Marktform und der Unternehmensgröße oft nicht getrennt. Es ist jedoch sinnvoll zu prüfen, ob sich Unterschiede zwischen kleinen und großen Unternehmen im Umweltinnovationsverhalten ergeben und ob ein Zusammenhang zwischen dem Konzentrationsgrad und dem Umweltinnovationsverhalten besteht. Hierzu sind im MIP Informationen über die Unternehmensgröße und die Wettbewerbsintensität vorhanden.

- **Marktnachfrage:** Hinweise über das Marktvolumen und die Marktnachfrage als wichtige Einflußfaktoren von Umweltinnovationen liegen im MIP als Information über die zurückliegende und die erwartete Marktentwicklung vor.

- **Schutzmechanismen:** Rückschlüsse auf die Bedingungen zur Aneignung von Erträgen aus Umweltinnovationen lassen sich aus Angaben des MIP über die Bedeutung verschiedener Schutzinstrumente, wie beispielsweise Patente oder Geheimhaltung, gewinnen.

- **Informationsquellen:** Angaben über Informationsquellen für Innovationen weisen auf die Möglichkeiten und die Bedeutung des Zugangs zu Informationen über zur Verfügung stehende Technologien hin. Hierzu liegen im MIP Daten über unternehmensinterne und -externe Informationsquellen vor.

- **Staatliche Einflüße, Kosten und Risiken:** Informationen im MIP über Innovationshemmnisse spiegeln die Bedeutung einer Vielzahl von unternehmensinternen und -externen Einflußfaktoren von Innovationen wider. Hieraus können u.a. Rückschlüsse auf den Einfluß der rechtlichen und politischen Rahmenbedingungen, die Bedeutung des mit Innovationen verbundenen technischen und ökonomischen Risikos oder den Einfluß der Innovationskosten abgeleitet werden.

### 7.3.2      Abgrenzung von umweltinnovativen und nicht-umweltinnovativen Unternehmen

In den Analysen wird eine Aufspaltung der Stichprobe in umweltinnovative und nicht-umweltinnovative Unternehmen vorgenommen, um die wesentlichen Einflußfaktoren von Umweltinnovationen zu identifizieren. Dies soll die spätere ökonometrische Analysen vereinfachen, in der die aufgedeckten spezifischen Einflußfaktoren von Umweltinnovationen auf ihre Evidenz überprüft werden.

Abgrenzungskriterium für die dichotome Differenzierung in umweltinnovative und nicht-umweltinnovative Unternehmen sind die vorliegenden Informationen zu den beiden Umweltinnovationszielen „Reduzierung der Umweltbelastung in der Produktion" und „Entwicklung umweltfreundlicher Produkte" in Unternehmen (vgl. Abbildung 9). Es wird unterschieden:

- *in umweltinnovative Unternehmen*, die die Reduzierung der Umweltbelastung in der Produktion und/oder die Entwicklung umweltfreundlicher Produkte als bedeutendes oder sehr bedeutendes Innovationsziel einschätzen (Bewertung von 4 oder 5 auf der 5-er Skala) und

- in „*nicht-umweltinnovative Unternehmen*, für die die Reduzierung der Umweltbelastung in der Produktion und/oder die Entwicklung umweltfreundlicher Produkte keine oder nur eine geringe Bedeutung haben (Bewertung von 1-3 auf der 5-er Skala).

**Abbildung 9**:            Abgrenzung umweltinnovativer und nicht-umweltinnovativer
                           Unternehmen

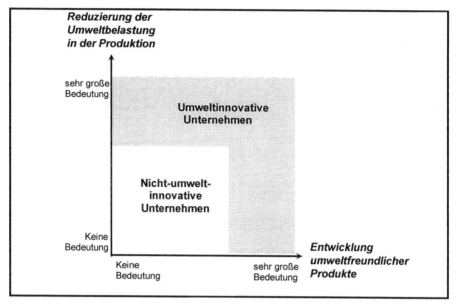

Die getroffene Abgrenzung beruht auf einer Selbsteinschätzung der Unternehmen, deren Grundlage die Bedeutung umweltrelevanter Zielsetzungen im Innovationsverhalten sind. Die Befragten beurteilen die Bedeutung des Umweltschutzes
in geplanten Innovationsvorhaben ohne einen Bezug auf eine bestimmte Technologie. Zu den umweltinnovativen Unternehmen zählen somit sowohl Anbieter als
auch Anwender von End-of-Pipe-Technologien und von integrierten Umweltschutztechnologien.

Die anderen Umweltinnovationsziele werden in der deskriptiven Analyse nicht
berücksichtigt. In den späteren ökonometrischen Untersuchungen werden jedoch
alle Umweltinnovationsziele separat untersucht, um eventuell bestehende Unterschiede zwischen den Einflußfaktoren der einzelnen Umweltinnovationsziele
identifizieren zu können.

Insgesamt beantworteten 1.954 innovative Unternehmen die Frage nach der Bedeutung der Entwicklung umweltfreundlicher Produkte und/oder die Frage nach
der Reduzierung der Umweltbelastung in der Produktion als Innovationsziel. Die
Gruppe der nicht-umweltinnovativen Unternehmen wird von 641 Unternehmen
(33%) gebildet, die dem Umweltschutz als Innovationsziel eine untergeordnete
Bedeutung zumessen. 1.313 Unternehmen (67%) nennen die Reduzierung der
Umweltbelastung in der Produktion und/oder die Entwicklung umweltfreundlicher Produkte als bedeutendes oder sehr bedeutendes Innovationsziel und bilden
damit die Gruppe der umweltinnovativen Unternehmen. Davon nennt etwa die
Hälfte sowohl umweltfreundliche Produktinnovationen als auch umweltfreundli-

che Prozeßinnovationen als bedeutendes oder sehr bedeutendes Innovationsziel. Bei etwa 30% der Unternehmen trifft dies nur für umweltfreundliche Produktinnovationen und bei etwa 20% nur für umweltfreundliche Prozeßinnovationen zu (vgl. Abbildung 10).

**Abbildung 10:**      Anteile umweltinnovativer und nicht-umweltinnovativer
Unternehmen

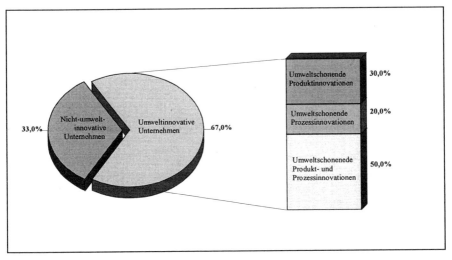

Quelle: MIP 1993

## 7.3.3      Die deskriptive Untersuchung der Variablen

7.3.3.1      Der Einfluß der Unternehmensgröße

Die Verteilung zwischen umweltinnovativen und nicht-umweltinnovativen Unternehmen innerhalb der Größenklassen zeigt, daß etwa 65% der kleinen und mittleren Unternehmen mit bis zu 500 Mitarbeitern zu den umweltinnovativen Unternehmen zählen. Größere Unternehmen mit mehr als 500 Mitarbeitern sind hingegen zu über 75% in der Gruppe der umweltinnovativen Unternehmen vertreten (vgl. Tabelle 14).

**Tabelle 14:**          Anteil von umweltinnovativen und nicht-umweltinnovativen
                         Unternehmen nach Größenklassen [in % der Unternehmen]

| *Größenklasse* | *Umweltinnovative Unternehmen* |
|:---:|:---:|
| < 50 | 65,4 |
| 50 - 199 | 66,2 |
| 200 - 499 | 64,3 |
| 500 - 999 | 75,5 |
| > 1000 | 78,6 |

Quelle: MIP 1993

### 7.3.3.2     Der Einfluß des Unternehmensstandorts

Die Daten des MIP erlauben eine Unterscheidung von Unternehmen mit Firmen-
sitz in den alten und in den neuen Bundesländern. Damit besteht die Möglichkeit,
bestehende Auswirkungen des Strukturwandels in den neuen Bundesländern nach
der Wiedervereinigung zu identifizieren. So wäre zu vermuten, daß aufgrund der
hohen Umweltbelastung in den neuen Bundesländern und dem daraus resultierenden hohen Bedarf an Umwelttechnologien ein höherer Anteil umweltinnovativer
Unternehmen vorhanden ist. Dies ist jedoch nicht zu beobachten. Vielmehr scheinen nur geringe Unterschiede in der Verteilung umweltinnovativer und nicht-
umweltinnovativer Unternehmen zwischen neuen und alten Bundesländern zu
bestehen. Mit knapp 68% liegt der Anteil umweltinnovativer Unternehmen in den
neuen Bundesländern nur etwas höher als in den alten Bundesländern mit etwa
66% (vgl. Tabelle 15).

**Tabelle 15:**          Anteil umweltinnovativer Unternehmen in den neuen und alten
                         Bundesländern

| *Region* | *Anteil umweltinnovativer Unternehmen* |
|:---:|:---:|
| Alte Bundesländer | 65,7% |
| Neue Bundesländer | 67,6% |

### 7.3.3.3    Der Einfluß des Wirtschaftszweigs

Technologischer Wandel ist kein allgemeiner, in den einzelnen Branchen vergleichbarer Prozeß, sondern in Wirtschaftszweigen oder Regionen deutlich unterschiedlich (vgl. Nelson/Winter 1977:216ff.).

In der Stichprobe zeigt sich in Abhängigkeit von Produktionsrichtung und -umfang ein unterschiedlich hoher Anteil umweltinnovativer Unternehmen in den Wirtschaftszweigen (vgl. Tabelle 16). Die emissionsintensiven Unternehmen der grundstoff- und produktionsgütererzeugenden Industrie, wie z.B. der Wirtschaftszweig „Papier und Druck" (83%) oder der Wirtschaftszweig „Chemie" (82%), sowie konsumnahe Bereiche, wie die Branche „Möbel/Sport/Spiel (74%), sind zu einem größeren Anteil in der Gruppe der umweltinnovativen Unternehmen enthalten, als z.B. Branchen wie die „Medizin und Regelungstechnik" (47%).

**Tabelle 16:**          Verteilung von umweltinnovativen und nicht-umweltinnovativen Unternehmen nach Wirtschaftszweigen [in % der Unternehmen]

| Wirtschaftszweig | Anteil umweltinnovativer Unternehmen |
|---|---|
| Ernährung | 84,2 |
| Papier/Druck | 83,1 |
| Chemie | 82,3 |
| Fahrzeugbau | 78,8 |
| Möbel/Sport/Spiel | 74,2 |
| ADV/Elektrotechnik | 63,5 |
| Metallerzeugung | 62,1 |
| Bergbau/Energie | 60,4 |
| Textil | 59,5 |
| Maschinenbau | 59,5 |
| Stahl-/ Leichtmetallbau | 54,8 |
| Glas/Keramik | 47,3 |
| Medizin/Regelungstechnik | 47,2 |

Quelle: MIP 1993

## 7.3.3.4    Der Einfluß der Wettbewerbsintensität

Die Marktstruktur spiegelt sich in der Wettbewerbsintensität wider, die mit der Zunahme der Konkurrenten steigt (vgl. Berg 1988:248). Eine oligopolistische Marktstruktur könnte beispielsweise bei den Anbietern von Umwelttechnologien zur Konzentration der Innovationsbemühungen auf die Technologie mit dem größten potentiellen Markt führen. Im MIP wurden die Unternehmen nach der Wettbewerbsintensität in den vergangenen drei Jahren 1990 - 1992 und nach der erwarteten Intensität für die kommenden Jahre 1993-1995 gefragt (vgl. Box 2). Die Bewertung erfolgte auch hier auf einer 5-er Skala von „erhebliche Zunahme" bis „erheblicher Rückgang".

**Box 2:**    Frage zur Wettbewerbsentwicklung

---

Bitte beurteilen Sie auf einer Skala von +2 bis -2 die mittelfristige Wettbewerbsentwicklung auf den Absatzmärkten Ihres Unternehmens/Geschäftsbereichs.

---

**Tabelle 17:**    Die Wirkung der Wettbewerbsintensität auf umweltinnovative und nicht-umweltinnovative Unternehmen [in % der Unternehmen]

| *Wettbewerbsintensität zwischen 1990 und 1992* | *(– –)* | *(–)* | *(0)* | *(+)* | *(++)* | *Σ* |
|---|---|---|---|---|---|---|
| Umweltinnovative Unternehmen | 0,94 | 10,53 | 28,59 | 36,31 | 23,62 | 100 |
| Nicht- umweltinnovative Unternehmen | 3,89 | 4,49 | 28,27 | 43,07 | 20,28 | 100 |
| *erwartete Wettbewerbs- intensität für 1993 bis 1995* | *(– –)* | *(–)* | *(0)* | *(+)* | *(++)* | *Σ* |
| Umweltinnovative Unternehmen | 5,54 | 6,99 | 15,12 | 29,73 | 42,63 | 100 |
| Nicht- umweltinnovative Unternehmen | 2,11 | 9,48 | 14,44 | 29,16 | 44,82 | 100 |

Quelle: MIP 1993

Die deskriptiven Auswertungen deuten daraufhin, daß zwischen umweltinnovativen Unternehmen und nicht-umweltinnovativen nur geringe Unterschiede in der Einschätzung der Wettbewerbsintensität bestehen. Dies gilt sowohl für den Zeitraum 1990-1992 als auch für Erwartungen der Jahre 1993-1995 (vgl. Tabelle 17).

### 7.3.3.5 Der Einfluß der FuE-Intensität und der Innovationsintensität

Die unternehmensinterne technologische Kompetenz bestimmt die Fähigkeit von Unternehmen, extern verfügbares Wissens zu nutzen (vgl. Meyer-Krahmer/ Schmoch 1993:199). Als Proxy-Variablen können im MIP vorhandene Informationen zu den Innovations- und FuE-Aktivitäten von Unternehmen einen Hinweis auf die technologische Kompetenz geben. Im MIP wurden die Unternehmen in einem separaten Frageblock nach ihren Forschungs- und Entwicklungsaktivitäten gefragt (siehe Box 3). Dabei wurden „ja/nein"-Fragen zu den FuE-Aktivitäten und quantitative Fragen nach der Höhe der FuE- und Innovationsaufwendungen gestellt. Diese Informationen sind Indikatoren der Inputseite im Innovationsprozeß, da nur die Ressourcen widergespiegelt werden, die in den Innovationsprozeß einfließen. Aussagen über die Effizienz der Ressourcen im Innovationsprozeß für die Generierung neuer Produkte oder Produktionsprozesse sind nicht möglich.

**Box 3:**           Fragen zu den FuE-Aktivitäten von Unternehmen

| |
|---|
| Führt ihr Unternehmen regelmäßig FuE-Aktivitäten durch?          Ja/Nein |
| Besitzt ihr Unternehmen eine spezielle FuE-Abteilung?          Ja/Nein |
| Hat Ihr Unternehmen im Jahre 1992 FuE-Aktivitäten durchgeführt?          Ja/Nein |
| Bitte schätzen Sie die Höhe der gesamten FuE-Aufwendungen Ihres Unternehmens im Jahr 1992. |
| Innovationsaktivitäten verursachen eine Vielzahl von Aufwendungen, die über die reinen FuE-Aufwendungen hinausgehen. Bitte schätzen Sie den Gesamtbetrag der laufenden Innovationsaufwendungen, der von Ihrem Unternehmen im Jahr 1992 für Innovationsaktivitäten aufgebracht wurde. |

Es ist zu beobachten, daß umweltinnovative Unternehmen im Durchschnitt nur zu einem geringen Teil über eigenständige FuE-Abteilungen verfügen und im Vergleich zu nicht-umweltinnovativen Unternehmen weniger regelmäßige FuE-Aktivitäten durchführen. So weisen über 46% der insgesamt im Datensatz enthaltenen Unternehmen kontinuierliche Forschungs- und Entwicklungsaktivitäten auf (vgl. Tabelle 18). Dabei liegen jedoch die nicht-umweltinnovativen Unternehmen mit über 50% deutlich über dem Durchschnitt, während umweltinnovative Unternehmen mit etwa 45% knapp darunter liegen.

Die im MIP zugrundegelegte Definition von FuE-Aufwendungen umfaßt Ausgaben für die Grundlagenforschung, die angewandte Forschung und die experimentelle Entwicklung. Zu den Innovationsaufwendungen zählen neben den FuE-Aufwendungen auch Aufwendungen für den Erwerb von Lizenzen oder Patenten sowie Ausgaben für die Weiterbildung von Mitarbeitern und Kosten für Pilotprojekte oder die Produktgestaltung. Für die Auswertungen werden die Forschung- und Entwicklungsaufwendungen sowie die Innovationsaufwendungen für jedes Unternehmen im Verhältnis zum Gesamtumsatz berechnet. Damit wird der Einfluß von Größenunterschieden vermieden und die Vergleichbarkeit zwischen den Branchen gewährleistet. Tabelle 19 stellt die FuE- und Innovationsintensitäten auf Branchenebene gegenüber.

**Tabelle 18:**    Unternehmen mit kontinuierlichen Forschungsaktivitäten
[in % der Unternehmen]

| Umweltinnovative Unternehmen | Nicht-umweltinnovative Unternehmen | Alle Unternehmen |
|---|---|---|
| 44,6 | 51,1 | 46,8 |

Quelle: MIP 1993

Es zeigt sich dabei, daß umweltinnovative Unternehmen mit durchschnittlich knapp 4,4% eine geringere FuE-Intensität aufweisen als nicht-umweltinnovative Unternehmen mit 5,5 %. Die durchschnittlichen FuE-Intensitäten relativieren sich im Branchenvergleich. So weisen im Bereich der Medizin/Regelungstechnik umweltinnovative und nicht-umweltinnovative Unternehmen eine relativ hohe FuE-Intensität auf. Die Meß-, Steuer- und Regelungstechnik ist eine Querschnittstechnik, die im Umweltschutz beispielsweise zur Überwachung von Abwasserkanalsystemen eingesetzt wird. Die Innovationsintensität liegt in nicht-umweltinnovativen Unternehmen und in umweltinnovativen Unternehmen im Durchschnitt bei ca. 10%, wobei aber auch hier deutliche Unterschiede zwischen den Branchen bestehen.

**Tabelle 19:** Durchschnittliche FuE-Intensität und Innovationsintensität
[in % der FuE-Ausgaben bzw. Innovationsausgaben/ Umsatz]

| Wirtschaftszweig | FuE-Intensität | | Innovationsintensität | |
| --- | --- | --- | --- | --- |
| | Umweltinnovative Unternehmen | Nicht-umweltinnovative Unternehmen | Umweltinnovative Unternehmen | Nicht- umweltinnovative Unternehmen |
| Bergbau/Energie | 1,4 | 0,9 | 10,2 | 10,0 |
| Ernährung | 1,1 | 0,7 | 12,9 | 7,5 |
| Textil | 2,8 | 0,8 | 6,7 | 1,8 |
| Papier/Druck | 1,0 | 0,5 | 9,7 | 11,4 |
| Chemie | 4,3 | 1,3 | 12,4 | 18,5 |
| Glas/Keramik | 1,7 | 2,8 | 10,4 | 9,6 |
| Metallerzeugung | 3,0 | 2,2 | 9,8 | 5,9 |
| Stahl und Leichtmetallbau | 1,4 | 5,4 | 7,0 | 8,9 |
| Maschinenbau | 4,8 | 4,8 | 7,1 | 7,8 |
| ADV/Elektrotechnik | 4,0 | 14,4 | 7,7 | 17,9 |
| Medizin/Regelungstechnik | 9,0 | 11,3 | 13,0 | 12,8 |
| Fahrzeugbau | 2,7 | 2,9 | 14,6 | 6,5 |
| Möbel/Sport/Spiel | 20,0 | 3,6 | 27,4 | 6,3 |
| Gesamt | 4,4 | 5,5 | 10,6 | 10,2 |

Quelle: MIP 1993

## 7.3.3.6 Der Einfluß des Anteil neuer bzw. verbesserter Produkte am Umsatz

Eine weitere Möglichkeit die Innovationsintensität zu messen, besteht darin, die Anteile neuer bzw. verbesserter Produkte am Umsatz umweltinnovativer und nicht-umweltinnovativer Unternehmen zu vergleichen. Damit steht ein Indikator der Outputseite des Innovationsprozesses zur Verfügung.[31] Im MIP wurde den

---

31 Der Umsatzanteil mit neuen bzw. verbesserten Produkten wird auch als Innovationsrate bezeichnet.

Unternehmen die Frage nach dem Umsatzanteil von drei Produkttypen gestellt (vgl. Box 4). Damit liegen Informationen über die Umsatzanteile von neuen, verbesserten und unveränderten Produkten vor. Wesentliche Verbesserungen an Produkten und die Einführung neuer Produkte können als Basisinnovationen betrachtet werden. Geringe Veränderungen an Produkten stellen Verbesserungsinnovationen dar.

**Box 4:**　　　　　Frage zu den wirtschaftlichen Effekten von Innovationen

Die ökonomischen Auswirkungen von Innovationsanstrengungen lassen sich nur schwer messen. Brauchbare Indikatoren stellen die mit innovativen Produkten erzielten Umsätze und die Anmeldungen von Patenten und Gebrauchsmustern dar.
Wie verteilt sich der Gesamtumsatz Ihres Unternehmens im Jahre 1992 auf die folgenden Produkttypen?
(1)　Seit 1990 wesentlich verbesserte oder neue Produkte (Basisinnovationen).
(2)　Seit 1990 verbesserte Produkte (Verbesserungsinnovationen).
(3)　Seit 1990 nicht oder unwesentlich veränderte Produkte.

In den Auswertungen zeigt sich, daß im Durchschnitt nur geringe Unterschiede in der Bedeutung von Verbesserungs- und Basisinnovationen zwischen umweltinnovativen und nicht-umweltinnovativen Unternehmen zu bestehen scheinen (vgl. Tabelle 20). Die Anteile weichen bei den Verbesserungsinnovationen nur um einen Prozentpunkt und bei Basisinnovationen nur um etwas mehr als zwei Prozentpunkte voneinander ab.

Unterschiede zwischen umweltinnovativen und nicht-umweltinnovativen Unternehmen treten jedoch bei einer branchenspezifischen Analyse auf. Die Möbel-, Schmuck- und Sportindustrie hat mit grundlegend neuen Produkten mit knapp 38% den höchsten und mit verbesserten Produkten einen überdurchschnittlich hohen Umsatzanteil. Relativ hohe Umsatzanteile mit Basis- und Verbesserungsinnovationen haben auch die chemische Industrie und die Textilindustrie. In diesen Branchen bestehen jedoch keine Unterschiede in den Umsatzanteilen zwischen umweltinnovativen und nicht-umweltinnovativen Unternehmen. Deutliche Unterschiede bestehen hingegen in den Wirtschaftszweigen Bergbau/Energie und Glas/Keramik sowie in der Metallerzeugung. Dort haben umweltinnovative einen deutlich höheren durchschnittlichen Umsatzanteil mit neuen und verbesserten Produkten als nicht-umweltinnovative Unternehmen.

**Tabelle 20:**  Umsatzanteil von Basis- und Verbesserungsinnovationen nach
Wirtschaftszweigen [in% des Gesamtumsatzes]

| Wirtschaftszweig | Umweltinnovative Unternehmen | | Nicht-umweltinnovative Unternehmen | |
|---|---|---|---|---|
| | Basisinnovationen | Verbesserungsinnovationen | Basisinnovationen | Verbesserungsinnovationen |
| Bergbau/Energie | 18,1 | 16,3 | 3,6 | 1,7 |
| Ernährung | 12,6 | 24,3 | 9,8 | 22,0 |
| Textil | 23,6 | 20,0 | 27,4 | 23,1 |
| Papier/Druck | 12,4 | 12,0 | 18,1 | 14,2 |
| Chemie | 25,3 | 25,0 | 20,7 | 21,6 |
| Glas/Keramik | 11,3 | 25,1 | 2,6 | 9,5 |
| Metallerzeugung | 16,0 | 22,8 | 4,8 | 12,2 |
| Stahl und Leichtmetallbau | 13,5 | 15,0 | 33,9 | 19,4 |
| Maschinenbau | 19,8 | 33,7 | 20,6 | 22,2 |
| ADV/Elektrotechnik | 25,2 | 31,8 | 22,6 | 37,2 |
| Medizin/Regelungstechnik | 26,6 | 23,0 | 23,4 | 27,2 |
| Fahrzeugbau | 15,5 | 17,6 | 14,2 | 30,7 |
| Möbel/Sport/Spiel | 38,1 | 29,4 | 38,2 | 26,0 |
| Gesamt | 20,5 | 23,5 | 22,8 | 22,5 |

Quelle: MIP 1993

### 7.3.3.7  Der Einfluß von FuE-Kooperationen

In der Innovationserhebung 1993 sind Informationen über FuE-Kooperationen
von Unternehmen, Universitäten und Forschungsinstituten enthalten (vgl. Box 5).
Es zeigt sich, daß umweltinnovative Unternehmen grundsätzlich in stärkerem
Maße in FuE-Kooperationen eingebunden sind als nicht-umweltinnovative Unternehmen. Etwa 71% der umweltinnovativen Unternehmen waren 1992 an Kooperationen beteiligt, aber nur 64% der nicht-umweltinnovativen Unternehmen.
Die wichtigsten Kooperationspartner waren für beide Unternehmensgruppen
Kunden und Zulieferer sowie Universitäten bzw. Fachhochschulen. Horizontale
Kooperationen haben eine vergleichsweise geringe Bedeutung. Die Ergebnisse

deuten jedoch daraufhin, daß umweltinnovative Unternehmen stärker mit Kunden und Zulieferern zusammenarbeiten als nicht-umweltinnovative Unternehmen. In Tabelle 21 ist die Bedeutung der verschiedenen Kooperationspartner für umwelt-innovative und nicht-umweltinnovative Unternehmen angegeben.

**Box 5:**    Fragen zur Relevanz von FuE-Kooperationen

FuE-Aktivitäten werden häufig von Unternehmen in Kooperation mit anderen Unterneh-men oder öffentlichen Forschungseinrichtungen durchgeführt. Wir meinen damit Koopera-tionen, bei denen beide Partner im Gegensatz zur reinen Auftragsforschung aktiv gemein-same FuE-Projekte betreiben.
War Ihr Unternehmen/Geschäftsbereich im Jahre 1992 an solchen Kooperationen beteiligt? Um welche Kooperationspartner handelt es sich dabei und aus welchenm Land kamen die Kooperationspartner?

**Tabelle 21:**    FuE-Kooperationspartner [in % der Unternehmen]

| *FuE-Kooperation* | *Umweltinnovative Unternehmen* | *Nicht- umweltinno-vative Unternehmen* |
|---|---|---|
| *ja* | *71,1%* | *64%* |
| davon: | | |
| ➔ mit Kunden | 66,1% | 49,2% |
| ➔ mit Zulieferern | 42,1% | 37,4% |
| ➔ mit direkten Wettbewerbern | 8,2% | 12,8% |
| ➔ mit Unternehmen der eigenen Unternehmensgruppe | 23,5% | 17,0% |
| ➔ mit Unternehmensberatungen | 11,3% | 7,1% |
| ➔ mit Universitäten/Fachhochschulen | 38,5% | 42,1% |
| ➔ mit sonstigen öffentlichen Forschungseinrichtungen | 19,4% | 26,3% |
| ➔ mit privatwirtschaftlich finanzierten Forschungsinstituten | 10,7% | 9,2% |

Quelle: MIP 1993

## 7.3.3.8    Der Einfluß der Marktnachfrage

Die Größe eines Marktes und das Marktwachstum beeinflussen den mengenmäßigen Absatz und den erzielbaren Preis von Produkten. Im allgemeinen ist zu erwarten, daß die Erfolgswahrscheinlichkeit von Innovationen in wachsenden Märkten höher ist als in schrumpfenden oder stagnierenden Märkten. Im MIP wurden die Unternehmen gebeten, die Nachfrageentwicklung und die Nachfrageerwartungen zu beurteilen (vgl. Box 6).

**Box 6:**                       Frage zur Nachfrageentwicklung im MIP 1993

| |
|---|
| Bitte beurteilen Sie auf einer Skala von +2 bis -2 die mittelfristige Nachfrageentwicklung auf den Absatzmärkten Ihres Unternehmens/Geschäftsbereichs. |

Da für den Umwelttechnologien überwiegend von einem wachsenden Weltmarkt ausgegangen wird (OECD 1992b), ist anzunehmen, daß die vergangene und zukünftige Nachfrageentwicklung umweltinnovativer Unternehmen aufgrund des wachsenden Marktes positiv ist. Für die zurückliegenden Jahre 1990 - 1992 ist dies sowohl für umweltinnovative als auch für nicht-umweltinnovative Unternehmen zu beobachten (vgl. Tabelle 22). Die Nachfrageerwartungen der umweltinnovativen Unternehmen für die Jahre 1993 bis 1995 scheinen zwar im Vergleich zu den zurückliegenden Jahren generell gedämpfter zu sein, doch deuten auch diese Ergebnisse auf eine positivere Einschätzung im Vergleich zu nicht-umweltinnovativen Unternehmen hin.

**Tabelle 22:**    Nachfrageentwicklung und Nachfrageerwartungen
[in % der Unternehmen]

| *Nachfrageentwicklung* *zwischen 1990 und 1992* | *(− −)* | *(−)* | *(0)* | *(+)* | *(++)* | *Σ* |
|---|---|---|---|---|---|---|
| Umweltinnovative Unternehmen | 6,58 | 10,64 | 16,07 | 41,48 | 25,24 | 100 |
| Nicht- umweltinnovative Unternehmen | 10,22 | 11,13 | 13,35 | 47,53 | 17,77 | 100 |
| *Nachfrageerwartungen* *für 1993 bis 1995* | *(− −)* | *(−)* | *(0)* | *(+)* | *(++)* | *Σ* |
| Umweltinnovative Unternehmen | 5,86 | 18,31 | 34,02 | 29,84 | 11,97 | 100 |
| Nicht- umweltinnovative Unternehmen | 7,66 | 24,40 | 37,98 | 24,89 | 5,06 | 100 |

Quelle: MIP 1993

### 7.3.3.9    Der Einfluß von Schutzmechanismen

Für Unternehmen sind die Patentierung, die Geheimhaltung oder die Erzielung eines Zeitvorsprungs wichtige Instrumente zur Sicherung von Erträgen aus Innovationsaktivitäten. Auf einer Skala von 1-5 konnten die Unternehmen im MIP die Bedeutung von sechs Aneignungsinstrumenten für Produkt- und Prozessinnovationen beurteilen (vgl. Box 7) Der Median für die unterschiedlichen Schutzmechanismen ist in Tabelle 23 aufgeführt.

Bei Produktinnovationen zeigt sich im Vergleich der beiden Gruppen eine allgemein höhere Bedeutung der Schutzinstrumente für umweltinnovative Unternehmen. Insbesondere der zeitliche Vorsprung in der Vermarktung und die langfristige Bindung der Mitarbeiter an das Unternehmen werden von umweltinnovativen Unternehmen als wichtige Schutzinstrumente eingeschätzt. Die deutlichsten Unterschiede in der Beurteilung der beiden Gruppen gibt es bei Patenten, die in nicht-umweltinnovativen Unternehmen unbedeutend sind, während umweltinnovative Unternehmen diesen eine mittlere Bedeutung zuordnen.

Bei Prozeßinnovationen stufen beide Unternehmensgruppen den zeitlichen Vorsprung und die Personalbindung an das Unternehmen als wichtige Maßnahmen zur Sicherung ihrer Erträge ein. In umweltinnovativen Unternehmen gilt dies auch noch für die Geheimhaltung und den komplizierten Aufbau der Innovation.

**Tabelle 23:**          Bedeutung verschiedener Schutzinstrumente für
                         Produktinnovationen und Prozeßinnovationen [Median]

| Schutzinstrumente | Produktinnovationen | | Prozeßinnovationen | |
|---|---|---|---|---|
| | *Umweltinnovative Unternehmen* | *Nicht- umweltinnovative Unternehmen* | *Umweltinnovative Unternehmen* | *Nicht- umweltinnovative Unternehmen* |
| Patente | 3 | 1 | 2 | 1 |
| Gebrauchsmuster, Copyright | 3 | 2 | 2 | 1 |
| Geheimhaltung | 4 | 3 | 4 | 3 |
| Komplexität der Produktgestaltung | 4 | 3 | 4 | 3 |
| Zeitlicher Vorsprung in der Vermarktung | 5 | 4 | 4 | 4 |
| Langfristige Bindung qualifizierten Personals an das Unternehmen | 5 | 4 | 4 | 4 |

Quelle: MIP 1993

**Box 7:**               Bedeutung verschiedener Schutzmechanismen

Der Schutz des Wissens- bzw. Technikvorsprungs gewinnt für viele Unternehmen eine zunehmende Bedeutung. Wie beuteilen Sie die Effektivität der folgenden Schutzmechanismen auf einer Skala von 1 bis 5 für die Bewahrung und den Ausbau der Wettbewerbsfähigkeit ihres Unternehmens im Bereich von Produktinnovationen und von Prozeßinnovationen im letzten Jahr (1992)?

### 7.3.3.10    Der Einfluß von unternehmensinternen und -externen Informationsquellen

Für die Entwicklung und Einführung neuer Produkte und Prozesse sind vielfältige Informationen nötig. Dies können technische Informationen sein, wie beispielsweise Angaben über neue Werkstoffe für die Produktion, oder Wissen über sich wandelnde Kundenbedürfnisse, wie beispielsweise über ein steigendes Umweltbewußtsein der Konsumenten.

Daten zu den Informationsquellen von innovativen Unternehmen wurden im MIP durch die Frage nach der Bedeutung von unternehmensinternen und -externen Bezugsquellen sowie nach der Relevanz öffentlicher Ausbildungs- und

Forschungseinrichtungen ermittelt. Die Unternehmen konnten die Bedeutung der Informationsquellen auf einer Skala von 1-5 (keine Bedeutung bis sehr große Bedeutung) bewerten (vgl. Box 8).

**Box 8:**                Frage in der MIP-Erhebung 1993 zu den Informationsquellen von Innovationen

---

Für die Entwicklung und Einführung von neuen Produkten und Produktionsprozessen ist eine Vielzahl von Informationen notwendig. Bitte beurteilen Sie die Bedeutung der folgenden unternehmensinternen und -externen Informationsquellen auf eine Skala von 1 bis 5 für die Innovationsaktivitäten Ihres Unternehmens/Geschäftsbereichs in den vergangenen drei Jahren (1990-1992).

---

Es fällt auf, daß umweltinnovative Unternehmen einen höheren Informationsbedarf haben als nicht-umweltinnovative Unternehmen (vgl. Tabelle 24). Die Bedeutung der einzelnen Informationsquellen wird in umweltinnovativen Unternehmen entweder gleich oder aber höher als in nicht-umweltinnovativen Unternehmen eingestuft. Vor allem unternehmensinterne Informationsquellen haben für umweltinnovative Unternehmen eine hohen Stellenwert. Dies gilt insbesondere für die Marketing- und Verkaufsabteilungen des eigenen Unternehmens. Zudem haben die Kunden eine wichtige Funktion als unternehmensexterne Informationsquelle für Umweltinnovationen. Übereinstimmung herrscht in umweltinnovativen und nicht-umweltinnovativen Unternehmen über die geringe Bedeutung öffentlicher und privater Forschungseinrichtungen sowie von Unternehmensberatungen und Marktforschungsunternehmen als Informationsquellen.

**Tabelle 24:**  Bedeutung verschiedener Informationsquellen für Unternehmen [Median]

| Informationsquellen | Umweltin-novative Un-ternehmen | Nicht-umwelt-innovative Unternehmen |
|---|---|---|
| *Unternehmensinterne Informationsquellen* | | |
| Marketing und Verkauf | 5 | 4 |
| Management | 4 | 4 |
| Forschung und Entwicklung | 4 | 4 |
| Produktion und Logistik | 4 | 3 |
| Innerhalb der Unternehmensgruppe | 4 | 3 |
| *Unternehmensexterne Informationsquellen* | | |
| Kunden | 5 | 4 |
| Zulieferer von Vorprodukten, Materialien, Komponenten | 4 | 4 |
| Zulieferer von Ausrüstungsgütern | 4 | 3 |
| Direkte Wettbewerber | 3 | 3 |
| Unternehmensberater, Marktforschungsunternehmen, u.a. | 2 | 1 |
| Industriefinanzierte Forschungseinrichtungen | 2 | 1 |
| *Öffentliche Ausbildungs- und Forschungseinrichtungen* | | |
| Universitäten und Fachhochschulen | 2 | 2 |
| Großforschungseinrichtungen und sonstige technisch-wissenschaftliche Institute | 1 | 1 |
| Technologietransferstellen | 2 | 1 |
| *Allgemein verfügbare Informationen* | | |
| Messen und Ausstellungen | 4 | 4 |
| Fachtagungen und Fachzeitschriften | 4 | 4 |
| Patentschriften | 2 | 2 |

Quelle: MIP 1993

### 7.3.3.11    Der Einfluß von Innovationshemmnissen

Im MIP wurde nach der Bedeutung von insgesamt 21 Innovationshemmnissen gefragt. Die Unternehmen wurden um eine subjektive Einschätzung auf einer 5-er Skala gebeten (keine Bedeutung bis sehr große Bedeutung) (vgl. Box 9).

**Box 9:**    Frage in der MIP-Erhebung 1993 zu den Innovationshemmnissen

Zur Stärkung der Wettbewerbsfähigkeit der deutschen Wirtschaft ist die Kenntnis von Faktoren wichtig, die die erfolgreiche Durchführung von Innovationsprojekten verzögern bzw. verhindern. Im folgenden finden Sie eine Liste möglicher Innovationshemmnisse. Bitte beurteilen Sie die Bedeutung der genannten Hemmnisse auf einer Skala von 1 bis 5 aus der Sicht ihres Unternehmens in den vergangenen drei Jahren (1990-1992).

Die angegebenen Innovationshemmnisse können in Anlehnung an die in Kapitel 5 beschriebenen Einflußfaktoren von Umweltinnovationen insgesamt fünf Problemkreisen zugeordnet werden. Dies sind:

- Staatliche Einflüsse,
- Kosten/ Risiko,
- Marktakzeptanz,
- Technologische Voraussetzungen und
- Verflechtungen.

Die Ergebnisse zeigen, daß der wesentliche Unterschied in der Bewertung der Innovationshemmnisse in Beurteilung der Wirkung langer Verwaltungsverfahren liegt (vgl. Tabelle 13). Während diesem Hemmnis von nicht-umweltinnnovativen Unternehmen nur ein geringer Einfluß beigemessen wird, ist bei umweltinnovativen Unternehmen eine deutliche Behinderung durch die Länge von Verwaltungsverfahren zu beobachten. Unterschiede zwischen den Unternehmensgruppen zeigen sich auch bei den bestehenden technologischen Möglichkeiten. Im Gegensatz zu nicht-umweltinnovativen sehen sich umweltinnovative Unternehmen durch begrenzte technologische Lösungsmöglichkeiten sowie durch fehlende Informationen über Vermarktungsmöglichkeiten und externes Know-how in ihren Innovationsaktivitäten behindert. In der Bewertung der Kosten- und Risikofaktoren hingegen bestehen keine Unterschiede zwischen umweltinnovativen und nicht-umweltinnovativen Unternehmen. In beiden Unternehmensgruppen haben diese Hemmnisse eine mittlere Bedeutung als Innovationshemmnis. Übereinstimmung in der Bewertung herrscht schließlich auch bei den Marktfaktoren, wie beispielsweise in der Beurteilung der Marktreife als Innovationshemmnis.

**Tabelle 25:** Innovationshemmnisse umweltinnovativer und nicht-umweltinnovativer Unternehmen [Median]

| *Innovationshemmnis* | *Umweltinno-vative Unter-nehmen* | *Nicht-umweltinnovative Unternehmen* |
|---|:---:|:---:|
| *Staatliche Einflüsse* | | |
| Gesetzgebung, rechtliche Regelungen zu restriktiv | 3 | 2 |
| Verwaltungsverfahren zu lang | 4 | 2 |
| Mangelnde steuerliche Innovationsanreize | 4 | 4 |
| *Kosten/Risiko* | | |
| Fehlendes Eigenkapital | 4 | 4 |
| Fehlendes Fremdkapital | 3 | 2 |
| Zu hohes Innovationsrisiko | 3 | 3 |
| Innovationskosten nur schwer kontrollierbar | 3 | 3 |
| Geringe Rendite wg. hohen Innovationskosten | 3 | 3 |
| Geringe Rendite wg. langer Armortisationsdauer | 3 | 3 |
| Geringe Rendite weil Innovation zu leicht kopierbar | 3 | 3 |
| *Markt* | | |
| Mangelnde Innovationsbereitschaft der Kunden | 3 | 3 |
| Mangelnde Innovationsbereitschaft der Lieferanten | 2 | 2 |
| Markt für die Einführung von Innovationen noch nicht reif | 2 | 2 |
| *Technologische Möglichkeiten* | | |
| Technische Möglichkeiten sind ausgeschöpft | 3 | 2 |
| Mangel an geeignetem Fachpersonal | 3 | 3 |
| Unternehmensinterne Widerstände gegen Innovation | 2 | 1 |
| Fehlende Informationen über Stand der Technik | 2 | 2 |
| Fehlende Informationen über Vermarktungsmöglichkeiten | 3 | 2 |
| Fehlende Informationen über externes Know-How | 3 | 2 |

**Tabelle 25:**        (Fortsetzung)

| Innovationshemmnis | Umweltinno-<br>vative Unter-<br>nehmen | Nicht-<br>umweltinnovative<br>Unternehmen |
|---|:---:|:---:|
| *Verflechtungen* | | |
| Unzureichende Kooperationsmöglichkeiten mit anderen Unternehmen | 2 | 2 |
| Unzureichende Kooperationsmöglichkeiten mit öffentlichen, wissenschaftlichen Institutionen | 2 | 1 |

Quelle: MIP 1993

## 7.4 Hypothesen zu den Einflußfaktoren von Umweltinnovationen

In den deskriptiven Analysen wurden Anhaltspunkte für Variablen gefunden, die in einem Zusammenhang mit der Bedeutung von Umweltinnovationen stehen können. Die univariaten Analysen haben jedoch das Problem, daß Scheinkorrelationen bestimmt werden können, die nur durch die Abhängigkeit von weiteren Merkmalen entstehen. In multivariaten Analysen können die Probleme von Scheinkorrelationen jedoch weitgehend ausgeschaltet werden. Konsequenterweise dienen die Ergebnisse der deskriptiven Analyse nur für die Generierung von Hypothesen, die im folgenden Kapitel in multivariaten Analysen überprüft werden. Diese Hypothesen lauten:

- Die Beschäftigtenzahlen geben Hinweise auf die Unternehmensgrößenstruktur umweltinnovativer Unternehmen. In Kapitel 7.3.3.1 zeigte sich, daß umweltschutzorientierte Innovationsziele in größeren Unternehmen einen höheren Stellenwert haben als in kleinen und mittleren Unternehmen.
  **Hypothese 1:** Je größer das Unternehmen, desto höher ist die Bedeutung von umweltorientierten Innovationsaktivitäten.
- In Kapitel 7.3.3.3 wurde deutlich, daß der Anteil umweltorientierter Unternehmen vor allem in der grundstoff- und produktionsgütererzeugenden Industrie hoch ist.
  **Hypothese 2:** In emissionsintensiven und konsumnahen Wirtschaftszweigen haben umweltorientierte Innovationsaktivitäten eine höhere Bedeutung als in anderen Wirtschaftszweigen.

- In Kapitel 7.3.3.5 zeigte sich, daß FuE-Aktivitäten in umweltinnovativen Unternehmen einen geringeren Stellenwert haben als in nicht-umweltinnovativen Unternehmen.

  **Hypothese 3:** Je höher die FuE-Intensität, desto geringer ist die Bedeutung umweltorientierter Innovationsziele.

- In Kapitel 7.3.3.7 ist zu beobachten, daß umweltinnovative Unternehmen FuE-Kooperationen eine höhere Bedeutung zumessen als nicht-umweltinnovative Unternehmen.

  **Hypothese 4:** Je höher die Bedeutung von FuE-Kooperationen, desto höher ist auch die Bedeutung umweltorientierter Innovationsziele.

- In Kapitel 7.3.3.8 wurde deutlich, daß die Entwicklung der Marktnachfrage für die Jahre 1993 - 1995 von den umweltinnovativen Unternehmen positiver eingeschätzt wird als von den nicht-umweltinnovativen Unternehmen.

  **Hypothese 5:** Je positiver die Einschätzung der Nachfrageerwartungen, desto höher ist die Bedeutung von Umweltinnovationszielen.

- Die Sicherung von Innovationserträgen durch die Nutzung von Schutzinstrumenten ist für umweltinnovative Unternehmen wichtiger als für nicht-umweltinnovative Unternehmen (Kapitel 7.3.3.9).

  **Hypothese 6:** Je effektiver sich die Erträge aus Innovationen durch den Einsatz von Schutzinstrumenten aneignen lassen, desto höher ist die Bedeutung von Umweltinnovationszielen

- Der Informationsbedarf umweltinnovativer Unternehmen ist im Vergleich zu nicht-umweltinnovativen Unternehmen höher. In Kapitel 7.3.3.10 ist zu erkennen, daß insbesondere die Marketing- und Verkaufsabteilungen als unternehmensinterne Informationsquellen und die Kunden als unternehmensexterne Quellen für umweltinnovative Unternehmen wichtig sind.

  **Hypothese 7:** Je höher die Bedeutung von Kundeninformationen sowie von unternehmensinternen Informationsquellen für die Entwicklung neuer Produkte und Prozesse, desto höher ist die Bedeutung umweltorientierter Innovationsaktivitäten.

- In Kapitel 7.3.3.11 zeigte sich, daß umweltinnovative Unternehmen in höherem Maße durch staatliche Einflüsse behindert sind als nicht-umweltinnovative Unternehmen. In dieser Diskrepanz in der Bewertung staatlicher Einflüsse könnte sich der Einfluß umweltpolitischer Maßnahmen widerspiegeln.

  **Hypothese 8:** Je stärker die Behinderung durch zu lange Verwaltungsverfahren, desto höher ist die Bedeutung umweltorientierter Innovationsaktivitäten.

# 8 Der Einfluß der Umweltpolitik auf das Innovationsverhalten von Unternehmen - eine ökonometrische Untersuchung

## 8.1 Überblick über die Umweltpolitik in Deutschland

Die Umweltpolitik der Bundesregierung beruht seit dem Umweltprogramm des Jahres 1973[32] auf den Grundprinzipien des Verursacher-, des Kooperations- und des Vorsorgeprinzips. Das Verursacherprinzip (polluter-pays-principle) zielt darauf, die Kosten von Umweltbelastungen demjenigen anzulasten, der für ihre Entstehung verantwortlich ist. Damit ist die Absicht verbunden, die externen Effekte von Produktion und Konsum zu internalisieren (vgl. hierzu u.a. Hohmeyer 1988). Das Kooperationsprinzip ergänzt das Verursacherprinzip, indem durch die Einbindung von gesellschaftlichen, politischen und wirtschaftlichen Akteuren deren Mitverantwortlichkeit und Mitwirkung erreicht wird. Das Vorsorgeprinzip schließlich besagt, daß die Vermeidung von Umweltschäden und Risiken das primäre Ziel von umweltschonenden Maßnahmen sein soll. Damit hat das Vorsorgeprinzip, z.b. für die Forderung nach kritischen Belastungsschwellen im Rahmen der Politik einer nachhaltigen Entwicklung einen hohen Stellenwert (vgl. Gerken/ Renner 1995:33; Ewers/Rennings 1996:413).

Bislang zeichnet sich die Umweltpolitik in Deutschland vor allem durch einen von der öffentlichen Verwaltung gesteuerten Umweltschutz aus, bei dem technische Vermeidungsstandards identifiziert und deren Anwendung gefordert werden.

Die umfangreiche und detaillierte Umweltgesetzgebung ist in verschiedene Sachgebiete und Kompetenzbereiche unterteilt. Die Ansatzpunkte der Umweltpolitik sind der mediale Umweltschutz-, Natur- und Lärmschutz, der Schutz des Menschen vor gefährlichen Stoffen und die Abfallentsorgung (siehe Abbildung 11). Es gibt Ansätze, die bisher parallelen gesetzlichen Regelungen zukünf-

---

[32] Vgl. Amtsblatt der EG, 1973, C 112:1ff.

tig in einem einheitlichen Umweltgesetzbuch zusammenzufassen; ein entsprechender Entwurf wurde bereits vorgelegt (vgl. hierzu BMU 1998).

**Abbildung 11:**    Übersicht der deutschen Umweltschutzgesetzgebung

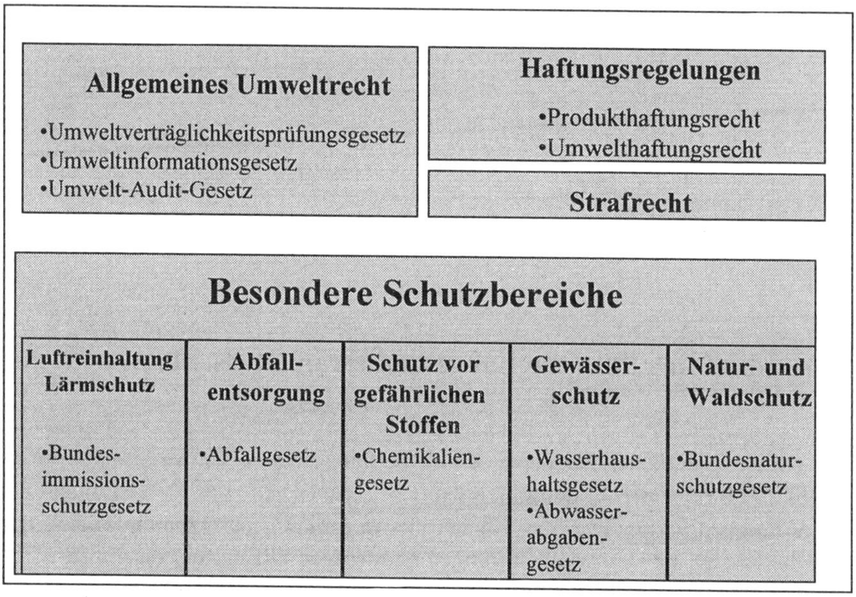

| Allgemeines Umweltrecht | Haftungsregelungen |
|---|---|
| •Umweltverträglichkeitsprüfungsgesetz<br>•Umweltinformationsgesetz<br>•Umwelt-Audit-Gesetz | •Produkthaftungsrecht<br>•Umwelthaftungsrecht |
| | **Strafrecht** |

**Besondere Schutzbereiche**

| Luftreinhaltung Lärmschutz | Abfall-entsorgung | Schutz vor gefährlichen Stoffen | Gewässer-schutz | Natur- und Waldschutz |
|---|---|---|---|---|
| •Bundes-immissions-schutzgesetz | •Abfallgesetz | •Chemikalien-gesetz | •Wasserhaus-haltsgesetz<br>•Abwasser-abgaben-gesetz | •Bundesnatur-schutzgesetz |

Ausschlaggebend für die Bevorzugung des ordnungsrechtlichen Instrumentariums in der umweltpolitischen Praxis der sechziger und siebziger Jahre war der Mangel an Informationen über Umfang und Wirkung von Umweltbelastungen und deren Bewertung als Grundlage für ökonomische Entscheidungen. Die Einführung verbindlicher Normen für jede individuelle Umweltnutzung sollte unmittelbaren Gefahren schnell entgegenwirken und eine möglichst hohe Umweltentlastung erreichen (vgl. Hansmeyer/Schneider 1990:38f).

Die ordnungsrechtlichen Regelungen setzen vorrangig bei der industriellen Produktion an. Das Rechtsinstrumentarium - bestehend aus Spezialgesetzen, Verwaltungsvorschriften, Verordnungen und Technischen Anleitungen - bedingt für spezielle Umweltnutzungen behördliche Genehmigungen. Diese Genehmigungen sind dabei zumeist an die Einhaltung bestimmter technischer Anforderungen geknüpft. In Deutschland werden im prozeßbezogenen Umweltschutz vorwiegend Kombinationen von Emissionsauflagen und Prozeßnormen nach dem Stand der Technik gewählt. Der Stand der Technik wird dabei durch Rechtsverordnungen festgelegt. Die Fortschreibung der Anforderungen an neue oder genehmigte Anlagen orientiert sich an der technologischen Entwicklung. Produktbezogene Anforderungen werden überwiegend in Form von Produktnormen umgesetzt, die sich auf die Zusammensetzung von Produkten (z.b. im Waschmittelgesetz oder Che-mikaliengesetz) oder die Produktqualität beziehen können. Die Einhaltung der rechtlich verbindlichen Umweltvorschriften wird durch Be-hörden kontrolliert. Diese erteilen Genehmigungen für Umweltnutzungen (z.b. für die Benutzung von Gewässern oder für die Abwassereinleitung), überprüfen den ordnungsgemäßen Umgang mit Gefahrstoffen und führen dazu u.a. Stichpro-ben in Unternehmen und bei einzelnen Produktgruppen durch.

Das Bundesimmissionsschutzgesetz (BImSchG) von 1974 hat den Zweck, „Menschen, Tier und Pflanzen, den Boden, das Wasser, die Atmosphäre sowie Kultur- und sonstige Sachgüter vor schädlichen Umwelteinwirkungen und, soweit es sich um genehmigungspflichtige Anlagen handelt, auch vor Gefahren, erhebli-chen Nachteilen und erheblichen Belästigungen, die auf andere Weise herbeige-führt wurden, zu schützen und dem Entstehen schädlicher Umwelteinwirkungen vorzubeugen" (§1, BImSchG v. 14.5.1990). Das Bundesimmissionsschutzgesetz ist ein Paradebeispiel für das Auflageninstrumentarium in Deutschland. Es bildet die Grundlage für ein umfassendes bundeseinheitliches Recht zur Luftreinhaltung und Lärmbekämpfung und steckt den Rahmen ab, innerhalb dessen sich die Bun-desregierung mit der Anwendung von Verordnungen bewegen kann. Es regelt insbesondere die:

- Genehmigungsverfahren bei besonders umweltschädlichen Anlagen und die Pflicht, Umweltschäden auch beim Betrieb anderer Anlagen zu vermeiden,
- Überwachung der Luftverunreinigung und des Betriebs derartiger Anlagen,
- Beschaffenheit von Brenn- und Treibstoffen,
- Unterschutzstellung besonderer Gebiete (z.B. durch Anlagenverbote).

Durch die Festlegung von Immissionswerten soll vermieden werden, daß fest-gelegte Werte der Immissionsbelastung durch Ansiedelung neuer oder der Erwei-terung vorhandener Emittenten überschritten werden. Die Begrenzung der Emis-sionen erfolgt durch schadstoff- und anlagenspezifische Emissionsgrenzwerte, deren Überschreitung nach dem Stand der Technik vermeidbar ist. Im Juli 1995 beispielsweise wurde das Bundesimmissionsschutzgesetz durch die Möglichkeit für die Verkehrsbehörde zum Erlaß von Verkehrsverboten bei hohen Ozonkon-zentration ergänzt.

Im Abfallbereich werden die rechtlichen Regelungen vor allem vom Bund auf der Grundlage des 1986 neugefaßten Abfallgesetzes (AbfG) geregelt. Der Grund-satz der Abfallpolitik ist eine vom Abfallgesetz vorgegebene Zielhierarchie. Ab-fallvermeidung wird darin gegenüber der Abfallverwertung und diese gegenüber der Abfallbeseitigung vorgezogen. Die stoffliche und energetische Verwertung in Müllheizkraftwerken werden dabei gleichrangig behandelt. Zum Abfallgesetz sind Durchführungsverordnungen erlassen worden. Die Abfallbestimmungsverordnung legt Abfallarten fest, die wegen ihrer potentiellen Gefährdung der Umwelt einer besonderen Überwachung bedürfen („Sonderabfälle"). Die Reststoffbestim-mungsverordnung deklariert Stoffe, die noch keinen Abfall darstellen („Reststof-fe"), deren sachgemäße Behandlung jedoch sichergestellt werden muß, um eine

Umgehung des Abfallgesetzes zu vermeiden. Die Abfall- und Reststoffüberwachungsverordnung regelt die Dokumentation von besonders überwachungsbedürftigen Abfällen durch die Darstellung des Entsorgungsweges mit Hilfe des Entsorgungsnachweises. Die Verpackungsverordnung (VerpackV), die 1991 auf der Grundlage von §14AbfG verabschiedet wurde, soll Anreize zur Vermeidung von Verpackungen bei Herstellung und Distribution setzen. Volumen und Gewicht von Verpackung soll auf ein notwendiges Maß reduziert werden und die Verpackungsgestaltung möglichst derart sein, daß eine Wiederauffüllung möglich ist (soweit dies technisch realisierbar und wirtschaftlich zumutbar ist). Sie enthält ferner Rücknahmeverpflichtungen für Transport-, Um- und Verkaufsverpackungen. Bei Verkaufsverpackungen können sich Hersteller und Vertreiber gem. §6 Abs.3 VerpackV durch die Beteiligung an einem Sammelsystem von ihrer individuellen Rücknahmepflicht befreien. Hieraus entwickelte sich die „Duale System Deutschland", Gesellschaft für Abfallvermeidung und Sekundärrohstoffgewinnung mbH (DSD), die sich verpflichtet hat, bestimmte Anteile des Aufkommens einzelner Materialien aus den eingesetzten Verpackungen zu erfassen, zu sortieren und zu verwerten. Die TA-Abfall (Technische Anleitung) legt die Anforderungen an die Entsorgung nach dem Stande der Technik fest. Im Oktober 1996 schließlich trat das Kreislaufwirtschafts- und Abfallgesetz in Kraft, das die an einer Abfallvermeidung orientierten Produktverantwortung stärker in den Vordergrund hebt. Das Gesetz setzt das Verursacherprinzip um, in dem die Produzenten, Vermarkter und Konsumenten selbst für die Vermeidung, Verwertung und umweltverträgliche Beseitigung von Abfällen verantwortlich sind.

Das Wasserhaushaltsgesetz von 1957 stellt Regelungen für die Nutzung oberirdischer Gewässer sowie für das Grundwasser auf. So bedarf z.B. die Einleitung von Abwässern in ein Gewässer einer behördlichen Erlaubnis. Enthält das Abwasser gefährliche Stoffe, so sind Emissionen so weit zu reduzieren, wie dies der jeweilige Stand der Technik ermöglicht.

In jüngerer Zeit wird verstärkt über die Notwendigkeit einer Reformierung der Umweltpolitik diskutiert. Dabei werden insbesondere die Möglichkeiten einer Ergänzung des bisher auflagenorientierten umweltpolitischen Instrumentariums durch ökonomische Instrumente in Erwägung gezogen. Hintergrund dieser Debatte sind die Herausforderungen einer nachhaltigen Entwicklung und vor allem die Förderung des Einsatzes integrierter Umweltschutztechnologien (vgl. SRU 1996:24ff.)[33] Ökonomische Instrumente haben erstmals mit der Abwasserabgabe von 1976 in Form einer Sonderabgabe Eingang in die bundesdeutsche Umweltpolitik gefunden. Direkteinleiter von Abwässern haben demnach eine Abgabe zu entrichten, deren Höhe sich nach der Schädlichkeit der Abwässer richtet.

Mit dem Umwelthaftungsrecht (UmweltHG) wurde der Gedanke der „Schadenskompensation" und der „Schadensprävention" in der Umweltpolitik verankert, wenngleich die Haftung durch Haftungsbegrenzung und die Limitierung auf

---

[33]    Für eine Diskussion der Defizite der bisherigen Umweltpolitik und zu Vorschlägen für eine Weiterentwicklung des umweltpolitischen Instrumentariums in der Bundesrepublik Deutschland siehe Hohmeyer/Koschel (1995).

bestimmte Anlagen eingeschränkt ist. Präventive Maßnahmen zur Verringerung bzw. Vermeidung von Umweltschäden versucht das Haftungsrecht über finanzielle Anreize zu erreichen, in dem Wirtschaftssubjekte zu finanziellen Ersatzleistungen verpflichtet werden, falls ihre Produktion bzw. ungenügende Vorsorgemaßnahmen für einen Schadensfall und dessen Umfang verantwortlich sind (vgl. u.a. Arndt 1996:32ff.).

Ein verstärkter Einsatz ökonomischer Instrumente in der Umweltpolitik wird zur Zeit im Rahmen der Debatte über die Einführung von Ökosteuern konträr debattiert. Eine Vielzahl von Reformvorschlägen liegt hierzu vor, die einzelne Umweltabgaben oder komplexe Abgabesysteme umfassen (vgl. SRU 1996:495ff.). Reformvorschläge des Fördervereins ökologische Steuerreform (vgl. Görres et al. 1994) und des Deutschen Instituts für Wirtschaftsforschung (vgl. DIW 1994) stützen sich beispielsweise auf die Einführung von Energiesteuern (vgl. hierzu Koschel/Weinreich 1995:9ff.). Dabei geht beispielsweise das DIW (1994) davon aus, daß durch energiesparenden technischen Fortschritt als Reaktion auf die Einführung von Abgaben deutliche Schadstoffreduktionen möglich sind. Die deutsche Industrie hingegen befürchtet durch die Einführung von Umweltsteuern bedeutende Wettbewerbsnachteile gegenüber ausländischen Konkurrenten (vgl. Voss 1995:67f.). Speziell für energieintensive Wirtschaftszweige wird ein zusätzlicher Innovations- und Wettbewerbsdruck erwartet. In der Folge wäre eine weitere Produktion dieser Branchen in Deutschland unmöglich und dadurch würde u.a. der Wissensaustausch bei Werkstoffen und Anwendungsprozessen unterbrochen.

Daneben haben umweltschutzbezogene Kooperationsstrategien zwischen Staat und Unternehmen, Wirtschaftszweigen und Verbänden in der derzeitigen Umweltpolitik eine hohe Bedeutung (vg. SRU 1996:31f.). Dabei dominieren Kooperationen in Form freiwilliger Selbstverpflichtungen (vgl. Rennings et al. 1996:131ff.). Hierzu zählt beispielsweise die Verpflichtung der Autoindustrie zur Rücknahme und Wiederverwertung von Altfahrzeugen oder verschiedene Selbstverpflichtungen zur Reduktion und zum Verzicht auf FCKW bzw. ozonschädigende Ersatzstoffe (vgl. Rennings et al. 1996:207). Es hat sich gezeigt, daß in der Vergangenheit durch Konstruktionsfehler in vielen Vereinbarungen bisher kaum Effekte erzielt werden konnten, die über „business as usual" oder „no regrets"-Maßnahmen hinausgehen. Eine Ursache hierfür ist beispielsweise bei Verbandserklärungen die Nichtbefolgung der Erklärung durch Mitgliedsunternehmen (vgl. Kohlhaas/Praetorius 1995; UBA 1993:167). Als Hindernis für die erfolgreiche Umsetzung von Kooperationslösungen zwischen Industrie und Staat erwies sich auch, daß diese Abkommen nur als unverbindliche Absprachen umgesetzt werden, bei deren Nichteinhaltung keine staatlichen Sanktionen möglich sind (vgl. Rennings et al. 1996:179).

In Zuge der Vereinheitlichung der europäischen Umweltpolitik schreibt das Umweltverträglichkeitsprüfungsgesetz von 1989 bei bestimmten Anlagen eine Umweltverträglichkeitsprüfung (z.B. für Kraftwerke oder Stahlwerke) vor. Das Umweltinformationsgesetz (UIG) schließlich dient der Verbesserung des freien

Zugangs zu Informationen über die Umwelt, indem Behörden oder andere, nicht-staatliche Stellen Auskunft erteilen, Akteneinsicht gewähren oder andere Informationsträger zur Verfügung stellen müssen. Schließlich bleibt noch die Umsetzung der EG-Verordnung zum „Umwelt-Audit" im Umwelt-Audit-Gesetz zu erwähnen, die darauf abzielt, durch eine freiwillige Beteiligung der Unternehmen den Aufbau von Umweltmanagementsystemen und die kontinuierliche Verbesserung des betrieblichen Umweltschutzes zu unterstützen (vgl. Hemmelskamp/ Neuser 1994:386ff.).

## 8.2  Umweltpolitik als Bestimmungsfaktor von Umweltinnovationen - Bildung eines Regulierungsindikators

Der Überblick über die Struktur der deutschen Umweltpolitik zeigt, daß sich diese durch ein stark ausdifferenziertes ordnungsrechtliches Instrumentarium auszeichnet. Ökonomische Instrumente werden vereinzelt eingesetzt, beispielsweise mit der Abwasserabgabe, dem Wasserpfennig in Baden-Württemberg oder verschiedenen Sondermüllabgaben. Für die ökonometrische Untersuchung des Einflusses umweltpolitischer Instrumente ist es sinnvoll, zwischen den Effekten von Abgaben und Auflagen zu differenzieren. Mit organisatorischen Instrumenten, wie dem Umwelt-Audit, bestanden im betreffenden Untersuchungszeitraum kaum praktische Erfahrungen.

Informationen über den Handlungsdruck auf Unternehmen infolge des Einsatzes umweltpolitischer Instrumente stehen jedoch nicht zur Verfügung. Es ist folglich schwierig, den Einfluß der Umweltpolitik zu messen (vgl. Cottica 1994:36). In verschiedenen Untersuchungen werden darum Hilfsindikatoren erzeugt, um den Instrumenteneinfluß abbilden zu können.

Der einzige beobachtbare Indikator ist die Höhe der Umweltschutzinvestitionen. Jaffe/Palmer (1996) verwenden beispielsweise in einer Paneluntersuchung zum Einfluß der Umweltpolitik auf Innovationen die Höhe der Investitionsausgaben und der laufenden Kosten auf Branchenebene als Indikator für den Regulierungsdruck auf Unternehmen.[34] Unter der Annahme, daß die Höhe der Umweltschutzinvestitionen vom Einsatz umweltpolitischer Maßnahmen abhängig ist, könnte für die vorliegende Untersuchung das Verhältnis von Umweltschutzinvestitionen zu den Gesamtinvestitionen als Hilfsindikator für die Regulierungsintensität genutzt werden. Die hierzu notwendigen Daten über Umweltschutzinvestitionen werden für das Produzierende Gewerbe in der Statistik des Statistischen Bundesamtes seit 1975 auf Ebene der Wirtschaftszweige erhoben (vgl. Tabel-

---

[34]    Siehe hierzu auch die Untersuchung von Barbera/McConell (1990:50ff.), die in ihren Schätzmodellen ebenfalls die Höhe von Umweltschutzinvestitionen als Proxy-Variable für den Regulierungsdruck verwenden.

le 26). Damit wäre ein Indikator sowohl für branchenspezifische Analysen als auch für Zeitreihenanalysen verfügbar.

**Tabelle 26:**         Umweltschutzinvestitionen in Deutschland 1993

| Wirtschaftszweig | Gesamt-investitionen (in Mio DM) | Umweltschutz-investitionen (in Mio DM) | Anteil der Umweltschutz-investitionen an den Gesamtinvestitionen (in %) |
|---|---|---|---|
| Bergbau/Energie | 42.537 | 4.041 | 9,5 |
| Ernährung | 12.161 | 405 | 3,3 |
| Textil | 2.190 | 122 | 5,6 |
| Papier/Druck | 8.577 | 488 | 5,7 |
| Chemie | 17.333 | 1.951 | 11,3 |
| Glas/Keramik | 1.464 | 50 | 3,4 |
| Metallerzeugung | 4.809 | 356 | 7,4 |
| Stahl-/Leichtmetallbau | 6.126 | 235 | 3,8 |
| Maschinenbau | 7.165 | 152 | 2,1 |
| ADV/Elektrotechnik | 10.249 | 241 | 2,4 |
| Medizin/Regelungstechnik | 1.203 | 24 | 2,0 |
| Fahrzeugbau | 12.188 | 327 | 2,7 |
| Möbel/Sport/Spiel | 441 | 10 | 2,4 |

Quelle: Statistisches Bundesamt (1996:9)

Während Lanjouw/Mody (1996:554) die Höhe der Umweltschutzinvestitionen als einen geeigneten Indikator für die Regulierungsintensität betrachten, ist er jedoch für die vorliegende Untersuchung nur bedingt geeignet. Mehrere Aspekte sprechen gegen eine Verwendung dieses Indikators:

a)  Die Angaben des Statistischen Bundesamtes berücksichtigen überwiegend nur Investitionen in End-of-Pipe-Technologien, da Investitionen in integrierte Technologien statistisch kaum identifizierbar sind. Die Ermittlung der Umweltschutzinvestitionen im Produzierenden Gewerbe erfolgt durch Zusatzfragen in der laufenden Investitionserhebung. Während die Zurechnung von Investitionen in End-of-Pipe-Technologien relativ einfach ist, weil diese Anlagen ausschließlich dem Umweltschutz dienen, ist dies für integrierte Technologien schwer, „da eine Aufteilung des Investitionswertes in der Regel nur aufgrund technischer Informationen und aufgrund weniger betriebswirt-schaftlicher Kalkulationen vorgenommen werden kann" (Ryll 1990:87). Dem-nach würde ein auf der Grundlage dieser Daten basierender Indikator die Re-gulierungsintensität gerade in denjenigen Branchen als zu gering einschätzen, in denen Umweltschutzerfolge in hohem Maße durch integrierte Technologien erzielt werden.

b) Der Indikator ist nicht geeignet, da Innovationen in der Untersuchung auf Unternehmensebene definiert sind und der Übergang zwischen Innovation und Investition damit fließend ist. Die Höhe der Umweltschutzinvestitionen müßte darum als endogene Variable in den Modellen berücksichtigt werden und nicht als exogene Variable.

c) Die Höhe der Umweltschutzinvestitionen ermöglicht nur Rückschlüsse auf Umweltinnovationen bei Anwendern und nicht bei den Anbietern von Um-welttechnologien.

d) Der Indikator ermöglicht keine Differenzierung zwischen unterschiedlichen Typen umweltpolitischer Instrumente.

Eine weiteres Maß für die Regulierungsintensität ist die Zahl und Länge der verabschiedeten Umweltgesetze und Verordnungen. So argumentieren Jaf-fe/Palmer (1996:19): „Both the length of the regulation itself and the length of the comments from affected industries generated by the proposed regulation provide some indication of the anticipated burden of that regulation". Horbach (1992:151) hat diese Vorgehensweise in einer empirischen institutionenökonomischen Unter-suchung zu den Determinanten der deutschen Umweltpolitik gewählt und den jährlichen Seitenumfang von Umweltgesetzen und -verordnungen in der Bundes-republik Deutschland als Indikator genutzt. Für die vorliegende Untersuchung ist auch dieser Indikator nicht geeignet, da Rückschlüsse nur für Analysen über meh-rere Jahre möglich sind. Eine branchenspezifische Untersuchung ist nicht durch-führbar. Zudem kann kaum davon ausgegangen werden, daß zwischen dem Handlungsdruck und der Länge von Gesetzestexten eine Korrelation besteht. Und schließlich erlaubt dieser Indikator keine Differenzierung zwischen verschiedenen umweltpolitischen Instrumenten. Gerade dies ist aus umweltpolitischer Sicht von wesentlicher Bedeutung, denn im Vordergrund des Interesses stehen die Innovati-onswirkungen einzelner Instrumente und nicht das Instrumentarium in seiner Gesamtheit.

Ein instrumentenspezifischer Indikator kann durch eine Primärerhebung gebil-det werden. Hierzu würde sich eine breite schriftliche oder telefonische Unter-nehmensbefragung zum Handlungsdruck durch umweltpolitische Instrumente anbieten. So fragten beispielsweise Henriques und Sadorsky (1996:387) in einer schriftlichen Erhebung nach der Bedeutung von aktuellen und potentiellen Um-weltregulierungen auf das umweltschutzorientierte Unternehmensverhalten auf einer Skala von 1 bis 7.

Entsprechende Daten wurden in der ersten Welle des MIP im Jahre 1993 nicht erhoben.[35] Da eine zusätzliche Unternehmensumfrage im Rahmen nicht möglich war, wurde stattdessen eine eingeschränkte schriftliche Umfrage bei den Industrie- und Handelskammern (IHK) durchgeführt. Die Umweltreferenten der Industrie- und Handelskammern wurden dabei um eine Einschätzung der Betroffenheit der Unternehmen durch umweltpolitische Instrumente auf Branchenebene gebeten.

Die Befragung der IHKs wurde unter der Vorgabe durchgeführt, daß diese aufgrund der branchenübergreifenden Aufgaben und Kenntnisse eine branchenvergleichende Einschätzung der Betroffenheit der Unternehmen durch umweltpoltische Maßnahmen leisten können. Unternehmensverbände, wie beispielsweise der Verband der chemischen Industrie (VDC) oder der VDMA, kommen hingegen hierfür aufgrund ihrer branchenspezifischen Sichtweise weniger in Frage. Der Nachteil des generierten Branchenindikators ist, daß die Varianz der Regulierungsintensität innerhalb einer Branche nicht festgestellt werden kann. So sind beispielsweise im Abluftbereich die Betreiber von Altanlagen stärker als die von Neuanlagen durch Umweltregulierungen betroffen. Auch regionale Unterschiede in der Betroffenheit können aufgrund der Samplegröße nicht erfaßt werden. Regionale Unterschiede wären von Bedeutung, um Anforderungen von Regionalbehörden, die die nationalen Gesetzen unterschreiten können, zu berücksichtigen. Die getroffenen Bewertungen der IHKs müssen auch vor dem Hintergrund betrachtet werden, daß die Beurteilung stark von der Wirtschaftsstruktur des jeweiligen Kammerbezirkes bestimmt wird.

In der Umfrage wurden die Industrie- und Handelskammern gebeten, in drei Fragen eine Einschätzung zur Betroffenheit der für die Untersuchung aggregierten 13 Wirtschaftszweige durch Umweltpolitik zu geben (vgl. hierzu den Fragebogen in Anhang 1). Als Grundlage für die Beurteilung diente eine 9-er Skala (nicht betroffen bis stark betroffen) Die Fragen lauten:

- Wie beurteilen Sie die Betroffenheit der jeweiligen Branche durch die Umweltpolitik?
- Wie beurteilen Sie die Betroffenheit der jeweiligen Branche durch Umweltabgaben und -gebühren?
- Wie beurteilen Sie die Betroffenheit der jeweiligen Branche durch Umweltauflagen?

Es wurden 80 Fragebögen an bundesdeutsche Kammern verschickt. Davon beteiligten sich 19 an der Befragung. 18 Fragebögen waren für eine Auswertung geeignet. Dies entspricht einer bei schriftlichen Umfragen vergleichsweise üblichen Rücklaufquote von 22%. Die Ergebnisse der Umfrage sind in Abbildung 12 zusammengefaßt. Darin ist der Median der Bewertungen in den einzelnen Wirtschaftszweige dargestellt. Es zeigen sich deutliche Unterschiede in der Bewertung zwischen den einzelnen Wirtschaftszweigen.

---

35    Es bestand auch kein Einfluß auf das Fragebogendesign zur Berücksichtigung entsprechender Aspekte im Fragebogen, da dieser durch Vorgaben der EU-Kommission und des BMBF weitgehend festgelegt war.

**Abbildung 12:**    Betroffenheit des Verarbeitenden Gewerbes durch umweltpolitische
Instrumente [Median]

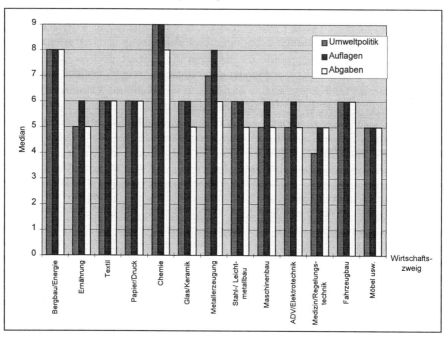

Die Belastung der Chemischen Industrie durch die Umweltpolitik wird im Branchenvergleich am höchsten beurteilt. Es folgen die Bergbau- und Energiebranche sowie in etwas geringerem Maße die Metallerzeugungsbranche als weitere überdurchschnittlich durch Umweltpolitik betroffene Wirtschaftszweige. Gerade diese Wirtschaftszweige weisen in Deutschland relativ zum Bruttoproduktionswert die höchsten Luftemissionen ($NO_2$, $SO_2$ und Staub), Abwasser- sowie Abfallemissionen in der Produktion auf, wie Berechnungen mit dem am ZEW entwickelten Emittentenstrukturmodell EMI 2.0 und Auswertungen von Daten des Statistischen Bundesamtes zeigen (vgl. Abbildung 13 bis 16).

**Abbildung 13:** Luftemissionen in den einzelnen Wirtschaftszweigen [1988 in t/Mio DM]

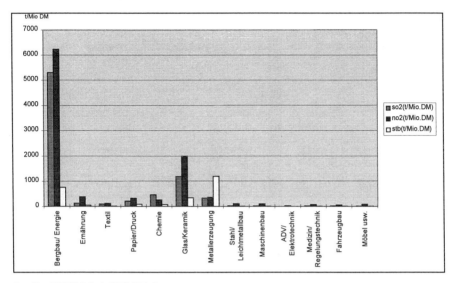

Quelle: ZEW, Modell EMI 2.0

Die Ergebnisse bestätigen mithin eine Einschätzung der OECD (1985:68) zu den Brancheneffekten bei Umweltschutzmaßnahmen: „ ... the economic weight of the environment varies considerably from one industry to another. Certain industries, such as pulp and puper, iron and steel, petrochemicals or food, are more affected than others. There is thus no all-embracing answer to this problem even if there is an actual diversion of resources. While the costs of regulation affect innovation in one way or another, this will vary considerably according to the industry".

**Abbildung 14:**      Abwasseremissionen nach Wirtschaftszweigen
                        [1988 in m³/Mio DM]

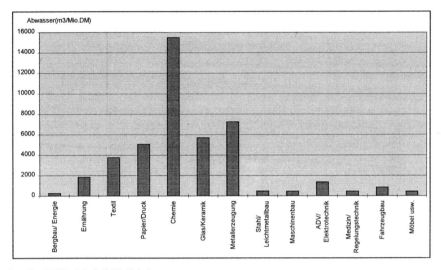

Quelle: ZEW, Modell EMI 2.0

**Abbildung 15:**      Energieintensität nach Wirtschaftszweigen [1988 in Tj/Mio DM]

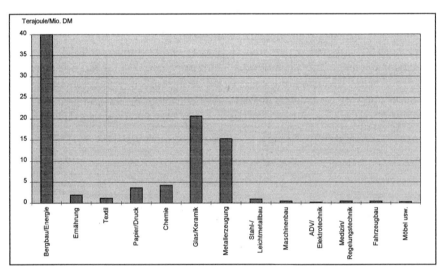

Quelle: Statistisches Bundesamt 1993

**Abbildung 16:**     Abfallaufkommen nach Wirtschaftszweigen [1988 in t/Mio DM]

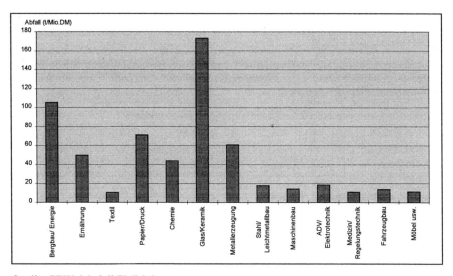

Quelle: ZEW, Modell EMI 2.0

Eine Differenzierung in der Einschätzung zwischen den beiden umweltpoliti-schen Instrumenten ist in etwa der Hälfte der Branchen zu erkennen.[36] Dabei wird die Betroffenheit durch Umweltauflagen immer höher als die durch Umweltabga-ben beurteilt. Dies gilt insbesondere für die Metallerzeugungsbranche, in der der Unterschied in der Bewertung zwischen Umweltabgaben und Umweltauflagen im Mittel am größten ist. Im Branchenvergleich erweisen sich die Wirtschaftszweige Medizin- und Regelungstechnik sowie Möbel, Sport und Spiel als am wenigsten durch umweltpolitische Maßnahmen betroffen. Es muß bei diesen Ergebnissen aber beachtet werden, daß erst vereinzelt Abgaben eingesetzt werden. So stellen Oates et al. (1994:22) in einer Untersuchung zur Porter Hypothese[37] fest: „Fin-ding the appropriate data ... to test for differential effects of command and control versus incentive-based environmental regulation could be difficult given the de-arth experience with regulations other than command and control". Es ist somit zu vermuten, daß die Beurteilung der Betroffenheit durch Abgaben weniger auf den bisherigen Erfahrungen mit diesem Instrument als vielmehr durch die intensive Debatte um die Einführung von Ökosteuern geprägt ist.

---

[36] Die geringere Betroffenheit durch umweltpolitischer Instrumente im Vergleich zu den einzelnen Instrumenten in der Branche Medizin- und Regelungstechnik ist auf die Medianbetrachtung zurückzuführen.

[37] Vgl. beispielsweise Porter/ van der Linde (1996a:61ff.).

## 8.3 Ökonometrische Analyse der Einflußfaktoren von Umweltinnovationen

Es werden insgesamt fünf multivariate Modelle geschätzt, bei denen die Bedeutung der oben in Kapitel 7.2.2 identifizierten Umweltinnovationsziele als endogene Variablen dienen. Dies sind:

- die Reduzierung der Umweltbelastung in der Produktion,
- die Entwicklung umweltfreundlicher Produkte,
- die Senkung der Produktionskosten durch die Senkung des Energieverbrauchs
- die Senkung der Produktionskosten durch die Senkung des Materialverbrauchs und
- die Verbesserung der Arbeitsbedingungen.

Die abhängigen Variablen sind charakterisiert durch eine ordinale Bewertung auf einer Skala von 1 bis 5. Aufgrund dieser kategorialen abhängigen Variablen werden - unter der Annahme normalverteilter Daten - Geordnete Probit-Modelle geschätzt (vgl. Ronning 1991).

Als exogene Variablen werden in den Modellschätzungen jene Einflußfaktoren berücksichtigt, bei denen in der deskriptiven Analyse in Kapitel 7.2.2 ein Einfluß auf die Bedeutung der Umweltinnovationsziele beobachtet wurde (vgl. Tabelle 27). Die Mehrzahl der Variablen ist durch eine ordinale Bewertung gekennzeichnet. Die Relevanz von FuE-Kooperationen sowie des Unternehmensstandortes wird durch binäre Variablen gemessen. Die Unternehmensgröße wird in den Modellen durch die Zahl der Beschäftigten gemessen. Hierzu wird sowohl der Logarithmus der Beschäftigten in Vollzeitäquivalenten als auch dessen Quadrat in dem Modell berücksichtigt, um nicht-lineare Zusammenhänge zwischen der Beschäftigungszahl und der Bedeutung von umweltorientierten Innovationsaktivitäten aufzudecken.

Ist der Koeffizient in den Modellen positiv, dann hat der Faktor einen positiven Einfluß auf die Bedeutung des Innovationsziels.

**Tabelle 27:**     Übersicht der in den Modellen berücksichtigten exogenen
                    Variablen

| *Variablen* | *Messung* |
| --- | --- |
| *Marktstruktur und wachstum* | |
| Nachfrageentwicklung in den nächsten drei Jahren | ordinal (-2 - +2) |
| Unternehmensgröße in Beschäftigten (log) | Anzahl der Beschäftigten, logarithmiert |
| Unternehmensgröße in Beschäftigten ($\log^2$) | Beschäftigten im Quadrat, logarithmiert |
| *Technologische Voraussetzungen* | |
| FuE-Intensität | FuE-Ausgaben/Umsatz |
| FuE-Kooperationen | (0/1) |
| Technische Möglichkeiten ausgeschöpft | ordinal (1 - 5) |
| Fehlende Informationen über externes Wissen | ordinal (1 - 5) |
| *Schutzmechanismen* | |
| Patente | ordinal (1 - 5) |
| Gebrauchsmuster, Copyright | ordinal (1 - 5) |
| Geheimhaltung | ordinal (1 - 5) |
| Zeitlicher Vorsprung in der Vermarktung | ordinal (1 - 5) |
| Komplexität in der Produkt- und Prozeßgestaltung | ordinal (1 - 5) |
| Langfristige Bindung qualifizierten Personals | ordinal (1 - 5) |
| *Informationsquellen* | |
| Unternehmensinterne Informationsquellen | ordinal (1 - 5) |
| Zulieferer von Vorprodukten, Materialien, Komponenten | ordinal (1 - 5) |
| Zulieferer von Ausrüstungsgütern | ordinal (1 - 5) |
| Kunden | ordinal (1 - 5) |
| Direkte Wettbewerber | ordinal (1 - 5) |
| Unternehmensberater, Marktforschungsunternehmen | ordinal (1 - 5) |
| Industriefinanzierte Forschungseinrichtungen | ordinal (1 - 5) |
| Universitäten und Fachhochschulen | ordinal (1 - 5) |
| Großforschungseinrichtungen | ordinal (1 - 5) |
| *Staatliche Einflüsse, Kosten und Risiken* | |
| Zu hohes Innovationsrisiko | ordinal (1 - 5) |
| Fehlendes Eigenkapital | ordinal (1 - 5) |
| Verwaltungsverfahren zu lang | ordinal (1 - 5) |
| *Region* | |
| Neue Bundesländer | (0/1) |
| *Umweltpolitik* | |
| Umweltauflagen | ordinal (1 - 9) |
| Umweltabgaben | ordinal (1 - 9) |

## 8.3.1    Die Entwicklung umweltfreundlicher Produkte

### 8.3.1.1    Ökonometrisches Modell zur Analyse des Zusammenhangs

Die Entwicklung umweltfreundlicher Zwischen- und Endprodukte durch Unternehmen kann auf unterschiedliche Aspekte ausgerichtet sein. So kann es beispielsweise das Ziel sein, die Lebensdauer und Reparaturfreundlichkeit von Produkten zu erhöhen, umweltschädliche Stoffbestandteile zu ersetzen, die Mehrfachnutzung zu ermöglichen, die Entsorgungsmöglichkeiten zu verbessern, bei der Produktnutzung entstehende Luft- oder Lärmemission zu minimieren oder die Kostenbelastung durch Umweltschutzauflagen zu verringern (vgl. Stahel 1994:189ff.; Behrendt 1994:103ff.). Umweltorientierte Produktinnovationen können aber auch der Verbesserung der Wettbewerbsfähigkeit von Unternehmen dienen. So ist die Entwicklung und Einführung eines Emissionsfilters für ein Unternehmen des Anlagenbaus eine Innovation, um Marktpotentiale im Bereich von Umwelttechnologien zu gewinnen.

Für die Analyse der Einflußfaktoren, die den Stellenwert der Entwicklung umweltfreundlicher Produkte als Innovationsziel bestimmen, werden neben den beiden Variablen für die Regulierungsintensität weitere staatliche Einflüsse auf das Innovationsverhalten durch eine Variable zur Bedeutung der Dauer von Verwaltungsverfahren erfaßt. Als weiterer exogener Faktor wird der Einfluß von Kosten- und Risikofaktoren durch eine Variable zur Relevanz des Innovationsrisikos berücksichtigt. Die Unternehmensgröße wird durch die Zahl der Beschäftigten gemessen. Hierzu wird sowohl der Logarithmus der Beschäftigten in Vollzeitäquivalenten als auch dessen Quadrat in dem Modell berücksichtigt, um nicht-lineare Zusammenhänge zwischen der Beschäftigungszahl und der Bedeutung der umweltorientierten Produktinnovationsaktivitäten aufzudecken. Die Überprüfung der Hypothese, daß umweltinnovative Unternehmen eine vergleichsweise geringe FuE-Intensität aufweisen, erfolgt durch die Berücksichtigung des Anteils der Forschungs- und Entwicklungsaufwendungen am gesamten Umsatz im Modell. Der Einfluß von Schutzmechanismen wird durch Variablen zur Bedeutung des Zeitvorsprungs in der Vermarktung und der Bedeutung von Gebrauchsmustern erfaßt. Die Bedeutung verschiedener Informationsquellen wird durch eine Variable zur Bedeutung des unternehmensinternen Informationsaustausches sowie zur Bedeutung von Zulieferern, Hochschulen und Unternehmensberatern als unternehmensexterne Informationsquellen gemessen.

Die anderen in Tabelle 27 aufgeführten exogenen Variablen, wie der Unternehmensstandort oder der Einfluß der Marktnachfrage, wurden in weiteren Schätzungen getestet. Diese Faktoren erwiesen sich jedoch nicht als signifikant und wurden darum nicht weiter berücksichtigt.

8.3.1.2        Darstellung und Diskussion der Schätzergebnisse

Vor allem bei Zwischenprodukten, aber auch bei Endprodukten, haben bislang Ge- und Verbotsinstrumente sowie Kontrollinstrumente eine Schlüsselfunktion in der produktbezogenen Umweltpolitik (vgl. Scholl 1994:86). Aufgrund der damit bestehenden Vertrautheit der Unternehmen mit diesem Instrumentarium wäre für Auflagen ein positiver Koeffizient zu erwarten. Die Schätzung zeigt jedoch einen signifikanten, negativen Zusammenhang zwischen der Betroffenheit von Unternehmen durch Umweltauflagen und der Bedeutung umweltorientierter Produktinnovationen (vgl. Tabelle 28). Mit der Einführung neuer produktbezogener Umweltauflagen würde die Wahrscheinlichkeit für negative Innovationsimpulse im Bereich umweltfreundlicher Produkte steigen. Es ist zu vermuten, daß die Belastung der Unternehmen durch Umweltauflagen im Produktbereich eine kritische Grenze erreicht hat und sich hier die von Unternehmensvertretern oft geäußerte Überregulierung im Umweltschutzbereich niederschlägt (vgl. u.a. VCI 1993).

Der Einsatz ökonomischer Instrumente, der im Rahmen eines Instrumentenmixes im Endproduktbereich erst in Einzelfällen zu beobachten ist, hat hingegen positive Innovationseffekte. Für Umweltabgaben zeigt sich ein signifikanter, positiver Zusammenhang mit der Bedeutung von Innovationsaktivitäten zur Entwicklung umweltfreundlicher Produkte. Finanzielle Anreize, wie beispielsweise Steuern auf einzelne Produkte und Verpackungen oder Zwangspfänder, veranlassen demnach die Unternehmen zu verstärkten Innovationsaktivitäten zur Entwicklung umweltfreundlicher Produkte.

Die Länge von Verwaltungsverfahren weist in der vorliegenden Schätzung einen positiven Zusammenhang mit den Innovationsanstrengungen von Unternehmen zur Entwicklung umweltfreundlicher Produkte auf. Demnach forcieren Unternehmen, die sich in ihrem Innovationsverhalten stark durch langwierige Verwaltungsprozeduren behindert fühlen, die Entwicklung umweltfreundlicher Produkte. Die Effekte der Umweltgesetzgebung werden durch die beiden Instrumentenvariablen für Umweltabgaben und Umweltauflagen aufgefangen. Es ist darum zu vermuten, daß sich in diesem Effekt die Struktur der öffentlichen Verwaltung sowie der Einfluß von Verboten, Zulassungs- und Anmeldeverfahren, Benutzungsvorschriften oder obligatorischen Informationsinstrumenten niederschlagen, die aus Gesundheits- und Sicherheitserwägungen erlassen werden (vgl. Scholl 1994:82). Denn mit der Entwicklung umweltfreundlicher Produkte können auch die Ansprüche dieser Regulierungen erfüllt werden, wenn beispielsweise durch die Verwendung umweltfreundlicher Lacke im Automobilbau auch die Schadstoffbelastung der Beschäftigten in den Lackieranlagen gesenkt werden kann.

**Tabelle 28:**           Einflußfaktoren der Entwicklung umweltfreundlicher Produkte

| *Abhängige Variable: Entwicklung umweltfreundlicher Produkte* | | |
|---|---|---|
| *Unabhängige Variable* | *Koeffizient* | *t-Wert* |
| *Marktstruktur und wachstum* | | |
| Unternehmensgröße in Beschäftigten (log) | - 0,281 | -3,213 |
| Unternehmensgröße in Beschäftigten (log$^2$) | 0,027 | 3,564 |
| *Technologische Voraussetzungen* | | |
| FuE-Intensität | - 1,477 | -3,034 |
| *Schutzmechanismen* | | |
| Zeitvorsprung | 0,164 | 5,035 |
| Gebrauchsmuster | 0,066 | 2,518 |
| *Informationsquellen* | | |
| Unternehmensinterne Informationsquellen | 0,125 | 3,324 |
| Zulieferer von Vorprodukten, Materialien, Komponenten | 0,166 | 5,617 |
| Universitäten, Fachhochschulen | 0,126 | 4,684 |
| Unternehmensberater, Marktforschung | 0,066 | 2,172 |
| *Staatliche Einflüsse, Kosten und Risiken* | | |
| Zu hohes Innovationsrisiko | - 0,071 | - 2,496 |
| Verwaltungsverfahren zu lang | 0,106 | 4,897 |
| *Umweltpolitik* | | |
| Umweltauflagen | - 0,108 | - 1,744 |
| Umweltabgaben | 0,309 | 4,438 |
| *Modellstatistiken* | | |
| Anzahl der Beobachtungen | 1195 | |
| Likelihood-Ratio-Test  Freiheitsgrade | 292,56  13 | |
| Log Likelihood | - 1703,56 | |
| Pseudo R$^2$ | 0,079 | |

Anmerkung: Die mit dem Pseudo R$^2$ Bestimmungsmaß gemessene Güte des Geordneten Probit-Modells liegt mit 0,08 im Rahmen vergleichbarer ökonometrischer Querschnittsstudien. Die gemeinsame Signifikanz der Variablen wurde getestet.

Ein Einfluß einer umweltorientierten Nachfrage kann nicht festgestellt werden. Sowohl die vergangene als auch die bis 1996 erwartete Marktnachfrage hat für den Stellenwert umweltfreundlicher Produktinnovationen überraschenderweise keine besondere Relevanz.[38] Im Gegensatz zu diesem Ergebnis war zu vermuten, daß Marktkräfte, d.h. die Nachfrage nach Umwelttechnologien durch regulierte Unternehmen oder durch umweltbewußte Konsumenten, entscheidende Impulse für die Generierung von umweltorientierten Produktinnovationen geben. So wurde beispielsweise für die Papierindustrie ein hoher Einfluß der Endverbrauchernachfrage auf die Entwicklung und Markteinführung von Altpapierprodukten festgestellt (vgl. OECD 1991:30; Wong et al. 1995:6). Das Ergebnis könnte jedoch auf qualitative Nachfrageveränderungen zurückzuführen sein, die nicht mit quantitativen Effekten verbunden sind. Unterstützt wird diese Vermutung durch die Einfluß von Unternehmensberatern und Marktforschungsunternehmen als Informationsquelle für umweltorientierte Produktinnovationen, was auf eine Relevanz der Marktentwicklung hindeutet.

Für den Einfluß der Unternehmensgröße offenbart sich ein u-förmiger Zusammenhang zwischen der Beschäftigtenzahl und der Bedeutung von Innovationsaktivitäten zur Entwicklung umweltfreundlicher Produkte. Bis zu einer Beschäftigtenzahl von etwa 192 Mitarbeitern wird die Bedeutung des Innovationsziels mit zunehmenden Unternehmensgröße geringer. Anschließend kehrt sich der Effekt um, denn bei einer weiter zunehmenden Unternehmensgröße steigt die Bedeutung des Umweltschutzziels wieder an. Der Größeneffekt ist jedoch nicht linear, so daß erst bei knapp 33.000 Beschäftigten der kumulierte Größeneffekt wieder den Wert bei einer sehr kleinen Beschäftigungszahl erreicht. Mithin haben umweltfreundliche Produktinnovationen vor allem in kleinen Unternehmen und in sehr großen Unternehmen einen hohen Stellenwert. Ein verzerrender Effekt durch unterschiedlich starke FuE-Aktivitäten großer und kleiner Unternehmen wird durch die Aufnahme einer Variable zur FuE-Intensität ausgeschlossen. Damit macht sich die klein- und mittelständische Unternehmensstruktur bei den Anbietern umweltfreundlicher Technologien bemerkbar. So stellen Adler et al. (1994:115f.) beispielsweise in einer schriftlichen Umfrage fest, daß in über 58% der Unternehmen der umwelttechnischen Industrie unter 100 Mitarbeiter beschäftigt werden (siehe auch Halstrick-Schwenk et al. 1994:113ff.). Umweltfreundliche Produkte scheinen für kleine innovative Unternehmen eine interessante Marktnische zu sein. Die Relevanz für sehr große Unternehmen könnte hingegen auch durch Imagegründe bedingt sein, denn die Entwicklung und Markteinführung umweltfreundlicher Produkte ermöglicht es allgemein bekannten Unternehmen, sich gegenüber einer kritischen öffentlichen Meinung positiv darzustellen.[39]

---

[38] Bei der Interpretation der Ergebnisse muß berücksichtigt werden, daß nicht zwischen der Entwicklung von umweltfreundlichen Konsumprodukten und von Umweltschutztechnologien differenziert werden kann.

[39] So wird beispielsweise in der Öffentlichkeit intensiv über die Risiken und Chancen bestimmter Stoffgruppen im Chemiesektor diskutiert, wie beispielsweise die Eigenschaften von PVC-Produkten bei der Müllverbrennung (vgl. Heintz/Reinhardt

Die hohe Bedeutung des Zeitvorsprungs zum Schutz der Erträge aus umweltorientierten Produktinnovationen deutet auf die Relevanz einer Vorreiterrolle hin. Der hohe positive Zusammenhang zwischen der Bedeutung des Zeitvorsprungs und der Bedeutung des Innovationsziels „Entwicklung umweltfreundlicher Produkte" läßt die Schlußfolgerung zu, daß sich Wissensvorsprünge bei der Entwicklung umweltfreundlicher Produkte vor allem durch eine schnelle Vermarktung nutzen lassen.

Aufgrund eines signifikanten, negativen Zusammenhangs zwischen der Höhe des Innovationsrisikos und der Bedeutung des Innovationsziels ist aber anzunehmen, daß sich die Innovationsaktivitäten auf wenig risikovolle inkrementelle Veränderungen von Teilen oder Komponenten bereits eingeführter Produkte konzentrieren und damit überwiegend auf bereits bestehende technologische Erkenntnisse aufbauen (vgl. hierzu auch Coenen et al. 1995:50 und Halstrick-Schwenk et al. 1994:130).

Die Vermutung für eine besondere Relevanz inkrementeller Innovationen wird durch die geringe FuE-Intensität der Unternehmen unterstützt. Die signifikante, negative Korrelation zwischen der FuE-Intensität und der Bedeutung des Innovationsziels in der Modellschätzung deutet an, daß in Unternehmen mit einer geringen FuE-Intensität eine höhere Wahrscheinlichkeit für umweltorientierte Produktinnovationen besteht. Dies korrespondiert mit Ergebnissen von Halstrick-Schwenk et al. (1994:132), die feststellen, daß eine große Zahl von Unternehmen der umwelttechnischen Industrie über keine eigenen FuE-Aktivitäten verfügen.

Das notwendige wissenschaftliche Know-how wird nicht durch eigene FuE-Aktivitäten aufgebaut, sondern durch einen Informationstransfer aus den Universitäten und Fachhochschulen bezogen. In der Modellschätzung zeigt sich ein signifikanter, positiver Zusammenhang zwischen der Bedeutung von Hochschulen als externer Informationsquelle und dem Innovationsziel. Aber auch ansonsten hat der Informationstransfer für die Entwicklung umweltfreundlicher Produkte eine wichtige Funktion. Hierzu zählen sowohl externe Informationen von Zulieferern von Vorprodukten oder Materialien als auch unternehmensinterne Quellen, wie beispielsweise aus der Marketingabteilung. Dieses Ergebnis ist plausibel, denn die Umweltfreundlichkeit eines Produktes wird nicht nur direkt vom eigentlichen Produktinnovator bestimmt, sondern auch von den verwendeten Vorprodukten und Materialien.

---

1991:288ff.). Gerade für große Unternehmen der Chemiebranche stellt sich darum die Herausforderung, neue oder verbesserte Produkte im Hinblick auf umweltrelevante Aspekte zu optimieren.

## 8.3.2 Innovationen zur Reduzierung der Umweltbelastung in der Produktion

### 8.3.2.1 Ökonometrisches Modell zur Analyse des Zusammenhangs

Umweltorientierte Prozeßinnovationen dienen der Vermeidung bzw. Reduzierung von Emissionen oder der Senkung der Kosten, die durch Umweltschutzauflagen entstehen. Dies kann durch verschiedene integrierte und additive Umweltinnovationen im Unternehmen erreicht werden; etwa durch die Rückhaltung von Emissionen und Rückständen zur Vermeidung von Belastungen von Luft, Wasser oder Boden, wie beispielsweise durch Filter und Kläranlagen, Auffangbecken oder Vorrichtungen zur Störfallvorsorge. Aber auch eine umweltfreundliche Optimierung des Produktionsprozesses durch technische und organisatorische Maßnahmen, wie zum Beispiel die Verbesserung der Energie- und Materialeffizienz, der Austausch umweltschädlicher Einsatzstoffe in Prozessen sowie die betriebsinterne Kreislaufführung zur Mehrfachnutzung von Wasser und Einsatzstoffen zählt hierzu.

Für die Analyse der Einflußfaktoren von Innovationsaktivitäten zur Verringerung der Umweltbelastung in der Produktion werden verschiedene exogene Variablen im Modell berücksichtigt. Dies sind die beiden Variablen zur Abbildung der Regulierungsintensität sowie eine Variable zur Bedeutung der Länge von Verwaltungsverfahren, um den Einfluß weiterer staatlicher Einwirkungen ermitteln zu können. Der Anteil der Forschungs- und Entwicklungsaufwendungen am gesamten Umsatz in 1992 wird zur Messung des Einflusses von FuE-Aktivitäten auf das Innovationsverhalten der Unternehmen in das Modell aufgenommen. Der Zusammenhang zwischen der Unternehmensgröße und dem Innovationsziel wird durch den Logarithmus der Zahl der Beschäftigten in Vollzeitäquivalenten und dessen Quadrat im Modell untersucht. Der Einfluß von Schutzrechten wird durch eine Variable zur Bedeutung einer komplexen Prozeßgestaltung und der Einfluß von Informationsquellen durch verschiedene Variablen zu unternehmensinternen und -externen Quellen erfaßt. Ökonomische Faktoren schließlich sind durch die Relevanz des Eigenkapitalbedarfs für umweltorientierte Prozeßinnovationen erfaßt.

Alle weiteren in Tabelle 27 aufgeführten Variablen haben sich als nicht signifikant erwiesen und wurden nicht weiter berücksichtigt. Hierzu zählt u.a. die Variable zur Nachfrageentwicklung, mit der der Einfluß des Marktwachstums kontrolliert wurde, oder der Einfluß von FuE-Kooperationen mit Unternehmen oder öffentlichen Forschungseinrichtungen.

### 8.3.2.2 Darstellung und Diskussion der Schätzergebnisse

Der Einfluß der umweltpolitischen Instrumente auf die Bedeutung von Innovationen zur Reduzierung der Umweltbelastung in der Produktion ist unterschiedlich (vgl. Tabelle 29). Zwischen der Betroffenheit der Unternehmen durch Umweltauflagen und der Bedeutung des Innovationsziels besteht kein signifikanter Zusammenhang. Die Wahrscheinlichkeit für eine steigende Bedeutung umweltorientierter Prozeßinnovationen würde demnach durch die Einführung oder Verschärfung von Umweltauflagen nicht berührt. Umweltauflagen scheinen somit unter den gegebenen Rahmenbedingungen kein geeignetes Instrument, um eine stärkere Umweltschutzorientierung bei Prozeßinnovationen zu induzieren. Positive Innovationseffekte werden durch den Einsatz von Umweltabgaben induziert. Es besteht eine signifikante, positive Korrelation zwischen der Variable für Umweltabgaben und dem Innovationsziel auf einem 10% Signifikanzniveau. Daraus ist zu schließen, daß mit der Einführung von Umweltabgaben die Wahrscheinlichkeit für Innovationsaktivitäten zur Reduzierung der Umweltbelastung in der Produktion steigt.

Die Bedeutung von Innovationsaktivitäten zur Senkung von Umweltbelastungen im Produktionsprozeß steigt auch aufgrund einer hohen Belastung der Unternehmen durch lange Verwaltungsverfahren. Zwischen der Bedeutung von Verwaltungsverfahren als einem Innovationshemmnis und der Bedeutung des Innovationsziels ist ein signifikanter, positiver Zusammenhang zu beobachten. Da der Einfluß umweltpolitischer Maßnahmen bereits durch die Regulierungsindikatoren abgedeckt ist, könnte der Zusammenhang auf die Relevanz der Zeitspanne zwischen Planung und Realisierung von Prozeßinnovationen hinweisen, die beispielsweise durch Umweltverträglichkeitsprüfungen oder öffentliche Proteste und Einwendungen aufgrund von Umweltrisiken verlängert wird. Es kann in dem Fall davon ausgegangen werden, daß mit verfahrensverlängernden öffentlichen Widerständen die Bereitschaft von Unternehmen steigt, durch die Entwicklung und Einführung umweltschonender Produktionsprozesse bestehende Umweltkonflikte mit Bürgern oder Vertretern allgemeiner ökologischer Interessen abschwächen und damit die Umsetzung von Investitionsvorhaben zu beschleunigen (vgl. Troja 1997:318ff.).

Ebenso wie bei der Entwicklung umweltfreundlicher Produkte haben FuE-Aktivitäten auch bei Innovationsaktivitäten zur Reduzierung der Umweltbelastung in der Produktion keinen hohen Stellenwert. Das Innovationsziel wird vor allem von Unternehmen verfolgt, die nur eine geringe FuE-Intensität aufweisen.

Ein signifikanter, positiver Zusammenhang besteht zwischen dem Innovationsziel und der Bedeutung der Zulieferer von Ausrüstungsgütern als Informationsquelle. Mit einer steigenden Bedeutung von Informationen der Ausrüstungslieferanten steigt auch die Wahrscheinlichkeit für Innovationen zur Reduzierung der Umweltbelastung in der Produktion. Eine weitere wichtige Quelle für einen Wissenstransfer in die Unternehmen stellen die Universitäten und Fachhochschulen dar. Die Modellschätzung weist mithin sowohl aufgrund der geringen FuE-Intensität der Innovatoren als auch aufgrund der Bedeutung von Ausrüstungslieferanten als Informationsquelle auf einen hohen Stellenwert externer Technologieanbieter für die Entwicklung umweltfreundlicher Produktionsprozesse hin.

**Tabelle 29:**        Einflußfaktoren der Reduzierung der Umweltbelastung in der
                       Produktion

### Abhängige Variable: Reduzierung der Umweltbelastung in der Produktion

| Unabhängige Variable | Koeffizient | t-Wert |
|---|---|---|
| *Marktstruktur* | | |
| Unternehmensgröße in Beschäftigten (log) | -0,349 | -3,893 |
| Unternehmensgröße in Beschäftigten (log$^2$) | 0,034 | 4,446 |
| *Technologische Voraussetzungen* | | |
| FuE-Intensität | -1,736 | -3,524 |
| *Schutzmechanismen* | | |
| Komplexität der Prozeßgestaltung | 0,057 | 2,204 |
| andere Schutzrechte | 0,091 | 3,351 |
| *Informationsquellen* | | |
| Unternehmensinterne Quellen | 0,137 | 3,739 |
| Zulieferer von Ausrüstungsgütern | 0,140 | 4,979 |
| Universitäten, Fachhochschulen | 0,098 | 3,731 |
| *Staatliche Einflüsse, Kosten und Risiken* | | |
| Fehlendes Eigenkapital | - 0,051 | - 2,196 |
| Verwaltungsverfahren zu lang | 0,095 | 4,379 |
| *Umweltpolitik* | | |
| Umweltauflagen | 0,028 | 0,453 |
| Umweltabgaben | 0,118 | 1,724 |

### Modellstatistiken

| | |
|---|---|
| Anzahl der Beobachtungen | 1161 |
| Likelihood-Ratio-Test | 230,33 |
| Freiheitsgrade | 12 |
| Log Likelihood | -1726,53 |
| Pseudo $R^2$ | 0,063 |

Anmerkung: Die mit dem Pseudo $R^2$ Bestimmungsmaß gemessene Güte des Geordneten Probit-Modells liegt mit 0,06 im Rahmen vergleichbarer ökonometrischer Querschnitts-studien. Die gemeinsame Signifikanz der Variablen wurde getestet.

Der Schutz der Erträge aus Innovationen zur Reduzierung der Umweltbelastung in der Produktion erfolgt im wesentlichen durch die Gestaltung der Produktionsprozesse. Die Unternehmen scheinen ein Re-engineering durch potentielle Imitatoren durch eine komplexe Gestaltung des Produktionsprozesses zu erschweren. Einen hohen Einfluß auf umweltorientierte Prozeßinnovationen hat die Unternehmensgröße. Es zeigt sich ein nicht-linearer Zusammenhang zwischen der Beschäftigtenzahl und der Bedeutung des Innovationsziels. Bis etwa 171 Beschäftigten sinkt die Bedeutung des Innovationsziels mit einer steigenden Beschäftigungszahl. Anschließend steigt die Bedeutung von Innovationsaktivitäten zur Reduzierung der Umweltbelastung in der Produktion jedoch mit zunehmender Beschäftigungszahl wieder an. Der kumulierte Größeneffekt erreicht jedoch erst bei 28.500 Beschäftigten wieder den Wert, der bei einer sehr geringen Beschäftigungszahl zu beobachten ist. Demnach streben vor allem sehr kleine Unternehmen und sehr große Unternehmen die Reduzierung produktionsbedingter Umweltbelastungen an, während diese Innovationsaktivitäten in mittelgroßen Unternehmen die geringste Bedeutung haben.

### 8.3.3    Innovationen zur Reduzierung des Materialverbrauchs

#### 8.3.3.1    Ökonometrisches Modell zur Analyse des Zusammenhangs

Die Angaben zum Innovationsziel „Reduzierung der Produktionskosten durch die Senkung des Materialverbrauchs" ermöglichen eine spezifischere Analyse umweltorientierter Prozeßinnovationen. Die Senkung des Materialverbrauchs im Produktionsprozeß durch den Einsatz ressourcenschonender Technologien hat einen hohen Stellenwert für die Umsetzung einer nachhaltigen Entwicklung. Ansatzpunkte für Materialeinsparungen bestehen durch eine effizientere Verwertung der Rohstoffe oder eine betriebsinterne Kreislaufführung zur Mehrfachnutzung von Wasser und Einsatzstoffen (vgl. Radke 1996:115f.).

In der ökonometrischen Analyse der Innovationsaktivitäten zur Senkung des Materialverbrauchs in der Produktion wird der staatliche Einfluß durch die beiden Variablen zur Abbildung der Regulierungsintensität sowie die Bedeutung von Verwaltungsverfahren als Innovationshemmnis berücksichtigt. Der Logarithmus der Beschäftigten in Vollzeitäquivalenten und dessen Quadrat werden im Modell erfaßt, um den Einfluß der Unternehmensgröße auf das Innovationsverhalten kontrollieren zu können. Die technologischen Voraussetzungen werden durch den Anteil der FuE-Aufwendungen am gesamten Umsatz im Jahre 1992 und der Einfluß von Schutzmechanismen durch die Bedeutung der langfristigen Bindung qualifizierter Mitarbeiter in das Modell einbezogen. Der Einfluß externen Wissens auf materialsparende Innovationen wird durch Variablen zur Relevanz von Vorproduktzulieferern sowie von direkten Wettbewerbern als Informationsquelle getestet. Die Auswirkungen einer unterschiedlichen Unternehmensstruktur in den alten und neuen Bundesländern wird durch eine entsprechende Standortvariable berücksichtigt. In zusätzlichen Schätzungen wurde der Einfluß der weiteren in Tabelle 27 genannten Variablen überprüft. Hierzu zählt u.a. die Variable zur Marktentwicklung, zum Einfluß des Innovationsrisikos und von FuE-Kooperationen sowie zur Relevanz verschiedener Schutzinstrumente für Innovationen. Diese Faktoren erwiesen sich als nicht-signifikant und wurden nicht weiter berücksichtigt.

### 8.3.3.2    Darstellung und Diskussion der Schätzergebnisse

In der Faktoranalyse in Kapitel 7.2.2 wurde festgestellt, daß Innovationen zur Verringerung des Materialverbrauchs von den Unternehmen nur unter Kostensenkungsaspekten verfolgt werden, während Umweltschutzaspekte keine Relevanz haben. Die Vermutung, daß dieses Merkmal auf nicht adäquate Innovationsanreize der aktuellen outputorientierten Umweltpolitik zurückzuführen ist, bestätigt sich in den ökonometrischen Analysen. Ein signifikanter Zusammenhang zwischen dem Handlungsdruck durch Umweltauflagen bzw. durch Umweltabgaben und der Senkung des Materialverbrauchs kann nicht festgestellt werden (vgl. Tabelle 30).

Innovationsaktivitäten zur Senkung des Materialverbrauchs sind nicht mit intensiven Forschungs- und Entwicklungaktivitäten verbunden. Im Gegenteil, denn je geringer die Bedeutung von FuE-Aktivitäten in den Unternehmen ist, desto höher ist der Stellenwert materialsparender Innovationen. Unternehmen, die die Steigerung der Materialeffizienz anstreben, sind folglich überwiegend Technologienehmer. Dies gilt auch für Unternehmen aus den neuen Bundesländern, für die unter den gegebenen Rahmenbedingungen eine höhere Bedeutung materialverbrauchssenkender Innovationen als in Unternehmen aus den alten Bundesländern zu erkennen ist. Hier scheint sich der hohe Modernisierungsbedarf im wirtschaftlichen Aufholprozeß in den neuen Bundesländern bemerkbar zu machen, bei dem insbesondere ein ineffizienter Materialeinsatz ein wesentliches Wettbewerbshindernis darstellt.

Konsequenterweise haben Zulieferer von Vorprodukten, Materialien und Komponenten auch eine wichtige Funktion als Informationsquelle für materialsparende Innovationen. Ein signifikanter, positiver Zusammenhang mit dem Innovationsziel „Senkung des Materialeinsatz" deutet daraufhin. Aber auch direkte Wettbewerber sind eine wichtige Quelle, um Informationen für die Durchführung materialsparender Innovationen zu sammeln.

Für den Schutz der Erträge aus materialsparenden Innovationen wird von den Unternehmen vor allem die langfristige Bindung des Personals als wirksam erachtet. Für diese Innovationen scheint somit ein spezifisches Fachwissen über die Produktionsprozesse wichtig zu sein. In dem Modell zeigen sich zunächst keine Größeneffekte bei materialverbrauchssenkenden Innovationen. Der Test auf gemeinsame Signifikanz kann aber nicht abgelehnt werden, so daß dennoch von der Existenz von Größeneffekten auszugehen ist.

**Tabelle 30:**    Einflußfaktoren der Reduzierung der Senkung des Materialverbrauchs

| *Abhängige Variable: Senkung der Produktionskosten durch Verringerung des Materialverbrauchs* | | |
|---|---|---|
| *Unabhängige Variable* | *Koeffizient* | *t-Wert* |
| *Marktstruktur* | | |
| Unternehmensgröße in Beschäftigten (log) | 0,092 | 1,130 |
| Unternehmensgröße (in Beschäftigten ($\log^2$)) | -0,001 | -0,190 |
| *Technologische Voraussetzungen* | | |
| FuE-Intensität | -1,302 | -2,762 |
| *Schutzmechanismen* | | |
| Langfristige Bindung qualifizierten Personals | 0,088 | 3,068 |
| andere Schutzrechte | 0,074 | 2,795 |
| *Informationsquellen* | | |
| Zulieferer von Vorprodukten, Materialien, Komponenten | 0,140 | 4,926 |
| Direkte Wettbewerber | 0,107 | 3,857 |
| *Umweltpolitik* | | |
| Umweltauflagen | 0,905 | 1,555 |
| Umweltabgaben | -0,101 | -1,489 |
| *Region (Basis Alte Bundesländer)* | | |
| Neue Bundesländer | 0,235 | 3,170 |
| ***Modellstatistiken*** | | |
| Anzahl der Beobachtungen | 1206 | |
| Likelihood-Ratio-Test Freiheitsgrade | 104,11 10 | |
| Log Likelihood | -1702,17 | |
| Pseudo $R^2$ | 0,03 | |

Anmerkung: Die mit dem Pseudo $R^2$ Bestimmungsmaß gemessene Güte des Geordneten Probit-Modells liegt mit 0,03 noch im Rahmen vergleichbarer ökonometrischer Querschnittsstudien. Die gemeinsame Signifikanz der Variablen wurde getestet.

## 8.3.4    Innovationen zur Reduzierung des Energieverbrauchs

### 8.3.4.1    Ökonometrisches Modell zur Analyse des Zusammenhangs

Neben den Angaben zur Bedeutung materialsparender Innovationsaktivitäten ermöglicht die Analyse von Innovationsaktivitäten zur Senkung des Energieverbrauchs weitere spezifische Erkenntnisse zu den Einflußfaktoren umweltorientierter Prozeßinnovationen. Die Senkung des Energieverbrauchs ist durch organisatorische Innovationen, wie beispielsweise einem veränderten Nutzerverhalten oder eine Umgestaltung der Betriebsorganisation zu erreichen. Möglich sind aber auch technologische Innovationen, wie der vollständige Ersatz von Produktionsanlagen, die Substitution von Energieträgern oder Maßnahmen zum effizienteren Energieeinsatz.

In der Modellschätzung ist die Bedeutung von Innovationsaktivitäten zur Reduzierung des Energieverbrauchs als endogene Variable berücksichtigt. Als exogene Variablen werden die Regulierungsindikatoren für Umweltabgaben und Umweltauflagen sowie eine Variable zur Bedeutung langer Verwaltungsverfahren im Modell aufgenommen. Die Abbildung von Größeneffekten erfolgt durch den Logarithmus der Beschäftigten in Vollzeitäquivalenten und dessen Quadrat sowie die Berücksichtigung des Einflusses der bestehenden technologischen Grundlagen durch eine Variable zur FuE-Intensität und zur Bedeutung von Forschungs- und Entwicklungskooperationen. Der Einfluß von Schutzmechanismen wird durch eine Variable zur Bedeutung des Zeitvorsprungs kontrolliert. Schließlich wird der Einfluß des Informationstransfers zwischen Unternehmen durch Variablen für mehrere unternehmensinterne und -externe Informationsquellen getestet und Standorteinflüsse durch eine Ost/West-Variable gemessen, die eine Standortdifferenzierung zwischen den neuen und alten Bundesländern ermöglicht. Die weiteren in Tabelle 27 genannten Faktoren erwiesen sich als nicht-signifikant und wurden darum nicht weiter berücksichtigt.

### 8.3.4.2    Darstellung und Diskussion der Schätzergebnisse

Die industrielle Produktion in den neuen Bundesländern zeichnete sich Anfang der neunziger Jahre durch einen ineffizienten Energieeinsatz aus. Folglich haben Innovationen zur Verringerung des Energieverbrauchs in Unternehmen aus den neuen Bundesländern im Vergleich zu Unternehmen aus den alten Bundesländern auch eine höhere Bedeutung. Es besteht ein signifikanter, positiver Zusammenhang zwischen Unternehmen mit einem Standort in den neuen Bundesländern und der Bedeutung des Innovationsziels.

Zwischen Umweltauflagen und dem Innovationsziel besteht ein signifikanter, positiver Zusammenhang auf einem 1%-Niveau und zwischen Umweltabgaben und dem Innovationsziel ein signifikanter, negativer Zusammenhang auf einem 10%-Niveau (vgl. Tabelle 31). Dieses Ergebnis erscheint jedoch vor dem Hintergrund der umweltökonomischen Diskussion nicht plausibel, denn insbesondere im Energiebereich werden Umweltabgaben aufgrund stärkerer Innovationswirkungen in der Regel gegenüber Auflagen als effizienter beurteilt (vgl. für einen Überblick der Diskussion beispielsweise Koschel/Weinreich 1995:36). Das Ergebnis der Schätzung muß darum vor dem Hintergrund der fehlenden Erfahrungen mit Energieabgaben interpretiert werden, die sich in dem Regulierungsindikator niederschlagen (vgl. Schiffer 1992:362ff.; Voss 1995:54). In weiteren Analysen sollte mit spezifischeren Indikatoren für Energieabgaben eine Überrüfung des Ergebnisses erfolgen.

Unternehmen mit einer geringen FuE-Intensität messen energiesparenden Innovationen im Produktionsprozeß eine höhere Bedeutung zu als Unternehmen mit umfangreichen FuE-Aktivitäten. Darauf deutet der signifikante, negative Zusammenhang zwischen der FuE-Intensität und der Bedeutung des Innovationsziels hin.

Konsequenterweise stellt sich die Nutzung der bestehenden technologischen Infrastruktur aus privatwirtschaftlichen Forschungseinrichtungen sowie Universitäten und Fachhochschulen als eine wichtige Informationsquelle für Innovationsanstrengungen zur Einsparung von Energie im Produktionsprozeß dar. Der signifikante, positive Zusammenhang zwischen dem Innovationsziel und der Bedeutung von Ausrüstungslieferanten als Informationsquelle deutet daraufhin, daß die notwendigen energiesparenden Technologien von der Investitionsgüterindustrie bezogen werden. Der signifikante, positive Zusammenhang zwischen der Bedeutung interner Informationsquellen und dem Innovationsziel verdeutlicht die Notwendigkeit einer Verkettung der einzelnen Unternehmensfunktionen. Für energiesparende Innovationen scheinen detaillierte Kenntnisse der Produktionsabläufe erforderlich, die durch eine Rückkopplung der einzelnen Unternehmensbereiche, d.h. der Entwicklung, der Produktion, der Logistik und dem Management für eine optimale Ausnutzung bestehender Einsparpotentiale genutzt werden können.

Die Größeneffekte weisen auch für energiesparende Innovationsaktivitäten einen nicht-linearen Zusammenhang auf. Zunächst besteht ein negativer Zusammenhang zwischen der Unternehmensgröße und dem Innovationsziel, d.h. mit zunehmender Betriebsgröße sinkt die Bedeutung von Innovationen zur Senkung des Energieverbrauchs. Das Minimum der Funktion ist bei 136 Mitarbeitern erreicht. Anschließend ist ein positiver Zusammenhang zu beobachten, wobei der kumulierte Größeneffekt erst bei etwa 18.000 Beschäftigten wieder den Wert erreicht, der bei sehr kleinen Unternehmen zu erkennen ist.

Für die Sicherung der Erträge aus energiesparenden Innovationen ist ein Zeitvorsprung gegenüber den Konkurrenten wichtig. Eine schnelle Umsetzung energiesparender Neuerungen in der Produktion erscheint demnach für die Erzielung und Sicherung von Kostenvorteilen aus energiesparenden Innovationen gegenüber der Konkurrenz wichtig zu sein. Andere Schutzinstrumente, wie u.a. Patente oder die Geheimhaltung, haben hingegen keinen besonderen Stellenwert und werden nicht als wirksames Aneignungsinstrument betrachtet.

**Tabelle 31:**        Einflußfaktoren der Senkung des Energieverbrauchs

*Abhängige Variable: Senkung der Produktionskosten durch Verringerung des Energieverbrauchs*

| Unabhängige Variable | Koeffizient | t-Wert |
|---|---|---|
| *Marktstruktur* | | |
| Unternehmensgröße in Beschäftigten (log) | -0,017 | - 2,073 |
| Unternehmensgröße (in Beschäftigten (log$^2$) | 0,018 | 2,486 |
| *Technologische Voraussetzungen* | | |
| FuE-Kooperationen | - 0,171 | - 2,489 |
| FuE-Intensität | - 2,789 | - 5,617 |
| *Schutzmechanismen* | | |
| Zeitlicher Vorsprung | 0,064 | 2,416 |
| *Informationsquellen* | | |
| Unternehmensinterne Quellen | 0,216 | 5,762 |
| Zulieferer von Vorprodukten, Materialien, Komponenten | - 0,079 | - 2,415 |
| Zulieferer von Ausrüstungsgütern | 0,229 | 7,315 |
| Industriefinanzierte Forschungseinrichtungen | 0,073 | 2,275 |
| Hochschulen | 0,073 | 2,524 |
| *Staatliche Einflüsse, Kosten und Risiken* | | |
| Verwaltungsverfahren zu lang | 0,078 | 3,593 |
| *Region (Basis=Alte Bundesländer)* | | |
| Neue Bundesländer | 0,559 | 7,257 |
| *Umweltpolitik* | | |
| Umweltauflagen | 0,177 | 2,882 |
| Umweltabgaben | - 0,124 | - 1,811 |

*Modellstatistiken*

| | |
|---|---|
| Anzahl der Beobachtungen | 1171 |
| Likelihood-Ratio-Test | 252,93 |
| Freiheitsgrade | 14 |
| Log Likelihood | - 1714,19 |

**Tabelle 31:**          (Fortsetzung)

---

*Modellstatistiken*

---

Pseudo $R^2$                                                    0,069

---

Anmerkung: Die mit dem Pseudo $R^2$ Bestimmungsmaß gemessene Güte des Geordneten Probit-Modells liegt mit 0,07 im Rahmen vergleichbarer ökonometrischer Querschnittsstudien. Die gemeinsame Signifikanz der Variablen wurde getestet.

### 8.3.5    Innovationen zur Verbesserung des Arbeitsbedingungen

8.3.5.1    Ökonometrisches Modell zur Analyse des Zusammenhangs

Für die Analyse der Einflußfaktoren von Innovationsaktivitäten zur Verbesserung der Arbeitsbedingungen werden neben den Variablen für die Belastung durch Umweltabgaben und Umweltauflagen eine Reihe weiterer exogener Variablen berücksichtigt.

Die technologischen Voraussetzungen werden durch den Einfluß der FuE-Intensität, staatliche Einwirkungen durch eine Variable zur Bedeutung langer Verwaltungsverfahren als Innovationshemmnis sowie der Unternehmensgrößen-einfluß durch die Zahl der Beschäftigten und das Quadrat der Beschäftigtenzahl erfaßt. Daneben wird die Relevanz von internen und externen Informationsquellen, von Schutzinstrumenten sowie von FuE-Kooperationen geschätzt. Die zusätzlichen in Tabelle 27 aufgezählten Einflußvariablen wurden in weiteren Schätzungen getestet, doch erwiesen sich diese Variablen als nicht-signifikant und wurden nicht weiter berücksichtigt.

8.3.5.2    Darstellung und Diskussion der Schätzergebnisse

Die Faktoranalyse in Kapitel 7.2.2 zeigte, daß die Verbesserung der Arbeitsbedingungen von den Unternehmen als ein Bestandteil ihrer Umweltschutzstrategie betrachtet werden. Während bei den anderen Innovationszielen dieser Strategie jedoch ein Einfluß der Umweltpolitik auf den Stellenwert des Ziels festgestellt werden kann, zeigt sich für die Verbesserung der Arbeitsbedingungen kein solcher Zusammenhang. Weder Umweltabgaben noch Umweltauflagen stehen in einem signifikanten Zusammenhang mit der Bedeutung des Innovationsziels. Der positive Zusammenhang zwischen zu langen Verwaltungsverfahren und der Verbesserung der Arbeitsbedingungen weist dennoch auf einen staatlichen Einfluß auf die Bedeutung des Innnovationsziels hin. Es kann vermutet werden, daß dieser Effekt u.a. durch Vorschriften über die Bedingungen am Arbeitsplatz erzielt wird (vgl. Tabelle 32).

**Tabelle 32:**    Einflußfaktoren der Verbesserung der Arbeitsbedingungen

| *Abhängige Variable: Verbesserung der Arbeitsbedingungen* | | |
|---|---|---|
| *Unabhängige Variable* | *Koeffizient* | *t-Wert* |
| *Marktstruktur* | | |
| Unternehmensgröße in Beschäftigten (log) | - 0,391 | - 4,521 |
| Unternehmensgröße in Beschäftigten ($\log^2$) | 0,031 | 4,192 |
| *Technologische Voraussetzungen* | | |
| FuE-Kooperationen | - 0,176 | - 2,540 |
| FuE-Intensität | - 1,744 | - 3,478 |
| *Schutzmechanismen* | | |
| andere Schutzrechte (keine Patente) | 0,074 | 2,754 |
| *Informationsquellen* | | |
| Unternehmensinterne Quellen | 0,116 | 3,130 |
| Zulieferer von Ausrüstungsgütern | 0,147 | 5,169 |
| Kunden | 0,105 | 2,955 |
| Unternehmensberater, Marktforschung | 0,103 | 3,217 |
| Hochschulen, | 0,053 | 1,782 |
| Industriefinanzierte Forschungseinrichtungen | 0,084 | 2,477 |
| *Staatliche Einflüsse, Kosten und Risiken* | | |
| Verwaltungsverfahren zu lang | 0,085 | 3,893 |
| *Region (Basis=Alte Bundesländer)* | | |
| Neue Bundesländer | 0,133 | 1,740 |
| *Umweltpolitik* | | |
| Umweltauflagen | 0,075 | 1,212 |
| Umweltabgaben | - 0,089 | - 1,280 |
| *Modellstatistiken* | | |
| Anzahl der Beobachtungen | | 1148 |
| Likelihood-Ratio-Test Freiheitsgrade | | 207,53 15 |
| Log Likelihood | | - 1574,21 |

**Tabelle 32:**          (Fortsetzung)

| *Modellstatistiken* | |
| --- | --- |
| Pseudo $R^2$ | 0,062 |

Anmerkung: Die mit dem Pseudo $R^2$ Bestimmungsmaß gemessene Güte des Geordneten Probit-Modells liegt mit 0,06 im Rahmen vergleichbarer ökonometrischer Querschnittsstudien. Die gemeinsame Signifikanz der Variablen wurde getestet

Obwohl somit umweltpolitische Maßnahmen keinen Einfluß haben, kann die Berücksichtigung der Arbeitsplatzbedingungen als Teil der Umweltschutzstrategie der Unternehmen mit der engen Komplementarität von Umweltschutz und der Verbesserung der Bedingungen am Arbeitsplatz begründet werden.

Die Ergebnisse der Modellschätzung zeigen weiterhin, daß die Verbesserung der Arbeitsbedingungen insbesondere in sehr kleinen Unternehmen einen hohen Stellenwert hat. Es besteht ein nicht-linearer Zusammenhang zwischen dem Innovationsziel und der Beschäftigtenzahl. Bis zu einer Zahl von etwa 550 Beschäftigten ist ein negativer Zusammenhang zu beobachten. Anschließend besteht bei weiter zunehmender Beschäftigungszahl ein positiver Zusammenhang mit der Bedeutung des Innovationsziels. Die positive Steigung der Funktion ist jedoch sehr gering, so daß der bei kleinen Unternehmen beobachtete kumulierte Größeneffekt erst wieder bei Unternehmen mit über 300.000 Beschäftigten erreicht würde. Das Ergebnis scheint jedoch nicht auf ein geringeres Interesse der mittleren und großen Unternehmen an Maßnahmen zur Verbesserungen der Arbeitsplatzbedingungen hinzudeuten, sondern eher auf einen größeren Nachholbedarf der kleineren Unternehmen.

Aufgrund der veralteten Produktionsbedingungen bestand in den neuen Bundesländern vor allem zu Anfang der neunziger Jahre eine hohe Notwendigkeit für eine Verbesserung der Arbeitsplatzbedingungen. In der Modellschätzung zeigt sich dies durch einen signifikanten, positiven Zusammenhang auf einem 10%-Niveau zwischen dem Unternehmensstandort und dem Innovationsziel.

Bei Innovationen zur Verbesserung der Arbeitsplatzbedingungen ist nur eine geringe Bedeutung von FuE-Aktivitäten zu erkennen. Zwischen der FuE-Intensität als auch zwischen der Bedeutung von FuE-Kooperationen und dem Innovationsziel besteht ein signifikanter, negativer Zusammenhang. Je geringer die FuE-Intensität der Unternehmen und je geringer die Bedeutung von FuE-Kooperationen, desto höher ist die Bedeutung des entsprechenden Innovationszieles. Zur Kompensation interner FuE-Kapazitäten nutzen die Unternehmen externe Informationsquellen. Hierzu zählt vor allem das Wissen an Universitäten und Fachhochschulen sowie die Erfahrungen von Unternehmensberatern und privatwirtschaftlichen Forschungseinrichtungen.

Schließlich ist noch festzustellen, daß die klassischen Schutzinstrumente zur Sicherung von Innovationserträgen, wie beispielsweise Patente oder die Geheimhaltung, für Arbeitsschutzmaßnahmen ohne Relevanz sind. Dies ist unter der Annahme plausibel, daß mit diesen Maßnahmen für die Unternehmen in der Regel keine Kostenvorteile gegenüber Konkurrenten verbunden sind.

## 8.4 Zusammenfassende Bewertung der ökonometrischen Analyse

In den Modellschätzungen erweist sich das in der vorliegenden Arbeit entwickelte theoretische Modell für die Untersuchung des Einflußes umweltpolitischer Instrumente auf das Innovationsverhalten von Unternehmen als geeignet. Es bestätigt sich, daß umweltorientierte Innovationsaktivitäten durch ein kompliziertes und interaktives System verschiedener Einflußfaktoren bestimmt werden. Die in Kapitel 7.4 formulierten Hypothesen zu den Einflußfaktoren eines umweltorientierten Innovationsverhaltens werden aber in einem multivariaten Kontext nur teilweise bestätigt.

In den deskriptiven Analysen war eine stärkere Behinderung von umweltinnovativen Unternehmen als von nicht-umweltinnovativen Unternehmen durch zu lange Verwaltungsverfahren zu beobachten. Es wurde darum angenommen, daß mit einer steigenden Behinderung der Unternehmen durch lange Verwaltungsverfahren auch die Bedeutung von umweltorientierten Innovationsaktivitäten steigt. Eine Erklärung für diesen Zusammenhang könnte der erhebliche Verwaltungsaufwand im Zusammenhang mit umweltpolitischen Maßnahmen sein. So können sich beispielsweise bei der Genehmigung von flächen- oder emissionsintensiver Produktionsanlagen, bei denen Umweltverträglichkeitsprüfungen vorgeschrieben sind, die Verwaltungsverfahren über Jahre oder gar Jahrzehnte hinziehen (siehe hierzu beispielsweise Rothwell 1992:455). So stellten Steinberg et al. (1991:37) in einer empirischen Studie fest, daß die Dauer von Genehmigungsverfahren ein Standortnachteil für Deutschland ist. Die Länge der Genehmigungsverfahren, so ergab die Untersuchung, steht im Zusammenhang mit der Struktur der öffentlichen Verwaltung sowie mit gesetzlichen Regelungen und dabei speziell mit dem Wasserhaushaltsgesetz und dem Bundesimmissionsschutzgesetz. Zu dem gleichen Ergebnis kommen auch Staudt et al. (1993:20f.) in einer empirischen Untersuchung zum Chemikaliengesetz (ChemG).[40] Demnach stellt der hohe Zeit- und Kostenaufwand für Prüf- und Anmeldeverfahren im Rahmen des Gesetzes ein erhebliches Innovationshemmnis für die chemische Industrie sowie für deren Zulieferer und Abnehmer dar.[41]

---

[40]   Ziel des ChemG ist der präventive Schutz von Mensch und Umwelt vor den Wirkungen gefährlicher Stoffe und Zubereitungen (vgl. Staudt et al. 1993:6)

[41]   Seit 1993 gab es verschiedene Gesetzesnovellen, wie u.a. das Investitionserleichterungs- und Wohnbaulandgesetz, die das Ziel einer Beschleunigung von Genehmi-

Würde sich diese Verbindung bewahrheiten, dann könnte die Belastung der Unternehmen durch Verwaltungsverfahren als Proxy-Variable für die Regulierungsintensität dienen. In den ökonometrischen Schätzungen zeigt sich jedoch, daß der signifikante Einfluß der Verwaltungsverfahren auch bei der Berücksichtigung der Regulierungsindikatoren für Umweltabgaben und Umweltauflagen bestehen bleibt. Einzig zwischen der Behinderung der Unternehmen durch zu lange Verwaltungsverfahren und der Bedeutung materialsparender Prozeßinnovationen besteht - unabhängig von der Berücksichtigung der Regulierungsindikatoren im Modell - kein Zusammenhang. Demnach bildet die Variable zur Belastung durch Verwaltungsverfahren auch Effekte andere staatlicher Maßnahmen ab.

Die verwendeten Regulierungsindikatoren stellen aussagekräftigere Variablen zur Abschätzung eines Zusammenhangs zwischen umweltpolitischen Instrumenten und dem Innovationsverhalten der Unternehmen dar. Vor allem erlauben die Indikatoren eine vergleichende Bewertung des Instrumenteneinflusses in den Modellen.

In den Schätzungen wird deutlich, daß eine Aussage über eine generelle Vorteilhaftigkeit eines Instrumententyps gegenüber dem anderen Instrument nicht möglich ist (vgl. Tabelle 33). Innovationen zur Reduzierung der Umweltbelastung in der Produktion und Innovationsaktivitäten zur Entwicklung umweltfreundlicher Produkte werden durch den Einsatz von Umweltabgaben stimuliert. Die Koeffizienten für Umweltabgaben weisen dabei in beiden Modellen unterschiedliche Werte auf, was, unter starkem statistischen Vorbehalt, auf einen stärkeren Einfluß von Umweltabgaben auf die Entwicklung umweltfreundlicher Produkte spricht. Dies steht im Gegensatz zur Argumentation von Norberg-Bohm und Rossi (1997:2) für die Papierindustrie in den USA, wonach Umweltregulierungen weniger die Entwicklung, sondern eher die Diffusion von Umwelttechnologien fördern. Für die Einführung oder Verschärfung von Umweltauflagen zeigt sich in den Schätzungen hingegen ein hemmender Einfluß auf die Entwicklung umweltfreundlicher Produkte und kein Einfluß auf die Bedeutung von Innovationen zur Reduzierung der Umweltbelastung in der Produktion. Eine Vorteilhaftigkeit von Auflagen gegenüber Abgaben ist unter den gegebenen Rahmenbedingungen bei der Stimulierung von Innovationen zur Senkung des Energieverbrauchs zu erkennen. Keinen Einfluß hat die Umweltpoltik auf die Bedeutung von Innovationsaktivitäten zur Senkung des Materialverbrauchs und der Verbesserung der Arbeitsbedingungen in den Unternehmen.

Die Ergebnisse machen deutlich, daß eine einseitige Präferierung ökonomischer Instrumente für umweltpolitische Ziele nicht möglich ist. Unter Innovationsgesichtspunkten unterstreicht das Ergebnis die Bedeutung einer Instrumentenwahl, die die jeweiligen innovationsrelevanten Rahmenbedingungen beachtet. Die Notwendigkeit für einen solchen umweltpolitischen Ansatz zeigt sich auch in einem von Jänicke (1997:4) dargestellten Beispiel aus dem Gewässerschutzbereich. Beeinflußt durch vielfältige Einflußfaktoren und Lernprozesse erwiesen sich in

---

gungsverfahren hatten. Schmölling et al. (1997:4f.) argumentieren aber, daß diese Maßnahmen die Ursachen für die Länge von Verwaltungsverfahren nicht beheben.

den Niederlanden Abgaben als ein wirksames Instrument zum Gewässerschutz, während im schwedischen Gewässerschutz vergleichbare Erfolge durch den Einsatz von Subventionen erreicht wurden.

**Tabelle 33:**   Zusammenhang zwischen Umweltpolitik, Verwaltungsverfahren und Umweltinnovationen

| *Innovationsziel* | *Verwaltungsverfahren* | *Abgaben* | *Auflagen* |
|---|---|---|---|
| Entwicklung umweltfreundlicher Produkte | +++ | +++ | − |
| Reduzierung Umweltbelastung in der Produktion | +++ | + | 0 |
| Senkung des Materialverbrauchs in der Produktion | 0 | 0 | 0 |
| Senkung des Energieverbrauchs in der Produktion | +++ | − | +++ |
| Verbesserung der Arbeitsbedingungen | +++ | 0 | 0 |

Anmerkungen: 0=kein Zusammenhang; + (−), ++ (− −), +++ (− − −) = positiv (negativ) signifikant mit einer Irrtumswahrscheinlichkeit von 10%, 5% oder 1%.

Zu den potentiellen Einflußfaktoren von Umweltinnovationen zählt die Unternehmensgröße. Über den Einfluß großer Unternehmen und kleiner Unternehmen auf die Entwicklung neuer Technologien bestehen, wie oben angeführt, in der Innovationsliteratur unterschiedliche Auffassungen (vgl. u.a. Kleinknecht 1989; Acs/Audretsch 1990; Link/Bozemann 1991; Noteboom 1994). In den deskriptiven Analysen wurde beobachtet, daß in größeren Unternehmen der Stellenwert umweltschutzorientierter Innovationsziele höher als in kleineren Unternehmen ist. Die daraus abgeleitete Hypothese, daß mit einer steigenden Unternehmensgröße auch die Bedeutung umweltorientierter Innovationsaktivitäten steigt, wird durch Forschungsergebnisse von Georg et al. (1992:538) bestärkt, die auf die innovationshemmenden Effekte durch zu geringe Betriebserfahrungen mit integrierten Technologien in kleinen und mittleren Unternehmen hinweisen. Auch Rothwell (1992:455) betont die Nachteile kleinerer Unternehmen und verweist auf eine gegenüber großen Unternehmen stärkere Belastung durch umweltpolitische Maßnahmen. Die Forschungshypothese bestätigt sich jedoch in den ökonometrischen Analysen nicht.

In den geschätzten Modellen ist ein nichtlinearer Zusammenhang zwischen der Unternehmensgröße und der Bedeutung der Innovationsziele festzustellen. Bei materialsparenden Innovationsaktivitäten sind die Größeneffekte nur schwer zu interpretieren. Bei den anderen Umweltinnovationszielen zeigt sich jedoch, daß diese Aktivitäten in sehr kleinen und sehr großen Unternehmen wichtig sind, während die Bedeutung in mittelgroßen Unternehmen am geringsten ist. Das Ergebnis deutet für kleine Unternehmen u.a. auf Flexibilitätsvorteile durch wenig komplexe Produktionsabläufe und eine höhere Bereitschaft zur Erschließung von Marktnischen hin. Die Relevanz in sehr großen Unternehmen kann sowohl durch die stärkere Präsens in der Öffentlichkeit als auch durch eine intensivere Kontrolle durch die staatlichen Umweltschutzbehörden begründet sein. So stellten Brännlund et al. (1995:33) beispielsweise in einer Untersuchung in der schwedischen Papier- und Zellstoffindustrie fest, daß die Behörden aufgrund personeller Engpässe die Kontrolle von Umweltschutzbestimmungen oft auf Großunternehmen konzentrieren.

Die aus der deskriptiven Analyse abgeleitete Hypothese, daß die Bedeutung umweltorientierter Innovationsziele mit einer steigenden FuE-Intensität der Unternehmen abnimmt, bestätigt sich in den Modellschätzungen für alle Umweltinnovationsaktivitäten. Das Ergebnis ist gegensätzlich zur Untersuchung von Jaffe und Palmer (1996:17), in der ein signifikanter, positiver Zusammenhang zwischen der Höhe der Umweltschutzinvestitionen und den FuE-Ausgaben eines regulierten Wirtschaftszweiges festgestellt wird. Für die Interpretation des Ergebnisses muß zwischen Produkt- und Prozeßinnovationen differenziert werden. Im Fall von umweltorientierten Prozeßinnovationen kann eine hohe Bedeutung der umwelttechnischen Industrie als Technologielieferant vermutet werden, so daß für die Prozeßinnovatoren keine intensiven FuE-Aktivitäten notwendig sind. Aber auch die umweltorientierten Produktinnovatoren, zu denen auch die Anbieter von Umwelttechnologien zählen, weisen nur eine geringe Bedeutung von FuE-Aktivitäten auf. Eine Erklärung hierfür könnte die bestehende Dominanz von End-of-Pipe-Technologien sein, die im wesentlichen inkrementelle Verbesserungen bereits bestehender technologischer Lösungen darstellen, so daß nur im geringen Umfang FuE-Aktivitäten notwendig sind.[42]

Georg et al. (1992:541) verweisen darauf, daß Umweltinnovationen nicht als Ergebnis von isolierten FuE-Aktivitäten eines Unternehmens entstehen, sondern zumeist das Ergebnis von Kooperationen zwischen verschiedenen Unternehmen entlang der Wertschöpfungskette sind. Diese Aussage korrespondiert mit dem Ergebnis der deskriptiven Untersuchung, in der sich eine relativ hohe Bedeutung von FuE-Kooperationen für umweltinnovative Unternehmen zeigte. Auf der Grundlage der ökonometrischen Schätzungen muß jedoch die Hypothese, daß mit einer steigenden Bedeutung von FuE-Kooperationen auch die Bedeutung von umweltorientierten Innovationszielen zunimmt, verworfen werden.

Für umweltinnovative Unternehmen war in den deskriptiven Untersuchungen ein höherer Informationsbedarf als für nicht-umweltinnovative Unternehmen zu beobachten. Insbesondere für Informationen aus unternehmensinternen Quellen sowie von Kunden deutete sich eine besondere Relevanz für Umweltinnovationen an. In den ökonometrischen Schätzungen zeigt sich, daß unternehmensinterne

---

[42]    Vgl. hierzu auch die Arbeit von Norberg-Bohm/Rossi (1997) zum Innovationsverhalten der Unternehmen in der US-amerikanischen Papier- und Zellstoffindustrie.

Informationsquellen nur einen Einfluß auf energiesparende Innovationen in der Produktion haben. Während beispielsweise Georg et al. (1992:542f.) den Kunden eine hohe Bedeutung als Informationsquelle für umweltorientierte Produktinnovationen zuweisen, zeigt sich in den Schätzungen kein Einfluß auf die Bedeutung von Umweltinnovationen. Statt dessen erweisen sich andere Informationsquellen als relevant, wobei sich insbesondere ein hoher Bedarf an externen Informationen offenbart. So haben Zulieferer von Ausrüstungsgütern eine wichtige Funktion als Informationsquelle für Innovationen zur Reduzierung der Umweltbelastung in der Produktion. Dies steht jedoch im Einklang mit den Forschungsergebnisse von Georg et al. (1992:542f.), die ebenfalls die Bedeutung von Zulieferern für Prozeßinnovationen herausstellen. Das Ergebnis unterstützt die Vermutung, daß Umweltschutztechnologien von Prozeßinnovatoren überwiegend bei speziellen Technologieanbietern bezogen werden. Zulieferer von Vorprodukten, Materialien und Komponenten liefern wichtige Informationen für die Entwicklung umweltfreundlicher Produkte sowie für die Senkung des Materialverbrauchs. Beides ist einsichtig, denn die Umweltfreundlichkeit von Produkten hängt stark von den verwendeten Materialien ab und die Senkung des Materialverbrauchs ist u.a. von Informationen über Substitutionsmöglichkeiten abhängig. Es ist aber auch anzunehmen, daß der hohe Informationsbedarf zum Teil auf die geringe FuE-Intensität der umweltinnovativen Unternehmen zurückzuführen ist. Der hohe Einfluß der öffentlichen Forschungsinfrastruktur als Informationsquelle deutet auf den Bedarf zusätzlichen externen Know-hows hin. So hat die Bereitstellung von Informationen aus Universitäten und Fachhochschulen einen hohen Einfluß auf die Entwicklung umweltfreundlicher Produkte sowie auf die Verbesserung der Arbeitsbedingungen in den Unternehmen.

Zum Einfluß der Marktnachfrage auf die Bedeutung von Umweltinnovationen wurde in den deskriptiven Analysen die Hypothese formuliert, daß umweltinnovative Unternehmen die Nachfrageentwicklung positiver einschätzen als nichtumweltinnovative Unternehmen. Die Hypothese muß auf der Grundlage der Schätzungen abgelehnt werden, da sich keine Einwirkungen der Nachfrageentwicklung auf eines der Umweltinnovationsziele erkennen läßt. Dieses Ergebnis kann jedoch mit der verwendeten Proxy-Variable zusammenhängen, die nur die gesamte Marktentwicklung erfaßt. Damit werden die speziellen quantitativen Effekte der prognostizierten positiven Entwicklung am Umwelttechnikmarkt (vgl. BMU 1997a:3) überdeckt.

In den ökonometrischen Analysen wird darüberhinaus deutlich, daß die Aneignung von Innovationserträgen aus den einzelnen Umweltinnovationen durch verschiedene Schutzinstrumente erfolgt. Obwohl in den letzten Jahren in Deutschland eine Zunahme der umweltschutzorientierten Patentanmeldungen festgestellt werden kann (vgl. u.a. Adler et al. 1994:175ff.; DPA 1995:20; NIW et al. 1995:76ff.), zeigt sich in den Schätzungen, daß der Patentschutz als ein klassisches Mittel des gewerblichen Rechtsschutzes zur Schaffung einer temporären Marktzutrittsbarriere keinen Einfluß auf den Stellenwert von Umweltinnovationen hat. Dies könnte auf eine geringe Patentierbarkeit von umweltorientierten Prozeß- und Produktin-

novationen hindeuten und damit ein weiterer Hinweis auf den überwiegend inkrementellen Charakter von umweltorientierten Innovationstätigkeiten sein (vgl.
Wendorf 1994:12). Statt dessen hat der Zeitvorsprung in der Vermarktung einen
hohen Stellenwert für den Schutz umweltorientierter Produktinnovationen. Dieser
Zeitvorteil kann von den Unternehmen genutzt werden, um möglichst viele Kunden an ein Produkt zu binden und um Lerneffekte zu erzielen. Eine komplizierte
Prozeßgestaltung, die eine Imitation durch Konkurrenten erschwert, hat hingegen
einen Einfluß auf Innovationen zur Reduzierung der Umweltbelastung in der
Produktion. Dabei zeigen sich für spezifische Neuerungen an Produktionsprozessen jedoch weitere Unterschiede. Die langfristige Bindung qualifizierten Personals
hat beispielsweise im Falle von materialsparenden Prozeßinnovationen und die
Erzielung eines Zeitvorsprungs für energiesparende Prozeßinnovationen eine
Relevanz. Keinen Einfluß haben die klassischen Schutzinstrumente, wie die Geheimhaltung oder die Erzielung eines Zeitvorsprungs auf Innovationsaktivitäten
zur Verbesserung der Arbeitsbedingungen. Bei diesen Innovationen scheint sich
aus Wettbewerbsgründen keine Notwendigkeit für einen Schutz der Innovationsbemühungen zu ergeben.

# Teil III

# Innovationswirkungen der Umweltpolitik im Windenergiebereich

Der vorangegangene Untersuchungteil untersuchte den Einfluß umweltpolitischer Instrumente auf einzelne Umweltinnovationsziele auf der Grundlage eines
umfangreichen Datensatzes zum Innovationsverhalten der deutschen Wirtschaft.
Die Untersuchung erlaubt jedoch keine Aussagen zum Einfluß umweltpolitischer
Instrumente auf spezifische technische Lösungen, beispielsweise auf Innovationen
im Bereich von End-of-Pipe oder integrierten Technologien. Es ist auch keine
dynamische Wirkungsanalyse möglich, die den Einfluß der Instrumente im Zeitverlauf untersucht, und es können keine Rückschlüsse zum Einfluß der Ausgestaltung der umweltpolitischen Instrumente auf Innovationen gezogen werden. Im
folgenden sollen diese Erkenntnislücken in einer Fallstudie im Bereich der energetischen Nutzung der regenerativen Windkraft geschlossen werden.

Für eine umweltschonende Energieversorgung stellt der Übergang von der Nutzung fossiler zu regenerativen Energiequellen wie der Windkraft neben der Ener-
gieeinsparung die wesentliche Strategie dar (vgl. u.a. Mez 1997:15ff.; BMU
1997b:11). Erneuerbare Energien können aber nur dann wettbewerbsfähig werden, wenn die im Vergleich zu fossilen Energien bestehenden Vorteile durch
geringere Schadstoffemissionen und die Schonung knapper Ressourcen durch die
Internalisierung negativer externer Effekte bei der Energieerzeugung berücksichtigt werden.

Damit ist die verstärkte Nutzung erneuerbarer Energien zunächst von politischen Entscheidungen, d.h. vor allem vom Einsatz umweltpolitischer Instrumente
zugunsten dieser Technologien abhängig. Im Bereich der energetischen Nutzung
sind in Deutschland seit den siebziger Jahren verschiedene politische Maßnahmen
ergriffen worden. Währenddessen ist die Zahl der aufgestellten Windkraftanlagen
deutlich gestiegen. Mittlerweile sind in Deutschland Windkraftanlagen mit einer
Leistung von knapp 2000 MW installiert und der mit Windenergie produzierte
Strom erreicht einen Anteil von etwa 0,8% am Nettostromverbrauch der Bundesrepublik.

Ziel dieses Untersuchungsteils ist es zu analysieren, welchen Einfluß die eingesetzten umweltpolitischen Instrumente auf dieses Kapazitätswachstum und insbesondere auf spezifische technische Entwicklungen hatten. Als umweltpolitische
Instrumente werden hierbei im folgenden nicht nur Umweltauflagen, Umweltabgaben oder informatorische Instrumente verstanden, sondern im Windenergiebereich vor allem auch förderpolitische Instrumente, wie u.a. die fiskalische Unterstützung von umweltorientierter Forschung und Entwicklung oder die Förderung
umweltschutzorientierter Investitionen (vgl. Coenen et al. 1995:15; Fritsch et al.
1993:110).

In Kapitel 9 wird zunächst ein historischer Überblick über die technische Entwicklung im Windkraftanlagenbau gegeben. Im anschließenden Kapitel 10 werden die im Windenergiebereich eingesetzten umwelt- und förderpolitischen Instrumente beschrieben. Entsprechend der Vorgehensweise im theoretischen
Untersuchungsteil wird der Einfluß dieser Instrumente in Kapitel 11 im Zusammenhang mit den weiteren innovationsrelevanten Determinanten der Entwicklung
und der Anwendung von Windkraftanlagen untersucht. Für einen Vergleich der

Wirkung umwelt- und förderpolitischer Instrumente im Kontext unterschiedlicher nationaler Einflußfaktoren des Innovationsverhaltens wird in Kapitel 12 die Windenergieentwicklung in Deutschland, Dänemark und Großbritannien untersucht. Die Zwischenbilanz des Untersuchungsteils wird in Kapitel 13 gezogen.

# 9 Die technische Entwicklung in der Windindustrie

Historische Quellen belegen, daß bereits im 7. Jahrhundert die Windkraft in Persien und Afghanistan und seit dem 12. Jahrhundert in Europa zur Getreidemüllerei genutzt wurde. Während die technische Entwicklung der Windräder im Orient durch vertikale Drehachsen geprägt war, dominierten im Mittelalter in Europa Windmühlen mit horizontalen Drehachsen. Hierzu zählten in Nordeuropa die Bockwindmühlen und in Südeuropa die Turmwindmühlen (vgl. Gasch 1993: 9ff.). Die Turmwindmühlen wurden im 16. Jahrhundert in Holland zur Holländerwindmühle weiterentwickelt und bis Ende des letzten Jahrhunderts für die Getreidemüllerei, in Sägewerken oder als Pumpmühlen zur Landgewinnung eingesetzt.[43]

Im Zuge der Industrialisierung konnten die Windmühlen aufgrund ihrer mangelnden Flexibilität und ihrer dezentralen Struktur abseits von Märkten und Handelsströmen nicht mehr mit Dampfmaschinen und Elektromotoren konkurrieren und wurden zu Anfang des Jahrhunderts nahezu bedeutungslos (vgl. Heymann 1995:19ff.). Diese Merkmale behinderten auch die energetische Nutzung der Windkraft, die mit dem stark wachsenden Energiebedarf zu Beginn des 20. Jahrhunderts einsetzte. Bereits in den zwanziger Jahren wurde diese Entwicklung durch die schnell wachsende Elektrizitätsnachfrage und den Anspruch nach kontinuierlicher und großer Leistung sowie der Entwicklung einer zentralisierten Stromerzeugung in den noch heute bestehenden Gebietsmonopolen wieder gestoppt (vgl. Heymann 1995:444ff.).

Die weiteren FuE-Aktivitäten im Bereich der Windenergienutzung waren dann bis in die siebziger Jahre darauf ausgerichtet, die Anforderungen einer zentralen, auf Großkraftwerke ausgerichteten Elektrizitätsversorgung mit kontinuierlich wachsenden Leistungen und sinkenden Stromerzeugungskosten zu erfüllen. Spektakulär waren die Ideen von Hermann Honnef, der in den dreißiger Jahren Pläne von Anlagen mit 300 m hohen Türmen, 100 m großen Rotoren und mehreren tausend Kilowatt Leistung verfolgte (vgl. Heymann 1995:437). Die Versuche

---

43  Um 1900 war in den Vereinigten Staaten die große Zeit der „Western Mills". Diese vollautomatischen Anlagen mit vielflügeligen Blechrotoren und einem System von Windfahnen zur Windausrichtung werden dort bis heute zum Wasserpumpen eingesetzt.

scheiterten jedoch, da es weder möglich war Großwindanlagen zu konstruieren, noch Kleinanlagen in eine zentrale Versorgungsstruktur einzubinden (vgl. Heymann 1995:446ff.). Erst durch die Energiekrisen in den siebziger Jahren setzte ein Bewußtseinswandel ein. In Folge kam es zu energierechtlichen Veränderungen und Investitionshilfen von Seiten des Staates für die Windenergienutzung (vgl. Heymann 1995:448ff.). Einen wichtigen Meilenstein in der Entwicklung der Windenergietechnologie in Deutschland stellte Ende der siebziger Jahre das Growian-Projekt dar. Dieses vom Bundesministerium für Bildung, Wissenschaft, Forschung und Technologie (BMBF)[44] initiierte Projekt hatte die Entwicklung der seinerzeit weltweit größten Windkraftanlage zum Ziel (vgl. Tabelle 34). Aber auch in diesem Projekt wurde nochmals versucht, mit einem erheblichen Techniksprung die Erzeugung von Windenergie in einem großtechnischen Maßstab und damit die Kompatibilität mit dem zentralen Energieversorgungssystem zu ermöglichen.

**Tabelle 34:**          Technische Daten des Growian

| | |
|---|---|
| Höhe | 100 m |
| Rotordurchmesser | 100,4 m |
| Nennleistung bei Nennwindgeschwindigkeit | 3000 kW |
| Nennwindgeschwindigkeit Nabenhöhe | 11.2 m/s |
| Nenndrehzahl | 18,5 U/min |
| Blattspitzengeschwindigkeit | 100 m/s (349 km/h) |
| Maschinenhausmasse | 420 t |

Quelle: Heymann (1995:378)

Erst mit dem Scheitern dieses ambitionierten Projektes wurde in Deutschland verstärkt auf erfolgreiche dänische Anlagenkonzepte zum Bau kleinerer Windkraftanlagen zurückgegriffen und deren Leistung dann durch kontinuierliche Verbesserungsinnovationen schrittweise gesteigert. Diese neuere Entwicklung in der Windenergienutzung ist eng mit den Arbeiten von Ulrich Hütter verbunden, der bereits 1942 in seiner Dissertation „Beitrag zur Schaffung von Gestaltungsvorschlägen für die Windkraftwerke" die Grundlagen zur Entwicklung von modernen Turbinen erarbeitete (Hütter 1942, zitiert bei Heymann 1995:262).

---

[44]  Im folgenden wird nicht zwischen dem Bundesministerium für Bildung, Wissenschaft, Forschung und Technologie (BMBF) und dem ehemaligen Bundesministerium für Forschung und Technologie (BMFT) unterschieden, sondern stets die Bezeichnung BMBF gewählt.

Zu Anfang wurden dabei eine Vielzahl von Systemvarianten mit einem, zwei oder drei Rotorblättern verfolgt (vgl. Heier 1995). Heute verfügen Windkraftanlagen zumeist über drei Rotorblätter. Während 1989 erst Anlagen mit unter 150 kW verfügbar waren, stehen heute bereits Anlagen mit über 1,5 MW zur Verfügung. Der Rotordurchmesser nahm von durchschnittlich 30m auf Größen von bis zu 65m und die Turmhöhe von 30m auf bis zu 98m zu (vgl. Abbildung 17).

**Abbildung 17:**        Größenentwicklung bei Windkraftanlagen

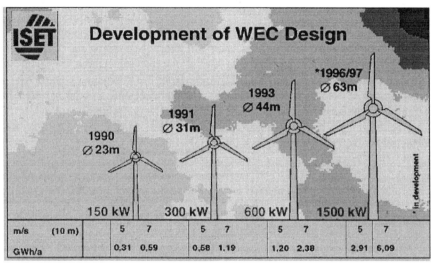

Quelle: ISET (1997b)

Es zeichnen sich zwei dominante Anlagendesigns ab. Bei kleineren Windkraftanlagen ist dies der drehzahlstarre Betrieb eines netzgekoppelten Asynchrongenerators. Die Rotorblätter sind starr mit der Nabe verbunden und erlauben keine Leistungsregelung. Die Leistungsbegrenzung erfolgt durch eine Stall-Regelung, d.h. einem Strömungsabriß, wenn eine bestimmte Windstärke erreicht wird. Diese technische Lösung hat den Vorteil geringerer Herstellungskosten und eines wartungsarmen Betriebs.

Bei größeren Windkraftanlagen - insbesondere bei Anlagen mit mehr als 1 MW - scheinen sich technisch aufwendigere Konfigurationen mit Pitch-Regelung mittels einer Rotorblattverstellung und einer drehzahlvariablen Betriebsführung durchzusetzen. Diese Kopplung erlaubt kurzfristige Lastwechsel auszugleichen sowie Leistungsschwankungen zu mildern und ermöglicht damit eine Optimierung der Netzverträglichkeit der Anlagen (vgl. Heier 1997:95ff.; Kleinkauf 4.9.1997). Zudem kann bei Großanlagen eine Tendenz zum getriebelosen Triebstrangkonzept mit Vielpolgeneratoren festgestellt werden, wie es 1993 bei der Enercon E-40 eingeführt wurde. Es setzen aber dennoch viele Hersteller, wie u.a.

Vestas oder die Husumer Schiffswerft (HSW), auch bei der Entwicklung großer Windkraftanlagen weiterhin auf das Getriebekonzept (Eichler 20.8.1997 und Gerold 20.8.1997). Es erscheint aber fraglich, ob sich dieses Konzept bei einer weiteren Größensteigerung der Anlagen aufrechterhalten läßt (vgl. Hoppe-Kilper 14.10.1997).

Zukünftig ist weniger mit grundlegenden technischen Veränderungen zu rechnen, als vielmehr mit Detailverbesserungen, die die Verlängerung der Lebensdauer, die Erhöhung des Wirkungsgrades oder die Verbesserung der Stromqualität zum Ziel haben. Über die weitere Größenentwicklung gibt es unterschiedliche Ansichten. Es wird einerseits argumentiert, daß das optimale Kosten/Leistungsverhältnis bei Anlagen mit 1,5 MW bereits überschritten ist (Gerold 20.8.1997) während andererseits, gerade im Hinblick auf die Erschließung von Offshore-Standorten, mit einem weiteren Wachstum auf über 2 MW gerechnet wird (Molly 4.9.1997). Technische Verbesserungen sind in den nächsten Jahren vor allem bei den Rotorblättern zu erwarten, beispielsweise durch die Verwendung neuer Materialqualitäten sowie durch die Veränderung der Blattspitzenform oder der Modifikation des Blatteinstellwinkels, um die Schallpegel zu vermindern und damit die Lärmbelästigung zu verringern (vgl. Betke et al. 1997:14; Eichler 20.8.1997). Im Fertigungsprozeß schließlich ist mit einer steigenden Automatisierung und größeren Produktionsstückzahlen der Hersteller zu rechnen, wenn die Marktkonzentration steigt und dadurch die Marktanteile der verbleibenden Anbieter größer werden, und zum anderen zunehmend Exportmärkte erschlossen werden (Molly 4.9.1997).

# 10 Umwelt- und förderpolitische Maßnahmen im Windenergiebereich

Zur Unterstützung von Innovationen in der Windenergie wird in Deutschland seit den siebziger Jahren auf verschiedene umweltpolitische Instrumente zur Förderung von Forschung, Entwicklung und Demonstration, zur Markteinführung und zur Förderung der Diffusion von Windkraftanlagen zurückgegriffen.

## 10.1 Maßnahmen zur Förderung von Forschung, Entwicklung und Demonstration

### 10.1.1 Programme des BMBF

Das BMBF fördert seit 1974 die Nutzung der Windenergie im Rahmen der Energieforschung mit dem Ziel, die Wirtschaftlichkeit dieser Energienutzungsform zu erhöhen. Hierzu wurden technische Entwicklungen unterstützt, die Kostensenkungen, Wirkungsgraderhöhungen und Lebensdauerverlängerungen ermöglichen (BMBF 1995:11f.).

Die erste Maßnahme des BMBF bestand 1974 in der Durchführung einer Programmstudie zur Windenergienutzung. Das Ergebnis der Studie war die Empfehlung zur Entwicklung einer 1 MW-Anlage und als nächsten Schritt einer 3-6 MW-Anlage (vgl. Heymann 1995:367f.; Hausschildt 1993: 201f). Nach einer Expertenanhörung erteilte das BMBF dann 1977 den Auftrag zur Entwicklung und Errichtung einer großen Windenergieanlage mit dem Akronym GROWIAN. Das Projekt war durch eine ehrgeizige technische Konzeption des BMBF und eine kritische Haltung der beteiligten Energieversorgungsunternehmen (EVU) gekennzeichnet (vgl. Heymann 1995:374,382). Die EVUs hatten sich nur aufgrund einer risikofreien Vertragsgestaltung für eine Teilnahme gewinnen lassen, denn der Mißerfolg stand für die Energieversorgungsunternehmen von Beginn an fest (vgl. Heymann 1995:370-373). So verwundert es nicht, daß das GROWIAN-Projekt 1987 nach technischen Problemen eingestellt und die Anlage ein Jahr später abgerissen wurde.

Die Entwicklung einer zweiten Generation größerer Windkraftanlagen erfolgte mit Unterstützung des BMBF seit Mitte der achtziger Jahre. 1989 wurde eine Monopterus-Anlage mit 640 kW und 1990 bzw. 1991 wurden zwei Anlagen des Typs WKA-60 mit jeweils 1,2 MW errichtet. 1993 erfolgte die Aufstellung des Aelus II mit 3 MW-Nennleistung durch ein Energieversorgungsunternehmen. Keines dieser durch Großunternehmen durchgeführten Vorhaben kam über den Prototypenstatus hinaus. Daneben förderte das BMBF die Errichtung von Prototypen der Enercon-Anlagen E-36 mit 400 kW und E-66 mit 1 MW sowie der Tacke TW 500 mit 500 kW und der HSW 750 mit 750 kW. Diese Anlagentypen wurden später modifiziert am Markt eingeführt. Bei der Firma Heidelberg Motor wurde die Errichtung einer 1,2 MW-Anlage mit einer vertikalen Drehachse unterstützt. In verschiedenen Demonstrationsprojekten wurde aber in den achtziger Jahren auch die Enwicklung und der Einsatz von insgesamt 214 kleinen Windkraftanlagen mit 5 bis 300 kW Nennleistung durch das BMBF unterstützt (vgl. Hoppe-Kilper et al. 1995: 42ff.).

### 10.1.2 Förderungen der Europäischen Union

Die Europäischen Gemeinschaften unterstützen bereits seit 1979 FuE-Aktivitäten und Demonstrationsvorhaben im Bereich von Windenergietechnologien. Im Arbeitsprogramm des vierten Rahmenprogramms für Forschung und Entwicklung wird als Zielsetzung der Windenergieförderung im Joule und Thermie-Programm die Verbesserung der Wirtschaftlichkeit und die Verbesserung der Zuverlässigkeit der Anlagen sowie die Verbesserung der Akzeptanz in der Bevölkerung gegenüber der Windkraftnutzung genannt. Insgesamt wurden bis 1992 über 180 Projekte mit etwa 128 Mio. DM gefördert. Hierzu zählen sowohl Potentialstudien als auch technologieorientierte Projekte zur Entwicklung kompletter Anlagen oder zur Verbesserung von einzelnen Anlagenkomponenten. Ein Schwerpunkt lag dabei auf der Entwicklung von großen WEGA-Windkraftanlagen. So wurde u.a. im WEGA II-Projekt die Entwicklung der neueren 1 - 1,5 MW-Anlagen wesentlich forciert.

## 10.2 Maßnahmen zur Markteinführung

Für die Beschleunigung der Markteinführung von Windenergietechnologien in Deutschland können acht wesentliche Maßnahmen identifiziert werden: Das 100/250-MW-Programm des BMBF, das Investitionsförderprogramm des Bundeswirtschaftsministeriums, Förderprogramme der Bundesländer, Exportfördermaßnahmen, steuerrechtliche Maßnahmen, das Stromeinspeisungsgesetz sowie Kreditfinanzierungen der Deutschen Ausgleichsbank.

### 10.2.1 Das 100/250-MW-Programm des BMBF

Am 4. Juni 1990 wurde die Richtlinie zur Förderung von Windenergieanlagen „100 MW Wind" im Rahmen des 3. Programmes „Energieforschung und Energietechnologien" im Bundesanzeiger veröffentlicht. Die Richtlinie wurde 1991 modifiziert und zur Richtlinie „250 MW Wind" erweitert. Das Programm ist seit dem 31.12.1995 ausgelaufen, doch bestehen noch Zahlungsverpflichtungen bis zum Jahre 2006. Seit 1996 werden vom BMBF nur noch Windkraftanlagen mit mehr als 1 MW gefördert.

Ziel des 100/250-MW-Programms war es, Windenergie in energiewirtschaftlicher Größenordnung zu erproben, Langzeiterfahrungen zu sammeln und einen Anreiz für die Installation einer größeren Anzahl von Windkraftanlagen durch unterschiedliche Betreiber an geeigneten Standorten zu geben (vgl. Li et al. 1995:1617ff.). Maßgeblich für die Bewilligung von Windkraftprojekten waren die technische Reife des Anlagentyps, der Demonstrationsbedarf der Standorte, die Betreiberstruktur (Energiewirtschaft, Kommunen, Landwirte, Gewerbe, Einzelpersonen) und das Innovationspotential zur Weiterentwicklung des technischen Entwicklungsstands. Bewilligte Projekte konnten zunächst einen Zuschuß in Höhe von 8 Pf/kWh und nach der Einführung des Stromeinspeisungsgesetzes von 6 Pf/kWh als Betriebskostenzuschuß erhalten. Ab 1994 lag die Förderhöchstgrenze bei max. 25% der zuwendungsfähigen Gesamtkosten. Ein Investitionskostenzuschuß von 60% der Anlagenkosten und später von max. 90.000 DM war nur unter bestimmten Voraussetzungen zu erhalten.

Für die Fördermittelempfänger im 100/250-MW-Programm ist eine Teilnahme am Windmeßprogramm (WMEP) zwingend. Für die Dauer von 10 Jahren müssen Leistungsdaten der Windkraftanlagen, Informationen über Wartungs- und Instandsetzungsarbeiten, die Wirtschaftlichkeit der Anlagen oder die meteorologischen Verhältnisse an das Institut für Solare Energieversorgungstechnik (ISET) übermittelt werden. Die Daten werden jährlich durch das ISET veröffentlicht und auch für spezielle Fragestellungen ausgewertet (vgl. u.a. ISET 1997a).

### 10.2.2 Förderprogramme der Bundesländer

Die Bundesländer haben ebenfalls durch Förderprogramme die Entwicklung der Windenergie unterstützt. Dabei wurden sowohl nicht-rückzahlbare Investitionszuschüsse als auch Zinszuschüsse gewährt. Für eine kurze Übergangsperiode bestand dabei nach Einführung des 250 MW-Programms die Möglichkeit zur Kumulierung der Fördermittel. Später mußten sich Antragsteller zwischen der Landes- und der Bundesförderung entscheiden, wobei die Bundesförderung für die Investoren zumeist attraktiver war.

In den letzten Jahren wurde die Länderförderung sukzessive reduziert. Bereits 1995 fielen in Niedersachsen aufgrund der günstigen Stromerzeugungskosten von Windenergie die Landeszuschüsse für den Küstenbereich weg. Mittlerweile wird überhaupt keine Förderung mehr gewährt (vgl. Griefahn 1995). In anderen Ländern, wie beispielsweise in Thüringen, ist das verfügbare Fördervolumen nur gering. Große Windkraftförderprogramme gibt es noch in Hessen und Nordrhein-Westfalen mit einem Gesamtvolumen von jeweils knapp 40 Mio. DM. In Nordrhein-Westfalen wird dabei für Investitionsvolumen unter 1 Mio. DM ein Investitionskostenzuschuß gewährt und für darüberliegende Vorhaben ein zinsvergünstigter Kredit bereitgestellt (für eine Übersicht der einzelnen Länderförderprogramme siehe Tabelle 35 und Anhang 5).

**Tabelle 35:**          Breitenförderung von Windkraftanlagen in den Bundesländern

| *Bundesland* | *Programme* |
| --- | --- |
| Baden-Württemberg | Darlehen für erneuerbare Energiequellen |
| Brandenburg | Rationelle Energieverwendung und Erneuerbare Energien; Immissionsschutz; Energieeinsparung in Land- und Forstwirtschaft |
| Bremen | Windenergieanlagen |
| Hessen | Hessisches Energiegesetz |
| Mecklenburg-Vorpommern | Erneuerbare Energiequellen; Energieeinsparung und Energieträgerumstellung in Land- und Forstwirtschaft |
| Nordrhein-Westfalen | Rationelle Energieverwendung und Nutzung unerschöpflicher Energiequellen |
| Rheinland-Pfalz | Förderung erneuerbarer Energien |
| Saarland | Markteinführungsprogramm erneuerbare Energien |
| Sachsen | Windkraftanlagen; Energieeinsparung |
| Sachsen-Anhalt | Windenergieanlagen; Pilot- und Demoanlagen im Rahmen des Energieprogramms; Energieeinsparung und Energieträgerumstellung in landwirtschaftlichen Betrieben |
| Schleswig-Holstein | Erneuerbare Energien - Wind |
| Thüringen | Rationelle Energieverwendung und Nutzung erneuerbare Energien; Energieeinsparung |

Quelle: Frahm et al. (1997:10ff.)

## 10.3 Maßnahmen zur Förderung der Diffusion von Windkraftanlagen

### 10.3.1 Das Stromeinspeisungsgesetz

Das Stromeinspeisungsgesetz[45] trat nach einer vergleichsweise kurzen Verfahrensdauer von wenigen Wochen am 1.1.1991 in Kraft.[46] Geregelt wird im Stromeinspeisungsgesetz die Abnahme und Vergütung von Strom aus regenerativen Energiequellen (z.b. Wind, Wasser, Sonne) durch die öffentlichen Energieversorgungsunternehmen. Energieversorgungsunternehmen sind danach verpflichtet, Windstrom aus ihrem Versorgungsgebiet mit mindestens 90% des Durchschnittserlöses aus Stromlieferungen an den Endverbraucher im jeweils vorletzten Jahr zu vergüten. 1995 lag die Vergütung bei 17,28 Pf/kWh und 1997 bei 17,15 Pf/kWh (vgl. Tabelle 36). Zukünftig wird mit einer weiter sinkenden Vergütung gerechnet (Litzka 19.8.97). Das Stromeinspeisungsgesetz ermöglichte die Öffnung des Strommarktes für private Erzeuger regenerativen Stroms, was zuvor durch das Leitungs- und Versorgungsmonopol am Energiemarkt behindert wurde.[47]

**Tabelle 36:**    Vergütungssätze für Windstrom 1991-1997

| *Jahr* | *1991* | *1992* | *1993* | *1994* | *1995* | *1996* | *1997* |
|--------|--------|--------|--------|--------|--------|--------|--------|
| Vergütung | 16,61 | 16,53 | 16,57 | 16,93 | 17,28 | 17,21 | 17,15 |

Quelle: BMWi (1995:12) und (1996b), Forschungsgruppe Windenergie (1997b)

Von Seiten der Energieversorger, des Deutschen Industrie- und Handelstages (DIHT) und des Bundesverbandes der Deutschen Industrie (BDI) wird das Stromeinspeisungsgesetz stark kritisiert und aus volks- und stromwirtschaftlicher Sicht

---

[45]   Gesetz über die Einspeisung von Strom aus erneuerbaren Energien in das öffentliche Netz. Für eine Übersicht über das Stromeinspeisungsgesetz siehe Bergmann 1996 und Niedersberg 1996

[46]   Das Stromeinspeisungsgesetz wurde von allen politischen Parteien mit dem Hinweis auf eine Vergütung für vermiedene Umweltschäden weitgehend befürwortet. Die Annahme des Gesetzes erfolgte im Bundestag ohne Gegenstimmen (vgl. Bergmann 1996:17)

[47]   Umstritten ist noch der Geltungsbereich des Stomeinspeisungsgesetzes, denn die Energieversorgungsunternehmen lehnen die Anwendung des Gesetzes für Offshore-Anlagen, d.h. Windkraftanlagen im Küstenmeer, ab (vgl. BMWi 1995:7). Im Entwurf zur Neufassung des Stromeinspeisungsgesetzes wird jedoch die Abnahmepflicht der Energieversorgungsunternehmen auch auf den Offshore-Bereich ausgedehnt (vgl. Anonymus 1997c:10).

als für die Förderung des Einsatzes regenerativer Energiequellen ungeeignet erachtet (vgl. BMU 1997b:11).[48] Wesentlicher Streitpunkt ist die Höhe der Erzeugungskosten von Windstrom im Vergleich zu denen der konventionellen Stromerzeugung aus fossilen oder nuklearen Brennstoffen. Aufgrund der vorhandenen und vorgehaltenen Kraftwerkskapazitäten stellt das Gesetz aus der Sicht der Energieversorger eine Sonderbelastung dar. Versuche der Energieversorger, die Verfassungsmäßigkeit des Stromeinspeisungsgesetzes in Frage zu stellen, scheiterten jedoch bislang (vgl. BMWi 1995:5). So wurde beispielsweise der Versuch des Badenwerks, durch eine Leistungsverweigerung die verfassungsrechtliche Prüfung des Stromeinspeisungsgesetzes zu erzwingen, vom Bundesverfassungsgericht im Mai 1996 aufgrund einer ungenügenden Begründung der Vorlage zurückgewiesen.[49] Bereits vorher hatte die Bundesregierung auf eine Anfrage der SPD-Fraktion vom 19.6.1995 darauf verwiesen, daß das Stromeinspeisungsgesetz dem geltenden Verfassungsrecht entspreche, da keine Verpflichtung zur Zahlung einer Abgabe, sondern eine Preisregelung, verbunden mit einer Abnahmepflicht gegeben sei (vgl. Bergmann 1996:24ff.). Das Amtsgericht Plön jedoch kam 1996 zu dem Schluß, daß das Einspeisungsgesetz die Grundfreiheit und -ausübung des regionalen Energieversorgers Schleswag verletzt. Ein endgültiges Urteil über die Verfassungsmäßigkeit der Einspeisungsvergütung steht noch aus.

Zur Zeit werden Nachbesserungen des Stromeinspeisungsgesetzes diskutiert. Ausgelöst wurde die Debatte zum einen durch die Beschwerde über eine einseitige Belastung der norddeutschen Energieversorger durch die Einspeisevergütungen und der daraus abgeleiteten Forderung nach einer bundesweiten Kostenverteilung.[50] Zwar empfahl 1995 die Bundesregierung im Erfahrungsbericht zum Stromeinspeisungsgesetz noch die unveränderte Fortführung, doch wurde bereits damals festgestellt, daß „mittelfristig, aber in jedem Fall längerfristig ... eine Entwicklung zu erwarten [ist], bei der die Belastung dieser Regionen ein nicht mehr vertretbares Ausmaß erreicht" (BMWi 1995:6f).[51] Mittlerweile wurde vom Bundestag ein Gesetz zur Reformierung des Stromeinspeisungsgesetzes beschlossen. Die Höhe der Vergütungen für erneuerbare Energien bleibt dabei unangetastet. Es wurde jedoch die Härteklausel durch die Einführung eines sogenannten 5-Prozent-Deckels geändert. Wenn demnach der Windstromanteil eines Energieversorgers über 5 Prozent der von ihm insgesamt abgesetzten Kilowattstunden übersteigt, dann ist der vorgelagerte Netzbetreiber verpflichtet, die sich ergebenden Mehrkosten zu erstatten (Deutscher Bundestag 1997:37). Dieser 5-Prozent-Deckel wird

---

48   Für einen Überblick siehe beispielsweise Bergmann 1996.

49   Siehe hierzu beispielsweise auch das Urteil des Bundesgerichtshofes vom 22.10.1996 KZR 19/95 zur Klage zweier Wasserkraftwerksbetreiber gegen die Kraftübertragungswerke Rheinfelden (vgl. Anonymus 1997b:244ff.)

50   Es wird auf die Verletzung der Artikel 3 (Gleichbehandlung), 12 (Berufsfreiheit) und 14 (Eigentumsschutz) des Grundgesetzes verwiesen (vgl. BMWi 1995:14)

51   Es wurde jedoch auch darauf hingewiesen, daß die vorhandene Härteklausel zur Vermeidung einer unangemessenen Belastung von Verbrauchern und einzelnen Regionen, bislang nicht angewendet wurde (BMWi 1995:7).

beim norddeutschen Energieversorger Schleswag bereits überschritten, so daß die Härteklausel greift und die vorgelagerte Preussen-Elektra die Mehrkosten tragen muß. Wenn jedoch, wie erwartet, im Jahr 2001 auch bei der Preussen-Elektra der Anteil erneuerbaren Stroms einen Anteil von 5 Prozent erreicht, dann muß nicht nur für neue Windkraftanlagen keine Vergütung mehr nach dem Stromeinspeisungsgesetz erfolgen, sondern es endet auch die Abnahmepflicht (vgl. Johnsen 1997b:8).

Überlagert wird die Diskussion um das Stromeinspeisungsgesetz durch die Liberalisierung des Strom- und Gasmarktes und die damit verbundene Novellierung des Energiewirtschaftsgesetzes. Die bestehende Abnahmeverpflichtung für Strom aus erneuerbaren Energien wäre bei einem Wegfall der geschlossenen Versorgungsgebiete, wie im Vorschlag der Bundesregierung zur Umsetzung der EU-Richtlinie vorgesehen, nicht aufrechtzuerhalten (vgl. Bergmann 1997). Somit ist unklar, wie das Stromeinspeisungsgesetz mit dem Energiewirtschaftsgesetz gekoppelt werden kann.

### 10.3.2 Die Förderung der Nutzung erneuerbarer Energie durch das BMWi

Anfang der neunziger Jahre forderte das Bundeswirtschaftsministrium (BMWi) auf der Grundlage eines Fachgutachtens (vgl. Fichtner 1992) ein Förderprogramm zur Unterstützung regenerativer Energien mit einem Volumen von 1,5 Mrd. DM. In diesem Umfang konnte ein Förderprogramm jedoch nicht durchgesetzt werden. Letztlich wurde ein „Stillhalteprogramm" beschlossen (Frahm et al. 1997:43), in dem seit 1994 die Nutzung erneuerbarer Energie als Festbetragsfinanzierung durch nicht-rückzahlbare Zuschüsse unterstützt wird (vgl. Bundesanzeiger 1996:12965). Ziel des Programms ist die Nachfragesteigerung nach erneuerbaren Energietechnologien, um Kostendegressionen bei der Herstellung und der Installation zu erreichen.

1994 wurden vom BMWi zunächst vier und seit 1995 werden sieben Förderschwerpunkte unterstützt.[52] Für die Windenergie standen 1994 etwa 1,5 Mio DM zur Verfügung und für die vier Folgejahre waren insgesamt etwa 6 Mio DM vorgesehen (vgl. Johnsen 1996:17). Auch für 1999 und die folgenden Jahre sind Fördermittel für erneuerbare Energien in der mittelfristigen Finanzplanung des Ministeriums berücksichtigt. Es bleibt aber abzuwarten, ob angesichts der angespannten Haushaltslage eine Verlängerung des Programms erfolgt, zumal die weitere Förderung von Windkraftanlagen in der Evaluation des BMWi-Programms nicht empfohlen wird (vgl. hierzu Frahm et al. 1997:81).

Bei Windkraftanlagen hat das BMWi nur Leistungsgrenzen und Windgeschwindigkeiten als Förderkriterien aufgestellt. Demnach werden Anlagen ab einer Nennleistung von 450 kW bis zu 2 MW förderungsfähig, die an Standorten

---

52 Hierzu zählen neben der Errichtung von Windkraftanlagen auch der Bau von Solarkollektor-, Wärmepumpen-, Wasserkraft-, Biogas- und Photovoltaikanlagen sowie von Anlagen zur Verfeuerung fester Biomasse.

mit einer mittleren Windgeschwindigkeit von bis zu 4,5 m pro Sekunde in 10 m Höhe errichtet werden. Bei der Förderung des BMWi besteht ein Kumulierungsverbot. Damit ist eine Förderung durch das BMWi ausgeschlossen, wenn die Errichtung von Windkraftanlagen bereits durch andere Förderprogramme des Bundes oder durch Zuschüsse der Länder bzw. Kommunen unterstützt wird.[53]

Die Nachfrage nach Fördergeldern hat das Fördervolumen deutlich überschritten (Reinhard 25.8.1997; BMWi 1997a). 1994 wurden 15 von 148 gestellten Anträgen mit insgesamt 1,5 Mio DM gefördert und für den Zeitraum 1995 -1998 wurden insgesamt 547 Förderanträge gestellt. Die hohe Nachfrage zeigt, daß eine große Zahl von Windkraft-Projekten die Kriterien des Förderprogramms erfüllen. Ausschlaggebend für eine erfolgreiche Antragstellung war darum letztlich nur das Antragsdatum, d.h. je früher der Antrag gestellt wurde, desto höher waren die Bewilligungschancen.

### 10.3.3  Kreditfinanzierungen

Die bundeseigene Deutsche Ausgleichsbank (DtA) gewährt im Auftrag des Bundeswirtschaftsministeriums im ERP-Umwelt- und Energiesparprogramm sowie im Rahmen des DtA-Umweltprogramms langfristige, zinsgünstige Darlehen mit festen Zinssätzen, die etwa 1-2% unter dem marktüblichen Zinssatz liegen und die Möglichkeit für zwei tilgungsfreie Jahr bieten. Zwischen 80% und 90% der Windkraftprojekte werden nach Angaben der DtA in Deutschland mit diesen zinsgünstigen Darlehen für Umweltschutzmaßnahmen finanziert (Stein 26.8.97). Durch eine Kombination des ERP-Programms und der DtA-Umweltprogramme ist eine Finanzierung bis zu einer Höhe von 75% der Investitionssumme möglich. Die Laufzeit der Kredite liegt in der Regel zwischen 12-15 Jahren. Eine Kombination mit anderen Finanzierungsmitteln, z.B. aus Länderprogrammen, ist möglich (vgl. Koch 1995; Stein 1995:45ff.).

Während die ERP-Mittel aus dem ERP-Sondervermögen stammen und damit öffentliche Mittel sind, erfolgt für das DtA-Programm eine Refinanzierung über den Kapitalmarkt. Die DtA erreicht dabei durch ihre internationale Bonität (AAA-rating bei Moody) einen Zinsvorteil, der direkt an den Kunden weitergegeben wird. Damit gilt die Kreditfinanzierung über das DtA-Umweltprogramm nicht als Subvention. Die DtA- und ERP-Darlehen sind reine Refinanzierungsprogramme, bei denen die Abwicklung der Kredite über die jeweiligen Hausbanken der Schuldner erfolgt. Die Hausbanken tragen das Kreditrisiko und legen darum auch die erforderlichen Sicherheitsleistungen individuell fest.

Insgesamt sind seit 1990 mit 2.855 Mio DM über 80% der Mittel aus dem ERP- und DtA-Umweltprogramm in Windkraftprojekte geflossen. Tabelle 37 zeigt, daß das Fördervolumen der DtA stetig zugenommen hat. Der 1996 beobachtete Einbruch bei den Neuinstallationen von Windkraftanlagen kann bei der Entwicklung

---

[53]   Eine Ausnahme von dieser Regelung besteht seit 1997 nur für die Errichtung von Photovoltaikanlagen auf Schulgebäuden.

der Kreditnachfrage nicht nachvollzogen werden. Die Kreditnachfrage stieg in den letzten Jahren kontinuierlich an. Auch 1997 ist aufgrund der verfügbaren Zahlen des ersten Halbjahres 1997 mit Kreditzusagen in Höhe von etwa einer halben Milliarde DM zu rechnen.

**Tabelle 37:**        Förderung von Windkraft-Projekten durch die Deutsche Ausgleichsbank [in Mio DM]

| Programm | 1990 | 1991 | 1992 | 1993 | 1994 | 1995 | 1996 | bis 7/1997 |
|---|---|---|---|---|---|---|---|---|
| ERP-Energie-sparprogramm | 35,6 | 56,7 | 66,2 | 213,9 | 439,0 | 417,5 | 538,3 | 265,9 |
| DtA-Umwelt-programm | 5,3 | 20,1 | 35,9 | 89,5 | 172,3 | 168,7 | 209,0 | 121,2 |

Quelle: Stein (26.8.1997)

### 10.3.4    Steuerrechtliche Abschreibungsmöglichkeiten

Seit dem Inkrafttreten des Stromeinspeisungsgesetzes erkennt die Finanzverwaltung die Gewinnerzielungsabsicht oder Gewinnabsicht bei Windkraftprojekten an. Damit wird unterstellt, daß Windkraftanlagen betrieben werden, um wirtschaftliche Vorteile zu erzielen und daß die Einnahmen über die gesamte Laufzeit des Projektes hinweg letztlich die Ausgaben überschreiten (vgl. Tipke/Lang 1996:368; Seeger 1993:42ff.).[54] Die steuerlichen Rahmenbedingungen für Investitionen in Windkraftprojekte haben sich dadurch in zwei Punkten wesentlich verändert.
Zum einen kann die Wertminderung der Windkraftanlagen als Anlagegut bzw. Betriebsvorrichtung steuerlich nach §7 Abs. 1 EstG linear oder degressiv abgeschrieben werden. Anschaffungskosten und Herstellungskosten werden hierzu auf die betriebsgewöhnliche Nutzungsdauer verteilt. Zunächst wurde von einer Nutzungsdauer von 10 Jahren ausgegangen, doch seit Juli 1997 wird mit 12 Jahren kalkuliert (vgl. Behnke 1997:18). Für kleine und mittlere Unternehmen bestehen in den ersten vier Nutzungsjahren steuerliche Vorteile durch beschleunigte Sonderabschreibungsmöglichkeiten für bewegliche Anlagegegenstände (vgl. Schwenk 1994:41ff.; Erdmann 1992:248; Weeg 1996:16). Dies gilt auch für Projekte in Ostdeutschland, bei denen in den ersten zwei Jahren Sonderabschreibungen von 20% möglich sind.

---

54    Investitionen in Solaranlagen beispielsweise gelten als Liebhaberei wie die Bienenzucht, die Kunstmalerei oder die Privatjagd und sind nicht-einkommensteuerbar (vgl. Tipke/Lang 1996:251)

Zum anderen können bei Windkraftprojekten entstehende Verluste aus der Anlaufzeit mit zukünftigen Gewinnen verrechnet werden, um die Besteuerung der Leistungsfähigkeit über die gesamte Betriebsdauer und nicht nach bestimmten Perioden zu gewährleisten. Damit besteht bei Personengesellschaften, wie beispielsweise bei der für Windkraftprojekte üblichen Gesellschaft bürgerlichen Rechts (GbR), die Möglichkeit, entstandene Anlaufverluste direkt steuerlich geltend zu machen. Bei Kapitalgesellschaften verbleiben die Verluste bei der Gesellschaft. Hohe Verlustzuweisungen in den Anfangsjahren einer Investition sind beispielsweise für selbständige Unternehmer mit einem hohen Grenzsteuersatz interessant, wenn die Altersabsicherung nicht durch Rentenversicherungen, sondern beispielsweise mit Kapitallebensversicherungen erfolgt, die periodisch fällig werden und deren Erträge nicht steuerpflichtig sind. Im Ruhestand weist dieser Personenkreis dann nur einen geringen Grenzsteuersatz von 20-30% auf. Die Differenz im Grenzsteuersatz bedingt, daß für die Verlustzuweisungen der hohe Grenzsteuersatz und für die später zu erwartenden Erträge nur ein geringer Grenzsteuersatz zugrunde gelegt wird (Schmidt 12.8.1997, Wünsche 12.8.1997).

### 10.3.5    Exportfördermaßnahmen

Im Rahmen des Eldorado-Programms des BMBF wurden zwischen 1991 und 1995 Demonstrationsvorhaben deutscher Windkraftanlagenhersteller in ausgewählten Ländern anderer Klimazonen unterstützt. Die Förderhöhe wurde in Abhängigkeit des Rotordurchmessers und der Nabenhöhe ermittelt und konnte bis zu 70% der Anlagenkosten betragen (vgl. Bräuer 1996:99). Das ursprüngliche Konzept des Programms war die Übertragung der Struktur des 250 MW-Programms auf Auslandsprojekte. Aufgrund von knappen Haushaltsmitteln konnten für das Programm jedoch nicht die gewünschten Fördermittel bereitgestellt werden. Dadurch war es u.a. nicht möglich, ein begleitendes Meß- und Evaluationsprogramm zu installieren, mit dem im 250 MW-Programm gute Erfahrungen gemacht wurden. Eine Bewertung des Betriebs der geförderten Exportanlagen wäre darum nur durch Analysen der Logbuchdaten möglich, die von den ausländischen Betreibern für die ersten drei Jahre geliefert werden müssen. Dies ist bislang nicht erfolgt.
Das Land Schleswig-Holstein hat 1994 mit der „Richtlinie zur Förderung von Markterschließungsmaßnahmen für mittelständische Unternehmen" eine frühe Initiative auf Landesebene begonnen (vgl. Rave 1995:109ff.). Hierzu wurde eine Arbeitsgemeinschaft schleswig-holsteinischer Unternehmen aus den Bereichen Wind-, Solar- und Biogastechnologien gegründet, die gemeinsam als „German Renewable Energy Enterprises" (GREE) auftreten. Die Initiative soll durch Messepräsentationen die Kosten für internationale Projektaquisitionen verringern und dadurch insbesondere für kleine und mittelständische Unternehmen neue Marktperspektiven schaffen. Ein vergleichbare Initiative erfolgte 1996 auch durch das Deutsche Windenergie Institut (DEWI). Neben diesen direkten Maßnahmen wird durch die Ausbildung ausländischen Personals in Windenergiekursen im DEWI in

Wilhelmshaven oder bei Artefact in Glücksburg versucht, die Rahmenbedingungen für den Export ins Ausland zu verbessern und die Verbundenheit gegenüber deutschen Windkraftanlagen zu erhöhen (vgl. Molly 1997:81f.; Rave 1995:111).

### 10.3.6 Maßnahmen zur Verbesserung der rechtlichen und administrativen Rahmenbedingungen

Die Errichtung von Windenergieanlagen bedarf grundsätzlich einer Baugenehmigung, die sich nach den Regelungen des Bauplanungs- und Bauordnungsrechtes sowie nach dem naturschutzrechtlichen Rahmen richtet (vgl. Buhrmester/Keun 1994:209ff.; Frerichs/Viebock 1995; Niedersberg 1996:39ff.).[55] Die Planungsdauer für Windkraftprojekte liegt im Durchschnitt bei 2 Jahren, doch kann sie insbesondere bei größeren Projekten bis zu 4-5 Jahre dauern (Lorenzen-Becker 25.8.1997).

*Die bauplanungsrechtliche Zulässigkeit*
Das Bauplanungsrecht regelt die zulässige Nutzung des Anlagenstandortes. Die Errichtung von Windkraftanlagen zählt als Vorhaben im Sinne des §29 des Baugesetzbuches (BauGB) und unterliegt der planungsrechtlichen Beurteilung nach den §§ 30 bis 35 BauGB. Demnach gibt es drei Bebauungsbereiche:

• den beplanten Innenbereich,
• den ungeplanten Innenbereich und
• den Außenbereich.

Innerhalb eines qualifiziert beplanten Innenbereichs (mit Bebauungsplan) folgt die Errichtung von Windkraftanlagen dem §30 Abs. 1 BauGB. Sind in einem Bebauungsplan bereits Vorrangflächen für die Windkraftnutzung vorgesehen, ist die Errichtung von Windkraftanlagen relativ problemlos. Ist hingegen eine solche Festsetzung nicht erfolgt, dann sind Anlagen möglich, die der Versorgung einzelner Grundstücke oder eines Baugebietes dienen. Nach einer Grundsatzentscheidung des Bundesverwaltungsgerichts ist damit max. die Errichtung einer Windkraftanlage mit einem 12 m hohen Turm und einem Rotordurchmesser von 10 m auf einem mindestens 1100 qm$^2$ großen Grundstück möglich (vgl. Frerichs/ Viebrock 1995:6f). Windkraftanlagen können ohne Festsetzung im Bebauungsplan auch zulässig sein, wenn der erzeugte Strom teilweise oder ganz in das öffentliche Netz eingespeist wird. Nach den Vorschriften der Baunutzungsverordnung darf die Neubebauung jedoch nach Anzahl, Lage, Umfang oder Zweckbestimmung die Eigenart des Baugebietes nicht beeinträchtigen (vgl. Niedersberg 1996:47f.). Dies schränkt zumindest die Errichtung von Windparks im Innenbereich auf größere Gewerbegebiete ein.

---

[55] In einzelnen Bundesländern, wie u.a. Sachsen, sind kleinere Windkraftanlagen von der Genehmigungspflicht ausgenommen (vgl. Niedersberg 1996:40).

Im unbeplanten Innenbereich bebauter Ortsteile können Windkraftanlagen als Nebenanlagen nach den Vorschriften der Baunutzungsverordnung oder nach §34 BauGB zulässig sein, wenn sich die Neubebauung in den Bestand einfügt und das Ortsbild nicht beeinträchtigt wird. Dies beschränkt die Anlagenhöhe, da sich große Windkraftanlagen mit 50 m-Türmen natürlich schlecht in Wohngebiete mit Einfamilienhäusern einfügen. Auch die Zulässigkeit von Windparks beschränkt sich dadurch auf Industrie- und Gewerbegebiete (vgl. Frerichs/Viebrock 1995:6f). Die Errichtung der meisten Windkraftanlagen und Windparks erfolgt im Außenbereich. Genehmigungstatbestand ist dann §35 BauGB, nach dem Bauen im Außenbereich verboten ist. Gemäß §35 Baugesetzbuch sind jedoch Ausnahmen für landwirtschaftliche Gebäude, Kernkraftwerke oder Ver- und Entsorgungsanlagen möglich. Eine solche Privilegierung bestand für Windkraftanlagen bislang im Außenbereich nur für die Energieversorgung eines bestehenden land- und forstwirtschaftlichen Betriebes nach §35 Abs. 1 Nr.1 BauGB. Windkraftanlagen wurden bis 1994 dennoch entsprechend genehmigt, da davon ausgegangen wurde, daß eine Aufstellung im öffentlichen Interesse liegt. Mit der Entscheidung des Bundesverwaltungsgericht vom 16.6.1994 wurde jedoch festgestellt, daß Windkraftanlagen nur als sonstige Vorhaben gelten, die genehmigt werden können, wenn keine Beeinträchtigung öffentlicher Belange entstehen (vgl. Bundesverwaltungsgericht 16.6.94). Damit war eine Ablehnung eines Bauantrages beispielsweise mit dem Hinweis auf die natürliche Eigenart der Landschaft möglich.

Nach dem Urteil setzten Diskussionen über eine Änderung des Baugesetzbuches ein, die am 20.6.1996 zu einer Änderung des §35 BauGB führten. In §35 Abs. 1 Nr. 7 BauGB wurde eine Privilegierung für Wind- und Wasserkraftwerke festgeschrieben (vgl. Krautzberger 1996:847ff). Die Entscheidung, ob diese Ausnahmeregelung angewendet wird, liegt jedoch im Ermessen der jeweiligen Gemeinde. Demnach können Gemeinden Planungsräume von der Privilegierung ausnehmen, wenn bestimmte Flächen durch die Regional- oder Gemeindeplanung ausgewiesen sind.[56] So kann eine Gemeinde zum Beispiel Landschaftsschutzgebiete oder für den Fremdenverkehr sowie zum Anwohnerschutz wichtige Flächen ausschließen. Es ist auch ein Ausschluß der gesamten Gemeindefläche möglich, wenn Gründe für eine besondere Schutzwürdigkeit vorliegen. Hierzu ist jedoch eine entsprechende Aufnahme der Gemeindeplanung in die Flächennutzungspläne und damit deren Ergänzung oder Änderung notwendig, wofür den Gemeinden eine Übergangsregelung bis Ende 1998 eingeräumt wird.

---

[56]  Eine Orientierung über den geplanten Ausbau der Windkraftnutzung können Betreiber und Hersteller beispielsweise in Niedersachsen im Landesraumordnungsprogramm bekommen. Dort sind Mindestleistungen für die Windkraftnutzung festgelegt, die sich auf insgesamt 1350 MW belaufen. Diese Planungen sind zwar nur programmatisch, doch müssen sich die konkretisierten Flächenausweisungen in den Bezirks- bzw. Regionalplänen sowie den Flächennutzungsplänen und den parzellenscharfen Bebauungsplänen an diesen Ausweisungen orientieren (vgl. Frerichs/Viebrock 1995:40f).

### Die bauordnungsrechtliche Zulässigkeit

Das Bauordnungsrecht regelt die Anforderungen an die Errichtung, Gestaltung, Änderung, Benutzung, Unterhaltung und den Abbruch einzelner baulicher Anlagen. Hierbei werden auch eine Reihe umweltschutzrechtlicher Bestimmungen wirksam. Die bauordungsrechtliche Genehmigungsfähigkeit hat sich in den letzten Jahren jedoch nicht als ein wesentliches Hemmnis für die Errichtung von Windkraftanlagen erwiesen (vgl. Niedersberg 1996:69). Es muß jedoch bedacht werden, daß mit der Windkraftnutzung durchaus kleinräumige Gefahrenpotentiale und Umwelteinwirkungen verbunden sind, wie beispielsweise durch Eisbruch oder Lärm, die in den Genehmigungsverfahren berücksichtigt werden.

So muß sich die äußere Gestalt von Windkraftanlagen in das Straßen-, Orts- und Landschaftsbild einfügen. Dies wird jedoch für moderne Anlagen im Regelfall gewährleistet, zumal durch die zunehmende Verbreitung der Windkraftnutzung eine Fremdartigkeit für ein Orts- und Landschaftsbild nicht mehr angenommen wird (vgl. Niedersberg 1996:70). Auch müssen bestimmte Bauabstandsflächen von anderen Gebäuden eingehalten werden. Diese bemessen sich nach der Wandhöhe eines Bauvorhabens, für die bei Windkraftanlagen der höchste Punkt der vom Rotor bestrichenen Fläche zugrunde gelegt wird (vgl. Niedersberg 1996:71).

Da bei Windkraftanlagen Lärmemissionen durch mechanische Geräusche des Generators und des Getriebes oder durch den schnellen Lauf der Rotorblätter auftreten, wird auch deren Einfluß in den Genehmigungsverfahren berücksichtigt. Eine Genehmigungspflicht für Windkraftanlagen mit mehr als 300 kW nach dem Bundesimmissionsschutzgesetz (BImSchG) wurde jedoch inzwischen aufgehoben (4. BImSchV vom 26.10.93, siehe auch Niedersberg 1996:39). Anhaltspunkte für Genehmigungsentscheidungen liefert die TA-Lärm, nach der je nach Gebietsstruktur, z.B. zwischen Wohn- und Gewerbegebieten, unterschiedliche max. Lärmpegel festgelegt sind. Da Lärmemissionen je nach Anlagengröße oder standortspezifisch unterschiedlich sind, entscheiden die Behörden zumeist im Einzelfall über den Mindestabstand von Windkraftprojekten (vgl. Niedersberg 1996:72ff.).

Um elektromagnetische Störungen des Fernseh- und Rundfunkempfangs sowie des Funkverkehrs und von Radaranlagen auszuschließen, ist eine Beteiligung der Telekom-Direktion bzw. des Fernmeldeamtes bei der Planung von Windkraftanlagen notwendig. Die technische Sicherheit und die Standsicherheit von Anlagen muß schließlich gemäß der Gewerbeordnung durch die Vorlage eines Bodengutachtens nachgewiesen werden und alle zwei Jahre überprüft werden. Hierzu kann aber auch eine Typenprüfung vorgelegt werden, die von den Herstellern geliefert wird.

### Die naturschutzrechtlichen Bestimmungen

Natur- und landschaftsschutzrechtliche Normen müssen für die Errichtung von Windkraftanlagen beachtet werden, da der Bau der Anlagen grundsätzlich als Eingriff in die Natur und Landschaft angesehen werden (vgl. Niedersberg

1996:74).[57] Dies gilt insbesondere für den für die Windenergienutzung interessanten Außenbereich.

Die Zulässigkeit hängt davon ab, ob der Eingriff vermeidbar ist oder nicht.[58] Geprüft werden beispielsweise die Beeinträchtigungen des Zug-, Rast- und Brutverhaltens von Vögeln, der Einfluß auf avifaunistisch bedeutsame Gebiete oder das Landschaftsbild. Für die Errichtung einer Windkraftanlage wird dabei im Regelfall von einer unvermeidbaren Beeinträchtigung der Natur und Landschaft ausgegangen (vgl. Niedersberg 1996:76). Der Eingriff muß aber durch landschaftspflegende Maßnahmen oder die Zahlung einer Abgabe wieder ausgeglichen werden.[59]

Die Prüfung der naturschutzrechtlichen Eingriffsregelungen erfolgte bis 1993 erst im Baugenehmigungsverfahren. Dadurch konnte die notwendige Ausweisung von Ersatzflächen für den notwendigen Ausgleich oft nicht mehr erfolgen, denn dies hätte bereits in der zuvor abgeschlossenen Bauleitplanung berücksichtigt werden müssen. Durch eine gesetzliche Neuregelung wurde dieser Gegenstand geändert, so daß seit April 1993 die naturschutzrechtliche Eingriffsregelung bereits bei der Aufstellung eines Bebauungsplanes erfolgt und eine Ausweisung von notwendigen Ersatzflächen möglich ist (vgl. Niedersberg 1996:78f.).

---

[57]  Siehe beispielsweise auch Niedersächsisches Ministerialblatt (1993:924).

[58]  Nach §8 Bundesnaturschutzgesetz (Eingriffsregelung) ist der Betreiber von Windkraftanlagen darum verpflichtet „vermeidbare Beeinträchtigungen von Natur und Landschaft zu unterlassen, sowie unvermeidbare Beeinträchtigungen durch Naturschutzmaßnahmen und Maßnahmen der Landschaftspflege auszugleichen (§8 Abs. 2 BNSSchG).

[59]  So schreibt beispielsweise das Hessische Naturschutzgesetz (§6a HENatG) vor, daß Eingriffe grundsätzlich insbesondere im Außenbereich (§35 BAuGB) minimiert sein müssen, d.h. ein Vorhaben darf nicht an einem anderen zumutbaren Ort mit geringeren Eingriffen möglich sein und muß weitestgehend und in angemessener Frist ausgeglichen werden.

# 11 Determinanten von Innovationen im Windenergiebereich

## 11.1 Die Determinanten der Entwicklung von Windkraftanlagen

Im folgenden wird die Wirkung der Umwelt- und Technologiepolitik auf die Entwicklung von Windkraftanlagen im Zusammenhang mit dem Einfluß der Marktnachfrage, der Marktstruktur, den Möglichkeiten zur Sicherung von Innovationserträgen und den technologischen Voraussetzungen diskutiert.

### 11.1.1 Die in- und ausländische Marktnachfrage

#### 11.1.1.1 Die Inlandsnachfrage

Der Markt für Windkraftanlagen war in Deutschland bis Ende der achtziger Jahre sehr klein und beruhte überwiegend auf der Nachfrage ökologisch motivierter oder an einer Abdeckung des Eigenverbrauchs interessierter Investoren. Bis 1989 kann nur ein moderater Zuwachs der installierten Windenergieleistung beobachtet werden. So wurden bis 1988 nur 13 MW-Leistung installiert. Dementsprechend hoch waren die Vermarktungsrisiken für Hersteller, so daß durch die Nachfrage nur ein geringer Anreiz für FuE-Investitionen gegeben wurde.

Ein wesentliches Wachstum der inländischen Marktnachfrage wurde Ende der achtziger Jahre durch das 100/250-MW-Programm des BMBF sowie durch das Stromeinspeisungsgesetz, Steuervergünstigungen und die Bereitstellung zinsvergünstigter Darlehen ausgelöst. Die Installationszahlen stiegen mit der Einführung des 100/250-MW-Programms deutlich an. Im Jahre 1990 waren bereits 71 MW Leistung und Ende 1997 über 2000 MW installiert (vgl. Abbildung 18). Vor allem die ertragsabhängige Förderung (pro produzierter kWh) im 100/250-MW-Programm sowie im Stromeinspeisungsgesetz stimulierte eine effizienz- und ko-

stenorientierte Nachfrage und löste damit indirekt entsprechende Innovationsaktivitäten der Hersteller aus. Jede Verbesserung im Preis-Leistungsverhältnis der
erkauften Anlagen erhöhte den Anteil der Förderung. Auf diesem Wege wurde ein
starker Anreiz zur Weiterentwicklung der Windkraftanlagen geschaffen.

Es verwundert darum nicht, daß der Leistungszuwachs nach der Einführung der
Programme überwiegend durch die küstennahen Starkwindgebiete getragen wurde. Aufgrund der erreichten Effizienzsteigerungen werden jedoch zunehmend
auch windschwächere Standorte für Investoren interessant. Zwar ist der Anteil der
beiden Küstenländer Schleswig-Holstein und Niedersachsen an den Neuinstallationen nach wie vor am größten, doch liegt der Anteil der 11 Binnenländer an den
Neuinstallationen im ersten Halbjahr 1997 bereits bei knapp 43%. Der Anteil liegt
sogar bei 60%, wenn auch die windschwächeren Regionen in Niedersachsen und
Mecklenburg-Vorpommern zum Binnenland gezählt werden (vgl. Rehfeldt
1997c:14ff.).

**Abbildung 18:**          Entwicklung der installierten Windkraftleistung in Deutschland
                          [kumuliert]

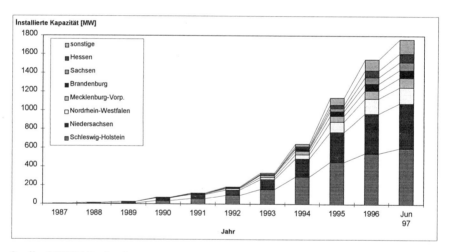

Quelle: DEWI (div. Jgg.)

Die höchste Förderung wurde 1991 und 1992 durch die verschiedenen Bundes-
und Länderprogramme sowie das Stromeinspeisungsgesetz mit durchschnittlich
etwa 27 Pf/kWh erreicht (vgl. Abbildung 19). Seit 1993 wird die durchschnittliche
Förderung der Windenergie schrittweise reduziert, so daß für die Wirtschaftlichkeit der Anlagen im wesentlichen nur noch die Vergütung nach dem Stromeinspeisungsgesetz und die zinsvergünstigten Darlehen der DtA bedeutsam sind (vgl.
Rehfeldt/Schwenk 1997:68f.; BMWi 1995).

1996 stockte der Windenergieausbau und es kam im Vergleich zum Vorjahr zu einem Rückgang der Wachstumsrate um etwa 14%. Als Ursache hierfür wird überwiegend die Diskussion um das Stromeinspeisungsgesetz genannt. Der Effekt kann aber auch eine zeitverzögerte Folge vermehrter Bauantragsablehnungen nach der Entscheidung des Bundesverfassungsgerichtes von 1994 über die Anerkennung von Windkraftanlagen als sonstige Vorhaben sein. Die Entscheidung verunsicherte die Genehmigungsbehörden, bis deutlich wurde, daß der Gesetzgeber eine Privilegierung von Windkraftanlagen anstrebt (vgl. Rehfeldt 1997a:28).

**Abbildung 19:**      Förderung der Diffusion der Windenergie

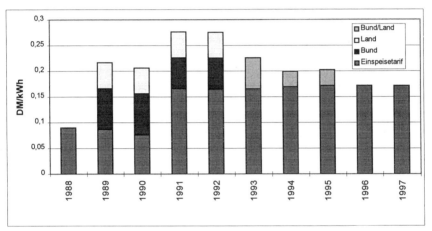

Anmerkungen: Für die Vergleichbarkeit wurden die Investitionskostenzuschüsse auf Betriebskostenzuschüsse umgerechnet und als Länderzuschüsse die Zahlungen von Schleswig-Holstein und Niedersachsen zugrundegelegt. Nicht berücksichtigt sind steuerliche Vorteile, die die Wirtschaftlichkeit eines Projektes voraussetzen.
Quelle: In Anlehnung an Rehfeldt/Schwenk (1997:55); Li et al. (1997)

Infolge dieser vorübergehenden inländischen Marktunsicherheit wird der Umsatzeinbruch um 50 Mio. DM von 1995 auf 1996 bei der Tacke Windtechnik interpretiert, der zu Liquiditätsengpässen und letztlich zum Konkursantrag führte (vgl. Anonymus 1997a). Kleinere Hersteller beginnen die Produktion einer Windkraftanlage oft nur nach einer Auftragserteilung, um das Risiko einer Lagerhaltung zu verringern (Gerold 20.8.1997).

Doch bereits in den ersten sechs Monaten des Jahres 1997 zeichnet sich wieder eine Trendwende in der Entwicklung ab. Bei einem gleichbleibenden Verlauf der Installationszahlen deutet die Entwicklung auf ein noch höheres Ergebnis als im bisher erfolgreichsten Jahr 1995 hin. So ist damit zu rechnen, daß 1997 über 500 MW Leistung hinzukommen und damit Ende des Jahres eine Gesamtleistung von über 2000 MW in Deutschland erreicht wird (vgl. Rehfeldt 1997c:12ff.).

Die zukünftige Entwicklung der Nachfrage wird von Experten bei konstanten Rahmenbedingungen für die nächsten fünf Jahre als grundsätzlich positiv eingeschätzt. Die weitere Entwicklung wird jedoch wesentlich vom Ergebnis der Diskussion um die Zukunft des Stromeinspeisungsgesetzes abhängig gemacht (Gerold 20.8.1997, Litzka 19.8.1997; Eichler 20.8.1997). Die positive Einschätzung wird durch Planungen der Bundesländer und das vorhandene Potential für die Windenergienutzung unterstützt. So wird beispielsweise bis zum Jahr 2005 in Schleswig-Holstein ein Ausbau bis auf 1200 MW und in Niedersachsen bis auf 1300 MW angestrebt (vgl. Griefahn 1995:o.S.). Vorliegende Potentialstudien weisen noch erhebliche Wachstumspotentiale aus. Die Ergebnisse müssen jedoch differenziert nach dem theoretisch vorhandenen Potential, dem technisch erschließbaren Potential und dem „Onshore"- bzw. „Offshore"-Potential interpretiert werden.[60]

Das theoretische Potential ergibt sich aus dem physikalischen Angebot und stellt damit die Potentialobergrenze dar. Kaltschmidt und Wiese (1993:80ff.) kommen in Berechnungen zu dem Ergebnis, daß es auf etwa 15% des Bundesgebietes interessante Flächen mit Windgeschwindigkeiten von über 4m/s in 10m Höhe gibt (vgl. Tabelle 38). Dieses theoretische Flächenpotential wird durch Siedlungsflächen, Infrastrukturflächen, Landschaftsschutzgebiete, militärisch genutzte Flächen oder durch die Einhaltung von Mindestabständen u.a. zu Flugplätzen reduziert (vgl. Wiese et al. 1994:51ff.). Das letztlich zur Verfügung stehende technische Potential umfaßt nur noch etwa 7% des Bundesgebietes (vgl. Kaltschmidt und Wiese 1993:83ff.).[61]

Die Werte von Kaltschmidt/Wiese (1993) sind aber nur grobe Anhaltspunkte über die Größenordnung eines möglichen Ausbaus. Für eine in der Praxis durchführbare Windenergienutzung sind die Werte u.a. aufgrund begrenzter Netzkapazitäten oder zunehmender Akzeptanzprobleme zu hoch gegriffen (vgl. Bräuer 1996:23f.). Wenn beispielsweise 10 Anlagen mit jeweils 150 kW durch 3 Anlagen mit jeweils 1 MW ersetzt werden, dann verdoppelt sich die notwendige Netzkapazität.

Das Standortpotential wird damit durch die mögliche Anzahl der technisch installierbaren Anlagen bestimmt. Hierzu kann ein Flächenbedarf pro Anlage in Höhe des sechsfachen Rotordurchmessers zugrunde gelegt werden. Die derzeitigen 4705 Anlagen unterschiedlicher Leistungsklassen würden demnach erst etwa 28.000 ha Standortfläche belegen. Auf der restlichen Fläche könnten noch über 230.000 Windkraftanlagen mit 1 MW-Leistung und einem Rotordurchmesser von 52 Metern errichtet werden.

---

[60]   Eine Übersicht über die vorliegenden Potentialstudien findet sich bei Bräuer (1996:18ff.).

[61]   In einer späteren Arbeit zum Flächenpotential in Baden-Württemberg kommen Wiese et al. (1994:56) jedoch zu deutlich geringeren Werten. Statt einer Fläche von 168.000 ha mit Windgeschwindigkeiten über 4 m/s werden hier nur 11.430 ha angeben.

**Tabelle 38:**          Theoretisches und technisches Potential für die Windkraftnutzung
                         [Fläche in ha und in % der Landesfläche]

| Bundesländer | Theoretisches Potential | | Technisches Potential | |
|---|---|---|---|---|
| | 1000 ha | % Fläche | 1000 ha | % Fläche |
| Baden-Württemberg | 551 | 15,4% | 168 | 4,7% |
| Bayern | 170 | 2,4% | 53 | 0,8% |
| Berlin | 0 | 0,0% | 0 | 0,0% |
| Brandenburg | 98 | 3,4% | 30 | 1,0% |
| Bremen | 40 | 99,0% | 8 | 19,8% |
| Hamburg | 60 | 79,5% | 8 | 10,6% |
| Hessen | 128 | 6,1% | 38 | 1,8% |
| Mecklenburg-Vorpommern | 1.266 | 53,1% | 707 | 29,7% |
| Niedersachsen | 1.660 | 35,1% | 877 | 18,5% |
| Nordrhein-Westfalen | 184 | 5,4% | 44 | 1,3% |
| Rheinland-Pfalz | 172 | 8,7% | 46 | 2,3% |
| Saarland | 13 | 5,1% | 3 | 1,2% |
| Sachsen | 257 | 14,0% | 95 | 5,2% |
| Sachsen-Anhalt | 33 | 1,6% | 10 | 0,5% |
| Schleswig-Holstein | 836 | 53,2% | 518 | 33,0% |
| Thüringen | 43 | 2,6% | 11 | 0,7% |
| Deutschland | 5.511 | 15,5% | 2.616 | 7,3% |

Anmerkung: Flächen mit einer Windgeschwindigkeit >4m/s in 10m Höhe
Quelle: Kaltschmidt/Wiese (1993:83,87)

Neben diesem Onshore-Potential muß noch das Offshore-Potential, d.h. die Aufstellung von Windkraftanlagen im Küstenmeer, berücksichtigt werden. Der Offshore-Bereich hat gegenüber dem Onshore-Bereich den Vorteil höherer Windgeschwindigkeit aufgrund geringerer Turbulenzen und geringere Transportprobleme, vor allem bei großen MW-Anlagen. Auch sind im Offshore-Bereich weniger Akzeptanzprobleme zu erwarten, da die Anlagen von der Küste her nicht wahrgenommen werden können und es damit zu keiner direkten visuellen Beeinträchtigung des Landschaftsbildes kommt. Abschätzungen zum Offshore-Potential zeigen, daß durch die Aufstellung von Windkraftanlagen in der Nord- und Ostsee ein erheblicher Beitrag zur Stromversorgung in Deutschland geleistet werden kann. Bei Wassertiefen von bis zu 40 m wäre theoretisch eine Fläche von max. etwa 17.000 km² und ein technisches Potential von 237 TWh/a für die Windkraftnutzung verfügbar (vgl. Matthies/Nath 1995:181ff.; Matthies et al. 1995:53ff.). Die Nutzung des technischen Offshore-Potentials wurde jedoch bislang durch politische Randbedingungen (u.a. Einspeisegesetz) behindert. Erst in der Neufassung des Stromeinspeisungsgesetzes vom 28.11.1997 ist festgeschrieben, daß Offshore-Windstrom von dem Unternehmen mit der kürzesten Entfernung vom Standort aufgenommen werden muß (vgl. Anonymus 1997c:10).

## 11.1.1.2    Die Auslandsnachfrage

Deutlich günstigere natürliche Rahmenbedingungen für regenerative Energien (Windverhältnisse oder Besiedlungsdichte u.a.) bestehen in einigen anderen Industrieländern und in vielen Schwellen- und Entwicklungsländern. Vor allem in den Schwellen- und Entwicklungsländern besteht zudem ein erheblicher Energiebedarf, der durch neue Versorgungskapazitäten gedeckt werden muß.

Das DEWI geht von einem weiteren Ausbau der weltweiten Windenergienutzung auf insgesamt etwa 17.500 MW bis 2001 aus (vgl. Abbildung 20). Auch eine Prognose des Büros für Technikfolgenabschätzung des Deutschen Bundestages (TAB), die auf dem „Current-Policy-Szenario" des World Energy Councils aufbaut, erwartet für den Zeitraum zwischen 1990 und 2010 einen erheblichen Zuwachs der weltweiten Nutzung der Windenergie um den Faktor 29 (vgl. Fleischer 1996:36ff.). Das aus einer solchen Entwicklung resultierende weltweite Marktvolumen für die Windenergiebranche wird vom TAB auf durchschnittlich etwa 6 Mrd. DM pro Jahr geschätzt (vgl. Fleischer 1996:39).

Die großen Wachtumsmärkte liegen vor allem in Nordamerika, Westeuropa und Südostasien einschließlich China (vgl. Fleischer 1996:71; Rehfeldt 1997d:24f.). In der EU wird die Windenergie in den meisten Ländern bislang nicht in größerem Umfang genutzt. In den USA schrumpft die Windenergienutzung zur Zeit, doch sind in den nächsten Jahren erhebliche Ersatzinvestitionen geplant (vgl. Fleischer 1996:72). In Südostasien gibt es einen enorm steigenden Energiebedarf. In China beispielsweise ist vorgesehen, die Kraftwerkskapazitäten bis zum Jahr 2010 um jährlich 13.000 MW auszubauen (vgl. Rösch/Bräuer 1997:55ff). In diesen Ländern müssen die Anbieter von Windkraftanlagen darum nicht mit bereits bestehenden und abgeschriebenen konventionellen Kraftwerken konkurrieren. Die Installation von Windkraftanlagen kann vielmehr einen Beitrag zur Schließung der Versorgungslücke leisten, so daß Exportgeschäfte oft nicht durch sunk-cost behindert werden. Sollten sich die Entwicklungsprognosen für die Windkraftnutzung erfüllen, dann ist in den nächsten Jahren mit einer erheblichen weltweiten Absatzsteigerung zu rechnen.

Trotz dieser positiven Marktprognosen waren deutsche Windkraftanlagenhersteller in den zurückliegenden Jahren kaum auf dem Exportmarkt präsent. Der

Exportanteil der deutschen Hersteller ist im Vergleich zu den dänischen Herstellern gering (vgl. Tabelle 39). Während etwa 80% der in Dänemark hergestellten Windkraftanlagen exportiert werden, lag der Exportanteil der deutschen Hersteller 1995 erst bei 11% (vgl. Lauritzen et al. 1996:70; Rehfeldt 1997b:27).

**Abbildung 20:**     Prognostizierter Zuwachs der weltweiten Windenergienutzung bis 2001

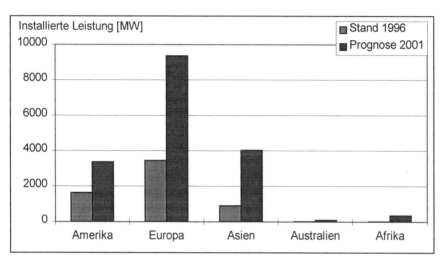

Quelle: Rehfeldt (1997b:25)

Eine Ursache für den geringen Exportanteil waren sowohl statische als auch dynamische Marktvorteile, d.h. die Größe des deutschen Marktes und dessen Wachstumsraten (vgl. Harabi 1997:29). Mit dem steigenden ausländischen Marktwachstum wird sich diese Situation jedoch ändern. Entscheidend sind darum immer mehr die hohen Markteintrittshürden auf dem Auslandsmarkt. Diese Barrieren beruhen zum einen auf hohen Transaktionskosten für die Kundenaquisition und -betreuung, wie die Erfahrungen mit dem Eldorado-Exportförderprogramm des BMBF zeigen. Obwohl das Programm kleineren Unternehmen erstmals den Export von Windkraftanlagen ermöglichte, bewerten die Herstellern das Programm dennoch nur als begrenzt erfolgreich, weil die knappen Fördermittel nur die Lieferung weniger Anlagen in einzelne Länder ermöglichte, ohne daß notwendige Servicestrukturen aufgebaut und ausländische Fachkräfte ausgebildet werden konnten. Die Mehrzahl der Projekte wurde „notleidend" und führte nicht zu Anschlußaufträgen. Zum anderen verfügen die dänischen Hersteller aufgrund ihres zeitlichen Vorsprungs bereits über hohe Marktanteile im Ausland und gute Verkaufs- und Serviceinfrastrukturen für den Export.

Dennoch ist seit 1996 aufgrund der unsicheren Marktentwicklung auf dem deutschen Markt ein zunehmendes Engagement deutscher Firmen auf dem Exportmarkt festzustellen (vgl. Tabelle 39). Es wird erwartet, daß sich die Exportquote längerfristig auf 50-80% erhöht und damit dem dänischen Niveau angleicht. Der deutsche Markt erhält damit zunehmend den Charakter eines Referenzmarktes, auf dem die Tauglichkeit neuer Anlagenkonzepte erprobt wird. Die zur Zeit dominierenden, technisch anspruchsvollen Großanlagenkonzepte sind dabei vor allem für Märkte in Industrieländern interessant. In Entwicklungsländern hingegen haben kleinere, technisch weniger anspruchsvolle Anlagen einen höheren Stellenwert (vgl. Fleischer 1996:70). Das Unternehmen Enercon beispielsweise reagierte bereits mit der Entwicklung einer kleinen Windkraftanlage E-12 mit nur 30 kW Leistung. Daneben werden die Auslandsmärkte auch für den Export gebrauchter und technisch überholter Altanlagen interessant (Eichler 20.8.1997).

**Tabelle 39:**        Export von Windkraftanlagen durch deutsche Hersteller

| Jahr | 1990-1993 | 1994 | 1995 | 1996 |
|------|-----------|------|------|------|
| Anlagenzahl | 32 | 45 | 134 | 269 |
| Installierte Leistung | 11 MW | 7 MW | 35,8 MW | 82,5 MW |

Quelle: Rehfeldt (1997a:25ff.)

Der Export kompletter Windkraftanlagen wird dabei die Ausnahme bleiben. So ist die Husumer Schiffswerft beispielsweise für die Expansion auf dem indischen Markt ein Joint Venture mit einem indischen Unternehmen eingegangen. Nur die ersten Windkraftanlagen wurden komplett in Husum gefertigt und der Fertigungsanteil der HSW danach sukzessive auf heute nur etwa 10-20% verringert. Für eine solche Exportstrategie ist jedoch die Ausbildung ausländischer Fachkräfte bei deutschen Herstellern bzw. an Instituten wie Artefact oder dem Deutschen Windenergie Institut notwendig, um die deutschen Qualitätsstandards zu gewährleisten, aber auch um positive Multiplikatoreffekte zu erreichen.

## 11.1.2    Die Marktstruktur in der deutschen Windkraftindustrie

In der Windenergiebranche wurden die wesentlichen Innovationen bislang durch eine Vielzahl kleiner und mittlerer Unternehmen generiert. Die bis Mitte der achtziger Jahre engagierten Großunternehmen haben sich seit dem Scheitern des Growian-Projektes sukzessive aus dem Windkraftgeschäft zurückgezogen, zumal die damals prognostizierte Marktentwicklung kein dynamisches Marktwachstum und damit für Großunternehmen interessante Produktionszahlen erwarten ließ (Knünz

16.9.1995). Die Marktnische für kleine Windkraftanlagen für ökologisch motivierte Investoren oder für die Stromeigenversorgung privater Betreiber wurde in den achtziger Jahren durch kleine Unternehmen erschlossen. Die Unternehmen wurden dabei unter anderem durch das Sonderdemonstrationsvorhaben des BMBF unterstützt, welches den Herstellern die Entwicklung und Aufstellung der ersten Windkraftanlagen ermöglichte. Die Streuung der Fördermittel auf viele Hersteller förderte den Wettbewerb zwischen den Anlagenherstellern und unterstützte damit die Entwicklung verschiedener Anlagenkonzepte.

Seit Anfang der neunziger Jahre verändert sich die Marktstruktur jedoch langsam. Im ersten Halbjahr 1997 stammten bereits über 40% der installierten Anlagen aus dem ostfriesischen Unternehmen Enercon. Neben Enercon haben die deutschen Anbieter Tacke und AN-Maschinenbau sowie die dänischen Unternehmen Micon und Vestas hohe Marktanteile. Die Präsenz dänischer Unternehmen und damit der Zufluß dänischen Know-hows durch Spill-over-Effekte wurde unter anderem durch das 100/250-MW-Programm unterstützt, in welchem etwa 1/3 der Fördermittel für die Errichtung ausländischer Windkraftanlagen verwendete wurde (vgl. Gipe 1995:39f.).

Heute treten zwar immer noch neue Anbieter in den Windenergiemarkt ein, doch blieb dies in den letzten Jahren ohne Einfluß auf die Marktanteile der fünf führenden Anbieter. 1992 hatten die fünf größten Anbieter einen Marktanteil von etwa 55% und 1996 bereits von über 78% an den neuinstallierten Anlagen. Diese Konzentrationstendenz spiegelt sich auch in der Entwicklung des Gini-Koeffizienten wieder.[62] Das Konzentrationsmaß ist sowohl hinsichtlich der kumulierten Anlagenzahl und kumulierten installierten Leistung als auch der neuinstallierten Anlagenzahl und neuinstallierten Leistung seit 1992 gestiegen (vgl. Abbildung 21). Der Verlauf der entsprechenden Lorenzkurven ist aus Abbildung 22 und Abbildung 23 zu entnehmen. Deutlich wird dabei, daß die Lorenzkurve von Jahr zu Jahr stärker durchhängt, das heißt, daß die Marktkonzentration zunimmt.

---

[62] Der Gini-Koeffizient (G), mit $0 \leq G \leq 1$, beschreibt das Durchhängen der Lorenzkurve. Je größer G, desto höher ist die Marktkonzentration. Die Lorenzkurve ist ein graphisches Hilfsmittel zur Erkennung von Konzentrationstendenzen. Dabei wird in einem Koordinatensystem auf der Abzisse der kumulierte prozentuale Marktanteil und auf der Ordinate der kumulierte prozentuale Anteil der Unternehmen abgetragen. Die verbindende Linie wird als Lorenzkurve bezeichnet (vgl. Bamberg/Baur 1987:24ff.)

**Abbildung 21:**      Entwicklung der Marktkonzentration (Gini-Koeffizient) in der
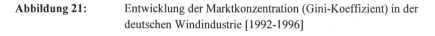
deutschen Windindustrie [1992-1996]

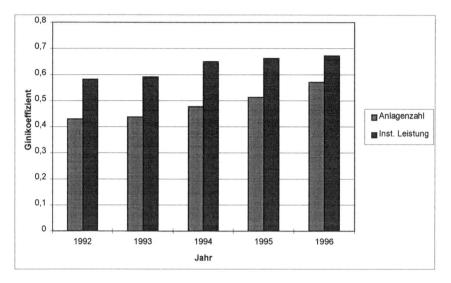

Anmerkungen: Basis der Berechnungen ist die kumulierte Anlagenzahl bzw. Leistung
Quelle: DEWI (div. Jgg.).

Zukünftig ist mit einer weiter zunehmenden Marktkonzentration zu rechnen, da
die Hersteller bestrebt sind, möglichst schnell hohe Marktanteile zu erreichen, um
Erfahrungskurveneffekte zu erzielen. Der Einstieg von Balcke-Duerr bei dem
Anlagenhersteller Nordex und der Zusammenschluß von Micon und Nordtank
sind eine Reaktion auf die steigende Wettbewerbsintensität im Windkraftgeschäft.
Die Fusion dieser beiden Hersteller wird vom Nordtank-Geschäftsführer wie folgt
begründet: „Wir wollen Kräfte sammeln, anstatt sich auf wichtigen Märkten wie
Deutschland und Holland zu unterbieten" (Johnsen 1997a:22). Und schließlich ist
das Kooperationsabkommen für gemeinsame Auslandsprojekte zwischen dem
Hersteller Enercon und dem Energieversorger Preussen-Elektra ein Zeichen für
den steigenden Wettbewerbsdruck. Die steigende Marktkonzentration ist u.a. eine
Folge der Einführung der ertragsorientierten Betreiberförderung und der steuerlichen Abschreibemöglichkeiten, die eine zunehmende Verlagerung vom Qualitäts-
hin zum Preiswettbewerb bedingen. Dies zwingt die Hersteller zur Erschließung
bestehender Kostenreduktionspotentiale, um das Verhältnis von Preis und Ener-
giejahresproduktion zu verbessern (Gerold 20.8.1997; Molly 4.9.1997). Die Potentiale von Produktinnovationen zur Verbesserung der Anlageneffizienz und zur
Steigerung der Anlagenleistung sind jedoch begrenzt. So weist die 1,5 MW-
Klasse beispielsweise höhere Energieerzeugungskosten auf als kleinere Anlagen,
so daß sich die bislang beobachtete Tendenz sinkender Erzeugungskosten bei

steigender Anlagengröße nicht fortschreiben läßt (vgl. Rehfeldt/Schwenk 1997:65f.; Schubert 1997:31). Einzig durch die Erhöhung des Drehmomentes der Anlagen durch die Entwicklung leichterer Rotoren, Triebstränge und Gondeln werden im Anlagenbereich noch Kostenreduktionspotentiale erwartet (Molly 4.9.1997). Dementsprechend schwierig ist es für die Anlagenhersteller, sich durch Produktdifferenzierungen von der Konkurrenz abzuheben. Es ist darum zu beobachten, daß sich der Schwerpunkt der Innovationsaktivitäten langsam von Produktinnovationen hin zu Prozeßinnovationen verschiebt (vgl. hierzu auch Utterback und Abernathy 1975:645).

**Abbildung 22:**        Verlauf der Lorenzkurven für die kumulierte installierte
Anlagenzahl [1992-1996]

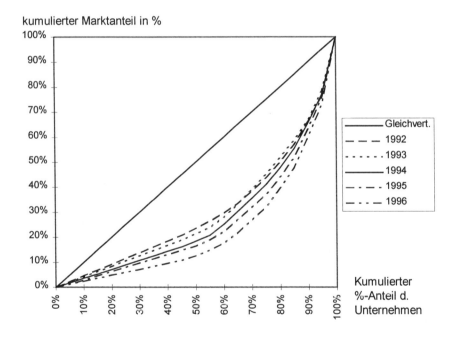

Quelle: DEWI (div. Jgg.)

**Abbildung 23:**      Verlauf der Lorenzkurven für die kumulierte installierte Leistung
                       [1992-1996]

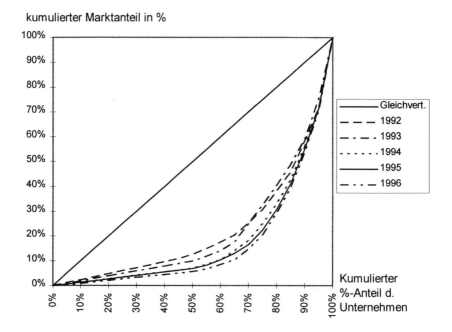

Quelle: DEWI (div. Jgg.)


Im Produktionsprozeß bestehen noch erhebliche Kosteneinsparpotentiale durch
die Rationalisierung der Produktion und die Erhöhung der Produktionszahlen.
Hierzu sind in den Unternehmen zwei unterschiedliche Strategien zu erkennen.
Einige Unternehmen nutzen verstärkt Serienteile, wie u.a. Standardgetriebe, um
an den Skaleneffekten und Prozeßinnovationen der Zulieferer partizipieren zu
können. Der niederländische Hersteller NedWind beispielsweise wird zukünftig
Türme oder Gondelgehäuse nicht mehr selbst fertigen, sondern sich auf die Konstruktion der Anlagen, die Montage, das Marketing und die Wartung konzentrieren (vgl. Forschungsgruppe Windenergie 1997a). Der Nachteil dieser Strategie ist
eine hohe Abhängigkeit von den Zulieferern. So wurde der Konkursantrag von
Tacke Windtechnik beispielsweise durch einen Zulieferer gestellt, da es bei Tacke
nach hohen Umsatzrückgängen zu Liquiditätsengpässen kam. Andere Hersteller
haben eine relativ hohe Fertigungstiefe, die auch eigene Forschungs- und Entwicklungsaktivitäten umfaßt. Der Anlagenhersteller Enercon fertigt beispielsweise
Generatoren und konnte mit der Entwicklung eines Ringgenerators eine grundlegende Neuerung erreichen, die die Konstruktion getriebloser Anlagen ermöglicht. Dieses Konzept wird beispielsweise in den Enercon-Anlagen E-40 mit 500

kW eingesetzt, die mit über 1000 Anlagen die weltweit meistverkaufte Windkraftanlage ist. Unternehmen mit geringer Fertigungstiefe weisen hingegen in der Regel keine FuE-Aktivitäten auf und sind damit auf Innovationen ihrer Zulieferer angewiesen. Für die Zulieferer ist die Windenergiebranche jedoch meist nur ein relativ kleines Marktsegment, so daß die technischen Produktanforderungen im wesentlichen durch branchenfremde Unternehmen bestimmt werden. Die Strategie einer hohen Fertigungstiefe scheint darum aufgrund der Möglichkeit für Rückkopplungen zwischen den einzelnen Phasen des Innovationsprozesses im Hinblick auf die Innovationsintensität von Vorteil zu sein (vgl. Kline/Rosenberg 1986:2891).

### 11.1.3 Der Schutz von Innovationserträgen

Wenngleich die Patentierung für einzelne Produktinnovationen gewählt wird, erweist sich in der Windindustrie vor allem der Zeitvorsprung in der Vermarktung einer neuen Windkraftanlage gegenüber der Konkurrenz als entscheidendes Schutzinstrument. So versuchten beispielsweise alle großen Anbieter, wie Tacke, Enercon oder Vestas, möglichst schnell große Windkraftanlagen mit mehr als 1 MW-Leistung zu entwickeln und auf dem Markt anzubieten. Mittlerweile haben die meisten Anbieter entsprechende Anlagen in ihrem Produktprogramm.

### 11.1.4 Die technologischen Voraussetzungen der Anlagenhersteller

Ein fundierter Erfahrungsschatz im Windenergiebereich bestand in den siebziger und achtziger Jahren für die Durchführung der technisch anspruchsvollen BMBF-Projekte nicht. Die Förderpolitik des BMBF konzentrierte sich konsequenterweise mit der Unterstützung von FuE und Demonstrationsvorhaben zunächst auf die Schaffung eines technologischen Lösungsvorrates. Eine wesentliche Maßnahme war darum auch die Unterstützung des WMEP im 100/250-MW-Programm, welches die Analyse von Daten über Betriebsergebnisse und Windangebot sowie die Zuverlässigkeit und Wirtschaftlichkeit der Anlagen ermöglicht (vgl. ISET 1995:3).

In den geförderten Projekten wurden von den beteiligten Großunternehmen theoretische Berechnungs- und Entwurfsverfahren sowie computergestützte Simulationsverfahren genutzt und dabei das unternehmensintern verfügbare Wissen aus der Luft- und Raumfahrtforschung bzw. dem Fahrzeugbau umgesetzt (vgl. Heymann 1995: 452ff.). Dies spiegelt sich in der Richtung der Entwicklungsaktivitäten wider. So nutzte MBB bei der Entwicklung einer aerodynamisch anspruchsvollen Monopterus-Anlage die Erfahrungen des Unternehmens im Hubschrauberbau, und das Fahrzeugbauunternehmen MAN verwendete bei der Flügelkonstruktion des Growian nicht das heute übliche Glasfiber, sondern ent-

schied sich aufgrund zu hoher Fertigungs- und Betriebsrisiken für eine Stahl-
holmkonstruktion mit einer Kunststoffverkleidung (vgl. Heymann 1995:374).
Inwieweit diese Großprojekte zur Akkumulation nutzbarer technologischer Erfahrungen führten, ist umstritten. Die Projektpartner argumentieren, daß wichtige
Erkenntnisse für den Netzparallelbetrieb, die Beherrschung von Schwingungen
und die Anlagenregelung gewonnen wurden (vgl. Heymann 1995:381). Es wird
auch angeführt, daß die Zulieferer Wissen für die Konstruktion von Türmen und
Getrieben generieren konnten, das heute für die Entwicklung von MW-Anlagen
genutzt werden kann (Knünz 16.9.1995). Kritische Stimmen hingegen verweisen
auf die Fehlentwicklung in den Großprojekten und kritisieren den geringen Einfluß auf die technische Entwicklung der Windkraftnutzung (Wobben 13.10.97).
    Erfolgreicher war die FuE-Förderung der schrittweisen Leistungssteigerung im
„Trial-and error-Vorgehen" kleinerer Windkraftanlagenhersteller. Aber auch bei
den kleinen Anlagenhersteller wird der Einfluß unterschiedlicher technologischer
Grundlagen in der Richtung der Innovationsaktivitäten offensichtlich. Der Hersteller Tacke Windtechnik ist beispielsweise aus einem Getriebehersteller hervor-
gegangen und die Husumer Schiffswerft sowie das Unternehmen Jacobs-Energie
nutzen den Windkraftanlagenbau zur Diversifizierung ihrer zuvor auf den
Schiffsbau konzentrierten Produktion. Die Anlagen dieser Hersteller zeichnen sich
durch ein traditionelles und wenig innovatives, vom Maschinenbau geprägtes,
Anlagenkonzept aus. Die Anlagen der durch den Elektroingenieur Aloys Wobben
gegründeten Enercon GmbH hingegen spiegeln das elektrotechnische Know-how
des Unternehmensgründers wider. Im Gegensatz zu den wichtigen Konkurrenten
hat Enercon frühzeitig traditionelle Entwicklungsrichtungen verlassen und einen
Technologiesprung auf technisch anspruchsvollere Anlagenkonzepte gewagt, bei
denen die elektronische Steuerung der Anlagen eine Schlüsselfunktion hat.
    In zunehmendem Maße ist in der Windindustrie jedoch die Tendenz zu erkennen,
daß kleinere Anlagenhersteller aufgrund begrenzter personeller und finanzieller
Kapazitäten - was auch auf die Reduzierung der FuE-Förderung zurückzuführen
ist - nicht mehr mit der technologischen Entwicklung Schritt halten können. Dies
äußert sich in eingeschränkten Innovationsaktivitäten und in der verstärkten Nutzung externen Know-hows. Damit steigt die Bedeutung von speziellen Technologieproduzenten, wie beispielsweise dem Ingenieurbüro Aerodym. Gleichzeitig
geht damit aber auch die Vielfalt der Innovationsaktivitäten zurück und der Einfluß einzelner Technologieproduzenten auf die weitere technische Entwicklungsrichtung steigt. Eine eigenständige Forschung und Entwicklung wird nur noch von
wenigen Windkraftanlagenherstellern durchgeführt. So hat beispielsweise die
dänische Muttergesellschaft von Vestas Deutschland eine eigene FuE-Abteilung
mit etwa 40 Mitarbeitern. Diese Innovationsorientierung von Vestas äußert sich
beispielsweise in dem neuentwickelten „OptiSlip-Generatorprinzip", welches für
dieses Unternehmen einen erster Schritt in Richtung technisch anspruchsvollerer
und besser regelbarer Anlagen darstellt (Eichler 20.8.1997). Das innovativste
Unternehmen der Branche, das Unternehmen Enercon, verfügt über eine For-
schungs- und Entwicklungsabteilung, in der, aufbauend auf Vorarbeiten der Uni-

versität Braunschweig, das getriebelose Generatorprinzip zur Anwendungsreife weiterentwickelt wurde. Das Getriebekonzept konnte aufgrund der hohen Entwicklungskosten bislang nicht von anderen Unternehmen erfolgreich imitiert werden. Enercon ist aber auch direkte FuE-Kooperationen mit Universitäten eingegangen, u.a. mit der Universität Stuttgart im Bereich der Aerodynamik, um sich externes Know-how zu erschließen und um an Erkenntnissen der Grundlagenforschung partizipieren zu können (Wobben 13.10.1997).

## 11.2  Die Determinanten der Anwendung von Windkraftanlagen

Die Einflußfaktoren der Anwendung von Windkraftanlagen werden unter fünf Kategorien diskutiert. Zunächst wird der Einfluß der Struktur des Energieversorgungssystems erläutert und anschließend die Wirkungen von Wirtschaftlichkeitsfaktoren, des mit Investitionen in Windkraftanlagen verbundenen Risikos sowie der Einfluß von Umweltschutzaspekten beschrieben.

### 11.2.1  Die Struktur des deutschen Energieversorgungssystems

Die Elektrizitätsversorgung in Deutschland wird zum überwiegenden Teil durch die öffentliche Energieversorgung gewährleistet. Nur etwa 10% der elektrischen Energie wird durch private Eigenerzeuger, die Deutsche Bahn AG oder industrielle Erzeuger produziert. Zur öffentlichen Energieversorgung zählen ca. 950 überregionale, regionale und lokale Energieversorger, die durch direkte und indirekte Kapitalverflechtungen verbunden sind (vgl. Bräuer et al. 1997:59ff.; Mez 1997:231f.). Durch Konzessionsverträge zwischen den Energieversorgungsunternehmen und den Kommunen sowie durch Demarkationsverträge zwischen den Energieversorgungsunternehmen sind geschlossene Versorgungsgebiete entstanden (vgl. Mez 1997:233).

Das gut ausgebaute Energieversorgungsnetz war jedoch eine wesentliche Voraussetzung für die schnelle Entwicklung der Windkraftnutzung in Deutschland (vgl. Bräuer 1996:52). Dennoch sind mittlerweile die Belastungsgrenzen dieses Energieversorgungsnetzes zu erkennen. Die windhöffigen Standorte in Norddeutschland verfügen aufgrund der geringen Besiedlungsstruktur nur über ein begrenzt belastbares ausgebautes Energieversorgungsnetz, denn bislang war das Netz für die Stromversorgung der Küstenbewohner und nicht für den Abtransport großer Energiemengen ausgelegt. Da die Energieversorger verpflichtet sind, eine störungsfreie öffentliche Energieversorgung zu gewährleisten, wäre ein Ausbau des Leitungsnetzes naheliegend. Größtes Problem der schwachen Netze sind stochastische Leistungsvariationen durch Schwankungen der Windleistung oder durch Zu-, Ab- und Umschaltvorgänge der Generatoren. Dies betrifft insbesonde-

re traditionelle Anlagentypen mit einer direkten Netzankopplung und einer Stall-
regelung. Eine intelligente Betriebsführung der Windkraftanlagen kann jedoch das
Kapazitätsproblem mildern. Dies wurde durch die Berücksichtigung entsprechender Netzverträglichkeitskriterien in den Förderrichtlinien der Küstenländer unter-
strichen, wodurch bereits wesentliche Innovationsimpulse gegeben wurden. Mit
zunehmenden Kapazitätsproblemen wird die Netzverträglichkeit für die Betreiber
von Windkraftanlagen zu einem immer wichtigeren Entscheidungskriterium.
Vorteile haben dann Anlagen mit einer indirekten Netzkopplung über ein Wech-
selrichtersystem bei Pitchregelung, wodurch ein drehzahlvariabler Betrieb möglich wird und die Schwankungen bei der Leistungsabgabe verringert werden können.

Das Interesse der Energieversorger an der Windstromnutzung ist bislang gering.
1990 hatten die Energieversorger mit knapp 30% noch einen relativ hohen Anteil
an der gesamten installierten Windkraftleistung (vgl. ISET 1991:15, 1997a:28).
Seitdem ist der Anteil der Energieversorger an der installierten Leistung jedoch
kontinuierlich gesunken und liegt zur Zeit bei etwa 8%. Parallel zur abnehmenden
Bedeutung der Energieversorger bei der Windstromerzeugung ist der Anteil von
Betreibergemeinschaften (BG) in der Gesellschaftsform einer GmbH oder einer
GbR seit 1990 von nur 4% auf 44% im Jahre 1996 angewachsen. (vgl. Abbildung 24). Für die zukünftige Entwicklung gehen Experten der Windkraftbranche
jedoch davon aus, daß neben einer weiteren Bedeutungszunahme der Betreibergemeinschaften auch die Energieversorger ihr Engagement im Windbereich wieder stark ausdehnen und längerfristig wieder einen Anteil von 30% an der installierten Leistung erreichen werden (Hoppe-Kilpper 14.10.1997).

Die Energieversorger begründen ihr geringes Interesse u.a. mit zu hohen
Stromgestehungskosten der Windenergie und verweisen auf die Unbeständigkeit
des Windes. Demnach bedingt die Unbeständigkeit des Windes, daß der Ausbau
der Windenergie nur einen geringen Kapazitätseffekt und somit keine Substitution
vorhandener fossiler und nuklearer Kraftwerke ermöglicht (vgl. Palic 1996:53f.).
Strom wird darum durch die Elektrizitätswirtschaft nach wie vor überwiegend mit
konventionellen Kohle-, Erdgas- und Kernenergietechnologien erzeugt (vgl.
BMWi 1996a). Mit diesen Technologien liegen in der Elektrizitätswirtschaft
langjährige Betriebserfahrungen vor und es bestehen hohe Spezialisierungsgewinne durch Lernkurveneffekte und eingespielte Kooperationen mit den Kraft-
werksentwicklern. Ein Wechsel der technischen Entwicklung in Richtung einer
verstärkten Nutzung erneuerbarer Energien würde für die Energieversorgungsunternehmen mit dem Verlust dieser Spezialisierungsgewinne verbunden sein (vgl.
Erdmann 1992:183ff.). Folglich liegt der Schwerpunkt der Forschungs-, Ent-
wicklungs- und Demonstrationsvorhaben der deutschen Elektrizitätswirtschaft
weiterhin auf der fossilen Kraftwerkstechnik (vgl. Peter 1996:378ff.)

**Abbildung 24:**  Entwicklung der Betreiberstruktur im Windenergiebereich [1990 - 1996]

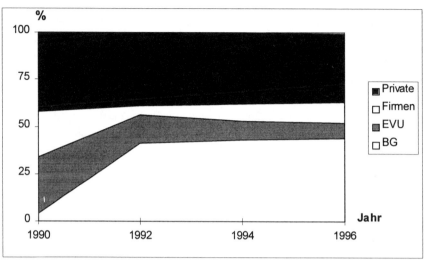

Quelle: ISET 1991:15, 1993:15, 1995:21, 1997a:28

Die Einspeisung von Windstrom durch unabhängige Windstromerzeuger war hingegen aufgrund der Struktur des Energieversorgungssystems bis Anfang der neunziger Jahre nur auf der Grundlage der Verbändevereinbarung zur stromwirtschaftlichen Zusammenarbeit möglich (vgl. BMWi 1995:15).[63] Die darin festgeschriebene Einspeisevergütung lag bei etwa 9 Pf/kWh. Die Rahmenbedingungen für die verpflichtende Abnahme von Strom aus erneuerbaren Energien und eine fixierte Einspeisevergütung wurde erst mit der Einführung des Stromeinspeisungsgesetzes im Jahre 1991 geschaffen.

Die geplante Liberalisierung und Deregulierung des Strommarktes wird den Energieversorgungsmarkt verändern und sich damit auch auf die weitere Entwicklung der Windkraftnutzung auswirken. Am 19.2.1997 ist die „Elektrizitätsbinnenmarkt-Richtlinie" in Kraft getreten, die bis Februar 1999 in den Mitgliedsstaaten in nationales Recht umgesetzt werden muß. Ziel der Richtlinie ist die Umsetzung eines wettbewerbsorientierten Elektrizitätsmarktes. Die Öffnung des Marktes soll in drei Stufen erfolgen und zunächst den Markt für Großabnehmer mit einem Verbrauch mit mindestens 40 GWh betreffen, und in der dritten Stufe schließlich soll die Schranke bis auf 9 GWh gesenkt werden (vgl. Bräuer et al.

---

[63] Die Verbändevereinbarung wurde vom VDEW, dem Bundesverband der Deutschen Industrie und dem Verband der Industriellen Energie- und Kraftwerkswirtschaft, ohne Beteiligung von Verbänden erneuerbarer Energien, ausgehandelt.

1997:123; Bergmann 1997).[64] Der Förderung erneuerbarer Energien wird von der Europäischen Kommission innerhalb eines liberalisierten Binnenmarktes eine Vorrangstellung eingeräumt. Am 28.11.1997 wurde die Neuregelung des Energiewirtschaftsgesetzes beschlossen. Das Gesetz sieht vor, daß die geschlossenen Stromversorgungsgebiete abgeschafft werden. Zukünftig sind die bestehenden Stromnetze für den Zugang durch Dritte offen und Stromanbieter können ihre Kunden über Direktleitungen beliefern. Es wird jedoch zunächst unterschieden in einen „verhandelten Netzzugang", bei dem die Netzbetreiber die Durchleitung ermöglichen müssen und einem „Alleinkäufermodell", bei dem den Kommunen und Stadtwerken bis längstens 2005 die ausschließliche Versorgung der Endverbraucher obliegt (vgl. Deutscher Bundestag 1997:37). Die besondere Bedeutung erneuerbarer Energien wurde zwar im Kabinettsbeschluß vom 19.3.1997 hervorgehoben. Es ist aber noch ungeklärt, wer zur Abnahme des Stroms aus erneuerbaren Energien verpflichtet ist, da die geschlossenen Versorgungsgebiete entfallen (vgl. Bergmann 1997; BMWi 1997b).

## 11.2.2    Der Preis des Windstroms

Mit der Einführung der ertragsabhängigen Betreiberförderung wurde - im Gegensatz zu Investitionskostenzuschüssen - das Interesse an funktionierenden und wirtschaftlichen Anlagen geweckt. Die Produktionskosten pro kWh Windstrom werden damit zu dem zentralen Investitionskriterium. Ausschlaggebend sind vier Faktoren (vgl. Schwenk 1994; Erdmann 1992:92):

• die Investitionskosten aus dem Anlagenpreis und weiteren Nebenkosten,
• die Betriebskosten der Windkraftanlage,
• die Kapitalkosten und die wirtschaftliche Nutzungsdauer und
• das Windangebot.

## 11.2.2.1    Die Investitionskosten für eine Windkraftanlage

Die Investitionskosten ergeben sich aus den Anschaffungkosten für die Windkraftanlage und Nebenkosten.

Auf die Anschaffungkosten für eine Windkraftanlagen entfallen etwa 2/3 der gesamten Investitionskosten. Die durchschnittlichen Preise für Windkraftanlagen sind durch technischen Fortschritt bei den Anlagen, wie z.B. durch den Einsatz neuer Leichtmaterialien, und aufgrund von Skaleneffekten durch größere Produktionsstückzahlen in den letzten Jahren kontinuierlich gesunken (Eichler 20.8.1997). So hat sich der durchschnittliche Umsatz der Hersteller pro kW installierter Leistung von 1988 bis 1995 im Durchschnitt auf etwa 2.000 DM hal-

---

[64]    In Deutschland wären in der ersten Stufe ca. 673 und in der zweiten Stufe ca. 2800 Großverbraucher betroffen (vgl. Bräuer et al. 1997:123)

biert (vgl. Keuper 1995:28). Für eine 500 kW-Anlage von Vestas mußten beispielsweise 1993 noch etwa 2.200-2.400 DM/kW und heute nur noch etwa 1.700
DM/kW bezahlt werden (Eichler 20.8.1997). Gleiches gilt auch für Anlagen der
Firma Enercon, die die Preise einer E-40 mit 500 kW in den letzten drei Jahren
um über 20% senkte. Kostete eine Anlage 1995 noch etwa 2.064 DM/kW, betrug
der Preis 1997 nur noch 1.596 DM/kW (vgl. IWB 1995 und 1997). Eine Fortsetzung dieser Kostenentwicklung ist bei der neuen Generation der 1 bzw. 1,5 MW
Anlagen noch nicht zu beobachten (vgl. Rehfeldt/Schwenk 1997:64). Bei steigenden Installationszahlen wird aber auch bei dieser Anlagenklasse noch mit Erfahrungskurveneffekten durch Lerneffekte, Größendegression oder Produktionsratio-
nalisierungen gerechnet (vgl. Allnoch 1996:656; Rehfeldt/Schwenk 1997:63ff.).

Ein kompensierender Effekt entsteht jedoch durch die zunehmenden Transportkosten bei steigender Anlagengröße.[65] Die meisten 600 kW-Anlagen konnten
aufgrund ihrer Ausmaße noch in Norm-Containern transportiert werden. Große 1
oder 1,5 MW-Anlagen hingegen erreichen Größendimensionen, durch die beispielsweise bei der Routenplanung Probleme mit zu niedrigen Straßenbrücken
auftreten. Zudem müssen die Transporte aufgrund ihrer Abmessungen von der
Polizei eskortiert werden. So kalkuliert das Unternehmen Nordtank beispielsweise
für ein Windprojekt mit zwölf 1,5 MW-Anlagen mit einem Transportaufwand von
120 Spezialtransporten (vgl. Pape 1997:33). Das Unternehmen Enercon orientierte
sich darum bei der Entwicklung der 1,5 MW-Anlage an den Transportrestriktio-
nen und legte beispielsweise für den Ringenerator eine maximale Breite fest. Die
Vorgabe wurde in den Entwicklungsaktivitäten berücksichtigt und bewirkte im
Vergleich zum Ringgenerator der 500 kW-Anlage eine relative Reduzierung des
Generatordurchmessers.

Als Anschaffungsnebenkosten fallen die Grundstückskosten sowie Kosten für
das Fundament, die Netzanbindung, die Bauplanung, das Genehmigungsverfahren
und die Infrastruktur an. Es wird geschätzt, daß die Nebenkosten heute etwa 33%
des Kaufpreises einer Windkraftanlage betragen (ISET 1995:163). Die Funda-
mentkosten differieren je nach dem Gewicht der Anlage und der Stärke des
Windaufkommens sowie der Bodenbeschaffenheit des Standortes. Die Infra-
strukturkosten umfassen Ausgaben für den Gebäude- und Wegebau und die Planungskosten, Ausgaben für Genehmigungsverfahren (Typenprüfung, Bodengut-
achten, Baugenehmigung, Ausgleichsabgabe) und die ingenieurmäßige Planung
sowie das Windgutachten.

Vor allem die Anbindungskosten an das Mittelspannungsnetz sind aufgrund der
zunehmenden Netzauslastung in letzter Zeit deutlich gestiegen und kompensieren
teilweise die Kostensenkungen bei den Anlagen sowie die Effizienzgewinne durch
die bessere Standortausnutzung durch leistungsfähigere Windkraftanlagen (Eichler 20.8.1997). Zwar wurde in einem Verbandsgespräch im Bundeswirtschaftsministerium vereinbart, daß Anlagen für erneuerbare Energien am nächstgelegenen,
geeigneten Punkt an das öffentliche Netz angeschlossen werden, doch wird dies

---

65   Die Transportkosten sind in der Regel in den Anlagenkosten enthalten.

durch Kapazitätsengpässe immer schwieriger (vgl. BMWi 1995:26). So argumentiert die Schleswag als regionales Energieversorgungsunternehmen mit der Über-
lastung des 20 kV-Netzes und verlangt den Anschluß neuer Windkraftanlagen an
ein Umspannwerk für die direkte Einspeisung in eine 110 kV-Leitung, wodurch
hohe Kosten durch den Bau kilometerlanger Anschlußleitungen oder neuer Um-
spannwerke entstehen (Gerold 20.8.1997). Die Wirtschaftlichkeit eines Wind-
kraftprojektes hängt damit immer stärker von der räumlichen Nähe zu bestehenden Anschlußeinrichtungen an das öffentliche Netz ab.

## 11.2.2.2    Die Betriebskosten

Als Betriebskosten für Windkraftanlagen fallen Aufwendungen für die Wartung,
Instandsetzung, Versicherung und Fernüberwachung der Anlage sowie eventuell
die Pacht für das Grundstück an.

Eine Auflistung der Betriebskosten wird von Anlagenbetreibern regelmäßig
dem WMEP des ISET gemeldet. Für 1996 wurden dabei für Anlagen der 500 kW-
Klasse durchschnittliche jährliche Betriebskosten von etwa 17.000 DM ermittelt
(vgl. ISET 1997a:64). Für größere Windkraftanlagen mit mehr als 500 kW liegen
noch keine genauen Abschätzungen vor. In diesen Angaben ist berücksichtigt, daß
Kosten für Wartung und Instandsetzung erst nach Ablauf der zweijährigen Garantiezeit anfallen. Die notwendigen Wartungsverträge werden in der Regel mit den
Anlagenherstellern zu jährlichen Preisen von etwa 4.500 DM und 7.000 DM für
600 kW-Anlagen und von etwa 10.000 und 15.000 DM für 1 bis 1,5 MW-
Anlagen angeboten (vgl. BWE 1997; ISET 1997a:66). Die jährlichen Kosten für
die Versicherung von Haftpflicht- oder Maschinenbruchschäden sowie von Be-
triebsunterbrechungen liegen für 500 kW Windkraftanlagen bei etwa 7.000 DM
(vgl. Müller 1995:37ff.; ISET 1997a:65).

Die Pachten schließlich sind durch die steigende Standortnachfrage durch Betreibergesellschaften deutlich angestiegen und erreichen heute Beträge von 4.000
bis 15.000 DM pro Anlage bzw. werden in Abhängigkeit von der produzierten
Elektrizitätsmenge berechnet (Lorenzen-Becker 25.8.1997).

In Wirtschaftlichkeitsberechnungen der Investoren wird für die Betriebskosten
im Regelfall für die ersten zwei Jahre von etwa 2,5% und anschließend bis zum
zehnten Jahr von etwa 3% der Anlagenkosten ausgegangen (Durstewitz et al.
1995:C2-3). In Einzelfällen wird jedoch auch mit geringeren Betriebskosten kalkuliert.

## 11.2.2.3    Die Kapitalkosten

Die Investitionskosten für die Errichtung einer Windkraftanlage können entweder
durch Eigenmittel oder durch die Aufnahme von Fremdkapital gedeckt werden.
Investitionskostenzuschüsse durch Bund oder Länder sind dabei dem Eigenkapital

gleichzusetzen. Für das Fremdkapital fallen Zins- und Tilgungszahlungen an. In der Regel wird für risikobehaftete Investitionen, wie es Windkraftprojekte sind, von Kreditinstituten ein Risikoaufschlag auf den Zins verlangt (vgl. Erdmann 1992:194).

Die Entwicklung der Windenergie wurde in den letzten Jahren durch ein stetig sinkendes Zinsniveau begünstigt. Ein wieder steigender Marktzins könnte ein Innovations- und Investitionshemmnis darstellen. Hier greifen die zinsgünstigen Darlehen des ERP-Programms und des Umweltprogramms der Deutschen Ausgleichsbank, die durch einen über die Laufzeit festen Zinssatz das Risiko unerwarteter Zinserhöhungen verringern (Stein 26.8.1997).

### 11.2.2.4    Das Windangebot

Die Energieausbeute einer Windkraftanlage ist das Produkt aus der mittleren angegebenen Leistung und der Zeit, während der die Leistung abgegeben wird. Die Windleistung ist proportional zur dritten Potenz der Windgeschwindigkeit. Eine Verdopplung der Windgeschwindigkeit verachtfacht die im Wind enthaltene Leistung (vgl. Gasch 1993:21). Die Windenergienutzung lohnt sich folglich vor allem in Gebieten mit einer hohen durchschnittlichen und möglichst gleichmäßigen Windgeschwindigkeit.

Als Kennwert für die Standorteignung dient in der Regel die durchschnittliche Windgeschwindigkeit eines Standortes in 10m Höhe oder in Nabenhöhe. Standortspezifische Winddaten können auf Grundlage der Daten meteorologischer Windmeßstellen mit dem Europäischen Windatlas-Verfahren „WASP" oder mit genaueren standortbezogenen Windmessungen ermittelt werden (vgl. Albers/ Penner 1995:66ff.). Analysen mit standortbezogenen Daten des ISET von 1200 Windkraftanlagen zeigen, daß in Deutschland eine Vollaststundenzahl von über 2000 Stunden überwiegend nur an küstennahen Standorten erreicht wird (vgl. Abbildung 25). An windgünstigen Küstenstandorten kann leicht doppelt soviel Strom produziert werden wie an ungünstigeren Binnenstandorten.

Seit der Einführung der ertragsabhängigen Förderung ist die Auswahl eines windgünstigen Standortes und der Kauf einer Anlage mit hoher Leistung zur optimalen Ausnutzung der windgünstigen Standorte sowie einer optimal den Standortgegebenheiten angepaßten Leistungskennlinie für die Investoren entscheidend geworden (vgl. Li et al. 1995:1618). Diese Kriterien spiegeln sich in den Innovationsaktivitäten der Hersteller wieder.

11.2.2.5    Die Wirtschaftlichkeit von Windkraftanlagen am Beispiel einer 600
            kW-Anlage

Die oben beschriebenen Kostenanteile können einer Kalkulation der Produktionskosten von Windkraftanlagen zugrunde gelegt werden.[66] Am Beispiel einer 600
kW-Anlage werden im folgenden vier Szenarien berechnet, um den Einfluß von
Veränderungen dieser Kostenfaktoren auf die Wirtschaftlichkeit von Windkraftprojekten zu verdeutlichen (vgl. Tabelle 40).

**Tabelle 40**:        Annahmen für die Kalkulation der Produktionskosten einer 600
                       kW-Windkraftanlage

| *Szenario* | *1 (1993)* | *2 (1997a)* | *3 (1997b)* | *4 (1997c)* |
|---|---|---|---|---|
| Investitionskosten | 2200 DM/kW | 1500 DM/kW | 1500 DM/kW | 1500 DM/kW |
| Zinssatz | 6,5% | 6,5% | 10% | 6,5% |
| Kredtilaufzeit | 10 Jahre | 10 Jahre | 10 Jahre | 10 Jahre |
| Betriebskosten | 3% | 3% | 3% | 6% |
| Investitionsnebenkosten | 30% | 30% | 30% | 30% |

Zur Analyse der Auswirkungen von Kostensenkungen wird mit 2.200 DM/kW
bzw. mit 1.500 DM/kW mit den durchschnittlicher Anlagenpreisen für das Jahr
1993 bzw. für das Jahr 1997 kalkuliert. Bei den Zinssätzen wird sowohl mit einem
zur Zeit üblichen Zinssatz von 6,5% als auch mit einem deutlich höheren Zinssatz
von 10% gerechnet, um die Effekte von Zinssteigerungen zu erfassen. Die Betriebskosten schließlich werden mit 3% bzw. mit 6% veranschlagt, um u.a. die
Effekte steigender Reparaturkosten abzubilden. Die Ergebnisse der Szenarien sind
in Abbildung 25 dargestellt.
    In Abbildung 25 sind neben den Kostenkurven, die Einspeisevergütung in Höhe
von 17,21 Pf/kWh, ein durchschnittlicher Strompreis der Haushalte in Höhe von
27,25 Pf/kWh  und Stromerzeugungskosten der Energieversorgungsunternehmen
für neue Kraftwerke in Höhe von 12,2 Pf/kWh abgebildet.
    Ein Vergleich der Ergebnisse von Szenario 1 und 2 macht den starken Einfluß
der Investitionskosten auf die Wirtschaftlichkeit der Windkraftnutzung deutlich.
Eine 600 kW-Anlage zu einem Preis von 2.200 DM/kW konnte demnach 1993,
unter Berücksichtigung einer durchschnittlichen Vergütung aus Bundes- und
Landesförderungen von etwa 22 Pf/kWh (vgl. Abschnitt 11.1.1.1), ab etwa 2100
Vollaststunden wirtschaftlich betrieben werden. Wird bei diesen Investitionsko-

---

[66]    Vgl. hierzu auch Wirtschaftlichkeitsberechnungen von Hoppe-Kilpper/Rehfeldt
        (1997:6ff.) oder Rehfeldt/Schwenk (1997:63ff.)

sten jedoch nur eine Vergütung nach der aktuellen Einspeisevergütung angenommen, dann wäre ein wirtschaftlicher Betrieb erst ab etwa 2800 Vollaststunden erreichbar. Die Produkt- und Prozeßinnovationen sowie die Serienfertigung ermöglichten jedoch in den letzten Jahren Preissenkungen auf 1500 DM/kW, so daß die Wirtschaftlichkeitsschwelle heute bei etwa 1900 Vollaststunden liegt.[67] Damit wurde durch technischen Fortschritt der Rückgang der Fördermittel zwischen 1993 und 1997 kompensiert.

**Abbildung 25:**      Entwicklung der Produktionskosten in Abhängigkeit von Leistungsklasse und Windverhältnissen

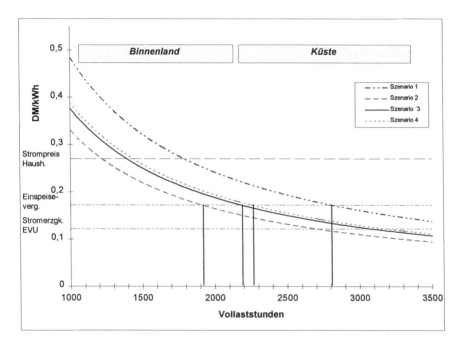

Ein wirtschaftlicher Betrieb ist heute an Küstenstandorten in Schleswig-Holstein und Niedersachsen bei einer Vergütung des erzeugten Stroms nach dem Stromeinspeisungsgesetz möglich. Eine weitere Verbesserung der Wirtschaftlichkeit würde durch die Anerkennung einer Lebensdauer von Windkraftanlagen von über 10 Jahren und einer daraus resultierenden Verlängerung der Kreditlaufzeit zu erwarten. Die Wirkungen der Preissenkungen bei den Anlagen können jedoch beispielsweise durch höhere Betriebskosten (Szenario 3) oder steigende Kreditzinsen (Szenario 4) kompensiert werden. Ein Zinsanstieg von 6,5% auf 10% würde die

---

67    Vgl. Rogers (1995:213) zu den Wirkungen von Preissenkungen auf die Adaption von Innovationen.

Wirtschaftlichkeitsgrenze von 1900 auf 2200 Vollaststunden und eine Verdopplung der Betriebskosten von 3% auf 6% würde die Wirtschaftlichkeitgrenze von 1900 auf etwa 2300 Vollaststunden anheben (vgl. Behnke 1997:18). Gleiche Effekte könnten auch mit der Liberalisierung des Strommarktes einhergehen, denn mit sinkenden Energiepreisen würde sich auch die Einspeisevergütung reduzieren und damit die Wirtschaftlichkeitsschwelle erhöhen.

Im Falle einer Eigennutzung des produzierten Windstroms ändern sich die oben beschriebenen Ergebnisse deutlich. In diesem Fall wird nicht mit der Stromeinspeisevergütung, sondern mit den eingesparten Stromkosten von durchschnittlich 27 Pf/kWh für Endverbraucher kalkuliert. Im günstigsten Fall (Szenario 2) ist bereits ab etwa 1200 Vollaststunden und im ungünstigsten Fall (Szenario 1) ab 1800 Vollaststunden ein wirtschaftlicher Betrieb möglich. Für Energieversorgungsunternehmen hingegen ist die Windkraftnutzung bislang wenig attraktiv. Erst ab 2700 Vollaststunden werden unter heutigen Rahmenbedingungen in Szenario 2 Produktionskosten erreicht, die unter den aktuellen durchschnittlichen Stromgestehungskosten von etwa 12,2 Pf/kWh für ein 1995 neu errichtetes fossiles Kraftwerk liegen (vgl. Hillebrandt 1997:22). Analysen im WMEP des 250 MW-Programms zeigen jedoch, daß eine mittlere Vollaststundenzahl in dieser Höhe in Deutschland kaum erreicht wird (vgl. ISET 1997a:39).

Trotz des hohen Einflusses der Investitionskosten auf die Wirtschaftlichkeit von Windkraftprojekten ist der Einfluß des BMWi-Förderprogramms auf die Investitionsentscheidungen gering (vgl. Frahm et al. 1997:55). Vielmehr überwiegen Mitnahmeeffekte als Motiv für die Fördermittelbeantragung, zumal die durchschnittliche Förderquote von 7,6% beispielsweise im Vergleich mit der Förderquote bei Sonnenkollektoren relativ gering ist (vgl. Frahm et al. 1997:41, 58f.).[68] Es zeigt sich im BMWi-Programm auch, daß die Förderkriterien des Programms aufgrund des technischen Fortschritts schnell hinfällig wurden und von den meisten Projekten erfüllt werden können. Die daraus resultierende hohe Nachfrage nach Fördermitteln bedingt, daß die Mittelvergabe in der Reihenfolge des Auftragseingangs erfolgt und damit einem Wettrennen gleicht. Die damit verbundene Ungerechtigkeit bei der Mittelvergabe wird durch die ertragsabhängige Förderung im Stromeinspeisungsgesetz verhindert, denn die Förderbedingungen sind für alle Betreiber identisch und die Förderhöhe ist letztlich von der Effizienz und der Zuverlässigkeit der Anlage sowie von der Standortqualität abhängig.

Eine weitaus stärkere Wirkung als durch die Investitionsförderung des BMWi wurde durch die steuerliche Anerkennung von Windkraftinvestitionen erreicht. Unter den oben beschriebenen Bedingungen wäre die Windkraftnutzung aufgrund der geringen Rentabilität für gewinnorientierte Investoren wenig attraktiv. Das Interesse gewinnorientierter Investoren und damit ein erheblicher Zufluß von Finanzmitteln wurde erst durch die steuerliche Anerkennung der Gewinnerzielungsabsicht bei Windkraftprojekten ausgelöst. Diese Anerkennung durch die

---

68  Eine ertragsabhängige Förderung, mit komplizierteren und damit längeren und kostenintensiveren Verwaltungsverfahren wäre aber angesichts des geringen Fördervolumens nicht sinnvoll gewesen (Reinhard 25.8.1997).

Finanzverwaltung eröffnet die Möglichkeit von Verlustzuweisungen aus Windkraftprojekten, so daß beispielsweise die Bremerhavener Energiekontor GmbH,
für Investoren mit einem persönlichen Steuersatz von 53%, in einem Windpark-
projekt im hessischen Mittelgebirge mit einer Rendite von über 11,5% kalkuliert
(vgl. Behnke 1997:18).

### 11.2.3    Risiko der Windstromerzeugung

Für Windkraftanlagenbetreiber bestehen verschiedene technische und wirtschaftliche Risiken. Hierzu zählen die Unbeständigkeit und die geringe Energiedichte
der Windenergie. So kann bereits eine Schwankung der Windgeschwindigkeit um
4-5% eine Änderung des Energieertrages um 15% zur Folge haben. Damit besteht
bei einer Standortwahl immer die Gefahr, daß die erwarteten durchschnittlichen
Windgeschwindigkeiten nicht erreicht werden. Zur Verringerung des Risikos ist
darum die Erstellung eines Windgutachtens wichtig, wenngleich auch die Ergebnisse solcher Gutachten mit hohen Schwankungsbreiten verbunden sind. Bei
Computersimulationen und der Messung mit Anemometern sind bei der Ertrags-
prognose, in Abhängigkeit von den vorhandenen Informationen bzw. der Gelän-
deform, Fehlergrößen zwischen 20-100% möglich und auch optimierte Windmessungen sind mit Ungenauigkeiten von 10-20% verbunden (vgl. Scholz 1997:90f.).
    Zudem ist es für einen neu in den Markt einsteigenden Betreiber schwer, die
technische und wirtschaftliche Effizienz der verschiedenen Anlagen und Anlagenkonzepte zu bewerten. Eine wichtige Informationsquelle sind darum die von
den Windkraftverbänden publizierten Informationen über die am Markt verfügbaren Windkraftanlagen. Wichtig war darum die Einführung eines Zertifizierungs-
systems durch unabhängige Institute, welche die Einhaltung grundlegender technischer Anforderungen bestätigen und mittlerweile eine Voraussetzung für die
Erteilung einer Baugenehmigung sind (Lorenzen-Becker 25.8.1997). Die hohe
Bedeutung der Zertifizierung bedingt jedoch gleichzeitig, daß die Zertifizie-
rungsinstitute durch die Vorgabe der Prüfkriterien einen starken Einfluß auf die
technische Entwicklungsrichtung nehmen können (Litzka 19.8.1997).
    Das wirtschaftliche Risiko wurde durch das Stromeinspeisungsgesetz in den
letzten Jahren deutlich reduziert, denn die Festlegung einer Mindestvergütung und
die Abnahmeverpflichtung ermöglichen genauere Projektkalkulationen. Die Diskussion um das Stromeinspeisungsgesetz hat diese Planungssicherheit jedoch
erheblich gestört. Aber auch durch die wachsenden Investitionskosten für Windkraftprojekte entstehen wirtschaftliche Risiken. So kostet die Errichtung einer 600
kW-Anlage beispielsweise etwa 1 Mio DM. Um das finanzielle Risiko eines einzelnen Investors einzuschränken, hat sich in den letzten Jahren die Gründung von
Betreibergesellschaften als sinnvoll erwiesen (Eichler 20.8.1997). Aber auch in
den Projektkalkulationen bestehen hohe Risiken aufgrund der Annahme zu geringer oder über die gesamte Projektlaufzeit fixer Betriebskosten. Unvorhersehbare
Schäden an den Anlagen, die nach Ablauf der Garantiezeit erfolgen, können die

Wirtschaftlichkeit eines Windprojektes schnell gefährden (vgl. Lührs 1997:101ff.).[69] Dies gilt insbesondere, da Experten die Erkenntnisse beispielsweise über den Verschleiß von Kugellagern oder von Rotorblättern als immer noch zu gering erachten (vgl. Rehfeldt/Schwenk 1997:67; Gerold 20.8.1997). Aber auch die zunehmend knappe Netzkapazität in den norddeutschen Küstenländern erzeugt wirtschaftliche Risiken. So erteilt beispielsweise das Energieversorgungsunternehmen Schleswag erst eine Netzkapazitätszusage, wenn eine Baugenehmigung vorliegt. Damit besteht das Risiko, daß trotz erheblicher Planungskosten ein anderes Windprojekt den Planungsprozeß schneller beendet und die freien Netzkapazitäten ausschöpft.

Eine Reduzierung wirtschaftlicher und unvorhersehbarer technischer Risiken erfolgt durch den Abschluß von Haftpflicht,- Blitz-, Induktions-, Feuer- oder Maschinenbruchversicherungen. Zudem wird meist eine Risikoeinschränkung durch eine Betriebsunterbrechungsversicherung gewählt, um im Falle eines Sachschadens auch Einkommensverluste ersetzt zu bekommen. Die Einbindung von Versicherungsgesellschaften ermöglicht die Übertragung und Verteilung des Risikos auf viele Akteure (vgl. hierzu Erdmann 1992:196). Die Versicherungsprämie errechnet sich aus den Ausgleichskosten für einen erwarteten mittleren Schaden, den Verwaltungskosten und einem Risikoaufschlag. Damit besteht für die Betreiber ein Anreiz, technisch zuverlässige Anlagen zu kaufen, denn je mehr Schäden zu verzeichnen sind, desto höher sind die Prämien. Es verwundert darum nicht, daß die Anlagenhersteller spezielle Scheibenbremsen konstruierten und verstellbare Rotorblätter entwickelten, um Windkraftanlagen im Notfall schnell abbremsen zu können, bzw. um die Blitzschlaggefahr durch das Aufbringen von Metallplatten an den Rotorblattenden erheblich zu reduzieren (vgl. ISET 1995:57).

Es ist aber nicht klar, in welchem Umfang und in welcher Art involvierte Versicherungen entstandene Schäden als unvorhergesehene Ereignisse beurteilen und die Kosten übernehmen. Es ist zu vermuten, daß eine Schadensregulierung nur bei Einzelschäden erfolgen wird und bei Wiederholungsschäden letztlich die Anlagenbetreiber die Schadenskosten übernehmen müssen (Gerold 20.8.1997). In diesem Fall ist die Wirtschaftlichkeit eines Projektes stark gefährdet, wie Berechnungen des Deutschen Windenergie-Instituts zeigen (vgl. Rehfeldt/Schwenk 1997:67). So verlängert sich die Armortisationszeit einer 600 kW-Windkraftanlage, bei einem nicht versicherten Rotorblattschaden in Höhe von 200.000 DM, an einem typischen Küstenstandort von 10 auf 14 Jahre und an einem durchschnittlichen Binnenlandstandorten sogar von 10 auf 18 Jahre.

---

[69] So haben beispielsweise die technisch anspruchsvollen getriebelosen Anlagen häufig Probleme mit den elektronischen Komponentengruppen (vgl. ISET 1995:59).

### 11.2.4 Umwelteinflüsse der Windkraftnutzung

Die öffentliche Akzeptanz der Windenergie wird durch ihre Auswirkungen auf die Umwelt und dabei durch den Konflikt zwischen dem Klima-, Landschafts- und Naturschutz geprägt.

Im Hinblick auf die globale Klimaproblematik und die Schonung nicht-erneuerbarer Ressourcen wird die Windenergienutzung weitgehend als umweltfreundliche Energietechnologie bewertet, da die Umwelteffekte bei der Produktion, dem Betrieb und der Entsorgung der Windkraftanlagen im Vergleich zu anderen Energiequellen vergleichsweise gering sind. Im Gegensatz zur fossilen Stromerzeugung entstehen Luftschadstoffemissionen, Abwässer oder Produktionsabfälle im wesentlichen nur während des Herstellungsprozesses der Windkraftanlagen. Dementsprechend deutlich stellen sich in Berechnungen von Bräuer (1996:28ff.)[70] beispielsweise die Unterschiede in den Luftemissionen bei der Windstromerzeugung im Vergleich zur fossilen Stromerzeugung dar (vgl. Abbildung 26). In den Berechnungen zeigen sich gravierende Unterschiede in der Emission von $SO_2$, $NO_x$, Staub, CO, VOC und $CO_2$. So betragen beispielsweise die $SO_2$-Emissionen pro kWh bei Windstrom nur etwa 40mg, während bei der Nutzung des aktuellen Kraftwerksbestandes der Preussen-Elektra etwa 1800mg entstehen.

Weitere Rückschlüsse auf die Umwelteffekte der Windkraftnutzung können aus dem Vergleich des Energieverbrauchs zur Herstellung von Windkraftanlagen und der erzeugten Energiemenge gezogen werden. Diese energetische Amortisationsdauer von Windkraftanlagen ist vom Energieertrag und damit von der Anlageneffizienz und der Windgeschwindigkeit am Anlagenstandort abhängig. So wird für eine 100 kW-Windkraftanlage an Standorten mit etwa 6,6 m/s von einer Armortisationsdauer zwischen 2 und 8 Monaten und bei Windgeschwindigkeiten von 4,5 m/s von etwa 6 bis 20 Monaten ausgegangen (vgl. Kaltschmidt/Wiese 1996:170; Bräuer 1996:28f.). Für die heute verfügbaren und in Serienfertigung hergestellten Windkraftanlagen mit mehr als 500 kW kann eine kürzere energetische Armortisationsdauer angenommen werden.

Desweiteren muß für eine Bewertung der Umwelteinflüsse die Entsorgung einer Windkraftanlage am Ende der Nutzungsdauer berücksichtigt werden. Es besteht zunächst die Möglichkeit einer technischen Überholung, beispielsweise durch die Auswechslung einzelner Anlagenkomponenten, und die anschließende Weitervermarktung, um dadurch die Produktlebensdauer zu verlängern. Letztendlich

---

70   Bräuer geht von spezifischen Investitionskosten in Höhe von 2.000 DM/kWh, einer Lebensdauer der Anlagen von 10 Jahren und einer Stromproduktion von 12 TWh aus. Als Vergleichsmaßstab für die substitutiven fossilen und nuklearen Energien wurde der Technologiebestand des Energieversorgungsunternehmens Preussen-Elektra aus dem Jahre 1994 zugrunde gelegt. Die Berechnungen erfolgten mit dem am ZEW installierten Emittentenstrukturmodell „EMI 2.0", welches die Ermittlung der Emissionen des gesamten Produktionsprozesses einschließlich der Vorleistungen ermöglicht (vgl. Hohmeyer et al. 1997: 204ff.).

jedoch müssen die Windkraftanlagen entsorgt werden, weshalb zunehmend der
Einsatz umweltschonender und rezyklierbarer Materialien im Windkraftanlagenbau gewählt wird. Bei der Entsorgung einer 600 kW-Windkraftanlage fallen etwa
2,5 Tonnen Beton, 1 Tonne unlegierter Stahl, 50 kg glasfaserverstärkter Kunst-
stoff und 50 kg Kupfer an (vgl. Anonymus 1995a:5). Die anfallenden Metalle
können leicht in dem bereits bestehenden Schrottrecyclingsystem verwertet werden. Schwierigkeiten bestehen hingegen bei den verwendeten Kunststoffen, für
die teilweise keine geeigneten Recyclingverfahren existieren, so daß unter wirtschaftlichen Gesichtspunkten eine energetische Verwertung der Kunststoffe erwartet wird (vgl. Hinsch/Söker 1995:4ff.).

**Abbildung 26:**       Vergleich der Schadstoffemissionen zwischen
                        Windstromproduktion und fossiler Stromerzeugung

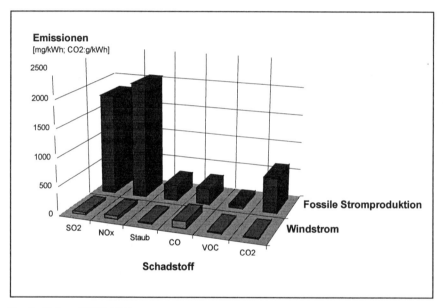

Quelle: Bräuer (1996:30f.)

Trotz der positiven Wirkungen im Hinblick auf den Klima- und Ressourcen-
schutz führt der schnelle Ausbau der Windenergie aus Landschafts- und Natur-
schutzgründen immer mehr zu Konflikten mit der lokalen Bevölkerung (vgl. beispielsweise Brandt 1995; Fischedick/Hennincke 1996:320ff.). Die Aufstellung
von Windkraftanlagen hat einen Einfluß auf das Erscheinungsbild der Landschaft
und damit Auswirkungen auf die Anwohner und auf den Fremdenverkehr. Als
grundsätzliche Einflußelemente sind sowohl der optische Eindruck der Windkraftanlagen als auch der notwendigen Infrastruktur zu nennen (vgl. Tabelle 41).

**Tabelle 41:**        Einflußelemente auf die Akzeptanz von Windkraftanlagen

| | |
|---|---|
| • Turmhöhe und -durchmesser | • Zuwegung |
| • Konstruktion der Türme | • Betriebscontainer |
| • Farbanstrich der Türme | • Zahl der Rotorblätter |
| • Rotordurchmesser | • Anlagenzahl und Anordnung eines Windparks |

Quelle: Nohl (1996:199)

Der optische Einfluß auf das Landschaftsbild ist vor allem von subjektiven Beurteilungen abhängig. Einerseits werden Windkraftanlagen als ästhetisches Bauwerk und als Bereicherung und andererseits als Belastung des Landschaftsbildes betrachtet. Mit dem schnellen Ausbau der Windenergie werden zunehmend die negativen Auswirkungen auf das Landschaftsbild betont. So wird beispielsweise aus Sicht des Denkmalschutzes argumentiert (Schafft 1994:27), daß:

• die Höhe und die drehenden Rotorblätter die Offenheit und Ruhe der Landschaft beeinträchtigen,

• die Häufung der Windparks und die Größe der Anlagen den Charakter und die Güte natürlicher Landschaften stören und

• das kulturhistorisch bedeutsame Landschaftselemente in ihrem visuellen Wert gemindert werden.

Aus diesen Gründen werden heute zumeist Rohrtürme verwendet, deren optischer Eindruck für Menschen angenehmer ist als Gittermasten oder abgespannte Türme. Das Unternehmen Enercon unterstützt diese Wirkung noch durch eine an die Umgebung angepaßte Farbgebung, beispielsweise in Norddeutschland durch einen abgestuften grün-weißen Anstrich. Wichtig ist auch, daß die tatsächliche Größe einer Anlage für den Menschen nur schwer abzuschätzen ist. Größere Anlagen wirken nicht dominanter als kleinere Anlagen (vgl. Keuper 1993:37ff.).

Desweiteren entstehen während des Betriebs einer Windkraftanlage Getriebe- und Generatorgeräusche sowie aerodynamische Geräusche des Rotors, die oft als störend empfunden werden. Letztlich wird darum bei einer Baugenehmigung im Einzelfall geprüft, ob durch eine Windkraftanlage eine Lärmbelästigung entsteht (vgl. Niedersberg 1996:88f.). Die Verminderung der Schallemissionen ermöglicht somit eine Akzeptanzerhöhung bei den Anwohnern, aber auch eine Ausweitung der zur Verfügung stehenden Standortflächen, da sich durch geringere Schallemissionen auch die geforderten Mindestabstände zu Bebauungsgebieten verringern. Bei der Entwicklung neuer Windkraftanlagen wird darum von den Herstellern ein hoher Stellenwert auf die Lärmreduktion gelegt. Um Innovationen zur Verminderung von Lärmemissionen zu forcieren, wurden auch entsprechende Kriterien, wie die Einhaltung bestimmter Schalleistungspegel, in Förderprogramme aufgenommen (vgl. Niedersächsisches Ministerialblatt 1992). Durch die Entwicklung des getriebelosen Anlagenkonzeptes, die schwingungstechnische Entkopplung von Lagern, Getrieben und Generatoren von der Gondel oder durch geringere Blattspitzengeschwindigkeiten konnten bereits deutliche Lärmminderungen erzielt werden (vgl. Klug/Gabriel 1997:70ff.).

Die Beeinträchtigung der Tierwelt durch Windkraftanlagen betrifft vor allem Vögel. In Studien wurde jedoch deutlich, daß das Vogelschlagrisiko durch Einzelanlagen oder Windparks im Vergleich mit anderen technischen Anlagen, wie u.a. Hochspannungsleitungen, gering ist (vgl. Miersch 1994:51). Unklar ist hingegen noch, ob die Flugroute und die Wahl der Rastplätze von Zugvögeln durch optische und akustische Signale sowie durch Turbulenzen beeinträchtigt wird (vgl. Brüning 1996:153).

Zur Verringerung der Umwelteinflüsse wurde beispielsweise in Niedersachsen eine Leitlinie für die Errichtung von Windkraftanlagen erarbeitet, in der u.a. Empfehlungen zur Verminderung von Landschaftbeeinträchtigungen und für Ausgleichs- und Ersatzmaßnahmen gegeben werden (vgl. Griefahn 1995). Eine verbesserte lokale Akzeptanz ist durch eine intensivere Information über geplante Projekte und eine Beteiligung der Bevölkerung an der Projektplanung sowie dem Betrieb der Anlagen zu erwarten (vgl. van Erp et al. 1996:181ff.). Die erfolgte Baugesetzbuchänderung, die den Gemeinden die Möglichkeit für eigene Planungen über Ausschluß- und Vorranggebiete einräumt, trägt hierzu bei. Die Einbindung dieser Gemeindeplanung in die Landesplanung, wie u.a. in Schleswig-Holstein, gewährleistet die Ausweisung großräumiger Ausschlußgebiete, beispielsweise zum Schutz von Vogelbrutgebieten. Wichtig ist jedoch auch, die Risiken und den Nutzen der Windenergie gleichmäßiger zu verteilen bzw. Kompensationsmöglichkeiten zu finden. So sollte bei Windkraftprojekten auf eine bevorzugte Beteiligung der Projektanlieger geachtet werden. Dies wird heute bereits in einigen Projekten umgesetzt, in denen normalerweise eine Beteiligung als Kommanditist ab 50.000 DM möglich ist, während die lokale Bevölkerung sich bereits mit 10.000 DM engagieren kann (vgl. Behnke 1997:18).

# 12 Internationaler Vergleich der Umwelt- und Förderpolitik

## 12.1 Die Windenergieentwicklung in Deutschland - zusammenfassende Bemerkungen

In Deutschland wird die Windenergie seit den siebziger Jahren durch eine Kombination verschiedener umwelt- und förderpolitischer Instrumente gefördert (vgl. Abbildung 27). Bis dahin hatten die bestehenden Rahmenbedingungen am Energieversorgungsmarkt eine autonome Entwicklung der Windkraft weitgehend verhindert. Hierzu zählen die fehlende Internalisierung der externen Effekte der Energieerzeugung sowie „Lock-in-Effekte" (vgl. Arthur 1988:13ff., zitiert bei Erdmann 1993:185) durch „sunk-costs", hohe Umstellungskosten der zentralen Energieversorgungsstruktur und die Verharrungskräfte einer pfadabhängigen technischen Entwicklung im Bereich fossiler und nuklearer Kraftwerke.

Ein besonderes Merkmal der Windtechnologieförderung in Deutschland ist der Einsatz von Instrumenten, die auf den Innovationsprozeß abzielen, d.h. sowohl die Forschung und Entwicklung als auch die Markteinführung und die Marktdiffusion unterstützen.

Erste Anstöße für die Windenergie wurden in den siebziger Jahren durch das BMBF gegeben. Der Versuch eines Technologiesprungs durch die Unterstützung von FuE-Projekten zur Entwicklung von Großwindanlagen mit Nennleistungen zwischen 1 und 3 MW scheiterte jedoch trotz eines erheblichen Mitteleinsatzes. Die Mitarbeiter der beteiligten Großunternehmen versuchten ihr vorhandenes Know-how, u.a. aus dem Bereich der Luft- und Raumfahrt, zu nutzen. Diese Vorgehensweise bestätigt die Annahme der Innovationstheorie, daß die Richtung von Innovationsanstrengungen durch den bestehenden Erfahrungsschatz aus früheren FuE-Aktivitäten beeinflußt wird (vgl. u.a. Dosi 1988a:1120ff.)

Erfolgreicher war die Unterstützung von FuE-Vorhaben in neu gegründeten oder durch Diversifikationsanstrengungen von Maschinen oder Schiffbaubetrieben entstandenen kleinen Unternehmen. In diesen Unternehmen wurden zunächst

Windkraftanlagen mit geringer kW-Leistung entwickelt und kontinuierlich das notwendige Know-how für die Entwicklung leistungsstärkerer und effizienterer Windkraftanlagen aufgebaut. Es entstand dadurch eine Wissensbasis, die als „technologische Nische" bezeichnet werden kann (vgl. Kemp et al. 1997:5). Aber auch bei den Entwicklungsaktivitäten dieser kleinen Windkraftanlagenhersteller wird die Bedeutung des in der Vergangenheit akkumulierten Know-hows für die Richtung der Innovationsbemühungen offensichtlich. Das vorhandene spezifische Wissen aus dem Elektrotechnikbereich oder dem Getriebebau spiegelt sich bis heute in den technischen Lösungen im Windkraftanlagenbau wider.

**Abbildung 27:**        Im Windenergiebereich eingesetzte Förderinstrumente

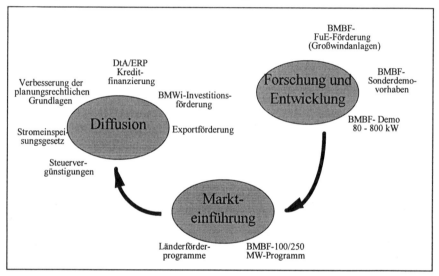

Ende der achtziger Jahre waren in Deutschland technisch zuverlässige und als Prototypen getestete Windkraftanlagen verfügbar. In der Folge kam es zu einer Neuorientierung der Förderpolitik, um die Rahmenbedingungen für die Weiterentwicklung der „technologischen Nische" zu einer „Marktnische" zu forcieren. Schwerpunkt der Förderpolitik war nun die Markteinführung und die Diffusion der Windkrafttechnologie. Die dominierende Herstellerförderung wurde zugunsten einer im wesentlichen ertragsabhängigen und betreiberorientierten Förderstrategie deutlich reduziert. Den Windkraftanlagenbetreibern wurde damit eine sichere Kalkulationsgrundlage gegeben und das Risiko von Investitionsentscheidungen deutlich verringert.

Im 100/250-MW-Förderprogramm wurde die Windkraftnutzung zunächst mit 8 Pfennig/kWh und ab 1991 mit 6 Pfennig/kWh als Betriebskostenzuschuß oder alternativ mit einem Investitionskostenzuschuß gefördert. Das begleitende Windmeßprogramm liefert seitdem Informationen über die technische und wirtschaftliche Entwicklung der geförderten Windkraftanlagen, so daß Erkenntnisse über die Qualität und Effizienz der verschiedenen technischen Optionen vorliegen. Eine zentrale Bedingung für den Markterfolg stellte jedoch 1991 die Öffnung des Strommarktes für private Erzeuger durch das Stromeinspeisungsgesetz dar.

Parallel zu diesen Maßnahmen auf der Bundesebene wirkten Förderprogramme der Bundesländer, die vor allem durch die Integration technischer Zielvorgaben Innovationsanreize gaben und damit beispielsweise die Verminderung der Umwelteinflüsse bei der Windkraftnutzung unterstützten. Aufgrund einer nicht optimalen Abstimmung der Fördermaßnahmen zwischen Bund und Ländern kam es jedoch zu Überlappungen der Programme und damit zeitweise zu Effizienzverlusten.

Vor allem die ertragsabhängige Gestaltung der Förderung begünstigt Windkraftprojekte an günstigen Standorten und den Einsatz effizienter Anlagen und induziert eine preiselastische Nachfrage durch die Windkraftbetreiber, so daß den Anlagenherstellern Anreize zu stetigen Kostensenkungen gegeben wurden. Aufgrund dieses „Demand-pull" Effektes stieg in den letzten Jahren die Bedeutung von Prozeßinnovationen gegenüber Produktinnovationen. Produktinnovationen zeichnen sich heute überwiegend durch eine Steigerung der Anlageneffizienz aus. Die Bedeutung von Prozeßinnovationen hingegen hat deutlich zugenommen, um die noch erheblichen Kostensenkungspotentiale in der Windkraftanlagenproduktion zu erschließen. Dabei ist es für die Hersteller aufgrund des noch schnellen Produktlebenszyklus wichtig, neue Anlagen zügig auf dem Markt einzuführen, um sich die Erträge einer Innovation aneignen zu können.

Die dynamische Entwicklung der Windkraftnutzung ist jedoch nicht nur mit dem Einsatz dieser förderpolitischen Instrumente zu erklären. Zwar waren das 100/250-MW-Förderprogramm und das Stromeinspeisungsgesetz die wesentlichen Schlüsselmaßnahmen (vgl. Abbildung 28), doch wird deren Wirkung durch weitere flankierende staatliche Maßnahmen beeinflußt.

Während sich in den USA gezeigt hatte, daß mit der Gewährung von Steuer- und Zinsvergünstigungen keine Einflußnahme auf die Qualität und Effizienz der errichteten Windkraftanlagen möglich war (vgl. Kemp et al. 1997:12), zeigten sich diese Instrumente in Deutschland in Kombination mit der ertragsabhängigen Förderung als wirksame Maßnahmen zur Beschleunigung der Marktdiffusion. Von der Deutschen Ausgleichsbank zur Verfügung gestellte zinsverbilligte Kredite reduzieren das Risiko hoher und schwankender Kapitalmarktzinsen für Windkraftprojekte und sind darum wichtig für die Wirtschaftlichkeit eines Windprojektes. Die Anerkennung der Gewinnorientierung durch die Finanzverwaltung eröffnete den Investoren schließlich die Möglichkeit zur steuerlichen Abschreibung der Investitionskosten. Die Verlustzuweisungen aus Windkraftprojekten sind ein wesentlicher Grund für das Interesse kommerzieller Kapitalgeber. Aber auch die Änderung oder Festlegung technischer Normen für Windkraftanlagen unterstützte die Generierung von technischen Innovationen, die sowohl die Effizienz und Sicherheit der Anlagen verbessern als auch die öffentliche Akzeptanz erhöhen. Gerade die Akzeptanz in der Bevölkerung erweist sich aufgrund des schnellen Ausbaus der Windenergie und der in bestimmten Gebieten hohen Installationszahlen zunehmend als ein Investitionshemmnis. Folglich war die Verbesserung der lokalen Akzeptanz ein Beweggrund für die Änderung des Baugesetzbuches, durch die die Haltung der Kommunen im Planungsprozeß eine stärkere Berücksichtigung findet. Daneben wurden durch diese Maßnahme auch die planungsrechtlichen Anforderungen für die Errichtung von Windkraftanlagen vereinfacht.

**Abbildung 28:**     Entwicklung der Windenergienutzung in Deutschland und wichtige Förderinstrumente

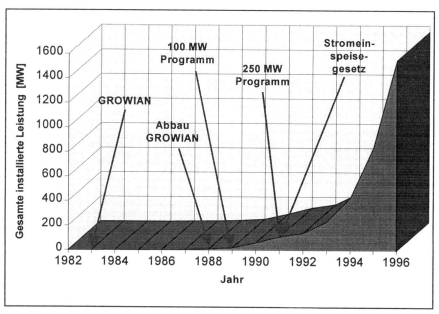

Insgesamt wurden bis Ende 1995 über 620 Mio. DM für die Windkraftförderung aufgewendet. Hinzu kommen, auf der Grundlage von vermiedenen Kosten in Höhe von 14 Pf/kWh, noch Zahlungen der Energieversorger in Höhe von etwa 100 Mio. DM. Für das 250 MW-Programm des BMBF wurden bis Ende 1995 etwa 100 Mio. DM und bis Mitte 1997 etwa 170 Mio. DM ausgezahlt. Für die sonstigen BMBF-Maßnahmen, wie u.a. die FuE-Förderung, kommen weitere 262 Mio. DM hinzu. Die bis 1988 ausgezahlten Mittel sind dabei überwiegend an Unternehmen geflossen, die heute keine Windkraftanlagen mehr anbieten (vgl. Langniß/Nitsch 1997:72). Komplementär zu den BMBF-Programmen wirkten Länderprogramme mit über 200 Mio. DM, die zumeist auch gezielt die Betreiber von Windkraftanlagen unterstützten (vgl. Tabelle 42).

**Tabelle 42:**          Abschätzung der Fördermittel für die Windenergie 1980-1995

| Förderinstrument | 1980-1988 | 1989 | 1990 | 1991 | 1992 | 1993 | 1994 | 1995 | Gesamt |
|---|---|---|---|---|---|---|---|---|---|
| 250 MW | | | 4,0 | 8,0 | 16,0 | 25,0 | 27,0 | 28,0 | 108,0 |
| Sonstiges BMBF | 187,0 | 13,0 | 18,0 | 10,0 | 9,0 | 7,0 | 11,0 | 7,0 | 262,0 |
| Förderung BMWi | | | | | | | 1,5 | 6,0 | 7,5 |
| DtA-Zinsvorteil | | | | 1,0 | 2,0 | 5,0 | 11,0 | 17,0 | 36,0 |
| Länderförderung | | | | 21,0 | 20,0 | 66,0 | 71,0 | 36,0 | 214,0 |
| Summe Förderung | 187,0 | 13,0 | 22,0 | 40,0 | 47,0 | 103,0 | 121,5 | 94,0 | 627,5 |
| Stromein-speisungsgesetz | | | | 4,0 | 6,0 | 11,0 | 24,0 | 57,0 | 102,0 |
| Gesamt | 187,0 | 13,0 | 22,0 | 44,0 | 53,0 | 114,0 | 145,5 | 151,0 | 729,5 |

Quelle: Langniß/Nitsch (1997:72); Reinhardt (25.8.1997)

Zwar werden aus allokationstheoretischer Sicht die eingesetzten staatlichen Förderhilfen als vergleichsweise ineffizient bewertet, doch hat sich für die Überwindung der bestehenden Marktzutrittsbarrrieren eine vorübergehende Unterstützung als durchaus wirksam erwiesen (vgl. Erdmann 1992:183). Dies wird bei einer Betrachtung der Marktentwicklung in Deutschland deutlich, die sich durch einen kontinuierlichen Anstieg der Leistung auszeichnet. Ende Juni 1997 waren mit über 4700 Windenergieanlagen etwa 1760 MW-Leistung in Deutschland installiert. Bis Ende 1997 wird mit etwa 2000 MW gerechnet (siehe oben Abbildung 12 in Kapitel 4.1.2). Damit ist die Bundesrepublik Deutschland im internationalen Vergleich das Land mit der weltweit höchsten installierten Leistung. Während der mit Windenergie produzierte Strom 1993 erst einen Anteil von etwa 0,14% am Nettostromverbrauch in Deutschland erreichte, sind es heute bereits über 0,73%.

Aus Effizienzgesichtspunkten ist es jedoch entscheidend, daß Förderhilfen nur befristet vergeben werden und eine maximale Förderdauer im voraus bestimmt wird. Im Windenergiebereich wurde die Förderhöhe flexibel den sich ändernden Rahmenbedingungen der Technologie- und Marktentwicklung angepaßt. Die Mehrzahl der Förderprogramme konnte mittlerweile aufgrund von Kostensenkungen in Folge des technischen Fortschritts bei den Anlagen und in der Anlagenproduktion reduziert werden, obwohl die Effizienzgewinne durch Kapazitätsengpässe des Stromversorgungsnetzes, steigende Akzeptanzprobleme der lokalen Bevölkerung und die zunehmende Knappheit an windgünstigen Standorten teilweise kompensiert werden. Der Höhepunkt der Förderung wurde 1991 mit einer Förderung der erzeugten Energie von max. 0,276 DM/kWh erreicht. Ein wirtschaftlicher Betrieb ist heute bei einer Vergütung nach dem Stromeinspeisungsgesetz in Höhe von 17,21 Pf/kWh und einer Finanzierung mit Mitteln der Deutschen Ausgleichsbank, aber ohne Berücksichtigung von Steuervorteilen, an Standorten mit etwa 2000 Vollaststunden, d.h. überwiegend an windgünstigen Küstenstandorten, möglich. Bei einer hohen Eigenverwendung des erzeugten Stroms, z.B. durch Landwirte, sind die Voraussetzungen für einen wirtschaftlichen Betrieb noch deutlich günstiger.

Aber auch die Modalitäten des Stromeinspeisungsgesetzes werden zur Zeit diskutiert. In den letzten Monaten wurden verschiedene Novellierungsvorschläge debattiert und letztlich ein 5%-Deckel für die Abnahmen von Windstrom durch die Energieversorger beschlossen.[71]

In Deutschland ist es seit Beginn der Förderung gelungen, eine eigenständige, mittelständisch geprägte Windkraftindustrie aufzubauen. Nach verschiedenen Schätzungen sind heute zwischen 5.000 und 9.000 Arbeitnehmer direkt und indirekt mit der Herstellung, der Errichtung und dem Betrieb von Windkraftanlagen beschäftigt (vgl. u.a. Langniß/Nitsch 1997:73; Bräuer 1996:96).

Die zunächst aufgrund ihrer Pionierrolle bestehenden technologischen Wettbewerbsvorteile für dänische Unternehmen konnten mittlerweile von den deutschen Herstellern kompensiert werden. In Teilbereichen sind deutsche Hersteller nach wegweisenden Innovationen sogar Technologieführer. Diese Vorteile aus technischer Perpektive konnten jedoch bislang nicht in entsprechende Marktanteile auf den Auslandsmärkten umgesetzt werden, da auch bei den führenden deutschen Unternehmen erst Ansätze für den Aufbau der notwendigen Vertriebs- und Wartungsstrukturen bestehen. Der Zeitvorsprung bei dem Aufbau dieser auch als „complementary assets" bezeichneten Strukturen gewährt hingegen den dänischen Unternehmen noch erhebliche Marktvorteile. Die staatliche Exportförderung konnte bislang kaum nennenswerte Erfolge erzielen.

Vor allem auf den europäischen und asiatischen Exportmärkten bestehen jedoch zukünftig noch erhebliche Entwicklungspotentiale für die Windkraftnutzung. Interessante Entwicklungsperspektiven bestehen auch im Offshore-Bereich, d.h. bei der Errichtung von Windkraftanlagen im Küstenmeer. Mit dieser Technologie bestehen jedoch in Deutschland noch keine Anwendungserfahrungen, da eine Errichtung von Offshore-Anlagen aus planungsrechtlichen und naturschutzrechtlichen Gründen schwierig ist. Dänische Unternehmen agieren auch in diesem Marktsegment wieder als Vorreiter und errichten und betreiben seit einigen Jahren mit Unterstützung der Regierung erste Offshore-Windparks. Obwohl bislang noch eine Vielzahl von Unternehmen am Anlagenmarkt agiert, zeichnet sich mit der Reduzierung der Förderung eine zunehmende Marktkonzentration ab. Während in den FuE-Programmen noch eine Vielzahl von Unternehmen unterstützt wurden,

---

[71]  Vorschläge des CDU-Bundestagsabgeordneten Grill und der Deutschen Physikalischen Gesellschaft lehnen sich beispielsweise an das britische Modell der NFFO an (vgl. Groscurth/Bräuer 1997).

sind unter einer ertragsorientierten Förderung jene Unternehmen begünstigt, die in den letzten Jahren eigene FuE-Kapazitäten aufgebaut haben, einen relativ hohen Eigenfertigungsanteil sowie Merkmale einer Serienproduktion aufweisen, um Erfahrungskurveneffekte erreichen zu können. Es ist zu erwarten, daß sich letztlich ein weltweites Angebotsoligopol herausbilden wird, in dem nur noch ein bis zwei deutsche Hersteller eine wesentliche Bedeutung haben werden.

## 12.2 Die Windenergieentwicklung in Dänemark

In Dänemark hat die Windenergienutzung seit Mitte der siebziger Jahre als Folge der Erdölkrisen 1973/74 auf der politischen Ebene stark an Bedeutung gewonnen. Bereits 1991 erreichte der Windstrom in Dänemark einen Anteil von 3% am gesamten Stromverbrauch. Als Anfang der neunziger Jahre in Deutschland eine dynamische Entwicklung einsetzte, verlangsamte sich der Ausbau in Dänemark u.a. aufgrund von ungeklärten lokalen Genehmigungs- und Standortproblemen. Erst 1994 setzte nach Klärung der offenen Genehmigungsfragen ein neuer Entwicklungsschub ein, so daß der Anteil des Windstroms 1996 bei 4% lag. Für die zukünftige Nutzung der Windenergie ist im Energieplan 21 bis 2005 ein Ausbau auf 1200 MW Onshore und 300 MW Offshore und damit ein Anteil von 10 % an der Elektrizitätserzeugung vorgesehen. Bis zum Jahre 2030 ist ein weiterer Anstieg der Windkraftkapazität auf 1.500 MW Onshore und 4000 MW Offshore geplant (vgl. Meyer 1997:5).

In den siebziger Jahren wurden in Dänemark auf der Basis des in den fünfziger Jahren entwickelten Designs der dreiflügeligen Gadser-Windmühle vielfache Anlagendesigns und Anlagengrößen entwickelt. Ebenso wie in Deutschland wurden in Dänemark Großanlagen entwickelt, die sich auch dort als wirtschaftliche und technische Mißerfolge erwiesen. Gleichzeitig war die Entwicklung technisch weniger anspruchsvoller und kleinerer Anlagenkonzepte mit Leistungen zwischen 10 und 55 kW erfolgreich. Die kleinen Windkraftanlagen wurden durch Pionierunternehmen und Selbstbauer entwickelt und durch idealistische Investoren aus umweltschutzorientierten Motivation aufgestellt, so daß praktische Erfahrungen gesammelt werden konnten (vgl. Lauritzen et al. 1996:67). Die Entwicklung der kleinen Anlagen wurde in starkem Maße durch das vorhandene Know-how der Entwickler und Konstrukteure beeinflußt, welche zumeist keine ingenieurwissenschaftliche Expertise hatten, sondern über eine handwerkliche Ausbildung verfügten (vgl. Heymann 1995:463). Dieses dänische Konzept prägt bis heute die technische Entwicklung im Windkraftanlagenbau. Insbesondere für die kleinen deutschen Windkraftunternehmen stellte das dänische Know-how im Windkraftanlagenbau später eine wichtige Wissensgrundlage für eigenständige Entwicklungen dar.

Die Windkraftnutzung wurde in Dänemark, nicht wie in den USA durch ein Crash-Programm, sondern durch eine dosierte Kombination von frühzeitigen FuE- und Markteinführungshilfen gefördert. Hierzu zählt die monetäre FuE- und Prototypenförderung oder die Gestaltung der administrativen Rahmenbedingungen. Die Maßnahmen sind den später in Deutschland eingesetzten Instrumenten vergleichbar (vgl. Hoppe-Kilpper 1995:113ff.).

Als eine erste entscheidende Maßnahme wird von Lauritzen et al. (1996:62f.) die Gründung des Windenergie-Komitees im Jahre 1974 angesehen. Aufgabe des Komitees war die Untersuchung und Bewertung der Einsatz- und Entwicklungsmöglichkeiten der Windenergienutzung in Dänemark (vgl. Lauritzen et al. 1996:62f.). Meyer (1997:2f.) betrachtet eher die Verabschiedung des ersten alternativen dänischen Energieplans durch unabhängige Forscher im Jahre 1976 als den entscheidenden Meilenstein für die Entwicklung der Windenergie in Dänemark.

Die staatlichen Fördermaßnahmen konzentrierten sich im Anschluß an eine Durchführbarkeitsstudie zur Windenergienutzung zuerst auf FuE und Demonstrationsvorhaben sowie auf die Festlegung von Qualitäts- und Zuverlässigkeitskriterien (vgl. Lauritzen et al. 1996:67). In Entwicklungs- und Demonstrationsvorhaben an Universitäten und bei Anlagenherstellern wurde seit den frühen achtziger Jahren die Entwicklung effizienter Rotorblätter, die Verringerung der Lärmbelästigung durch Windturbinen oder die Konstruktion kostengünstiger Offshore-Plattformen unterstützt. Für die Forschung und Entwicklung stellte das dänische Energieministerium zwischen 1980 und 1993 etwa 50 Mio. DM und die dänische Energieagentur zwischen 1985 und 1993 ca. 18 Mio. DM zur Verfügung. Für Demonstrationsvorhaben wurden zwischen 1980 und 1985 Fördermittel in Höhe von etwa 7 Mio. DM bereitgestellt (vgl. Hoppe-Kilpper et al. 1995:79). 1978 wurde das Testzentrum für Windkraftanlagen in Risö gegründet (vgl. Lauritzen et al. 1996:67). Die Belegschaft des Testzentrums rekrutierte sich zu erheblichen Teilen aus Personen, die beim Bau der TWIND-Windmühle (eine privat gebaute Anlage von ca. 600 kW) in den siebziger Jahren schon wichtige praktische Erfahrungen gesammelt hatten. Dieses Forschungszentrum hat eine wichtige Funktion als Bindeglied zwischen den konkurrierenden Anlagenherstellern. Daneben werden in Risö Testverfahren und darauf aufbauende Zertifizierungsrichtlinien erarbeitet, die Vorgaben zur Entwicklung zuverlässigerer und sicherer Anlagen geben (vgl. Kemp et al. 1997:14). Heute werden alle auf dem Markt eingeführten Windkraftanlagen vom Forschungszentrum in Risö für 3 bis 6 Monate getestet.

Wichtigen Anteil an der technischen Weiterentwicklung kleiner Windenergieanlagen in Dänemark hatte die frühzeitige Gründung der Vereinigung dänischer Windanlagenbetreiber, die alle Betriebserfahrungen seit Ende der siebziger Jahre minutiös auswertete und den Anlagenherstellern klare Anforderungen zur Verbesserung ihrer Anlagen stellte.

Nachdem technisch zuverlässige Anlagen in Dänemark verfügbar waren, wurde die weitere Diffusion der Windtechnologie ab 1979 mit Markteinführungshilfen gefördert. Diese frühzeitige Umstellung von der Herstellerförderung auf die Betreiberförderung stellte einen wichtigen Schritt für den Erfolg der Windenergienutzung in Dänemark dar. Aber auch die sukzessive Verringerung der Markteinführungshilfen im Zuge der technischen Entwicklung ist ein Erfolgsmerkmal der dänischen Windenergiepolitik (vgl. Kemp et al 1997:14).

Bis Ende der achtziger Jahre wurde die Errichtung von Windkraftanlagen mit Investitionszuschüssen gefördert. Die unterstützten Anlagen mußten eine Zertifizierung durch die Teststation in Risö nachweisen. Die Höhe der Investitionsförderung variierte im Laufe der Zeit mehrfach. 1979 wurde die Errichtung von Windkraftanlagen zunächst mit einem 30%-igen Investitionszuschuß unterstützt. Dieser Betrag wurde 1981 auf 20% verringert, bereits 1982 wieder auf 30% angehoben, 1983 auf 25% und dann in drei Schritten bis 1988 auf 10% gesenkt. Seit 1989 wird kein Investitionszuschuß für den Neubau mehr gewährt (vgl. Lauritzen et al. 1996:66f.). Aufgrund der zunehmenden Standortknappheit wird jedoch mittlerweile die Substitution kleiner und technisch veralteter Anlagen durch große und effizientere Windkraftanlagen mit staatlichen Zuschüssen unterstützt.

In einem Vertrag mit den Windkraftanlagenbetreibern verpflichteten sich die dänischen Energieversorger 1984 zu einer Abnahme des Windstroms mit einer Vergütung von 85% des Verbraucherpreises ohne Steuern. Damit wurde ein garantierter Tarif für die Netzeinspeisung geschaffen, der 1995 bei etwa 16 Pf/kWh lag (vgl. Lauritzen et al. 1996:59ff.). Speist der Betreiber jedoch nur einen Teil seines Stroms in das öffentliche Netz ein, dann verringert sich die Vergütung auf 70% des Verbraucherpreises. Die Energieversorger erklärten sich zudem bereit, 35% der Netzanschlußkosten zu übernehmen. Darüber hinaus wird die $CO_2$- und die Energiesteuer auf fossile Energien in Höhe von etwa 2,5 Pf/kWh für Gemeinschaftsbetreiber und Einzelbetreiber zurückerstattet (vgl. Meyer 1997:6). Damit wird in Dänemark eine partielle Internalisierung der externen Effekte der Energieversorgung erreicht und technologie- und umweltpolitische Zielsetzungen werden direkt miteinander gekoppelt.

Daneben wurden aber auch Infrastrukturvorhaben durch die dänische Regierung finanziert. Hierzu zählt die Erstellung eines dänischen Windatlas im Jahre 1981, um den Betreibern Informationen über geeignete Standorte zur Verfügung zu stellen, und die Durchführung von Standortevaluationen für die Aufstellung von Windkraftanlagen im Onshore- und Offshore-Bereich. Wichtig war auch die Information der Bevölkerung über die Merkmale regenerativer Energien, um die Akzeptanz dieser Energieform zu sichern (vgl. Meyer 1997:5f).

Der grundlegende Unterschied zwischen der dänischen und der deutschen Energiepolitik ist zunächst der Beschluß der dänischen Regierung zum Ausstieg aus der Atomenergie aus dem Jahre 1985. Die Umsetzung dieses Beschlusses ist durch die Nutzung regenerativer Energien erreichbar. Daneben ist die Erstellung von langjährigen Energieplänen mit Zielvorgaben ein Merkmal der dänischen Energiepolitik. In den Energieplänen ist zur Reduzierung der $CO_2$-Emissionen ein starker Ausbau der Windkraft vorgesehen (vgl. Hoppe-Kilpper 1995:78). Ein weiterer Unterschied ist die starke Einbindung der Energieversorgungsunternehmen bei der Windenergieerzeugung in Dänemark. Die beiden dänischen Energieversorger, ELSAM für die Versorgung von Jütland und kleineren Inseln und ELKRAFT für die Versorgung von Seeland, beteiligten sich bereits in den siebziger Jahren an der Entwicklung von MW-Anlagen. Die Energieversorger wurden von der dänischen Regierung aber auch in zwei Windprogrammen verpflichtet, insgesamt 200 MW Windkraftleistung zu installieren. Während die ersten 100 MW bis 1993 durch die Energieversorger errichtet wurden, konnte das zweite 100 MW-Kontingent aufgrund von Standortproblemen auf dem Festland nicht realisiert werden. Stattdessen ist nun vorgesehen, diese 100 MW-Leistung offshore im Küstenmeer zu errichten (vgl. Meyer 1997:7).

Die Akzeptanz der Windkraftnutzung ist in Dänemark relativ hoch. Eine Ursache hierfür waren institutionelle Innovationen in Form der Gründung von Windgenossenschaften. Heute sind 75% der installierten Windkapazität in solchen Genossenschaften organisiert, so daß weite Teile der Bevölkerung finanziell an Windkraftprojekten beteiligt sind. Erleichternd wirkte hierbei der Umstand, daß die Endverteilernetze in Dänemark häufig noch im Besitz lokaler Genossenschaften sind. Die Investoren müssen in den Verwaltungsbezirken leben, in welchen die Projekte geplant sind. Die Investition ist steuerfrei, wenn der Anlagebetrag nicht mehr als 150% des eigenen jährlichen Stromverbrauchs beträgt. Akzeptanzprobleme entstehen in Dänemark darum fast nur bei Projekten der Energieversorger (vgl. Meyer 1997:10).

Aufgrund dieser Rahmenbedingungen hat sich seit 1977 in Dänemark mit der Windenergie eine Wachstumsbranche entwickelt. Die Firma Vestas beispielsweise ist ein ehemaliger Landmaschinenhersteller, der sich seit einigen Jahren vollständig auf die Herstellung von Windkraftanlagen konzentriert. Es wird geschätzt, daß 1995 etwa 8500 Personen in der dänischen Windindustrie beschäftigt waren (vgl. Lauritzen et al. 1996:98ff.). Für die dänische Windindustrie ist vor allem der Exportmarkt wichtig. Der Exportanteil liegt heute bei etwa 88% der dänischen Anlagenproduktion (vgl. Lauritzen et al. 1996:98ff.). Bereits 1982 begannen dänische Windkraftanlagenhersteller mit dem Export von Anlagen mit durchschnittlich 75 kW Nennleistung nach Kalifornien. Bis Ende der achtziger Jahre waren die USA der wichtigste Exportmarkt für dänische Windkraftanlagen. Als der Windkraftboom in anderen europäischen Ländern einsetzte, hatten sich die dänischen Hersteller bereits mit Unterstützung durch die dänische Regierung als Pioniere auf dem Weltmarkt etabliert. Seit den neunziger Jahren ist Deutschland der wichtigste Auslandsmarkt.

Auch im Offshore-Bereich sind dänische Unternehmen heute nach der Errichtung von zwei Windparks die Vorreiter. Unterstützt durch die Regierung wurden u.a. kostengünstige Plattformen für Offshore-Anlagen entwickelt und damit deren Herstellungskosten deutlich gesenkt. Dennoch sind die Produktionskosten von Offshore-Strom mit etwas über 0,4 Kronen/kWh (ca. 10 Pf/kWh) immer noch höher als auf dem Festland mit durchschnittlich 0,3 Kronen/kWh, aber schon deutlich niedriger als die ursprünglich angenommenen 0,6 Kronen/kWh (vgl. Meyer 1997:10).

Zusammenfassend kann festgestellt werden, daß die dänische Windenergiepolitik ein erfolgreiches Beispiel einer Innovations- und Umweltpolitik ist, durch die ein Innovationsfenster innerhalb des dominierenden Kohletechnologieregimes geöffnet wurde. Die Durchführbarkeitsstudie in den siebziger Jahren war ein wichtiger erster Schritt zur Abwägung der Chancen und Risiken der Technologie. Die eingesetzten Instrumente ermöglichten zunächst die Bildung eines spezifischen Know-hows in den Herstellerunternehmen sowie in Universitäten und Forschungseinrichtungen. Anschließend wurde die weitere technische Entwicklung durch die Betreiberförderung den Marktkräften überlassen. Die Aufstellung von Energieplänen mit Ausbauvorgaben und die Verpflichtung zur Abnahme des erzeugten Stroms zu fest vereinbarten Tarifen verringerte das Risiko potentieller Investoren und eröffnete langfristige Perspektiven für Investitionen. Gleichzeitig gelang es, daß Förderniveau der technischen Entwicklung anzupassen und sukzessive zu verringern. Somit ist es in Dänemark gelungen, eine dynamische technische Entwicklung anzustoßen, die sich mittlerweile weitgehend autonom fortsetzt.

## 12.3 Die Windenergieentwicklung in Großbritannien

Großbritannien ist durch seine geographische Lage ein ideales Land für die Windkraftnutzung. Rund 20% der britischen Landfläche weisen Windgeschwindigkeiten von über 7 m/s auf. Aber auch in Großbritannien wurde die Windenergie bis Ende der achtziger Jahre kaum unterstützt und die Einspeisung von Windstrom mit nur ca. 0,6 Pf/kWh vergütet.

Erst 1989 wurde aus umweltpolitischen und energiepolitischen Gründen die Förderung regenerativer Energien mit der Verabschiedung des „Electricity Act" stark forciert. Ziel des Gesetzes ist es, Energieformen zu fördern, die langfristig wettbewerbsfähig sind. Die darin festgeschriebenen Liberalisierungsmaßnahmen zielen auf die Entflechtung von Stromerzeugung und -transport, die Privatisierung der nicht-atomaren Stromerzeuger und die Schaffung eines Erzeuger-Pools ab. Dabei besteht eine Durchleitungspflicht zur Belieferung von Kunden (vgl. Thomas 1997:41ff.).

Der Electricity Act wurde in England und Wales durch die „Non-Fossil-Fuel-Obligation" (NFFO) und in Schottland und Nordirland durch die „Renewable Orders" flankiert, in denen das britische Wirtschaftsministerium die regionalen Elektrizitätsgesellschaften zur Abnahme regenerativen und nuklear erzeugten Stroms verpflichtet. Hierzu verkündete die Regierung 1990 im Umweltweißbuch ein Ausbauziel von 1000 MW für erneuerbare Energien bis zum Jahr 2000, welches 1994 auf 1500 MW angehoben wurde. Mit der NFFO 1, 2, und 3 ist eine Abnahmeverpflichtung mit einer Gesamtkapazität von 1251 MW (declared net capacity)[72] erneuerbaren Stroms verbunden, wovon 262 MW auf die Windener-gienutzung entfallen (vgl. Mitchell 1995:1077). Ursprüngliches Ziel der NFFO war allerdings die Sicherung des Absatzes von nicht konkurrenzfähig erzeugtem Nuklearstrom.

Die regionalen Elektrizitätsgesellschaften haben zur Abwicklung der NFFO eine Agentur gegründet, die mit potentiellen Windkraftbetreibern Verträge über die erforderliche Menge regenerativen Stroms abschließt. Die Verträge werden in einem wettbewerblichen Bieterverfahren vergeben, wobei die günstigsten Anbie-ter ausgewählt werden. Die NFFOs erreichten, daß die installierte Windkraftlei-stung zwischen 1990 und 1994 von 4,3 MW auf 65,6 MW anstieg. Zudem konnte der Preis für Windenergie durch den Wettbewerbsdruck deutlich gesenkt werden. In der NFFO 2 lag die Vergütung für Windstrom noch bei etwa 24 Pf/kWh, doch in der NFFO 3 sind die Preise deutlich auf durchschnittlich 9,5-11,6 Pf/kWh ge-fallen und damit mit den atomaren Stromerzeugungskosten vergleichbar (vgl. Tabelle 43). Die Gründe für die Senkung der Preise sind sowohl die gesunkenen Anlagenkosten, Lerneffekte bei der Planung von Windparks, aber vor allem auch eine Verlängerung des steuerlichen Abschreibungszeitraums von 10 auf 15 Jahre. Und schließlich ermöglichte die wiederholte Ausschreibung den Markteintritt neuer Betreiber (vgl. Mitchell 1995:1085ff.).

**Tabelle 43:**        Kapazität und Preise der NFFO

| NFFO | Zahl der Projekte | Kapazität in MW | Durchschnittlicher Preis/kWh in Pence |
|------|-------------------|------------------|----------------------------------------|
| NFFO 1 von 1990 | 9 | 12,21 | |
| NFFO 2 von 1991 | 49 | 84,43 | 11,00 |
| NFFO 3 von 1994 | | | |
| < 1,6 MW | 31 | 145,02 | 4,32 |
| > 1,6 MW | 24 | 19,71 | 5,29 |

Quelle: Stevenson (1996:54)

Die höheren Strombezugskosten für regenerativen Strom werden den regionalen Elektrizitätsgesellschaften durch eine „Fossil Fuel Levy" wieder erstattet. Die Abgabe hatte 1993/1994 ein Gesamtvolumen von 1.234 Mio. Pfund, von denen 74 Mio. Pfund für die Förderung regenerativen Stroms verwendet wurden, wäh-

---

72  Dies entspricht einer ertragsorientierten Unterstützung, denn bei der „declared net capacity" wird ein Lastfaktor von 0,43 für die Windkraft berücksichtigt (vgl. Baentsch 1997:244).

rend mehr als 90% der Summe auf die Unterstützung des Nuklearstrombereichs entfielen (vgl. Baentsch 1997:245). Die Umsetzung der NFFO ist bislang wenig erfolgreich. Bis 1996 konnte nur ein Viertel der vorgesehenen Windkraftanlagen den Betrieb aufnehmen. Eine Garantie, daß die zugeteilten Projekte letztlich auch realisiert werden, besteht nicht, da erst nach der Zuteilung ein Antrag auf Genehmigung der Anlage am geplanten Standort gestellt werden kann. Schwierige Genehmigungsverfahren behindern die Umsetzung von Windkraftprojekten. So bestehen in der Bevölkerung hohe Akzeptanzprobleme, die u.a. auch darauf zurückzuführen sind, daß eine Beteiligung der lokalen Bevölkerung bei den Windprojekten aufgrund des Bieterverfahrens nahezu ausgeschlossen ist und Elektrizitätsunternehmen gezielte PR-Kampagnen gegen die Windenergie führen. Die Probleme liegen auch in der noch ungenügenden Fachkompetenz der Betreiber und daraus resultierenden organisatorischen Problemen. Ein weiteres Problem stellt die geringe Berücksichtigung von Umweltschutzbelangen in den Projektplanungen dar, was auf den hohen Kostendruck durch das Bieterverfahren zurückzuführen ist (Baentsch 1997:247). Dies hat mittlerweile zur Aufstellung von Richtlinien („Best Practice Guidelines for Wind Energy Development") geführt, in denen Umweltschutzbelange einen höheren Stellenwert haben.

Obwohl es das Ziel der britischen Regierung war, eine wettbewerbsfähige Windkraftindustrie zu entwickeln (vgl. Stevenson 1996:74), konnte sich eine Herstellerindustrie bislang nicht entwickeln. Im Gegenteil, denn die überwiegende Zahl der installierten Windkraftanlagen wird durch dänische Anlagenhersteller geliefert. Eine wesentliche Ursache hierfür ist die ungenügende technologische und institutionelle Basis, die sich durch den gewählten Instrumenteneinsatz nicht geschützt entwickeln konnte. Britische Anbieter konnten daher den Wettbewerbsvorsprung der Dänen nicht aufholen.

Groscurth und Bräuer (1997) haben für Deutschland ein Fördermodell entwickelt, das auf dem NFFO-Modell aufbaut. Es ist dabei ein Mengenkontingent für erneuerbare Energie vorgesehen, zu dessen Abnahme die Energieversorger verpflichtet werden sollen. Das Mengenkontingent soll - in Anlehnung an das NFFO-System - versteigert werden. Der Netzbetreiber zahlt für den Strom aus erneuerbaren Energiequellen nur seine vermiedenen Kosten. Die Differenz zwischen den vermiedenen Kosten und dem Preis des Anbieters soll aus einem speziellen Fonds finanziert werden, welcher beispielsweise durch einen Aufschlag auf die Übertragungspreise des Netzbetreibers oder eine Erhöhung der Mehrwertsteuer für Strom aufgefüllt wird. Im Gegensatz zu Großbritannien besteht in Deutschland bei diesem Modell der Vorteil, daß sich bereits eine wettbewerbsfähige Windindustrie gebildet hat, die auch bei einem Bieterverfahren gegenüber dänischen Anlagenherstellern konkurrenzfähig sein würde. Auch die Beteiligung der lokalen Bevölkerung würde kein Problem darstellen, da sich mit den Betreibergesellschaften bereits eine Organisationsstruktur herausgebildet hat, die einerseits eine Beteiligung an den Bieterverfahren ermöglicht und andererseits die lokale Bevölkerung direkt in die Projekte involviert. Durch das vorgeschlagene Verfahren könnte der

Kostensenkungsdruck auf die Anlagenhersteller erhöht werden. Ob dieser Effekt jedoch ausreicht, um ein zur Zeit sehr erfolgreiches Fördermodell abzulösen, kann durchaus auch skeptisch gesehen werden.

# 13 Zwischenbilanz

Ein Grundproblem für die Entwicklung von Umwelttechnologien ist, daß aufgrund des Marktversagens bei Umweltgütern Impulse für Umweltinnovationen immer erst dann entstehen, wenn umweltpolitische Maßnahmen ergriffen werden. Technische Problemlösungen müssen dann kurzfristig verfügbar sein und unverzüglich umgesetzt werden. Je kürzer jedoch die Reaktionszeit, desto geringer ist die Chance, durch FuE-Aktivitäten Technologien für vorsorgende Umweltschutzmaßnahmen zu entwickeln. Statt dessen steigt der Anreiz für geringfügige technische Verbesserungen, die die erforderlichen Emissionsreduktionen schnell erreichen lassen und die Weiternutzung eingeführter Techniken und akkumulierten Know-hows ermöglichen, aber längerfristig mit höheren gesamtwirtschaftlichen Kosten verbunden sind.

Von Bedeutung ist daher eine Berücksichtigung von Umweltschutzaspekten bereits in der Inventionsphase. In dieser Phase können die Weichen für einen neuen Innovationspfad gestellt und rechtzeitig ein Vorrat an umwelttechnischen Lösungen aufgebaut werden, aus dem später eine Auswahl zur Verminderung oder Vermeidung getroffen werden kann. Dies kann durch den Einsatz förderpolitischer Instrumente erreicht werden (vgl. SRU 1996:79; Zundel/Robinet 1994). So argumentieren Vergragt und Jansen (1993:140): „Environmental policy regards technology as an important tool to solve environmental problems, but thus far did not have a long-term vision of a development of technology itself. Sustainable technology thus might develop into a policy in which technology and environmental policies meet". Zu solchen Förderaktivitäten zählen indirekte Maßnahmen, wie Beratungsangebote über Umwelttechniken, z.B. durch die Einrichtung von Technologietransferstellen oder Energieagenturen. Daneben erfolgt in Deutschland die direkte fiskalische Unterstützung von umweltorientierter Forschung und Entwicklung häufig durch steuerfinanzierte Förderhilfen, die auf bestimmte Technologien konzentriert sind, oder durch das Gewähren steuerrechtlicher Abschreibungen von FuE-Aufwendungen oder Investitionen in umweltfreundliche Technologien. Und schließlich ist die Förderung von Investitionen durch nichtrückzahlbare Zuwendungen in Umweltschutztechnologien oder zinsvergünstigte Kredite eine weitere direkte förderpolitische Maßnahme (vgl. Coenen et al. 1995:15; Fritsch et al. 1993:110).

Ein Übergang von kurzfristigen umweltpolitischen Regulierungsansätzen auf die langfristige Setzung eines zuverlässigen umweltpolitischen Regulierungsrahmens könnte hier wichtige Signale setzen.

In Dänemark wird ein solcher förderpolitischer Ansatz zur Entwicklung und Einführung umweltfreundlicher Technologien seit den siebziger Jahren im Bereich der Windenergie erfolgreich realisiert. Damit ist die Windenergieentwicklung in Dänemark ein Beispiel für das von Kemp (1997:15) beschriebene strategische Nischenmangement: „...the creation, development and controlled phase-out of protected spaces for the development and use of promising technologies by means of experimentations, with the aim of enhancing the rate of application of the new technology".

Unterstützt durch eine Kombination verschiedener umweltpolitischer Instrumente, und dabei insbesondere förderpolitische Instrumente, wurde in Dänemark zunächst eine technologische Nische und später eine Marktnische für die Windtechnologie geschaffen, die sich mittlerweile zu einem funktionierenden Markt entwickelt hat. Wichtig war jedoch bislang die flexible Förderpolitik, die den wechselnden sozio-ökonomischen und technischen Rahmenbedingungen angepaßt wurde und die Besonderheiten der Inventions-, Innovations- und Diffusionsphase des Innovationsprozesses berücksichtigt. Die Unterschiede in den innovationsrelevanten Einflußfaktoren sind in Tabelle 44 für die Entwicklung und die Anwendung von Windenergietechnologien dargestellt. Es werden erhebliche Unterschiede in den Rahmenbedingungen zwischen Dänemark, Deutschland und Großbritannien deutlich, die die Wirkung der eingesetzten umwelt- und förderpolitischen Instrumente beeinflußt haben.

Merkmale der dänischen Politik sind die Aufstellung langfristiger Energiepläne, die FuE-Förderung zum Aufbau eines Basiswissens, die frühzeitige Umstellung von einer Investitionsförderung auf eine ertragsabhängige Unterstützung zur Diffusionsförderung, die finanzielle Beteiligung breiter Bevölkerungsschichten und das induzierte Engagement der Energieversorger am Windkraftausbau sowie die Verknüpfung der Windenergiepolitik mit anderen Politikfeldern, wie der Umweltpolitik und der Energiepolitik.

Auch in Deutschland wurde durch umweltpolitische Instrumente die Entstehung einer Marktnische mit einem erheblichen Marktvolumen für die Windkraftnutzung gefördert, in der technisch zuverlässige und wirtschaftliche Windkraftanlagen entwickelt und institutionelle Innovationen, wie die Bildung von Verbänden und Unternehmensnetzwerken oder die Entwicklung von Investorenmodellen ermöglicht wurden. Die Förderpolitik in Deutschland ähnelt dabei grundsätzlich der Politik in Dänemark. Auch in Deutschland wurden die Merkmale der einzelnen Innovationsphasen bei der Abfolge des Instrumenteneinsatzes berücksichtigt. Es muß jedoch bemerkt werden, daß die Förderpolitik nicht einem strategischen Plan folgte, sondern sich schrittweise und damit lernoffen entwickelte. Gerade dies aber kann als ein Erfolgsfaktor angesehen werden, denn dadurch wurde erst ein flexibler Instrumenteneinsatz ermöglicht. In Großbritannien wurde hingegen mit der Unterstützung der Markteinführung im Rahmen der NFFO begonnen, bevor es britischen Unternehmen gelungen war, mit FuE-Förderung effiziente Windkraftanlagen zu entwickeln. In der Folge konnten sich britische Anlagenhersteller im Wettbewerb nicht behaupten, während sich in Dänemark und Deutschland eigenständige Windkraftindustrien entwickelten. Dies verwundert nicht, wenn man bedenkt, daß die NFFO vordringlich zur Existenzsicherung bereits gebauter Kernkraftwerke dient.

**Tabelle 44:**  Einflußfaktoren des Innovationsverhaltens und ihre Wirkungen

|  | *Deutschland* | *Dänemark* | *Großbritannien* |
|---|---|---|---|
| *Rahmenbedingungen Entwicklung* |  |  | unbedeutende Herstellerindustrie |
| Technologische Voraussetzungen | gut: Ingenieur-wissenschaft/ Handwerk | gut: Handwerk |  |
| Marktstruktur | steigende Markt-konzentration | steigende Marktkonzentration |  |
| Marktvolumen | Inland: hoch | Inland: mittel | Inland: mittel |
|  | Export: gering | Export: hoch |  |
| Marktwachstum | Inland: unsicher | Inland: hoch (Offshore) | Inland: mittel |
|  | Export: hoch | Export: hoch |  |
| Aneignungs-bedingungen | Zeitvorsprung | Zeitvorsprung |  |
| *Rahmenbedingungen Anwendung* |  |  |  |
| Energiesystem | zentrale Struktur | zentrale Struktur im Umbruch | zentrale Struktur im Umbruch |
| Preise | sinkende Preise pro kWh | sinkende Preise pro kWh | sinkende Preise pro kWh |
| Risiko | hohes Risiko | geringes Risiko | hohes Risiko |
| Umwelteinflüsse | steigende Akzep-tanzprobleme | geringe Akzep-tanzprobleme | hohe Akzep-tanzprobleme |

Der zunehmende Kostendruck, sowohl durch die Art der eingesetzten Förderinstrumente, d.h. die ertragsorientierten Instrumente bzw. das Bieterverfahren, als auch die Reduzierung des Förderumfangs, führt in den drei betrachteten Ländern zu einem steigenden Wettbewerb. Für die Hersteller wird es immer wichtiger über Erfahrungskurveneffekte die spezifischen Anlagenkosten zu senken, um den eigenen Preisspielraum zu erhöhen. Dies geschieht zum einen durch FuE-Aktivitäten zur Generierung von Produkt- und Prozeßinnovationen. Zum anderen wird versucht, durch einen Zeitvorsprung bei der Markteinführung die Erträge aus einer Innovation zu sichern und möglichst schnell einen hohen Marktanteil zu erreichen. In der Folge dieses Marktdrucks sind die Kosten für die Erzeugung einer kWh-Windstrom in den vergangenen Jahren deutlich gesunken. Gleichzeitig ist die Marktkonzentration bei den Herstellern in Deutschland und Dänemark deutlich gestiegen.

Trotz der verbesserten Wettbewerbssituation im Vergleich zu den fossilen Energieträgern ist die Zukunft der Windenergienutzung in Deutschland wesentlich unsicherer als in Dänemark und Großbritannien. In Großbritannien ist im Gegensatz zu Deutschland mit dem Electricity Act eine gesetzliche Grundlage für den weiteren Ausbau der Windenergie, allerdings auf recht niedrigen Niveau, geschaffen worden und in Dänemark ist es gelungen, einen weitgehenden Konsens über den weiteren Ausbau der Windenergie zwischen den beteiligten Akteuren, d.h. zwischen Energieversorgern, Windkraftbetreibern, Staat und Öffentlichkeit, herzustellen. Ein Einvernehmen über die Nutzung des aufgebauten technologischen Lösungsvorrates für die Umsetzung umweltpolitischer und energiepolitischer Zielsetzungen besteht in Deutschland nicht. Im Gegenteil - denn zum ersten bestehen erhebliche Widerstände der Energieversorger gegen die Nutzung der Windenergie, um die bestehenden Monopol- und Spezialisierungsgewinne zu sichern und vorhandene eigene Überkapazitäten zu schützen. Dies äußert sich in einer Kapazitätsplanung der Energieversorger, die den Ausbau der Windkraftnutzung nicht berücksichtigt.

Folglich wird durch die bisher installierte Windkraftleistung zwar Brennstoff eingespart, es werden jedoch kaum Kapazitätseffekte realisiert. Aufgrund dieser Situation bestehen in Deutschland sowohl für Betreiber als auch für Hersteller von Windkraftanlagen erhebliche Unsicherheiten über die zukünftige Marktentwicklung im Inland. In Großbritannien und Dänemark hingegen wurden die Beteiligung der Energieversorger durch gesetzliche Maßnahmen erzwungen. Darüberhinaus wurden Schritte für eine stärkere Dezentralisierung der Energieversorgung eingeleitet. Zum zweiten sinkt in Deutschland ebenso wie in Großbritannien die Akzeptanz in der lokalen Bevölkerung mit der zunehmenden Penetration der Windenergienutzung. In Deutschland wurde u.a. mit Optionen für eine finanzielle Beteiligung der Anwohner in den Betreibergesellschaften reagiert und damit aus den Erfahrungen mit den dänischen Windgenossenschaften gelernt, in denen die Mehrzahl der Bürger engagiert ist. In Großbritannien scheint dies aufgrund der Struktur des Bieterverfahrens nur schwierig umsetzbar. Und schließlich behindert in Deutschland auch das dominierende ordungsrechtliche Instrumentarium den Einsatz regenerativer Energien zugunsten des Einsatzes von End-of-Pipe-Technologien zur Nachrüstung bestehender fossiler Kraftwerke.

# 14 Zusammenfassung, Implikationen für die Umweltpolitik und Forschungsbedarf

## 14.1 Zusammenfassung

In der vorliegenden Untersuchung wurde der Einfluß umweltpolitischer Instrumente auf das Innovationsverhalten von Unternehmen in einer quantitativen und qualitativen Analyse im Kontext interdependenter Einflußstrukturen untersucht. Aufgrund der Komplexität der Einflußfaktoren und der Schwierigkeit, die Wirkung umweltpolitischer Instrumente zu isolieren, ist die vorliegende Untersuchung in methodischer und empirischer Hinsicht eine explorative Arbeit.

Ausgangspunkt der Untersuchung ist die Beobachtung eines steigenden Einflusses umweltpolitischer Instrumente auf die Innovationsaktivitäten von Unternehmen. Seit den siebziger Jahren werden weltweit verstärkt umweltpolitische Instrumente eingesetzt und damit ein wesentlicher Einfluß auf das umweltrelevante Innovationsverhalten von Unternehmen ausgeübt. Die Umweltpolitik der meisten Staaten stützt sich dabei vorrangig auf ein detailliertes System ordnungsrechtlicher, auflagenorientierter Instrumente.

Die Wirkungen umweltpolitischer Instrumente wurden im Hinblick auf Ihre Innovationseffekte bislang überwiegend in einem eher mechanistischen Ansatz auf der Grundlage der traditionellen neoklassischen Umweltökonomie untersucht. Als Ergebnis dieser Untersuchungen wird der Einsatz des dominierenden ordnungsrechtlichen Instrumentariums als innovationshemmend bewertet. Unter Innovationsgesichtspunkten werden statt dessen die Vorteile einer Nutzung ökonomischer Instrumente zur umweltpolitischen Regulierung betont, da diese Instrumente u.a. einen permanenten Anreiz für Innovationsaktivitäten zur Emissionsminderung bieten. Verstärkte umweltorientierte Innovationsaktivitäten der Unternehmen sind demnach zu erwarten, wenn es der Umweltpolitik gelingt, die relativen Preise derart zu korrigieren, daß umweltschonende Technologien aus betriebswirtschaftlicher Perspektive günstiger sind als konventionelle Technologien. Die Vorschläge für den Einsatz ökonomischer Instrumente reichen von der Einführung einzelner Umweltabgaben in ausgewählten Umweltbereichen bis hin zu einer vollständigen ökologischen Ausrichtung des Steuersystems. Daneben wird auch die Einführung von Emissionszertifikaten in Betracht gezogen.

In empirischen Untersuchungen zeigt sich jedoch, daß für umweltorientierte Innovationsprozesse nicht nur der umweltpolitische Instrumenteneinsatz bedeutsam ist. Es wird vielmehr deutlich, daß umweltpolitische Instrumente als Teil eines Systems komplexer Einflußstrukturen auf die Unternehmen wirken.

In der innovationsökonomischen Diskussion werden hierzu sowohl angebots- als auch nachfrageseitige Einflußfaktoren des Innovationsverhaltens diskutiert. Die Betrachtung von Umweltinnovationen erweitert jedoch die bisherigen Innovationsmodelle, denn der Kollektivgut-Charakter von Umweltgütern bedingt, daß die Erträge aus den Innovationen oft unsicher, in ferner Zukunft und/oder bei Dritten anfallen. Die angebots- und nachfrageseitigen Impulse hängen dementsprechend signifikant vom Einsatz umweltpolitischer Instrumente ab. Dennoch sind umweltpolitische Instrumente bislang kaum als Einflußfaktoren in innovationsökonomischen Untersuchungen berücksichtigt worden.

Ausgehend von einem wenig befriedigenden Stand der theoretischen und empirischen Forschung wurde in der Untersuchung der Einfluß der Umweltpolitik auf die Entwicklung und auf die Anwendung von Umwelttechnologien analysiert. Diese Unterscheidung ist notwendig, denn die Anwender sind nicht zwangsläufig auch die Entwickler von Umwelttechnologien, so daß Umweltinnovationen auch in Unternehmen beobachtet werden können, die nicht direkt von umweltpolitischen Maßnahmen betroffen sind.

Auf der Grundlage der Erkenntnisse der neueren Innovationsforschung wurde davon ausgegangen, daß die Entwicklung von Umwelttechnologien durch folgende Faktoren zu erklären ist:

- den Einsatz umweltpolitischer Instrumente,
- die technologischen Voraussetzungen in Form unternehmensinternen- und externen Fachwissens,
- die Wirksamkeit von Schutzmechanismen zur Aneignung von Innovationserträgen,
- die Marktstruktur und Unternehmensgröße auf dem Umwelttechnikmarkt sowie
- die Marktnachfrage der Umwelttechniknutzer

Es wird ferner davon ausgegangen, daß folgende Faktoren die Anwendung von Umwelttechnologien erklären:

- der Einsatz umweltpolitischer Instrumente,
- der Zugang zu Informationen über Umwelttechnologien,
- die Kosten von Umwelttechnologien und
- die technischen und ökonomischen Risiken bei dem Einsatz von Umwelttechnologien.

Eine Überprüfung des Einflußes dieser Faktoren erfolgte in ökonometrischen Analysen auf der Grundlage von Daten des MIP und in einer Fallstudie im Bereich der Windenergie. In der ökonometrischen Untersuchung wurde analysiert, welchen Einfluß die genannten Faktoren auf die Bedeutung verschiedener umweltorientierter Innovationsaktivitäten in Unternehmen haben. Dies waren:

- die Entwicklung umweltfeundlicher Produkte,
- die Reduzierung der Umweltbelastung in der Produkion,
- die Senkung des Energieverbrauchs,
- die Senkung des Materialverbrauchs und
- die Verbesserung der Arbeitsbedingungen.

Eine Unterscheidung der Einflußfaktoren für die Entwicklung und Anwendung von Umwelttechnologien war mit den zur Verfügung stehenden Daten nicht möglich. In den Modellschätzungen auf der Basis des MIP bestätigte sich der Einfluß umweltpolitischer Maßnahmen auf die untersuchten Umweltinnovationen. Die Kritik mangelnder Innovationsimpulse durch die ordungsrechtlich geprägte Umweltpolitik wird nur bedingt unterstützt. Im Kontext unterschiedlicher Einflußstrukturen und Innovationsziele sind durch Umweltabgaben und Umweltauflagen sowohl fördernde als auch hemmende Effekte zu beobachten. Impulse für die Generierung von Umweltinnovationen gehen auch von langwierigen Verwaltungsverfahren aus, beispielsweise im Rahmen von Baugenehmigungs- oder Produktzulassungsverfahren.

Sowohl umweltpolitische Instrumente als auch die Dauer der Verwaltungsverfahren haben keinen Einfluß auf materialsparende Innovationen, was vor dem Hintergrund der aktuellen Umweltpolitik nicht verwundert, denn die stark outputorientierte Umweltpolitik unterstützt keine Maßnahmen zur Senkung des Materialverbrauchs. Folglich zeigt sich in den Analysen auch, daß Unternehmen materialsparende Innovationen lediglich im Kontext kostensenkender Maßnahmen betrachten.

Die unternehmensinternen technologischen Kapazitäten weisen keine nachweisbare Relevanz für Umweltinnovationen auf. Statt dessen werden verschiedene unternehmensexterne Informationsquellen genutzt, um notwendiges Fachwissen zu erhalten. Die Hochschulforschung hat generell eine wichtige Funktion als Wissensquelle für Umweltinnovationen. Für Innovationen zur Reduzierung der Umweltbelastung in der Produktion sind zudem Lieferanten von Ausrüstungsgütern und für die Entwicklung umweltfreundlicher Produkte sind Zulieferer von Vorprodukten und Komponenten wichtige Informationsquellen.

Zur Aneignung von Innovationserträgen aus Umweltinnovationen hat der klassische Patentschutz keine nachweisbare Relevanz. Zum Schutz neuer umweltfreundlicher Produkte präferieren umweltinnovative Unternehmen die Erzielung eines zeitlichen Vorsprungs in der Vermarktung gegenüber der Konkurrenz. Prozeßinnovationen zur Reduzierung der Umweltbelastung in der Produktion werden durch eine komplizierte Prozeßgestaltung geschützt.

Während ein Einfluß der Marktstruktur nicht zu erkennen ist, zeigen sich jedoch Größenklasseneffekte. Demnach ist eine besondere Relevanz von Umweltinnovationen in sehr kleinen und sehr großen Unternehmen zu erkennen. In mittelständischen Unternehmen hingegen ist die Bedeutung von Umweltinnovationen am geringsten.

Unternehmen erweisen sich bei der Entwicklung umweltfreundlicher Produkte als risikoavers. Ein Engagement wird von der Existenz ökonomischer und technischer Risiken abhängig gemacht. Unter Risikoaspekten weisen demnach inkrementelle Innovationen Vorteile auf, so daß eine Präferenz für Innovationen im Bereich von End-of-Pipe-Technologien zu vermuten ist. Für Innovationen zur Reduzierung der Umweltbelastung in der Produktion erweisen sich zu geringe Eigenkapitalmittel als ein wesentliches Innovationshemmnis. Damit steigt der Einfluß von hohen Anpassungs- und Umstellungskosten sowie von „sunk-cost" auf die Innovationsentscheidung, und es werden Anreize zugunsten der Anwendung von End-of-Pipe-Technologien gegeben.

Für eine weitere empirische Überprüfung der Einflußfaktoren von Umweltinnovationen wurde eine international vergleichende Fallstudie im Bereich der Windenergie durchgeführt. Ziel war es, die Wirkung einzelner umweltpolitischer Instrumente detaillierter und im Kontext unterschiedlicher Einflußstrukturen in Deutschland, Dänemark und Großbritannien zu untersuchen. In der Fallstudie zeigte sich, daß in Dänemark und in Deutschland durch den Einsatz umweltpolitischer Instrumente ein technologischer Lösungsvorrat aufgebaut werden konnte. Für den Energiesektor ist dies entscheidend, denn „it is important to establish a capacity for flexibility, particularly in view of the long lead times and great uncertainties that have characterized the energy sector in the past and are likely to continue to characterize it in the future" (Rosenberg 1994b:81).

Eingesetzt wurden überwiegend förderpolitsche Instrumente, wie u.a. FuE- oder Investitionszuschüsse. Dabei erwies sich ein Instrumenteneinsatz als vorteilhaft, der keinen großen Technologiesprung mit seinen schwer kalkulierbaren wirtschaftlichen und technischen Folgen unterstützt, sondern ein schrittweises Vorgehen fördert, bei dem eine neue Technologie in relativ kleinen Schritten beständig weiter verbessert wird.

Während es in Dänemark gelungen ist, den aufgebauten technologischen Lösungsvorrat zu nutzen und auf der Grundlage günstiger energiepolitischer Rahmenbedingungen eine breite Marktdiffusion zu erreichen, ist die weitere Marktpenetration in Deutschland aufgrund der unsicheren energiepolitischen Rahmenbedingungen mittelfristig davon abhängig, daß

- es der Umweltpolitik gelingt, die relativen Preise durch die Berücksichtigung externer Kosten - und hierbei insbesondere durch ökonomische Anreize - derart zu korrigieren, daß die Windenergienutzung aus betriebswirtschaftlicher Perspektive günstiger ist als die Nutzung konventioneller Kraftwerkstechnologien, oder

- daß verbindliche Aussagen über den zukünftigen Stellenwert regenerativer Energien im Energieversorgungssystem gemacht werden.

Beide Maßnahmen sind Erfolgskennzeichen der dänischen Förderpolitik im Windenergiebereich. Mit der Einführung der Energie- und der $CO_2$-Steuer wurde in Dänemark eine partielle Internalisierung der externen Effekte der Energieerzeugung erreicht und die Wettbewerbsfähigkeit regenerativer Energien deutlich verbessert. Zudem wurden in den langfristigen nationalen Energieplänen, ähnlich wie mit dem Electricity Act in Großbritannien, konkrete Ausbauziele für die Windenergie zur Substitution bestehender Kohlekraftwerke festgeschrieben.

Obwohl die deutschen Unternehmen Ende der achtziger Jahre noch im technologischen Bereich bestehende Rückstände eingeholt haben, weisen dänische Hersteller aufgrund ihrer Vorreiterrolle auf dem Weltmarkt immer noch erhebliche Wettbewerbsvorteile auf. In Großbritannien hingegen konnte sich aufgrund der Instrumentenwahl keine eigenständige Herstellerindustrie entwickeln, so daß die dortige Entwicklung vor allem von Innovationen dänischer Windkraftanlagenhersteller abhängig ist. Die Windkraftnutzung ist somit ein Fallbeispiel, das die Porter-Hypothese bestätigt, in der angenommen wird, daß eine strikte Umweltpolitik sich bei richtiger Ausgestaltung positiv auf die internationale Wettbewerbsposition auswirkt.

## 14.2 Implikationen für eine innovationsorientierte Umweltpolitik

Welche Implikationen können für eine innovationsorientierte Umweltpolitik aus der Untersuchung gezogen werden? Das wesentliche Ergebnis der Untersuchung ist die Erkenntnis, daß der Einsatz umweltpolitischer Instrumente einen weitaus geringeren Einfluß auf Umweltinnovationen haben kann als in der umweltökonomischen Diskussion angenommen, da weitere Faktoren ebenfalls einen starken Einfluß auf das Innovationsverhalten und damit auf die Instrumentenwirkung nehmen. Umweltpolitik kann demnach nicht allein aus sich heraus Umweltinnovationen fördern, sondern Politikmaßnahmen müssen unter Berücksichtigung der jeweiligen technischen und ökonomischen Rahmenbedingungen des zu regulierenden Tatbestandes sowie deren zeitlichen Veränderungen ergriffen werden. Dabei muß vor allem beachtet werden, daß den Besonderheiten der einzelnen Phasen des Innovationsprozesses, d.h. bei der Entwicklung und Anwendung von Umwelttechnologien, eine besondere Beachtung geschenkt wird, denn aufgrund des Marktversagens bei Umweltgütern fehlen nicht nur Impulse für die Anwendung, sondern vor allem auch für die Entwicklung von Umwelttechnologien.

Damit die Einflußstrukturen und die Besonderheiten des Innovationsprozesses berücksichtigt werden können, ist ein lernfähiger und flexibler Politikstil notwendig, welcher eine Kombination verschiedener Instrumente nutzt. Neben ordnungs- und haftungsrechtlichen sowie organisatorischen Instrumenten sollten ökonomische Instrumente, wie Umweltabgaben oder Zertifikate, eine zentrale Bedeutung haben. Eine entsprechende Flexibilität der Umweltpolitik setzt jedoch voraus, daß die Wirkungen der Instrumente laufend durch Evaluationsmaßnahmen begleitet werden. So argumentiert Solsberg (1997:95): „In a complex world, no single response option is uniquely viable. Because of widely varying effects of given policy instruments in different national circumstances, it is difficult to define in general terms a mix of policies and measures which would be universally applicable. This suggests that policies should be part of a learning process, whereby the implementation of responses provides information about their effectiveness and enables improved development of a flexible and adaptable policy framework over time".

Da sich der Instrumenteneinsatz demnach fallweise unterschieden kann, sind nur allgemeine Aussagen über die Instrumentenwahl möglich. Grundsätzlich sollte die Anwendung der Gefährdungshaftung in Situationen erfolgen, in denen ein schwer abschätzbares Risiko besteht. Damit können dynamische Anreize für Forschungs- und Entwicklungsaktivitäten zur präventiven Schadensvermeidung und -begrenzung gegeben werden, welche darauf abzielen, die Wahrscheinlichkeit von Schadensregulierungskosten zu reduzieren. Bei akuten Umweltproblemen sollte ein Eingriff durch ordnungsrechtliche Ge- und Verbote erfolgen, die eine schnelle Umsetzung notwendiger Umweltschutzmaßnahmen gewährleisten. Für längerfristige Zielsetzungen hingegen sind dauerhafte Anreize ökonomischer Instrumente, wie Umweltabgaben oder Umweltzertifikate, zu präferieren. Diese Instrumente bieten den Unternehmen ein hohes Maß an Flexiblität und passen sich den Erfordernissen unterschiedlicher Einflußstrukturen des Innovationsverhaltens am besten an. Flankierend sollten organisatorische und informatorische Instrumente, wie u.a. das Umwelt-Audit oder Umweltzeichen, eingesetzt werden.

Abgesehen von der Gefährdungshaftung gehen von den beschriebenen Instrumenten nur ungenügende Impulse für umweltorientierte FuE-Aktivitäten aus. Anreize zur Entwicklung von Umwelttechnologien werden weitgehend erst mit der Ankündigung bzw. mit dem Einsatz von Umweltauflagen oder Umweltabgaben gegeben. Der zeitliche Spielraum zwischen der Einführung des Instrumentes und der Umsetzung der erforderlichen Maßnahmen ist für die Unternehmen dann beschränkt, so daß zumeist inkrementelle Innovationen angestrebt werden, bei denen etablierte technische Entwicklungspfade nicht verlassen werden. Damit besteht die Gefahr, daß sich traditionelle Technologiepfade behaupten, welche später nur noch schwer verlassen werden können.

Die Verbesserung der technologischen Grundlagen in Unternehmen und Forschungsinstituten könnte die Voraussetzungen für tiefgreifende Innovationen verbessern und damit Möglichkeiten für effiziente und schnell umsetzbare umwelttechnische Lösungen schaffen. Ergänzend sollten darum bereits zu einem frühen Zeitpunkt die umweltorientierten FuE-aktivitäten von Unternehmen durch förderpolitische Maßnahmen unterstützt werden. Wenngleich der Eingriff des Staates durch eine aktive Förderpolitik oft als problematisch beurteilt wird, ist dies aufgrund des Marktversagens im Umweltbereich legitimierbar. Eine Verbesserung des gesamtwirtschaftlichen Nutzens kann jedoch erzielt werden, wenn das Unwissen über die Umweltrelevanz von Produkten und Prozesse durch Technikfolgen-abschätzungen verringert und potentielle Problemfelder, in denen FuE-Aktivitäten notwendig sind, aufgedeckt werden. In identifizierten Problembereichen sollte dann durch den Einsatz förderpolitischer Instrumente versucht werden, frühzeitig die Schaffung eines technologischen Lösungsvorrates für potentielle Umweltpro-bleme zu unterstützen. Die Erprobung entwickelter Prototypen sollte anschließend durch Markteinführungshilfen gefördert werden, wobei möglichst ökonomische Anreize für die Anwender von Umwelttechnologien gegeben werden sollten. Hierdurch erhalten Effizienzaspekte bei der Technologiewahl durch die Anwender einen hohen Stellenwert und es wird eine preiselastische Nachfrage induziert, die wirksame Innovationsanreize für die Entwickler von Umwelttechnologien auslöst. Eine zeitliche Befristung der förderpolitischen Maßnahmen ist jedoch notwendig, um eine Fehlallokation durch Besitzansprüche oder Mitnahmeeffekte zu vermei-den. Eine entsprechende Förderpolitik ist letztlich erfolgreich, wenn es durch die Induzierung von Innovationen gelingt, die Voraussetzungen für die Bildung eines Marktes zu schaffen, d.h.

- die Kosten einer Technologie auf ein konkurrenzfähiges Niveau zu senken,
- die wesentlichen technischen Probleme zu überwinden,
- die Voraussetzungen für die Erschließung von Erfahrungskurvenvorteilen zu schaffen und
- die notwendigen institutionellen Rahmenbedingungen aufzubauen.

Die gewählten umweltpolitischen Maßnahmen sollten schließlich innerhalb ei-nes klar abgesteckten Rahmens erfolgen, der die strategischen Ziele der Umwelt-politik festlegt. Nationale oder regionale Umweltpläne, wie sie erstmals in den Niederlanden beschlossen wurden und derzeit auch in Deutschland (u.a. in Baden-Württemberg) erarbeitet werden, sind hierfür ein geeignetes Mittel. Aber auch partielle Zielsetzungen, wie beispielsweise die Festlegung eines Ausbauzieles für regenerative Energien, setzen deutliche Signale für die Unternehmen, an denen die Innovationsaktivitäten ausgerichtet werden können. Insbesondere sollten die Zielsetzungen glaubhaft sein, so daß die Nutzen und Risiken eines pro-aktiven Innovationsverhaltens für die Unternehmen kalkulierbar werden.

## 14.3  Forschungsbedarf

In weiteren Untersuchungen gilt es, den gewählten Untersuchungsansatz aus einer Kombination umweltökonomischer und innovationsökonomischer Forschungsan-sätze weiterzuentwickeln. Insbesondere sollte dabei auf Ansätze der Politikeva-luation zurückgegriffen werden, denn für die Innovationswirkung umweltpoliti-scher Instrumente ist nicht nur der Instrumenteneinsatz, sondern auch der politische Willensbildungsprozeß bedeutsam (vgl. Abbildung 29).

Neben technologischen Innovationen sind vor allem Untersuchungen im Bereich organisatorischer Innovationen interessant, da diese in der Regel eng mit technologischen Innovationen verknüpft sind und vor allem im Umweltbereich eine steigende Bedeutung erhalten. Dabei sollte nicht nur Innovationen im Verarbeitenden Gewerbe, sondern auch im Dienstleistungsbereich betrachtet werden.

**Abbildung 29:**          Erweiterter Untersuchungsansatz

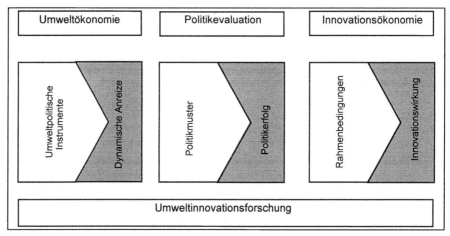

Für die Analyse der Wirkung umweltpolitischer Instrumente im Kontext unterschiedlicher nationaler Einflußfaktoren auf Innovationen im Bereich einer Technologie oder eines Sektors sind auch international vergleichende Studien wichtig.

In mikroökonometrischen Untersuchungen sollte die Wirkung verschiedener umweltpolitischer Instrumente detaillierter untersucht werden. Dabei sollte die Wirkung der Instrumente auf unterschiedliche Technologiealternativen abgeschätzt werden. Auch sollte eine Unterscheidung zwischen der Entwicklung und der Anwendung von Umwelttechnologien erfolgen, um die Spezifika der Innovationsphasen erklären zu können. Hierbei gilt es, aussagekräftige Indikatoren für die Instrumentenwirkung und Möglichkeiten zur Abbildung unterschiedlicher Technologiemerkmale zu entwickeln. Notwendig erscheinen vor allem Zeitreihenanalysen, die die Untersuchung der dynamischen technologischen Entwicklung ermöglichen. Die hierzu fehlende Datengrundlage könnte durch eine regelmäßige Umweltinnovationserhebung in Unternehmen der Verarbeitenden Industrie und des Dienstleistungsgewerbes erfolgen.

Die Durchführung von Fallstudien ist hilfreich, um weitere Erkenntnisse über die spezifischen Wirkungen umweltpolitischer Instrumente zu erhalten. Hierzu ist es jedoch notwendig, eine Methodik zu entwickeln, die die Vergleichbarkeit der Fallstudien gewährleistet.

# Anhang

## A.1 Fragebogen der IHK-Umfrage

### „Betroffenheit von Unternehmen durch Umweltgesetzgebung"

Wir möchten Sie bitten, uns anhand der folgenden drei Fragen mitzuteilen, wie stark Sie jeweils die **Betroffenheit** verschiedener Bereiche der verarbeitenden Industrie durch die heutige Umweltgesetzgebung einschätzen.

In Frage 1 geben Sie bitte Ihre Einschätzung der Beeinflussung unternehmerischer Entscheidungen durch die **gesamte Umweltpolitik**. Ihre Einschätzung der Wirkung der **spezifischen Instrumente der Umweltpolitik** (Umweltauflagen und Umweltabgaben) geben sie bitte in den Fragen 2 und 3 an.

- **Umweltpolitik** bezeichnet dabei die Gesamtheit aller umweltrelevanten Regelungen auf kommunaler, Landes- und Bundesebene, die eine Wirkung auf das Unternehmen entfalten.
- Unter **Umweltauflagen** verstehen wir ordnungsrechliche Regelungen, die bestimmte Grenzwerte oder Verfahren vorschreiben (z.B. Filterverfahren nach dem Bundesimmissionsschutzgesetz).
- **Abgaben und Gebühren** sollten dagegen fiskalische Instrumente (z.B. Abwasserabgabe nach dem Abwasserabgabengesetz oder Abfallgebühren bzw. -abgaben) bezeichnen.

> 1. Wie beurteilen Sie die Betroffenheit der jeweiligen Branche durch die *Umweltpolitik*?
> Ordnen Sie dazu bitte jeder einzelnen Branche durch Ankreuzen eine der Ziffern 1 bis 9 zu.

**Umweltpolitik allgemein**

|  | nicht<br>betroffen |  |  |  |  |  |  | stark<br>betroffen |  |
|---|---|---|---|---|---|---|---|---|---|
| **Branche** | 1 | 2 | 3 | 4 | 5 | 6 | 7 | 8 | 9 |

1. Bergbau u.Gewinnung von Steinen u.
   Erden; Energie und Wasserversorgung
2. Ernährungsgewerbe, Tabakverarbeitung
3. Textil-, Leder- und Bekleidungsgewerbe
4. Holz-,Papier- und Druckgewerbe, Vervielfältigung von bespielten Trägern
5. Chemische Industrie, Kokerei, Mineralölverarbeitung, Herstellung u. Verarbeitung von Brut- und Spaltprodukten; Herstellung von Gummi- und
   Kunststoffwaren
6. Glasgewerbe, Keramik, Verarbeitung
   von Steinen und Erden
7. Metallerzeugung u. -bearbeitung
8. Herstellung von Metallerzeugnissen
9. Maschinenbau
10. Herstellung von Büromaschinen, Daten-
    verarbeitungsgeräten u. –einrichtungen;
    Rundfunk-, Fernseh- und Nachrichten-
    technik; Herstellung von Geräten der
    Elektrizitätserzeugung, Elektrizitätsver-
    teilung u.ä.
11. Herstellung von Medizin-, Mess-,
    Steuer- u. Regelungstechnik u. Optik
12. Herstellung von Kraftwagen und deren
    Teilen mit sonstigem Fahrzeugbau; Luft-
    und Raumfahrzeugbau
13. Herstellung von Möbeln, Schmuck,
    Musikinstrumenten, Sportgeräten,
    Spielwaren und sonstigen Erzeugnissen

> 2. Wie beurteilen Sie die Betroffenheit der jeweiligen Branche durch *Umweltauflagen*?
> Ordnen Sie dazu bitte jeder einzelnen Branche durch Ankreuzen eine der Ziffern 1 bis 9 zu.

**Umweltauflagen**

|  | nicht betroffen | | | | | | | stark betroffen |
|---|---|---|---|---|---|---|---|---|
| **Branche** | 1 | 2 | 3 | 4 | 5 | 6 | 7 | 8 | 9 |

1. Bergbau u.Gewinnung von Steinen u. Erden; Energie und Wasserversorgung  □□□□□□□□□
2. Ernährungsgewerbe, Tabakverarbeitung  □□□□□□□□□
3. Textil-, Leder- und Bekleidungsgewerbe  □□□□□□□□□
4. Holz-,Papier- und Druckgewerbe, Vervielfältigung von bespielten Trägern  □□□□□□□□□
5. Chemische Industrie, Kokerei, Mineralölverarbeitung, Herstellung und Verarbeitung von Brut- und Spaltprodukten; Herstellung von Gummi- und Kunststoffwaren  □□□□□□□□□
6. Glasgewerbe, Keramik, Verarbeitung von Steinen und Erden  □□□□□□□□□
7. Metallerzeugung u. -bearbeitung  □□□□□□□□□
8. Herstellung von Metallerzeugnissen  □□□□□□□□□
9. Maschinenbau  □□□□□□□□□
10. Herstellung von Büromaschinen, Datenverarbeitungsgeräten u. -einrichtungen; Rundfunk-, Fernseh- und Nachrichtentechnik; Herstellung von Geräten der Elektrizitätserzeugung, Elektrizitätsverteilung u.ä.  □□□□□□□□□
11. Herstellung von Medizin-, Mess-, Steueru. Regelungstechnik u. Optik  □□□□□□□□□
12. Herstellung von Kraftwagen und deren Teilen mit sonstigem Fahrzeugbau; Luft- und Raumfahrzeugbau  □□□□□□□□□
13. Herstellung von Möbeln, Schmuck, Musikinstrumenten, Sportgeräten, Spielwaren und sonstigen Erzeugnissen  □□□□□□□□□

3. Wie beurteilen Sie die Betroffenheit der jeweiligen Branche durch *Umweltabgaben/ -gebühren*? Ordnen Sie dazu bitte jeder einzelnen Branche durch Ankreuzen eine der Ziffern 1 bis 9 zu.

**Umweltabgaben/ -gebühren**

| | nicht betroffen | | | | | | stark betroffen | |
|---|---|---|---|---|---|---|---|---|
| **Branche** | 1 2 | 3 | 4 | 5 | 6 | 7 | 8 | 9 |

1. Bergbau u.Gewinnung von Steinen u. Erden; Energie und Wasserversorgung
2. Ernährungsgewerbe, Tabakverarbeitung
3. Textil-, Leder- und Bekleidungsgewerbe
4. Holz-,Papier- und Druckgewerbe, Vervielfältigung von bespielten Trägern
5. Chemische Industrie, Kokerei, Mineralölverarbeitung, Herstellung und Verarbeitung von Brut- und Spaltprodukten; Herstellung von Gummi- und Kunststoffwaren
6. Glasgewerbe, Keramik, Verarbeitung von Steinen und Erden
7. Metallerzeugung u. -bearbeitung
8. Herstellung von Metallerzeugnissen
9. Maschinenbau
10. Herstellung von Büromaschinen, Datenverarbeitungsgeräten u. -einrichtungen; Rundfunk-, Fernseh- und Nachrichtentechnik; Herstellung von Geräten der Elektrizitätserzeugung, Elektrizitätsverteilung u.ä.
11. Herstellung von Medizin-, Mess-, Steueru. Regelungstechnik u. Optik
12. Herstellung von Kraftwagen und deren Teilen mit sonstigem Fahrzeugbau; Luft- und Raumfahrzeugbau
13. Herstellung von Möbeln, Schmuck, Musikinstrumenten, Sportgeräten, Spielwaren und sonstigen Erzeugnissen

## A.2  Fragebogen des MIP 1993

# ZEW

Zentrum für Europäische
Wirtschaftsforschung

# infas

Institut für angewandte
Sozialwissenschaft

## Zukunftsperspektiven
## der deutschen Wirtschaft

**Repräsentative Unternehmensbefragung**
des Zentrums für Europäische Wirtschaftsforschung (ZEW), Mannheim
und des Instituts für angewandte Sozialwissenschaft (infas), Bonn
im Auftrag des
## Bundesministers für Forschung und Technologie

| Erläuterungen |
| --- |

Diese Erläuterungen sollen Ihnen eine kleine Hilfestellung für das Ausfüllen des Fragebogens geben. Die Zukunftschancen der Wirtschaft hängen auch entscheidend von der Anwendung neuer Technologien und Techniken ab. Im Fragebogen nehmen daher Fragen zum Einsatz der Technik einen breiten Raum ein. Der Begriff der **Technik** wird hier sehr breit interpretiert und umfaßt den gesamten Bereich des Wissens, der Kenntnisse und Fertigkeiten, der Arbeitsabläufe, der technischen Ausstattung, der maschinellen Ausrüstung sowie der Fertigungs- und Verfahrenstechniken, die zur Produktion von Gütern notwendig sind.

Dabei gilt unser Interesse Produkten und Fertigungsverfahren, die neu für Ihr Unternehmen sind.

## Können Unternehmen, die derzeit keine Innovationen durchführen oder planen, an der Befragung teilnehmen?

Die Antwort ist: **Ja**. Wir wenden uns auch an Unternehmen, die derzeit keine Innovationen planen bzw. durchführen, oder die sich in einer Umstrukturierungsphase befinden, um einen möglichst vollständigen und realistischen Eindruck über die Verbreitung und Bedeutung des technischen Wandels zu gewinnen.

## Was verstehen wir unter Innovationen?

Unter Innovationen verstehen wir sowohl **Produkt-** als auch **Prozeßinnovationen**.

**Produktinnovationen** bezeichnen

- Produkte, die hinsichtlich ihres Verwendungszweckes, ihrer Qualität, ihrer technischen Konstruktion oder der eingesetzten Rohstoffe bzw. Komponenten neu sind oder grundlegend verändert wurden (Basisinnovationen).
- Produkte, die hinsichtlich ihrer Leistungsfähigkeit technisch verbessert wurden (Verbesserungsinnovationen).

**Keine Produktinnovationen**
sind rein ästhetische Modifikationen von Produkten (z.B. Farbgebung, Styling) oder neue Produktvarianten, bei denen das Produkt hinsichtlich seiner technischen Grundzüge und Verwendungseigenschaften unverändert bleibt.

**Prozeßinnovationen**
beziehen sich auf den **unternehmensinternen** Einsatz einer neuen bzw. wesentlich verbesserten Produktionstechnik, die häufig neue Ausrüstungen und/oder neue Fertigungsorganisationen mit sich bringt. Von Ihnen entwickelte Produktionsprozesse, die an andere Unternehmen/Unternehmensbereiche verkauft werden, werden hier nicht als Prozeß-, sondern als Produktinnovationen angesehen.

## Was verstehen wir unter Forschung und Entwicklung (FuE)?

**FuE** umfaßt

- Forschungsarbeiten zur Gewinnung neuer wissenschaftlicher Erkenntnisse ohne Blickrichtung auf spezifische praktische Verwendungsmöglichkeiten (Grundlagenforschung),
- Forschungsarbeiten mit direktem Bezug zu spezifischen Einsatzmöglichkeiten (angewandte Forschung),
- Nutzung bekannter wissenschaftlicher Erkenntnisse zur Herstellung bzw. Verbesserung neuer Materialien, Produkte und Verfahren (experimentelle Entwicklung).

2450.2 KU  - 4 -

## I. Unternehmensprofil

1. Wir möchten Sie zunächst um einige allgemeine Angaben zu Ihrem Unternehmen bitten.
Wie viele Beschäftigte hatte Ihr Unternehmen im Jahresdurchschnitt 1992?

K. 1

Beschäftigte insgesamt . . . . . . . . [_____] 15-20

*davon* Teilzeitbeschäftigte . . . . [_____] 21-25  Keine . . . . ☐ 1 26

Auszubildende . . . . . . . . [_____] 27-31  Keine . . . . ☐ 1 32

2. Nennen sie bitte die wichtigsten Produkte bzw. Produktgruppen Ihres Unternehmens
und deren ungefähren Anteil am Gesamtumsatz im Jahr 1992.

| Produkte bzw. Produktgruppen | Umsatzanteil |
|---|---|
| [_____] | [____] % 33-35 |
| [_____] | [____] % 36-38 |
| [_____] | [____] % 39-41 |
| [_____] | [____] % 42-44 |

3. Wie hoch war der <u>Gesamtumsatz</u> Ihres Unternehmens im Jahr 1992?

in: [____**Tsd.**] DM oder [____**Mill.**] DM
  (ohne MWSt) 45-50    (ohne MWSt) 51-56

4. Wie hoch war der <u>Auslandsumsatz</u> Ihres Unternehmens im Jahr 1992?

in: [____**Tsd.**] DM oder [____**Mill.**] DM
  (ohne MWSt) 57-62    (ohne MWSt) 63-684-69

Kein Umsatz im Ausland . . . . . . . . . ☐ 1 69

5. Bitte beurteilen Sie auf einer Skala von + 2 (erhebliche Zunahme) bis – 2 (erheblicher Rückgang)
die Umsatz- und Beschäftigungsentwicklung Ihres Unternehmens.

|  | Erhebliche Zunahme |  |  |  | Erheblicher Rückgang |  |
|---|---|---|---|---|---|---|
|  | + 2 | + 1 | 0 | – 1 | – 2 |  |
| Umsatzentwicklung in den <u>vergangenen drei Jahren</u> . . . . . . . | ☐ | ☐ | ☐ | ☐ | ☐ | 70 |
| Umsatzentwicklung in den <u>nächsten drei Jahren</u> . . . . . . . . | ☐ | ☐ | ☐ | ☐ | ☐ | 71 |
| Beschäftigungsentwicklung in den <u>vergangenen drei Jahren</u> . | ☐ | ☐ | ☐ | ☐ | ☐ | 72 |
| Beschäftigungsentwicklung in den <u>nächsten drei Jahren</u> . . . . | ☐ | ☐ | ☐ | ☐ | ☐ | 73 |

2450.2 KU                           - 5 -

6.  **Bitte beurteilen Sie auf einer Skala von +2** (erhebliche Zunahme) **bis −2** (erheblicher Rückgang)          K. 1
    **die mittelfristige Nachfrage- und Wettbewerbsentwicklung auf den Absatzmärkten Ihres**
    **Unternehmens.**

|  | Erhebliche Zunahme | | | | Erheblicher Rückgang |
|---|:---:|:---:|:---:|:---:|:---:|
|  | +2 | +1 | 0 | −1 | −2 |
| Nachfrageentwicklung in den <u>vergangenen drei Jahren</u> ....... | ☐ | ☐ | ☐ | ☐ | ☐ 74 |
| Nachfrageentwicklung in den <u>nächsten drei Jahren</u> ......... | ☐ | ☐ | ☐ | ☐ | ☐ 75 |
| Wettbewerbsintensität in den <u>vergangenen drei Jahren</u> ....... | ☐ | ☐ | ☐ | ☐ | ☐ 76 |
| Wettbewerbsintensität in den <u>nächsten drei Jahren</u> ......... | ☐ | ☐ | ☐ | ☐ | ☐ 77 |

---

7.  **Wie lange dauert der durchschnittliche**          24-25                                        K. 2
    **Produktlebenszyklus Ihrer Produkte?**     ☐☐  Jahre     Keine Angabe möglich  ..... ☐ 99

---

8a  **Hat Ihr Unternehmen in den vergangenen drei Jahren (1990-1992)**          K. 2
    **Produkt- oder Prozeßinnovationen durchgeführt?**
    *Bitte kennzeichnen Sie die entsprechenden Jahre:*

                                              1990      1991      1992

    Ja, Produktinnovationen .................... ☐ 1 26   ☐ 1 27   ☐ 1 28

    Ja, Prozeßinnovationen .................... ☐ 1 29   ☐ 1 30   ☐ 1 31

    Nein, in keinem dieser Jahre ........ ☐ 1 32 .

8b  **Plant Ihr Unternehmen in den nächsten drei Jahren (1993-1995)**
    **die Entwicklung oder Markteinführung von Produkt- oder Prozeßinnovationen?**

    Ja, Produktinnovationen .......... ☐ 1 33

    Ja, Prozeßinnovationen .......... ☐ 2

    Nein, weder noch .............. ☐ 3

    ☞ | Wenn Sie die **beiden** letzten Fragen (8a + 8b) mit **"Nein"** beantwortet haben:
    springen Sie bitte zur **Frage 31** (Kapitel "Innovationshemmnisse").
    Wenn Sie eine der beiden Fragen mit **"Ja"** beantwortet haben:
    fahren Sie bitte mit der **Frage 9** fort.

2450.2 KU - 6 -

## II. Wirtschaftliche Effekte von Innovationen

K. 2

9. Die ökonomischen Auswirkungen von Innovationsanstrengungen lassen sich nur schwer messen. Brauchbare Indikatoren stellen die mit Innovativen Produkten erzielten Umsätze und die Anmeldungen von Patenten und Gebrauchsmustern dar.
Wie verteilt sich der <u>Gesamtumsatz</u> Ihres Unternehmens im Jahre 1992 auf die folgenden Produkttypen?

| Produkttyp | Umsatzanteil |
|---|---|

Seit 1990 nicht oder unwesentlich veränderte Produkte ☐ % 34-36

Seit 1990 verbesserte Produkte
(Verbesserungsinnovationen) . . . . . . . . . . . . . . . . . ☐ % 37-39

Seit 1990 wesentlich verbesserte oder neue Produkte
(Basisinnovationen) . . . . . . . . . . . . . . . . . . . . . . . ☐ % 40-42

Gesamtumsatz 1992: 100 %

Keine Einschätzung möglich . . . . . . . . ☐ 1 43

---

10. Haben Sie im Jahr 1992 Patente angemeldet?

Ja . . . . . . 1 ☐ ➤ *Falls ja:* Geben Sie bitte das Patentamt mit der entsprechenden Zahl
Nein . . . . 2 ☐ an Patentanmeldungen an:

Deutsches Patentamt . . . . . . . . . 1 62 ☐➤ ca. ☐ Patente 63-64

Europäisches Patentamt . . . . . . . 1 65 ☐➤ ca. ☐ Patente 66-67

US-Patentamt . . . . . . . . . . . . . 1 68 ☐➤ ca. ☐ Patente 69-70

Anderes Patentamt . . . . . . . . . . 1 71 ☐➤ ca. ☐ Patente 72-73

---

11. Haben Sie im Jahr 1992 beim deutschen Patentamt Gebrauchsmuster angemeldet?

Ja . . . . . . 1 ☐ ➤ **Wieviele?** ca. ☐
Nein . . . . 2 ☐ 75-77

2450.2 KU                                    - 7 -

## III. Innovationsaufwendungen

12. **Innovationsaktivitäten verursachen eine Vielzahl von Aufwendungen** (z.B. Erwerb von Lizenzen, Patente, Produktdesign, Weiterbildung der Mitarbeiter u.a.), **die über die reinen FuE-Aufwendungen hinausgehen.**
    Bitte schätzen Sie den Gesamtbetrag der <u>laufenden Innovationsaufwendungen</u>, der von Ihrem Unternehmen im Jahr 1992 für Innovationsaktivitäten aufgebracht wurde.

    K. 3

    in:  [                **Tsd.** | DM ]   oder   [                **Mill.** | DM ]
         **(ohne MWSt)**  11-16              **(ohne MWSt)**  17-22

13. **Bitte schätzen Sie <u>die Höhe der Investitionen</u> Ihres Unternehmens <u>in Maschinen, Ausrüstungsgegenstände und Fertigungsanlagen</u> mit direktem Bezug zu Innovationsaktivitäten.**

    in:  [                **Tsd.** | DM ]   oder   [                **Mill.** | DM ]
         **(ohne MWSt)**  46-51              **(ohne MWSt)**  52-57

    Keine Schätzung möglich  . . . . . . . . .  ☐ 1 58

14. **Bitte schätzen Sie die <u>Höhe der Aufwendungen</u> Ihres Unternehmens <u>für externe Dienstleistungen</u>** (z.B. Marktforschung, Weiterbildung, Produktdesign), **mit direktem Bezug zu den Innovationsaktivitäten.**

    in:  [                **Tsd.** | DM ]   oder   [                **Mill.** | DM ]
         **(ohne MWSt)**  59-64              **(ohne MWSt)**  65-70

    Keine Schätzung möglich  . . . . . . . . .  ☐ 1 71

2450.2 KU                          - 8 -

## IV. Erwerb und Weitergabe von technischem Wissen

15. Unternehmen gewinnen über verschiedenste Kanäle Zugang zu neuem technischen Wissen.     K. 3 + 4
Im folgenden finden Sie eine Liste solcher Kanäle.

Welche Kanäle wurden durch Ihr Unternehmen für den <u>Erwerb</u> neuer Techniken im Jahr 1992 genutzt?
Sie können jeweils mehrere Möglichkeiten wählen. Falls Ihnen weitere Zugangsmöglichkeiten bekannt sind, geben Sie diese bitte unter "Sonstige" an.

|  | Trifft zu | Trifft nicht zu |
|---|---|---|
| **Form des Erwerbs** | 1 | 1 |
| Lizenznahme; Nutzungsrechte auf Erfindungen oder Schutzrechte anderer . . . . | 72 | 78 |
| Forschungsergebnisse beauftragter externer Unternehmen . . . . . . . . . . . . . . | 11 | 17 |
| Inanspruchnahme von Beratungsdienstleistungen . . . . . . . . . . . . . . . . . . . . | 18 | 24 |
| Technologieerwerb durch Kauf (eines Teils) eines anderen Unternehmens/Geschäftsbereichs . . . . . . . . . . . . . . . . . . . . . . . . . . . . . . | 25 | 31 |
| Gründung oder Beitritt zu einem Joint Venture . . . . . . . . . . . . . . . . . . . . . . . | 32 | 38 |
| Kauf von Ausrüstungsgütern . . . . . . . . . . . . . . . . . . . . . . . . . . . . . . . . . . | 39 | 45 |
| Erfahrungsaustausch mit anderen Unternehmen/ Geschäftsbereichen . . . . . . . | 46 | 52 |
| Einstellung qualifizierten Personals . . . . . . . . . . . . . . . . . . . . . . . . . . . . . | 53 | 59 |

Sonstige (bitte angeben):

60

16. Für den Transfer von Techniken stehen den Unternehmen ebenfalls verschiedene Kanäle     K. 4 + 5
zur Verfügung. Im folgenden finden Sie eine Liste solcher Kanäle.

Welche Kanäle wurden durch Ihr Unternehmen für die <u>Weitergabe</u> neuer Techniken im Jahr 1992 genutzt?
Sie können jeweils mehrere Möglichkeiten wählen. Falls Ihnen weitere Transfermechanismen bekannt sind, geben Sie diese bitte unter "Sonstige" an.

|  | Trifft zu | Trifft nicht zu |
|---|---|---|
| **Form des Transfers** | 1 | 1 |
| Lizenzvergabe; Nutzungsrechte an eigenen Erfindungen / Schutzrechten . . . . . | 66 | 72 |
| Für andere Unternehmen durchgeführte FuE-Aufträge . . . . . . . . . . . . . . . . | 73 | 79 |
| Für andere Unternehmen geleistete Beratungsdienste . . . . . . . . . . . . . . . . | 11 | 17 |
| Technologietransfer durch Verkauf eines Teils Ihres Unternehmens . . . . . . . . | 18 | 24 |
| Gründung oder Beitritt zu einem Joint Venture . . . . . . . . . . . . . . . . . . . . . . | 25 | 31 |
| Verkauf von Ausrüstungsgütern . . . . . . . . . . . . . . . . . . . . . . . . . . . . . . . . | 32 | 38 |
| Erfahrungsaustausch mit anderen Unternehmen . . . . . . . . . . . . . . . . . . . . . | 39 | 45 |
| Mobilität qualifizierten Personals . . . . . . . . . . . . . . . . . . . . . . . . . . . . . . . | 46 | 52 |

Sonstige (bitte angeben):

53

2450.2 KU                          - 9 -                                K. 6

17. **Der Schutz des Wissens- bzw. Technikvorsprungs gewinnt für viele Unternehmen eine zunehmende Bedeutung.**

Wie beurteilen Sie die Effektivität der folgenden Schutzmechanismen auf einer Skala von 1 (sehr große Bedeutung) bis 5 (keine Bedeutung) für die Bewahrung und den Ausbau der Wettbewerbsfähigkeit Ihres Unternehmens im Bereich von <u>Produktinnovationen im letzten Jahr</u> (1992)?

|  | Sehr große Bedeutung | | | | Keine Bedeutung |  |
|---|:---:|:---:|:---:|:---:|:---:|---|
|  | 1 | 2 | 3 | 4 | 5 |  |
| Patente | ☐ | ☐ | ☐ | ☐ | ☐ | 11 |
| Gebrauchsmuster, Copyright | ☐ | ☐ | ☐ | ☐ | ☐ | 12 |
| Geheimhaltung | ☐ | ☐ | ☐ | ☐ | ☐ | 13 |
| Komplexität der Produktgestaltung | ☐ | ☐ | ☐ | ☐ | ☐ | 14 |
| Zeitlicher Vorsprung in der Vermarktung | ☐ | ☐ | ☐ | ☐ | ☐ | 15 |
| Langfristige Bindung qualifizierten Personals an das Unternehmen | ☐ | ☐ | ☐ | ☐ | ☐ | 16 |

18. **Und wie beurteilen Sie die Effektivität der folgenden Schutzmechanismen für die Bewahrung und den Ausbau der Wettbewerbsfähigkeit Ihres Unternehmens im Bereich von <u>Prozeßinnovationen im letzten Jahr</u> (1992)?**

|  | Sehr große Bedeutung | | | | Keine Bedeutung |  |
|---|:---:|:---:|:---:|:---:|:---:|---|
|  | 1 | 2 | 3 | 4 | 5 |  |
| Patente | ☐ | ☐ | ☐ | ☐ | ☐ | 17 |
| Andere Schutzrechte | ☐ | ☐ | ☐ | ☐ | ☐ | 18 |
| Geheimhaltung | ☐ | ☐ | ☐ | ☐ | ☐ | 19 |
| Komplexität der Prozeßgestaltung | ☐ | ☐ | ☐ | ☐ | ☐ | 20 |
| Zeitlicher Vorsprung im Einsatz | ☐ | ☐ | ☐ | ☐ | ☐ | 21 |
| Langfristige Bindung qualifizierten Personals an das Unternehmen | ☐ | ☐ | ☐ | ☐ | ☐ | 22 |

2450.2 KU                          - 10 -

## V.  Forschungs- und Entwicklungsaktivitäten

19. Führt Ihr Unternehmen regelmäßig FuE-Aktivitäten durch?                    K. 6

    Ja  . . . . . . . . . ☐ 1 23

    Nein  . . . . . . . ☐ 2

---

20. Wieviele Beschäftigte waren im Jahresdurchschnitt 1992 in Ihrem <u>Unternehmen insgesamt</u>
    mit FuE-Aufgaben betraut?

    ┌──────────────┐  Beschäftigte
    │              │
    └──────────────┘
       24-28

---

21. Besitzt Ihr Unternehmen eine spezielle FuE-Abteilung?

    Ja  . . . ☐ 1 29          Nein . . . . ☐➡ │ Bitte weiter mit Frage 23 │
              ⬇                          2

22. Wieviele Beschäftigte hatte diese Abteilung im Jahresdurchschnitt 1992?

    ┌──────────────┐  Beschäftigte
    │              │
    └──────────────┘
       30-34

---

23. Hat Ihr Unternehmen im Jahre 1992 FuE-Aktivitäten durchgeführt?

    Ja  . . . ☐ 1 35          Nein . . . . ☐➡ │ Bitte weiter mit Frage 26 │
              ⬇                          2

---

24. Bitte schätzen Sie die Höhe der gesamten FuE-Aufwendungen Ihres Unternehmens
    im Jahr 1992.

    in:  ┌──────────── **Tsd.** │ DM   oder   ┌──────────── **Mill.** │ DM
         └────────────          │            └────────────          │
         (ohne MWSt)  36-41              (ohne MWSt)    42-47

---

25. Welcher Anteil der FuE-Ausgaben Ihres Unternehmens diente im Jahr 1992 –

    –  primär    Produktinnovationen  . . . . . . . . . ┌────────┐ %   48-50
                                                        └────────┘

    –  primär    Prozeßinnovationen  . . . . . . . . . ┌────────┐ %   51-53
                                                        └────────┘

    –  nicht eindeutig zuzuordnen . . . . . . . . . . . ┌────────┐ %   54-56
                                                        └────────┘
                                                         100   %
    Keine Angabe möglich . . . . . . . . . . ☐ 1 57

---

26. Plant Ihr Unternehmen für die nächsten drei Jahre (1993-1995) FuE-Aktivitäten?

    Ja  . . . . . . . . . ☐ 1 58

    Nein  . . . . . . . ☐ 2

    Nicht bekannt  . . ☐ 3

27. FuE-Aktivitäten werden häufig von Unternehmen in Kooperation mit anderen Unternehmen oder
öffentlichen Forschungseinrichtungen durchgeführt. Wir meinen damit Kooperationen, bei denen
beide Partner im Gegensatz zur reinen Auftragsforschung aktiv gemeinsame FuE-Projekte
betreiben.

K. 6

**War Ihr Unternehmen im Jahre 1992 an solchen Kooperationen beteiligt?**

Ja . . . . ☐ 1 59          Nein . . . . ☐ ➡ | **Bitte weiter mit Frage 29** |
 2

28. **Um welche Kooperationspartner handelte es sich dabei?**

K. 6 + 7

Kunden . . . . . . . . . . . . . . . . . . . . . . . . . . . . ☐ 60

Zulieferer . . . . . . . . . . . . . . . . . . . . . . . . . . ☐ 67

Direkte Wettbewerber . . . . . . . . . . . . . . . . . . . ☐ 74

Unternehmen Ihrer Unternehmensgruppe . . . . . . . ☐ 11

Unternehmensberatungen . . . . . . . . . . . . . . . . ☐ 18

Universitäten / Fachhochschulen . . . . . . . . . . . . ☐ 25

Sonstige öffentliche Forschungseinrichtungen . . . . ☐ 32

Privatwirtschaftlich finanzierte Forschungsinstitute . ☐ 39

Sonstige (bitte angeben):

| | 46 |

2450.2 KU                                      - 12 -

## VI. Innovationsziele

29. **Mit Produkt- und Prozeßinnovationen können eine Reihe verschiedener Ziele verfolgt werden.**                K. 7
    **Wir möchten mehr über die wichtigsten Motive für die Innovationsentscheidung und die**
    **Innovationsstrategie Ihres Unternehmens wissen.**
    Bitte beurteilen Sie die Bedeutung der folgenden Innovationsziele auf einer Skala von
    1 (sehr große Bedeutung) bis 5 (keine Bedeutung) für die Innovationsaktivitäten hinsichtlich
    neuer Produkte und Prozesse <u>in den vergangenen drei Jahren</u> (1990-1992).

|  | Sehr große Bedeutung | | | | Keine Bedeutung |  |
|---|:---:|:---:|:---:|:---:|:---:|---|
|  | 1 | 2 | 3 | 4 | 5 |  |
| Schaffung von Nachfolgeprodukten für auslaufende Produkte .. | ☐ | ☐ | ☐ | ☐ | ☐ | 53 |
| Steigerung oder Erhaltung des Marktanteils .............. | ☐ | ☐ | ☐ | ☐ | ☐ | 54 |
| Erweiterung der Produktpalette | | | | | | |
| innerhalb Ihrer Tätigkeitsbereiche .................. | ☐ | ☐ | ☐ | ☐ | ☐ | 55 |
| außerhalb Ihrer Tätigkeitsbereiche .................. | ☐ | ☐ | ☐ | ☐ | ☐ | 56 |
| Schaffung neuer Absatzmärkte | | | | | | |
| in den "alten" Bundesländern ..................... | ☐ | ☐ | ☐ | ☐ | ☐ | 57 |
| in den "neuen" Bundesländern ..................... | ☐ | ☐ | ☐ | ☐ | ☐ | 58 |
| in Osteuropa ................................. | ☐ | ☐ | ☐ | ☐ | ☐ | 59 |
| innerhalb der EG ............................. | ☐ | ☐ | ☐ | ☐ | ☐ | 60 |
| in Japan ................................... | ☐ | ☐ | ☐ | ☐ | ☐ | 61 |
| in Nordamerika .............................. | ☐ | ☐ | ☐ | ☐ | ☐ | 62 |
| in anderen Ländern ........................... | ☐ | ☐ | ☐ | ☐ | ☐ | 63 |
| Verbesserung der Produktqualität ................... | ☐ | ☐ | ☐ | ☐ | ☐ | 64 |
| Entwicklung umweltfreundlicher Produkte .............. | ☐ | ☐ | ☐ | ☐ | ☐ | 65 |
| Erhöhung der Produktionsflexibilität ................. | ☐ | ☐ | ☐ | ☐ | ☐ | 66 |
| Senkung der Produktionskosten durch | | | | | | |
| Verringerung des Lohnkostenanteils ................ | ☐ | ☐ | ☐ | ☐ | ☐ | 67 |
| Senkung des Materialverbrauchs .................. | ☐ | ☐ | ☐ | ☐ | ☐ | 68 |
| Senkung des Energieverbrauchs ................... | ☐ | ☐ | ☐ | ☐ | ☐ | 69 |
| Verminderung der Produktionsvorbereitungskosten ....... | ☐ | ☐ | ☐ | ☐ | ☐ | 70 |
| Verminderung des Ausschusses ................... | ☐ | ☐ | ☐ | ☐ | ☐ | 71 |
| Verbesserung der Arbeitsbedingungen ................ | ☐ | ☐ | ☐ | ☐ | ☐ | 72 |
| Reduzierung der Umweltbelastung in der Herstellung ........ | ☐ | ☐ | ☐ | ☐ | ☐ | 73 |

Sonstiges *(bitte angeben):*

| | | | | | |
|---|---|---|---|---|---|
| ☐ | ☐ | ☐ | ☐ | ☐ | 74 |

2450.2 **KU**                                                   - 13 -

---

**VII. Informationsquellen von Innovationen**

K. 8

30. **Für die Entwicklung und Einführung von neuen Produkten und Produktionsprozessen ist eine Vielzahl von Informationen notwendig.**
Bitte beurteilen Sie die Bedeutung der folgenden unternehmensinternen und -externen Informationsquellen auf einer Skala von 1 (sehr große Bedeutung) **bis 5** (keine Bedeutung) für die Innovationsaktivitäten Ihres Unternehmens in den vergangenen drei Jahren (1990-1992).

|  | Sehr große Bedeutung | | | | Keine Bedeutung | |
|---|---|---|---|---|---|---|
|  | 1 | 2 | 3 | 4 | 5 | |
| **Unternehmensinterne Informationsquellen** . . . . . . . . . . | □ | □ | □ | □ | □ | 11 |

**Unternehmensexterne Informationsquellen**

| | | | | | | |
|---|---|---|---|---|---|---|
| Zulieferer von Vorprodukten, Materialien, Komponenten . . . . | □ | □ | □ | □ | □ | 17 |
| Zulieferer von Ausrüstungsgütern . . . . . . . . . . . . . . . . . . | □ | □ | □ | □ | □ | 18 |
| Kunden . . . . . . . . . . . . . . . . . . . . . . . . . . . . . . . . . . . | □ | □ | □ | □ | □ | 19 |
| Direkte Wettbewerber . . . . . . . . . . . . . . . . . . . . . . . . . | □ | □ | □ | □ | □ | 20 |
| Unternehmensberater, Marktforschungsunternehmen, u.a. . . | □ | □ | □ | □ | □ | 21 |
| Industriefinanzierte Forschungseinrichtungen . . . . . . . . . . . | □ | □ | □ | □ | □ | 22 |

**Öffentliche Ausbildungs- und Forschungseinrichtungen**

| | | | | | | |
|---|---|---|---|---|---|---|
| Universitäten und Fachhochschulen . . . . . . . . . . . . . . . . | □ | □ | □ | □ | □ | 23 |
| Großforschungseinrichtungen und sonstige technisch-wissenschaftliche Institute . . . . . . . . . . . . . . . . | □ | □ | □ | □ | □ | 24 |
| Technologietransferstellen . . . . . . . . . . . . . . . . . . . . . . | □ | □ | □ | □ | □ | 25 |

**Allgemein verfügbare Informationen**

| | | | | | | |
|---|---|---|---|---|---|---|
| Patentschriften . . . . . . . . . . . . . . . . . . . . . . . . . . . . . | □ | □ | □ | □ | □ | 26 |
| Messen und Ausstellungen . . . . . . . . . . . . . . . . . . . . . | □ | □ | □ | □ | □ | 27 |
| Fachtagungen und Fachzeitschriften . . . . . . . . . . . . . . . | □ | □ | □ | □ | □ | 28 |

**Sonstige Informationsquellen** *(bitte angeben):*

| | | | | | | |
|---|---|---|---|---|---|---|
| | □ | □ | □ | □ | □ | 29 |

2450.2 KU                                    - 14 -

## VIII.  Innovationshemmnisse

31.  **Zur Stärkung der Wettbewerbsfähigkeit der deutschen Wirtschaft ist die Kenntnis von Faktoren**                                                                                        K. 8
     **wichtig, die die erfolgreiche Durchführung von Innovationsprojekten verzögern bzw. verhindern.**
     **Im folgenden finden Sie eine Liste möglicher Innovationshemmnisse.**

     **Bitte beurteilen Sie die Bedeutung der genannten Hemmnisse auf einer Skala von**
     **1 (sehr große Bedeutung) bis 5 (keine Bedeutung) aus der Sicht Ihres Unternehmens**
     **in den vergangenen drei Jahren** (1990-1992).

|  | Sehr große Bedeutung | | | | Keine Bedeutung |  |
|---|---|---|---|---|---|---|
| **Ökonomische Faktoren** | 1 | 2 | 3 | 4 | 5 | |
| Zu hohes Innovationsrisiko | ☐ | ☐ | ☐ | ☐ | ☐ | 30 |
| Innovationskosten nur schwer kontrollierbar | ☐ | ☐ | ☐ | ☐ | ☐ | 31 |
| Fehlendes Eigenkapital | ☐ | ☐ | ☐ | ☐ | ☐ | 32 |
| Fehlendes Fremdkapital | ☐ | ☐ | ☐ | ☐ | ☐ | 33 |
| Zu geringe Rendite der Innovationsaufwendungen | | | | | | |
| – weil Innovationskosten zu hoch | ☐ | ☐ | ☐ | ☐ | ☐ | 34 |
| – weil Amortisationsdauer zu lang | ☐ | ☐ | ☐ | ☐ | ☐ | 35 |
| – weil Innovationen zu leicht kopierbar | ☐ | ☐ | ☐ | ☐ | ☐ | 36 |

**Innovationspotential**

| | | | | | | |
|---|---|---|---|---|---|---|
| Technische Möglichkeiten sind ausgeschöpft | ☐ | ☐ | ☐ | ☐ | ☐ | 37 |
| Mangel an geeignetem Fachpersonal | ☐ | ☐ | ☐ | ☐ | ☐ | 38 |
| Unternehmensinterne Widerstände gegen Innovation | ☐ | ☐ | ☐ | ☐ | ☐ | 39 |
| Fehlende Informationen über Stand der Technik | ☐ | ☐ | ☐ | ☐ | ☐ | 40 |
| Fehlende Informationen über Vermarktungsmöglichkeiten | ☐ | ☐ | ☐ | ☐ | ☐ | 41 |
| Fehlende Informationen über externes Know-How | ☐ | ☐ | ☐ | ☐ | ☐ | 42 |
| Unzureichende Kooperationsmöglichkeiten | | | | | | |
| – mit anderen Unternehmen | ☐ | ☐ | ☐ | ☐ | ☐ | 43 |
| – mit öffentlichen, wissenschaftlichen Institutionen | ☐ | ☐ | ☐ | ☐ | ☐ | 44 |

**Sonstige Faktoren**

| | | | | | | |
|---|---|---|---|---|---|---|
| Gesetzgebung, rechtliche Regelungen zu restriktiv | ☐ | ☐ | ☐ | ☐ | ☐ | 45 |
| Verwaltungsverfahren zu lang | ☐ | ☐ | ☐ | ☐ | ☐ | 46 |
| Mangelnde steuerliche Innovationsanreize | ☐ | ☐ | ☐ | ☐ | ☐ | 47 |
| Mangelnde Innovationsbereitschaft der Kunden | ☐ | ☐ | ☐ | ☐ | ☐ | 48 |
| Mangelnde Innovationsbereitschaft der Lieferanten | ☐ | ☐ | ☐ | ☐ | ☐ | 49 |
| Markt für die Einführung von Innovationen noch nicht reif | ☐ | ☐ | ☐ | ☐ | ☐ | 50 |

Sonstiges *(bitte angeben):*

|  |  | | | | | |
|---|---|---|---|---|---|---|
|  | ☐ | ☐ | ☐ | ☐ | ☐ | 51 |

Innovationen waren nicht erforderlich .......... ☐ 1  52

2450.2 KU                                    - 15 -

## IX. Kostenstruktur

32. **Wie hoch war der Personalaufwand Ihres Unternehmens im Jahr 1992?**                  K. 8

in:  | **Tsd.** | DM    oder  | **Mill.** | DM

(ohne MWSt)  53-58                  (ohne MWSt)   59-64

*Bitte zusätzlich ankreuzen:*
Handelt es sich um –

–  genaue Angabe . . . . . . . . . . . . . . □ 1 65
–  eine ziemlich genaue Schätzung . . . □ 2
–  eine grobe Schätzung . . . . . . . . . □ 3

33. **Wie hoch waren die Investitionen Ihres Unternehmens im Jahr 1992?**

in:  | **Tsd.** | DM    oder  | **Mill.** | DM

(ohne MWSt)  66-71                  (ohne MWSt)   72-77

*Bitte zusätzlich ankreuzen:*
Handelt es sich um –

–  genaue Angabe . . . . . . . . . . . . . . □ 1 79
–  eine ziemlich genaue Schätzung . . . □ 2
–  eine grobe Schätzung . . . . . . . . . □ 3

Keine Investitionen im Jahr 1992 . . . . . □ 1 78

## A.3 Umweltinnovationen im Verarbeitenden Gewerbe

| Innovations-arten | Innovationsziel | Technische Lösungen/ Managementmaßnahmen | Beispiele für Einzelmaßnahmen |
|---|---|---|---|
| **Prozeßinno-vationen** | • Verringerung der Umweltbelastung bei der Rohstoffgewinnung | • Rohstofförderungstechniken <br> • Rohstoffextraktionstechniken | • Verbesserungen der Extraktionstechnologien für nicht-erneuerbare Rohstoffe <br> • Verbesserung der Anbau- und Erntetechnologien für erneuerbare Rohstoffe <br> • Ertragssteigerungen bei erneuerbaren Rohstoffen, z.B. durch biotechnologische Verfahren |
| | • Verringerung und Beseitigung der Umweltbelastung bei der Produktion von Zwischen- und Endprodukten | • Produktionsprozesse mit nachgeschalteten Umwelttechniken | • Reduktion und Umwandlung von Emissionen durch Abscheideverfahren <br> • Einsatz von Altlastensanierungstechniken <br> • Reduktion und Umwandlung von Abwässern |
| | • Verringerung und Beseitigung der Umweltbelastung bei der Produktion von Zwischen- und Endprodukten <br> • Verbesserung der Ressourceneffizienz bei der Produktion von Zwischen- und Endprodukten | • Produktionsprozesse mit integrierten Umwelttechniken <br> • Prozeßinternes Recycling | • Verringerung des Rohstoff-, Betriebsstoff-, Material- und Energieeinsatzes pro Produktionseinheit <br> • Senkung der Emissionen pro Produktionseinheit <br> • Substitution umweltschädlicher Inputfaktoren <br> • Überwachung des Produktionsprozesses <br> • Kreislaufführung und Abwärmenutzung in Prozessen <br> • Einsatz von Meß- und Regeltechniken |

**A.3    Umweltinnovationen im Verarbeitenden Gewerbe**

| Innovations-arten | Innovationsziel | Technische Lösungen/ Managementmaßnahmen | Beispiele für Einzelmaßnahmen |
|---|---|---|---|
| **Produkt-innovationen** | • Verringerung und Beseitigung der Umweltbelastung bei der Produktverwendung<br>• Verringerung und Beseitigung der Umweltbelastung bei der Produktverwendung<br>• Verbesserung der Ressourceneffizienz bei der Produktverwendung<br>• Risikoanalyse und Frühwarnsystem<br><br>• Neue Produkte<br>• Gewinn | • Produkte mit nachgeschalteten Umweltschutztechniken<br>• Produkte mit integrierten Umwelttechniken<br><br><br>• Umweltschutztechniken | • Einbau von Katalysatoren<br><br>• Verbesserung der Deponierungsmöglichkeiten und Rezyklierungsmöglichkeiten<br>• Veränderung der Produktbestandteile<br>• Verlängerung der Produktlebensdauer<br>• Verbesserung der Informationsgrundlage<br>• Recyclinggerechte Konstruktion<br>• Entwicklung lärmarmer Produkte<br>• Substitution von FCKW oder Asbest<br>• Entwicklung reparaturfreundlicher Produkte<br>• Entwicklung von Recyclingtechnologien<br>• Entwicklung von Meß-, Analyse- und Überwachungstechniken<br>• Umweltschonende Produktionsanlagen und Produkte |
| **Organisato-rische Innova-tionen** | • Umweltoptimierung des betrieblichen Leistungsprozesses | • Ablauforganisation<br>• Aufbauorganisation | • Durchführung von Umwelt-Audits<br>• Erstellung von Ökobilanzen<br>• Durchführung von Produktlinienanalysen |

## A.4 Umweltinnovationen im Dienstleistungsgewerbe

| Innovationsarten | Innovationsziel | Technische Lösungen/Managementmaßnahmen | Einzelmaßnahmen |
|---|---|---|---|
| **Prozeß-innovationen** | • Neue und verbesserte Verfahren zur Erbringung von Dienstleistungen | • Einsatz von IuK-Techniken | • Zertifizierung nach EG-Umwelt-Audit<br>• Neue Logistiksysteme bei Speditionen (Global Positioning System)<br>• Verbesserung interner Prozeßabläufe<br>• Neue Frachtdienste bei Speditionen |
| **Produkt-innovationen** | • Neue und verbesserte Dienstleistungen | • Meß- Regeltechniken<br>• Einsatz von IuK-Techniken | • Fernmessung und -steuerung (Telemetrie)<br>• Interaktive Miltimediadienste |
| **Organisatorische Innovationen** | • Verbesserung des organisatorischen Aufbaus und unternehmensinterner Abläufe | • Verbesserung der Aufbau- und Ablauforganisation | • Zertifizierung nach EG-Umwelt-Audit<br>• Neue Regionalniederlassung gründen<br>• Abbau von Hierarchieebenen |

## A.5 Übersicht der Länderförderprogramme

| Bundesland | Förderprogramm/ Fördervolumen | Förderung (soweit nicht anders angegeben nicht rückzahlbarer Zuschuß) | Restriktionen |
|---|---|---|---|
| Baden-Württemberg | Darlehensprogramm „Erneuerbare Energien" | Zinsverbilligtes Darlehen, 3 % unter dem Marktzins, Laufzeit 15 Jahre, 1/2 Jahr tilgungsfrei, danach Rückzahlung in 58 Vierteljahresraten | bis zu 1.500 DM je kW, max. 1.000.000 DM, bei mehreren Anlagen max. 2.000.000 DM |
| Bayern | Richtlinien zur Durchführung des Bayerischen Programms Rationellere Energiegewinnung und -verwendung (v. 13.07.1990) | max. 10 % der Planungs-, Errichtungs-, Anschaffungs- und Inbetriebnahmekosten pro Windpark nur 1 WKA | Standortgutachten/ Windmessungen und Nachweis der Wirtschaftlichkeit sind Voraussetzung (V10 ≥ 4,5 m/s) |
| Berlin | Kein Förderprogramm | | |
| Bremen | Merkblatt zur Förderung von Windenergieanlagen Volumen: ca. 1 Mio DM | Förderung ist abhängig von der Jahresenergieproduktion der WKA, den jährlichen Betriebskosten sowie dem Investitionsvolumen. Zusätzliche Förderung durch Stadtwerke Bremen wird eingestellt. | „Die Förderung wird so bemessen, daß sich die WKA innerhalb von 12 Jahren über den prognostizierten Jahresertrag refinanziert." Die Landesförderung ist begrenzt auf max. 33,3 % der Investitionskosten. |

**A.5 Übersicht der Länderförderprogramme**

| Bundes-land | Förderprogramm/ Fördervolumen | Förderung (soweit nicht anders angegeben nicht rückzahlbarer Zuschuß) | Restriktionen |
|---|---|---|---|
| Branden-burg | 1. Rationelle Energieverwendung und Nutzung erneuerbarer Energiequellen (REN-Programm) (für Windparks) Gesamtvol.: 18 Mio DM, davon für Windkraft: 8-10 Mio. DM | Antragstop in 1997, keine Landesmittel vorgesehen max. 25 % als Zuschuß der Investitionskosten | |
| | 2. Richtlinien über die Gewährung von Finanzhilfen des Ministeriums für Umwelt, Naturschutz und Raumordnung für Vorhaben des Immissionsschutzes und zur Begrenzung energiebedingter Umweltbelastungen v. 01.05.1993 (Für Einzelanlagen) | | |
| Hamburg | Richtlinien für die Gewährung von Finanzierungshilfen zur Förderung von Vorhaben der Energieeinsparung und der Nutzung regenerativer Energiequellen v. 01.10.1990 Gesamtvolumen: ca. 800.000 DM | max. Förderhöhe ist begrenzt auf 5 % der Investitionskosten Zuschuß zur Einspeisevergütung von 0,10 DM/kWh v. EVU (HEW) (Laufzeit: 10 Jahre) | Errichtung von WKA ist nur auf ausgewiesenen Flächen möglich geplant ist die Errichtung von ca. 20 Anlagen in den nächsten 5 Jahren |

**A.5    Übersicht der Länderförderprogramme**

| Bundes-land | Förderprogramm/ Fördervolumen | Förderung (soweit nicht anders angegeben nicht rückzahlbarer Zuschuß) | Restriktionen |
|---|---|---|---|
| Hessen | §§ 5 und 6 Hessisches Energiegesetz (HEnG)<br><br>Gesamtvolumen: ca. 40 Mio. DM | 100 TDM für 500-600 kW-Anlagen<br><br>150 TDM für 1.000 kW-Anlagen | Nachweis geeigneter Windverhältnisse durch Windmessung oder Standortgutachten |
| Mecklen-burg-Vor-pommern | Richtlinie für die Gewährung von Zuwendungen des Landes MV zur verstärkten Anwendung und Nutzung der „Erneuerbaren Energien"<br><br>Volumen: ca. 10 Mio DM | Förderung nach Parametern für Schall, Leistung und Netzverträglichkeit der WKA (Absolutbetrag für jede WKA) | Richtlinie ist in '96 ausgelaufen<br><br>Landeshaushalt '97 noch nicht bestätigt<br><br>neue Richtlinie noch nicht fertig<br><br>Zuschuß max. 10 %<br><br>Gewährung Zuschuß nur in Ausnahmefällen |
| Nieder-sachsen | derzeit keine Förderung | | |

**A.5    Übersicht der Länderförderprogramme**

| Bundes-land | Förderprogramm/ Fördervolumen | Förderung (soweit nicht anders angegeben nicht rückzahlbarer Zuschuß) | Restriktionen |
|---|---|---|---|
| Nord-rhein-Westfalen | „Rationelle Energie-verwendung und Nutzung uner-schöpflicher Energie-quellen" (REN-Programm)<br><br>Gesamtvolumen: 87,7 Mio. DM, davon für Windkraft 43,8 Mio DM (unter Vorbehalt) | Gesamtinvestition < 1 Mio. DM: Festbetragsförderung: 100 DM/m2 Rotorfläche bzw. 120 DM/m2 Rotorfläche bei Anlagen mit Schalleistungspegel $\leq 98$ dB(A)<br><br>Gesamtinvestition > 1 Mio. DM: Zinsgünstiger Kredit in Höhe bis zu 50 % der zuwendungsfähigen Ausgaben. Der Kreditzinssatz liegt bis zu 3,5 Prozentpunkten unter dem Marktzins für Investitionskredite.<br><br>Kreditlaufzeit: 11 Jahre (ein tilgungsfreies Jahr; Tilgung in 10 gleichen Jahresraten).<br><br>alternativ: auch Zuschüsse möglich, hängen von der Größe der WKA ab. | Kumulation mit anderen Fördermitteln: max. 49 %<br><br>Nachweis der Standorteignung muß durch Windgutachten und Wirtschaftlichkeits-rechnungen erbracht werden<br><br>Vorlage der Baugenehmigung |
| Rhein-land-Pfalz | Programm zur Förderung erneuerbarer Energien<br><br>Gesamtvolumen: 7,4 Mio. DM | 1. WKA $\leq 300$ kW 20 % der Investitions- u. Planungskosten<br><br>2. WKA > 300 kW 20 % der Investitionskosten, auszahlbar in fünf gleichen Jahresraten | Nachweis von Netzanschluß und Baugenehmigung notwendig<br><br>Höchstbetrag: 1.800,-- DM je kW als Fördersumme, davon Zuschuß in Höhe von 20 %. |

**A.5    Übersicht der Länderförderprogramme**

| *Bundes-land* | *Förderprogramm/ Fördervolumen* | *Förderung (soweit nicht anders angegeben nicht rückzahlbarer Zuschuß)* | *Restriktionen* |
|---|---|---|---|
| Saarland | Richtlinien für die Gewährung von Zuwendungen zur Förderung der Markteinführung erneuerbarer Energien v. 01.01.1993 (Markteinführungsprogramm)<br><br>Gesamtvolumen: 10 Mio. DM | 20 % der Sach- und Fremdleistungskosten<br><br>max. 150.000 DM im Einzelfall<br><br>bei Nennleistung der Anlage<br>< 25 kW: 1.000 DM/kWel<br>25 bis 50 kW: 800 DM/kWel<br>> 50 kW: 600 DM/kWel | mittlere Windgeschwindigkeit in 10 m Höhe muß (gemessen) mindestens 4 m/s betragen |
| Sachsen | Förderprogramm „Erneuerbare Energien" (Stand 01.01.1996)<br><br>Gesamtvolumen: 11 Mio. DM | 150 DM/kWel<br><br>ausgewählte Vorranggebiete Vollast muß zwischen 1.600 und 2.000 h/Jahr liegen. | nur Anlagen > 250 kWel. Mittlere Wind-geschwind. am Standort: V10 ≤ 4,8 m/s ist aber noch nicht vom Haushalt verabschiedet und deshalb vorläufig (Stand: Jan. 1997) |
| Sachsen-Anhalt | Richtlinien über die Gewährung von Zuwendungen für die Errichtung von WKA<br><br>Gesamtvolumen: 9-11 Mio. DM, davon für Windkraft 6-8 Mio. DM | 30 % der Kosten für die Errichtung und Inbetriebnahme | max. 3.000 DM/kWel |

**A.5    Übersicht der Länderförderprogramme**

| Bundes-land | Förderprogramm / Fördervolumen | Förderung (soweit nicht anders angegeben nicht rückzahlbarer Zuschuß) | Restriktionen |
|---|---|---|---|
| Schleswig-Holstein | Programm Erneuerbare Energien - Wind - (gültig seit 01.07.93)<br><br>Volumen: ca. 2 Mio. DM | Absolutbetrag für jede WKA (bei Herstellern erfragen)<br><br>Förderung nach Formel mit Parametern für Leistung, Schallemission und Netzverträglichkeit der WKA | in 1997 noch keine Gelder freigegeben, neuer Haushaltsbeschluß wird im April/Mai erwartet |
| Thüringen | Richtlinien über die Fördermaßnahmen im Energiebereich (v. 27.11.1991)<br><br>Volumen: ca. 2 Mio. DM | 400 DM/kW | Einzelanlagen: max. 200.000 DM<br><br>Windparks: max. 300.000 DM<br><br>Kumulierung möglich, jedoch nicht mit anderen Fördermitteln des Landes Thüringen<br><br>Bestätigung über Netzanschlußangebot muß vorliegen |

Quelle: Zydat/Thebing (1997:105ff.)

# Literaturverzeichnis

Acs, Z.J./ Audretsch, D. (1990): Innovations and Small Firms. Cambridge (MA).

Acs, Z.J./ Audretsch, D. (1991): Innovation and Size at the Firm Level, In: Southern Economic Journal, Vol. 57, S. 739-744.

Adler, U./ Bauer, E.-M./ Heller, N./ Wackerbauer, J. (1994): Additiver und integrierter Umweltschutz und dessen Bedeutung im internationalen Wettbewerb. Gutachten des ifo-Instituts im Auftrag des Büros für Technikfolgenabschätzung beim Deutschen Bundestag. München.

Albers, A./ Penner, K. (1995): Untersuchungen zur Genauigkeit von prognostizierten Energieerträgen von Windenergieanlagen mit dem Programm WASP, In: DEWI Magazin, Nr. 7, S. 66-71.

Allnoch, N. (1996): Zur Lage der Windkraftnutzung in Deutschland. Herbstgutachten 1996/97, In: Energiewirtschaftliche Tagesfragen, Heft 10, S. 656-659.

Anonymus (1995): Windkraftanlagen-Recycling macht Sinn, In: Ökologische Briefe, Nr. 41, S. 5.

Anonymus (1997a): Konkursantrag gegen Tacke, In: Neue Energie, Nr. 8, S. 8.

Anonymus (1997b): Bundesgerichtshof, Urteil vom 22.10.1996 - Az:KZR 19/95, In: Energiewirtschaftliche Tagesfragen, Heft 4, S. 244-253.

Anonymus (1997c): Dieser Entwurf wird am 28. November abgestimmt, In: Wind Energie Aktuell, Nr. 12, S. 10.

Arndt, M. (1996): Haftung für Umweltschäden. Die Bedeutung des UmweltHG für die Schadenszurechnung in typischen Fallkonstellationen. Universität Mannheim.

Arrow, K.J. (1969): „Classificatory Notes on the Production and Transmission of Technological Knowledge, In: American Economic Review Papers and Proceedings, Vol. 59, Nr. 2, S.35.

Arrow, K.J. (1971): Economic Welfare and the Allocation of Resources for Invention, Wiederabdruck von 1962, In: Rosenberg, N. (Hrsg.): The Economics of Technological Change. Harmondsworth. S. 164-181.

Backhaus, K./ Erichson, B./ Plinke, W./ Weiber, R. (1996): Multivariate Analysemethoden. Eine anwendungsorientierte Einführung. 8. Auflage. Heidelberg.

Baentsch, F. (1997): Umweltschutz im britischen Stromexperiment. Die umweltpolitischen Wirkungen der Strukturreform der britischen Elektrizitätswirtschaft hinsichtlich Schadstoffemissionen, Energieträgereinsatz und Energieeffizienz. Münster.

Bamberg, G./ Baur, F. (1987): Statistik. 5. Auflage. München.

Barbera, A.J./ McConnell, V.D. (1990): The Impact of Environmental Regulation on Industry Productivity: Direct and Indirect Effects, In: Journal of Environmental Economics and Management, Vol. 18, S. 50-65.

Baumol, W.J./ Oates, W.E. (1988): The Theory of Environmental Policy. 2. Auflage, Cambridge (MA).

Becher, G. (1994): Bestimmungsfaktoren industrieller Forschung und Entwicklung. Unveröffentlichtes Arbeitspapier, Stand 29.3.1994, Institut für Wirtschaftspolitik und Wirtschaftsforschung der Universität Karlsruhe/ Prognos AG. Karlsruhe/Basel.

Becher, G. (1996): Aufrechterhaltung und Schaffung individueller und kollektiver Kreativität, Dynamik und Innovationsbereitschaft. Gutachten für die Kommission für Zukunftsfragen der Freistaaten Bayern und Sachsen. Prognos AG. Basel.

Becher,G./ Böttcher, H. / Funck, R./ Hartje, V./ Sprenger, R.U./ Weibert, W. (1990): Regulierung und Innovation. Der Einfluß wirtschafts- und gesellschaftspolitischer Rahmenbedingungen auf das Innovationsverhalten von Unternehmen. Ifo-Studien zur Umweltökonomie 13. München.

Becher, G./ Hemmelskamp, J./ Weibert, W./ Wolff, H. (1993a): Ansatzpunkte für eine Verbesserung der Standortbedingungen für Forschung, Entwicklung und Technologie in der Bundesrepublik. Studie im Auftrag des Bundesministers für Forschung und Technologie. Prognos AG. Basel.

Becher, G./ Esche, A./ Eyett, D./ Wolff, H. (1993b): Entwicklung und Bedeutung des Technologietransfersystems in Bayern. Schlussbericht an das Bayerische Staatsministerium für Wirtschaft und Verkehr. Prognos AG. Basel.

Becher, G./ Hemmelskamp, J./ Scheelhase, J./ Schüler, J. (1997): Nachhaltigkeit und technische Innovation, In: Hohmeyer, O./ Rennings, K.: Nachhaltigkeit. ZEW-Wirtschaftsanalysen, Band 8. Baden-Baden. S. 221-260

Becker, G.S. (1983): Human Capital: A Theoretical and Empirical Analysis, with Special Reference to Education. Chicago.

BDI (Bundesverband der Deutschen Industrie) (1993): Forschungsstandort Deutschland. Problembereiche und Handlungsempfehlungen. Köln.

Behnke, J. (1997): Neue Windparks werden langsamer abgeschrieben, In: Wind Energie Aktuell, Nr. 10, S. 18.

Behrend, S. (1994): Entsorgungsgerechte Produktgestaltung, In: Hellenbrandt, S./ Rubik, F.(Hrsg.): Produkt und Umwelt: Anforderungen, Instrumente und Ziele einer ökologischen Produktpolitik. Marburg. S. 103-116.

Beise, M./ Grupp, H./ Hipp, C./ Licht, G./ Münt, G. (1996): Innovations- und Patentfähigkeit in Deutschland: Eine erkundende Studie. Beitrag im Rahmen der gemeinsamen Berichterstattung zur technologischen Leistungsfähigkeit Deutschlands. FhG-ISI/ ZEW. Karlsruhe/Mannheim.

Berg, H.: (1988): Wettbewerbspolitik, In: Bender et al.: Vahlens Kompendium der Wirtschaftstheorie und Wirtschaftspolitik, Band 2, 3. Auflage, S. 231-291

Bergmann, H. (1996): Normsetzung im Umweltbereich. Dargestellt am Beispiel des Stromeinspeisungsgesetzes. ZEW-Dokumentation Nr. 96-04. Mannheim.

Bergmann, H. (1997): Energiewirtschaft im Wandel. Zur Liberalisierung des europäischen Elektrizitätsmarktes, In: Hake, J.F./ Schultze, K. (Hrsg.): Ausbau erneuerbarer Energiequellen in der Stromwirtschaft. Jülich. S. 103-112

Bergmann, H./ Brockmann, K.L./ Koschel, H./ Schmidt, T./ Stronzik, M. (1996): Europäisches Zertifikatemodell für $SO_2$. Untersuchung des ZEW im Auftrag des Bundesministerium für Wirtschaft. Mannheim.

Bernholz, P./ Breyer, F. (1993): Grundlagen der politischen Ökonomie. Band 1: Theorie der Wirtschaftssysteme. 3. Auflage. Tübingen.

Betke, K./ Gabriel, J./ Klug, H./ Schumacher, K./ Wittwer, G. (1997): Geräuschminderung durch Modifikation der Blattspitze, der Blatthinterkante und des Anstellwinkels von Windkraftanlagen. Studie im Auftrag des Bundesministerium für Forschung und Technologie. Fördergesellschaft Windenergie e.V. Brunsbüttel.

Blazejczak, J./Edler, D. (1998): Innovationswirkungen branchenbezogener Regulierungsmuster am Beispiel der Papierindustrie. Bericht im Rahmen des Forschungskonsortium „Innovative Wirkungen umweltpolitischer Instrumente" des BMBF. Berlin.

Blazejczak, J./ Kohlhaas, M./ Seidel, B./ Trabold-Nübler, H./ Löbbe, K./ Walter, J./ Wenke, M. (1993): Umweltschutz und Industriestandort - Der Einfluß umweltbezogener Standortfaktoren auf Investitionsentscheidungen. Umweltbundesamt, Bericht 1/93. Berlin.

BMBF (Bundesministerium für Bildung, Wissenschaft, Forschung und Technologie) (Hrsg.)(1995): Energieforschung und Energietechnologien. Förderschwerpunkte der Bundesregierung. Bonn.

BMFT (Bundesministerium für Forschung und Technologie) (Hrsg.) (1994): Produktionsintegrierter Umweltschutz. Bonn.

BMU (Bundesministerium für Umwelt, Naturschutz und Reaktorsicherheit) (Hrsg.): (1996): Umweltbewußtsein 1996. Berlin.

BMU (Bundesministerium für Umwelt, Naturschutz und Reaktorsicherheit) (Hrsg.) (1997a): Eröffnung der UTECH'97, In: BMU Pressemitteilung, Nr. 1, 17.2.1997.

BMU (Bundesministerium für Umwelt, Naturschutz und Reaktorsicherheit) (Hrsg.) (1997b): Schritte zu einer nachhaltigen, umweltgerechten Entwicklung. Bericht des Arbeitskreises anläßlich der Zwischenbilanzveranstaltung am 13. Juni 1997. Bonn.

BMU (Bundesministerium für Umwelt, Naturschutz und Reaktorsicherheit) (Hrsg.): (1998): Umweltgesetzbuch - Entwurf der unahängigen Sachverständigenkommission zum Umweltgesetzbuch. Berlin

BMWi (Bundesministerium für Wirtschaft) (1995): Erfahrungsbericht des Bundesministeriums für Wirtschaft zum Stromeinspeisegesetz. Bonn.

BMWi (Bundesministerium für Wirtschaft) (Hrsg.) (1996a): Energiedaten'96. Nationale und internationale Entwicklung. Bonn.

BMWi (Bundesministerium für Wirtschaft) (1996b): Mitteilung des Bundesministeriums für Wirtschaft über die Höhe der Vergütungen nach dem Stromeinspeisungsgesetz und die Grenzpreise nach der Konzessionsabgabenverordnung für Strom für das Jahr 1997, In: Tagesnachrichten, Nr. 10527, 5. November 1996. Bonn.

BMWi (Bundesministerium für Wirtschaft) (1997a): Positive Bilanz des 100 Mio DM-Förderprogramms für Erneuerbare Energien, In: BMWi Tagesnachrichten, Nr. 10568, 11.03. 1997. Bonn.

BMWi (Bundesministerium für Wirtschaft) (1997b): Reform des Energiewirtschaftsrechts kommt planmäßig voran, In: BMWi Tagesnachrichten Nr. 10572, 19.3.1997. Bonn.

Bollmann, P., 1990: Technischer Fortschritt und wirtschaftlicher Wandel. Eine Gegenüberstellung neoklassischer und evolutorischer Innovationsforschung. Heidelberg.

Bonus, H. (1984): Marktwirtschaftliche Instrumente im Umweltschutz, In: Wirtschaftsdienst, Nr. 4, S. 169-172.

Bonus, H. (1990): Preis- und Mengenlösung in der Umweltpolitik, In: Jahrbuch für Sozialwissenschaft, Nr. 41, S. 343-358.

Brännlund, R./ Färe, R./ Grosskopf, S. (1995): Environmental Regulation and Profitability: An Application to Swedish Pulp and Paper Mills, In: Environmental and Resource Economics, Nr. 6, S. 23-36.

Bräuer , W. (1996): The German Success Story of Wind Energy. Abschlußbericht des EU-APAS-Projektes RENA-CT94-0012. ZEW. Mannheim.

Bräuer, W./ Egeln, J./ Werner, A. (1997): Wettbewerb in der Versorgungswirtschaft und seine Auswirkungen auf Querverbundunternehmen. Schriftenreihe des ZEW, Band 20, Baden-Baden.

Brandt, H. (1995): Zukunft der Windenergienutzung, Vortrag für den BUND-Bundesverband, In: Gasch, R./ Nasseri, S./ Eichler, A./ Richters, B.: Tagungsband zum Seminar „Zukunft der Windenergienutzung bis zum Jahr 2005" im Rahmen der UTECH. Berlin. o.S.

Bressers, J./ Huitema, D. (1996): Politics as Usual. The Effect of Policy-Making on the Design of Economic Policy Instruments. Vortragspapier für die „International Conference on Environment/Climate", Rom, 4.-8. März.

Brockmann, K.L./ Hemmelskamp, J./ Hohmeyer, O. (1996): Certified Tropical Timber and Consumer Behaviour. Heidelberg.

Broß (17.9.1996): Gespräch mit M. Broß, Verband der Lackindustric e.V., Frankfurt a.M.

Brüning, H. (1996): Windkraftanlagen - Naturschutz kontra Umweltschutz, In: Fleckenstein, K.: Aktuelle Probleme der Windkraft in Deutschland. Essen. S. 173-210.

Buhrmester, H./ Keun, F. (1994): Umsetzung von Windenergie in Schwachwindgebieten. Handbuch für die Praxis. Ministerium für Wirtschaft, Mittelstand und Technologie des Landes Nordrhein-Westfalen. 2. Auflage. Düsseldorf.

BUND/Misereor (Hrsg.) (1996): Zukunftsfähiges Deutschland. Ein Beitrag zu einer global nachhaltigen Entwicklung. Basel.

Bundesanzeiger (1996): Richtlinien zur Förderung von Maßnahmen zur Nutzung erneuerbarer Energien vom 1.8.1995 in der vorbehaltlich der Genehmigung durch die Kommission der Europäischen Gemeinschaften zum 1.1.1997 geänderten Fassung. 17. Dezember 1995, Nr. 236, S. 12965.

Bundesverwaltungsgericht (16.6.94): Urteil des Bundesverwaltungsgericht 16.6.97, Nr. 4C 20/93 (Schleswig), In: Neue Zeitschrift für Verwaltungsrecht, Heft 1, S. 64-65.

BWE (1997): Windkraftanlagen 1997. Marktübersicht. Bundesverband Wind Energie e.V. Bonn.

Cansier, D. (1993): Umweltökonomie. Jena.

Carraro, C./ Siniscaldo, D. (1994): Environmental policy reconsidered: The role of technological innovation, In: European Economic Review, Vol. 38, S. 545-554.

Caves, R.E. (1975): Market Structure and Embodied Technological Change, In: Caves, R.E./ Roberts, M.J.: Regulating the Product - Quality and Variety. Cambridge (MA). S. 125-144.

Coase, R. H. (1960): The Problem of Social Costs, In: Journal of Law and Economics, Vol. 3, S. 1-44.

Coenen, R./ Klein-Vielhauer, S. (1997): Die Bedeutung der Umwelttechnologie für eine ökonomisch und ökologisch „nachhaltige" Entwicklung, In: IPTS-Report, Nr. 14, S. 5-12.

Coenen, R./Klein-Vielhauer, S./ Meyer, R. (1995): TA-Projekt „Umwelttechnik und wirtschaftliche Entwicklung": Integrierte Umwelttechnik - Chancen erkennen und nutzen. Büro für Technikfolgenabschätzung beim Deutschen Bundestag. TAB-Arbeitsbericht 35. Bonn.

Cohen, W.M./ Levin, R.C. (1989): Empirical Studies of Innovation and Market Structure, In: Schmalensee, R./ Willig, R.D: (Hrsg.): Handbook of Industrial Organization, Vol. II. Amsterdam. S. 1059-1107.

Cohen, W.M./ Levinthal, D.A: (1989): Innovation and Learning: The Two Faces of R&D, In: The Economic Journal, Vol. 99, S. 569-596.

Costanza, R./ Patten, B.C. (1995): Defining and predicting sustainability, In: Ecological Economics, Vol. 15, S. 193-196.

Coombs, R./ Saviotti, P./ Walsh, V. (1987): Economics and Technological Change. Houndsmill.

Corfee-Morlot, J./ Jones, T. (1992): Designing a practical tax system for greenhouse gas emission abatement: an introduction, In: OECD (Hrsg.): Climate Change - Designing a practical tax system. OECD Documents, S. 15-23.

Cottica, A. (1994): The microeconomics of environmental innovation in the European packaging industry. Vortragspapier für die „5th Conference of the European Association of Environmental and Resource Economists". Dublin, 22.-24. Juni 1994.

David, P.A. (1985): Clio and the Economics of QWERTY, In: American Economic Review, Nr. 2, S. 332-337.

Deutsche Bundesbank (div. Jgg.): Monatsbericht. Frankfurt a.M.

Deutscher Bundestag (Hrsg.) (1997): Neuer Ordnungsrahmen für Strom und Gas. Bundestag stimmte Neuregelung des Energiewirtschaftsrechts zu - Stromeinspeisungsgesetz geändert, In: Wirtschaft im Bundestag, Heft 20, S. 37.

Deutschmann (20.12.1994): Gespräch mit P. Deutschmann, Fuchs Mineralölwerke, Mannheim.

DEWI (Deutsches Windenergie Institut) (div. Jgg.): Windenergienutzung in der Bundesrepublik Deutschland, In: DEWI Magazin. Wilhelmshaven.

DIW (Deutsches Institut für Wirtschaftsforschung) (1994): Wirtschaftliche Auswirkungen einer ökologischen Steuerreform. Gutachten im Auftrag von Greenpeace. Berlin.

Dödebrinck (17.9.1996): Gespräch mit Herrn Dödebrinck, Forschungsinstitut für Pigmente und Lacke e.V., Stuttgart.

Domrös, C. (1994): Innovationen und Institutionen. Eine transaktionsökonomische Analyse unter besonderer Berücksichtigung strategischer Allianzen. Berlin.

Dosi, G. (1988a): Sources, Procedures and Microeconomic Effects of Innovation. In: Journal of Economic Literature, Vol. 26, Nr. 3, S. 1120-1171.

Dosi, G. (1988b): The nature of the innovative process, In: Dosi, G./ Freeman, C./ Nelson, R./ Silverberg, G./ Soete, L. (Hrsg.) (1988): Technical Change and Economic Theory. London. S. 221-238.

Dosi, G./ Freeman, C./ Nelson, R./ Silverberg, G./ Soete, L. (eds.) (1988): Technical Change and Economic Theory. London.

Dosi, G./ Marsili, O./ Orsenigo, L./ Salvatore, R. (1993): Learning, Market Selection and the Evolution of Industrial Structures. Forschungsbericht März 1993. o.O.

Downing, P./ White, L. J. (1986): Innovation in Pollution Control. In: Journal of Environmental Economics and Management, Nr. 13, S. 18-29.

DPA (Deutsches Patentamt) (1995): Jahresbericht. München.

Duchin, F./ Lange, G.-M. (1994): The Future of the Environment: Ecological Economics and Technological Change. New York.

Durstewitz, M./ Hoppe-Kilpper, M./ Kleinkauf, W./ Stump, N./ Windheim, R. (1995): Technical and Economical Aspects of Wind Energy in Germany, Vortragspapier EWEA Special Topic Conference „The Economics of Wind Energy", 5.-7. September 1995, Finland.

EG-Kommission (1993): Bulletin der Europäischen Gemeinschaften, KOM-93-700, Nr. 5, S. 106-108.

Eichler, A. (20.8.1997): Fachgespräch mit A. Eichler, Vestas Deutschland GmbH, Husum.

Endres, A. (1985): Umwelt- und Ressourcenökonomie. Darmstadt.

Endres, A. (1987): Umweltzertifikate - die markwirtschaftliche Lösung?, In: Wenz, E.M./ Issing, O./ Hofmann, H.: Ökologie, Ökonomie und Jurisprudenz. München.

Endres, A./ Rehbinder, E./ Schwarze, R. (1992): Haftung und Versicherung für Umweltschäden aus ökonomischer und juristischer Sicht. Heidelberg.

Enquete Kommission (Enquete Kommission „Schutz des Menschen und der Umwelt" des Deutschen Bundestages) (Hrsg.) (1994): Die Industriegesellschaft gestalten - Perspektiven für einen nachhaltigen Umgang mit Stoff- und Materialströmen. Bonn.

Ensthaler, J./ Füßler, A./ Nuissl, A./ Funk, M. (1996): Umweltauditgesetz/ EG-Öko-Audit-Verordnung. Darstellung der Rechtsgrundlagen und Anleitung zur Durchführung eines Öko-Audits. Berlin.

Erdmann, G. (1992): Energieökonomik. Theorie und Anwendungen. Zürich.

Erdmann, G. (1993): Elemente einer evolutorischen Innovationstheorie. Tübingen

Ewers, H.-J./ Brenck, A. (1992): Innovationsorientierte Regionalpolitik, In: Birg, H./ Schalck, H.J.(Hrsg.): Regionale und sektorale Strukturpolitik. Universität Münster. S. 309-341.

Ewers, H.-J./ Rennings, K. (1996): Quantitative Ansätze einer rationalen umweltpolitischen Zielbestimmung, In: Zeitschrift für Umweltpolitik und Umweltrecht, Nr. 4, S. 413-439.

Ewringmann, D./ Kibat, K./ Schafhauser, F. J. (1980): Die Abwasserabgabe als Investitionsanreiz - Auswirkungen des § 7a WHG und des Abwasserabgabengesetzes auf Investitionsplanung und -abwicklung industrieller und kommunaler Direkteinleiter. Berichte des Umweltbundesamt, Nr. 8/80. Berlin.

Faber, M./ Stephan, G. (1987): Umweltschutz und Technologiewandel, In: Henn, R./ Spät, L.: Technologie, Wachstum und Beschäftigung. Festschrift für Lothar Späth. Heidelberg: Springer.

Faber, M./ Proops, J. (1994): Evolution, Time, Production and the Environment. Heidelberg.

Faber, M./ Stephan, G./ Michaelis, P. (1989): Umdenken in der Abfallwirtschaft - Vermeiden, Verwerten, Beseitigen. Heidelberg.

Faber, M./ Jöst, F./ Müller-Fürstenberger, G. (1994): Umweltschutz und Effizienz in der chemischen Industrie - Eine empirische Untersuchung mit 33 Fallstudien. Discussion-paper Nr. 217, Wirtschaftswissenschaftliche Fakultät. Universität Heidelberg.

Fees, E. (1995): Haftungsregeln für multikausale Umweltschäden. Eine ökonomische Analyse des Umwelthaftungsgesetzes unter besonderer Berücksichtigung multikausaler Schadensverursachung. Marburg.

Felder, J./ Harhoff, D./ Licht, G./ Nerlinger, E./Stahl, H. (1994): Innovationsverhalten der deutschen Wirtschaft. Ergebnisse der Innovationserhebung 1993. ZEW-Dokumentation 94-01. Mannheim.

Felder, J./ Harhoff, D./ Licht, G./ Nerlinger, E./Stahl, H. (1995): Innovationsverhalten der deutschen Wirtschaft: Ein Vergleich zwischen Ost- und Westdeutschland. ZEW-Dokumentation 95-03. Mannheim.

Fichtner Development Engineering (1992): Abschätzen der wirtschaftlichen Auswirkungen von finanziellen Marktanreizen zugunsten bestimmter Anlagen zur Nutzung erneuerbarer Energien in der Bundesrepublik Deutschland. Studie im Auftrag des Bundesministerium für Wirtschaft. Stuttgart.

Fischedick, M./ Hennicke, P. (1996): Plädoyer für den Ausbau der Windenergie in Deutschland, In: Energiewirtschaftliche Tagesfragen, Nr. 5, S. 320-322.

Fleischer, T. (1996): Monitoring „Exportchancen für Techniken zur Nutzung regenerativer Energien. Sachstandsbericht". Büro für Technikfolgenabschätzung beim Deutschen Bundestag. TAB-Arbeitsbericht Nr. 42. Bonn.

Forschungsgruppe Windenergie (1997a): WWW-Seite unter http://www.uni-muenster.de/Energie: Wind News from Holland, Meldung von 30.8.1997.

Forschungsgruppe Windenergie (1997b): WWW-Seite unter http://www.uni-muenster.de/Energie/re/wf/E_preis.html, Meldung vom 3.9.1997.

Frahm, T. et al. (1997): Evaluierung der Förderung von Maßnahmen zur Nutzung erneuerbarer Energien durch das Bundesministerium für Wirtschaft (1994-1996). Studie des FhG-ISI für das Bundesministerium für Wirtschaft. Karlsruhe.

Freeman, C. (1992): The Economics of Hope - Essays on Technical Change, Economic Growth and the Environment. London.

Frerichs, I./ Viebock, J.L. (1995): Naturschutzbelange bei der Genehmigung von Windkraftanlagen. Gutachten im Auftrag des Senators für Frauen, Gesundheit, Jugend, Soziales und Umweltschutz des Landes Bremen. Bremen/Aurich.

Friedrich, R./ Voss, A. (1993): External costs of electricity generation, In: Energy Policy, Nr. 2, S. 114-122.

Fritsch, M./ Wein, T./ Ewers, H.-J. (1993): Marktversagen und Wirtschaftspolitik. Mikroökonomische Grundlagen staatlichen Handelns. München.

Frisch, A.J. (1993): Unternehmensgröße und Innovation: Die schumpeterianische Diskussion und ihre Alternativen. Frankfurt/M.

Funck, R. (1988): Technologiepolitik und räumliche Struktur, In: Funck, R. (Hrsg.): Technologiepolitik und Regionalentwicklung. Beiträge zu den August-Lösch-Tagen 1986. Heidenheimer Schriften zur Regionalwissenschaft, Heft 9, S. 10-23. Karlsruhe.

Gasch, R. (Hrsg.) (1993): Windkraftanlagen: Grundlagen und Entwurf. Stuttgart.

Gawel, E. (1991): Umweltpolitik durch gemischten Instrumenteneinsatz: allokative Effekte instrumentell diversifizierter Lenkungsstrategien für Umweltgüter. Berlin.

Gawel, E./ Ewringmann, D. (1993): Marktorientierung der Umweltpolitik - Lehrstück Abwasserabgabe, In: IÖW-Informationsdienst, Nr. 3-4, S. 1-4.

Gehrke, B./ Grupp, H. (1994): Innovationspotential und Hochtechnologie. Technologische Position Deutschlands im internationalen Wettbewerb. 2. Auflage. Heidelberg.

Georg, S./ Ropke, I./ Jorgensen, U. (1992): Clean Technology - Innovation and Environmental Regulation, In: Environmental and Resource Economics, Nr. 2, S. 533-550.

Gerken, L./ Renner, A. (1995): Ordnungspolitische Grundfragen einer Politik der Nachhaltigkeit. Studie im Auftrag des Bundeswirtschaftsministeriums. Walter-Eucken-Institut, Freiburg.

Gernert, J. (1990): Umweltökonomie. Heidelberg.

Gerold, W. (20.8.1997): Fachgespräch mit Herrn W. Gerold, Husumer Schiff-swerft. Husum.

Gipe, P. (1995): Wind energy comes of age. New-York.

Gloede, F. (1994): Rezension: Sie wissen zwar, was sie tun - aber sie sagen nicht, was sie wissen, In: TA-Datenbank-Nachrichten, Nr. 2, S. 22-28.

Görres, A./ Ehringhaus, H./ Weizsäcker, E.U. v. (1994): Der Weg zur ökologischen Steuerreform. Das Memorandum des Fördervereins ökologische Steuerreform. München.

Graskamp, R./ Halstrick-Schwenk, M./ Janßen-Timmer, R./ Löbbe, K./ Wenke, M. (1992): Umweltschutz, Strukturwandel und Wirtschaftswachstum. Schriften des Rheinisch-Westfälischen Instituts für Wirtschaftsforschung. Heft 4. Essen.

Green, K./ McMeekin, A./ Irwin, A. (1994): Technological Trajectories and R&D for Environmental Innovation in UK Firms, In: Futures, Nr. 10, S. 1047-1059.

Griefahn, M. (1995): Rahmenbedingungen und Perpektiven der Windenergie. Rede auf dem Umwelttechnologieforum UTECH in Berlin am 17.2.1995, In: Gasch, R./ Nasseri, S./ Eichler, A./ Richters, B.: Tagungsband zum Seminar „Zukunft der Windenergienutzung bis zum Jahr 2005" im Rahmen der UTECH Berlin 1995. o.S.

Groscurth, H.-M./ Bräuer, W. (1997): Aktionsprogramm zur Erhöhung des Anteils erneuerbarer Energiequellen an der Stromversorgung in Deutschland. Stand 12. März 1997. ZEW. Mannheim.

Hahn, R.W./ Stavins, R.N. (1992): Economic Incentives for Environmental Protection: Integrating Theory and Practice, In: American Economic Review Papers and Proceedings, Vol. 82, Nr. 2, S. 464-468.

Halstrick-Schwenk, M./ Horbach, J./ Löbbe, K./ Walter, J. (1994): Die Umwelttechnische Industrie in der Bundesrepublik Deutschland, In: Untersuchungen des Rheinisch-Westfälischen Instituts für Wirtschaftsforschung (RWI) (Hrsg). Heft 12, Essen.

Hansen, J. (1996): Produktions- und produktintegrierter Umweltschutz. Forschungs- und Entwicklungsförderung durch das Bundesministerium für Bildung, Wissenschaft, Forschung und Technologie (BMBF), In: Industrie Management, Nr. 12, S. 63-67.

Hansmeyer, K.-H./ Schneider, H.-K. (1990): Umweltpolitik. Fortentwicklung unter marktsteuernden Aspekten. Göttingen.

Harabi, N. (1997): Determinanten des technischen Fortschritts auf Branchenebene: ein Überblick. ZEW-Diskussion Papier Nr. 97-02. Mannheim.

Harhoff, D./ König, H. (1993): Neue Ansätze der Industrieökonomik, In: Meyer-Krahmer, F. (Hrsg.): Innovationsökonomie und Technologiepolitik. Schriftenreihe des Fraunhofer-Instituts für Systemtechnik und Innovationsforschung. Band 1. Heidelberg. S. 47-67.

Harhoff, D./ Licht, G. (1994): Das Mannheimer Innovationspanel, In: Hochmuth, U./ Wagner, J.: Firmenpanelstudien in Deutschland. Tübingen. S. 255-284.

Harhoff, D./ Licht, G. et al. (1996): Innovationsaktivitäten kleiner und mittlerer Unternehmen. Ergebnisse des Mannheimer Innovationspanels. Schriftenreihe des ZEW, Band 8. Baden-Baden.

Hartje, V.J. (1990) Zur Struktur des "ökologisierten" Kapitalstocks: Variablen und Determinaten umweltsparender technologischer Anpassungen in Unternehmen, In: Zimmermann, K./ Hartje, V.J./ Ryll, A.: Ökologische Modernisierung der Produktion. Berlin. S. 135-198

Hartje, V.J./ Zimmermann, K.W. (1988): Unternehmerische Technologiewahl zur Emissionsminderung - End-of-the-Pipe- versus integrierte Technologien. Vortragspapier zur Arbeitstagung „Ökonomische und politikwissenschaftliche Analyse der Wasserwirtschaft. Oldenburg Oktober 1988.

Hauff, V. (Hrsg.) (1987): Unsere gemeinsame Zukunft. Der Bericht der Weltkommission für Umwelt und Entwicklung (Brundtland-Bericht). Köln.

Hausschildt, J. (1993): Innovationsmanagement. München.

Heier, S. (1995): Technik, Märkte, Potentiale bis zum Jahr 2005, In: Gasch, R./ Nasseri, S./ Eichler, A./ Richters, B.: Tagungsband zum Seminar „Zukunft der Windenergienutzung bis zum Jahr 2005" im Rahmen der UTECH. Berlin. o.S.

Heier, S. (1997): Anschluß von Windkraftanlagen an das öffentliche Netz, In: Bundesverband Windenergie (Hrsg.) (1997): Windkraftanlagen 1997 - Marktübersicht. Osnabrück. S. 95-100.

Heintz, A./ Reinhardt, G. (1991): Chemie und Umwelt. 2. Auflage. Braunschweig.

Heister, J./ Michaelis, P. (1990): Umweltpolitik mit handelbaren Emissionsrechten. Tübingen.

Hemmelskamp, J. (1997a): Environmental Policy Instruments and their Effects on Innovation, In: European Planning Studies, Nr. 2, S. 177-194.

Hemmelskamp, J. (1997b): Umweltpolitik und Innovation - Grundlegende Begriffe und Zusammenhänge, In: Zeitschrift für Umweltpolitik und Umweltrecht, Nr. 4, S. 481-511.

Hemmelskamp, J./ Brockmann K.L. (1996): Wie „grün" ist der Blaue Engel" - Das Fallbeispiel schadstoffarmer Lacke, In: Zeitschrift für Angewandte Umweltforschung, Nr. 4, S. 544-550.

Hemmelskamp, J./ Brockmann, K.L. (1997): Environmental Labels - The German Blue Angel, In: Futures, 29, Nr. 1, S. 67-76.

Hemmelskamp, J./ Neuser, U. (1993): Innovationswirkungen von Haftungsrecht. Ökonomische Theorie und juristische Bewältigung, In: Umwelt-Wirtschafts-Forum, Nr. 2, S. 48-55.

Hemmelskamp, J./ Neuser, U. (1994): Die EG-Umwelt-Audit-Verordnung - Anreiz zu Innovationen oder zu potemkinschen Dialogen, In: DIW-Vierteljahreshefte, Nr. 4, S. 386-403.

Hemmelskamp, J./ Neuser, U./ Zehnle, J. (1994): Audit gut, alles gut? - eine kritische Analyse der EG-Umwelt-Audit-Verordnung, In: ZEW-Wirtschaftsanalysen, Nr. 2, S. 199-226.

Hemmelskamp, J./ Licht, G./ Oldenboom, E./ Velthuijsen, J.W. (1995): The Impact of Parameter provided by Environmental Policy on the Innovative Behaviour of Companies in selected European Countries. Studie im Auftrag der Europäischen Kommission. Mannheim, Amsterdam.

Hemmelskamp, J./ Werner, A. (1999): Umweltinnovationen in der Patentstatistik, In: Rennings, K./ Pfeiffer, F. (Hrsg.): Beschäftigungswirkungen des Übergangs zu integrierter Umwelttechnik. Heidelberg, S. 173-186

Henriques, I./ Sadorsky, P. (1996): The Determinants of an Environmentally Responsive Firm: An Empirical Approach, In: Journal of Environmental Economics and Management, Vol. 30, S. 381-395.

Hermann, S./ Kurz, R./ Spiller, A. (1993): Umweltmanagement und Umweltbetriebsprüfung im Schnittpunkt gesellschaftlicher und betriebswirtschaftlicher Anforderungen, In: Umwelt-Wirtschafts-Forum, Nr. 3, S. 63-67.

Heuvels, K. (1993): Die EG-Öko-Verordnung im Praxistest - Erfahrungen aus einem Pilot-Audit-Programm der Europäischen Gemeinschaften, In: Umwelt-Wirtschafts-Forum, Nr. 3, S. 41-48.

Heymann, M. (1995): Die Geschichte der Windenergienutzung 1890-1990. Frankfurt/Main.

Hillebrandt, B. (1997): Stromerzeugungskosten neu zu errichtender konventioneller Kraftwerke. RWI-Papiere, Nr. 47. Essen.

Hinsch, C./ Söker, H. (1995): „Wenn die Gondeln Trauer tragen....." - Entsorgungsmöglichkeiten von Windkraftanlagen, In: DEWI Magazin, Nr. 6, S. 4-11.

Hohmeyer, O. (1988): Soziale Kosten des Energieverbrauchs. Berlin.

Hohmeyer, O. (1994): Wie wirtschaftlich ist Windenergie wirklich?, In: Interessenverband Windkraft Binnenland e.V. (Hrsg.): Windkraftanlagen 1994 - Marktübersicht. Osnabrück, S. 4-5.

Hohmeyer, O./ Koschel, H. (1995) Umweltpolitische Instrumente zur Förderung des Einsatzes integrierter Umwelttechnik. Gutachten des ZEW im Auftrag des Büros für Technikfolgenabschätzung beim Deutschen Bundestag. Mannheim.

Hohmeyer, O./ Kirsch, J./ Vögele, S. (1997): EMI 2.0 - A disaggregated Model Linking Economic Activities and Emissions, In: Bringezu, S./ Fischer-Kowalski, M./ Kleijn, R./ Palm, V.: From Paradigm to Practice of Sustainablility. Proceedings of the ConAccount Workshop 21.23.1.97, Leiden, S. 204-210.

Hoppe-Kilpper, M. (1995): Untersuchung zru Förderung und Weiterentwicklung von Windkraftanlagen in Deutschland und Europa, In: Kongreßband Husum-Wind'95. Husum. S. 113-122.

Hoppe-Kilpper, M. (14.10.97) Fachgespräch mit M. Hoppe-Kilpper, Institut für Solare Energieversorgungstechnik. Kassel.

Hoppe-Kilpper, M./ Rehfeldt, K. (1997): Wirtschaftlichkeit von Windenergieprojekten, In: Neue Energie, Nr. 1, S. 6-9.

Hoppe-Kilpper, M./ Klose, V./ Litzka, V./ Rieß, W. (1995): Untersuchung zur Förderung und Weiterentwicklung von WKA in Deutschland und Europa. Forschungsvorhaben im Auftrag des BMFT (Kennz. 0329576). Fördergesellschaft Windenergie e.V.. Brunsbüttel

Horbach, J. (1992): Neue Politische Ökonomie und Umweltpolitik. Frankfurt/M.

Huber, J. (1995): Nachhaltige Entwicklung. Strategien für eine ökologische und soziale Erdpolitik. Berlin.

IDARio (Interdepartmentaler Ausschuß Rio) (1996): Nachhaltige Entwicklung in der Schweiz. Bundesamt für Umwelt, Wald und Landschaft. Bern.

ISET (Institut für Solare Energieversorgungstechnik e.V.) (Hrsg.) (1991): Jahresauswertung 1990. Gesamthochschule Kassel.

ISET (Institut für Solare Energieversorgungstechnik e.V.) (Hrsg.) (1993): Jahresauswertung 1992. Gesamthochschule Kassel.

ISET (Institut für Solare Energieversorgungstechnik e.V.) (Hrsg.) (1995): Jahresauswertung 1994. Gesamthochschule Kassel.

ISET (Institut für Solare Energieversorgungstechnik e.V.) (Hrsg.) (1997a): Jahresauswertung 1996. Gesamthochschule Kassel.

ISET (Institut für Solare Energieversorgungstechnik e.V.) (Hrsg.) (1997b): WWW-Seite unter http://www.iset.uni-kassel.de:888. Meldung vom 17.10.97.

IWB (Interessenverband Windenergie Binnenland e.V.) (1995): Windkraftanlagen 1995 - Marktübersicht. Osnabrück.

IWB (Interessenverband Windenergie Binnenland e.V.) (1997): Windkraftanlagen 1997 - Marktübersicht. Osnabrück.

Jänicke, M. (1997): Umweltinnovationen aus der Sicht der Policy-Analyse: vom instrumentellen zum strategischen Ansatz der Umweltpolitik. Diskussionspapier der Forschungsstelle für Umweltpolitik der FU Berlin, FFUrep 97 - 3. Berlin

Jänicke, M./ Binder, M. (1994): Umweltschutz durch integrierte Technik und Strukturwandel. Berlin.

Jänicke, M./ Binder, M./ Mönch, H. (1997): „Dirty Industries": Wandlungsmuster in Industrieländern, In: Mez, L./ Jänicke, M.(Hrsg.): Sektorale Umweltpolitik - Analysen im Industrieländervergleich. Berlin. S. 187-214.

Jaffe, A.B./ Palmer, K. (1996): Environmental Regulation and Innovation: A Panel Data Study. National Bureau of Economic Research. Working Paper 5545. Cambridge (MA).

Jass, M. (1990): Erfolgskontrolle des Abwasserabgabengesetzes: ein Konzept zur Erfassung der Gesetzeswirkungen mit einer empirischen Untersuchung in der Papierindustrie. Frankfurt a.M.

Johnsen, B. (1996): Richtfestförderung? Bye, Bye, BAW, In: Wind Energie Aktuell, Nr. 10, S. 17.

Johnsen, B. (1997a): Micon und Nordtank schließen sich zusammen, In: Wind Energie Aktuell, Nr. 6, S. 22.

Johnsen, B. (1997b): Willkommen im Fünf-Prozent-Ghetto, In: Wind Energie Aktuell, Nr. 12, S. 8-9.

Kabla, I. (1996): The Patent as Indicator of Innovation, INSEE Studies, Nr. 1, S. 57-70.

Kaltschmitt, M./ Wiese, A. (1993): Erneuerbare Energieträger in Deutschland. Potentiale und Kosten. Berlin.

Kamien, M. I./ Schwartz, N. L. (1982): Market Structure and Innovation. Cambridge.

Karl, H. (1992): Umweltschutz mit Hilfe zivilrechtlicher und kollektiver Haftung, In: RWI-Mitteilungen, Nr. 3, S. 183-199.

Kemp, R. (1994): Environmental Policy and Technical Change: A Comparison of the Technological Impact of Policy Instruments. PhD-Manuscript, MERIT, University of Limburg. Maastricht.

Kemp, R. (1995): Environmental Policy and Technical Change: A Comparison of the Technological Impact of Policy Instruments. Maastricht:Universitaire Pers Maastricht.

Kemp, R./ Soete, L. (1990): Inside the „Green Box": On the Economics of Technological Change and the Environment, In: Freeman, C./ Soete, L. (Hrsg.): New-Explorations in the Economics of Technical Change. London. S. 245-257.

Kemp, R./ Soete, L. (1992): The Greening of Technological Progress - An evolutionary Perspective, In: Futures, Nr. 6, S. 437-457.

Kemp, R./ Rip, A./ Schot, J. (1997): Constructing Transition Paths thorugh the Management of Niches. Vortragspapier für den Workshop „Path Creation and Dependence. Kopenhagen, 19.-22. August 1997.

Keuper, A. (1993): Windenergie ist aktiver Umwelt- und Naturschutz, In: DEWI Magazin, Nr. 2, S. 37-49.

Keuper, A. (1995): Umsatz und Beschäftigung durch den deutschen Windenergiemarkt, In: DEWI Magazin, Nr. 6, S. 28-30.

Kleinkauf, W. (4.9.1997): Leistungsstand der Windenergietechnik. Vortrag auf dem 24. FGW-Workshop „Windenergie im Jahre 2010 - Szenarien und Visionen". Kassel. 4. September 1997.

Kleinknecht, A. (1989): Firm Size and Innovation. Observations in Dutch Manufacturing Industries, In: Small Business Economics, Nr. 1, S. 215-222.

Klemmer, P. (1990): Umweltschutz und Wirtschaftlichkeit. Grenzen der Belastbarkeit der Unternehmen. Berlin.

Klemmer, P. (1991): Gesamtwirtschaftliche Effekte ökonomischer Instrumente des Umweltschutzes, In: Beihefte der Konjunkturpolitik, Nr. 38, S. 135- 152.

Kline, S.J./ Rosenberg, N. (1986): An Overview of Innovation, In: Landau, R./ Rosenberg, N. (Hrsg.): The positive sum strategy: Harnessing technology for economic growth. Washington DC. S. 275-306.

Klug, H./ Gabriel, J. (1997): Geräuschminderung bei Windkraftanlagen durch die Modifikation der Blattspitze. der Blatthinterkante und des Anstellwinkels, In: DEWI Magazin, Nr. 11, S. 70-75.

Knünz, D. (16.9.1995): Fachgespräch mit D. Knünz. MBB, Delmenhorst.

Koch, M. (1995): Financial assistance for investments in wind power in Germany. Vortragspapier auf der EWEA 1995 Special Topic Conference. Helsinki. 5.-7. September 1995.

Kohlhaas, M./ Praetorius, B. (1995): „Selbstverpflichtung der Industrie zur $CO_2$-Reduktion: Kein Ersatz für aktive Klimapolitik, In: DIW-Wochenbericht, Heft 14, S. 277-283.

Koschel, H. (1994): Technologischer Wandel in der Titandioxid-Industrie: Eine empirische Untersuchung der Folgewirkungen von Umweltgesetzen. Diskussionsschriften der Wirtschaftswissenschaftliche Fakultät, Nr. 210. Universität Heidelberg.

Koschel, H./ Weinreich, S. (1995): Ökologische Steuerreform auf dem Prüfstand - Ist die Zeit reif zum Handeln?, In: ZEW-Wirtschaftsanalyen, Band 1. Baden-Baden, S. 9-38

Krautzberger, M. (1996): Neuregelung der baurechtlichen Zulässigkeit von Windenergieanlagen zum 1.1.1997, In: Neue Zeitschrift für Verwaltungsrecht, Heft 9, S. 847-849.

Krug, W./ Nourney, M./ Schmidt, J. (1994): Wirtschafts- und Sozialstatistik: Gewinnung von Daten. 3. Auflage. München.

Kuhn, M./ Radermacher, W./ Stahmer, C. (1994): Umweltökonomische Trends 1960 bis 1990, in: Wirtschaft und Statistik Nr. 8, S. 658-677.

Kurz, R./ H.-W Graf/ M. Zarth (1989): Der Einfluß wirtschafts- und gesellschaftspolitischer Rahmenbedingungen auf das Innovationsverhalten von Unternehmen. Eine Problemskizze auf Basis der relevanten Literatur. Institut für Angewandte Wirtschaftsforschung. Tübingen.

Laffont, J.-J./ Tirole, J. (1994): Environmental policy, compliance and innovation, In: European Economic Review, Nr. 38, S. 555-562.

Langniß, O./ Nitsch, J. (1997): Auswirkungen der öffentlichen Förderungen im Hinblick auf Arbeitsplatzeffekte am Beispiel der Windenergie, In: DEWI Magazin, Nr. 10, S. 71-76.

Lanjouw, J.O./ Mody, A. (1996): Innovation and the international diffusion of environmentally responsive technology, In: Research Policy, Vol. 25, S. 549-571.

Lauritzen, A./ Svendsen, T./ Soerensen,B. (1996): Wind power in Denmark. Danish case study of the EU-Project „A Study of the Integration of Wind Energy into the National Energy Systems of Denmark, Wales and Germany as Illustrations of Success Stories for Renewable Energies". Roskilde University.

Levin, R.C. (1986): A new look at the patent system, In: American Economic Review Papers and Proceedings, Vol. 76, Nr. 2, S. 199-202.

Li, T./ Mann, P./ Stump, N./ Windheim, R. (1995): Das 250 MW-Wind-Programm des BMBF, In: Elektrizitätswirtschaft, Heft 24, S.1617-1628.

Li, T./ Mann, P./ Stump, N./ Windheim, R. (1997): Halbzeit im 250 MW-Wind-Programm des BMBF. Jülich, mimeo.

Licht, G./ Rost, E. (1995): On the Measurement of Innovation Expenditure in Manufacturing Industries. Background paper for the Revision of the Oslo-manual. ZEW/BMBF, Revised Version March 1995. DSTI/EAS/NESTI(96)4/REV1. OECD Paris.

Licht, G./ Hipp, C./ Kukuk, M./ Münt, G. (1997): Innovationen im Dienstleistungssektor. Empirischer Befund und wirtschaftspolitische Konsequenzen. Schriftenreihe des ZEW, Band 24. Baden-Baden.

Link, A./ Bozemann, B. (1991): Innovative Behavior in Small-Sized Firm, In: Small Business Economics, Nr. 3, S. 179-184.

Litzka, V. (19.8.1997): Fachgespräch, Fördergesellschaft Windenergie, Brunsbüttel.

Lorenzen-Becker, J.-U. (25.8.1997): Fachgespräch mit J.U. Lorenzen-Becker, BTV-Projektentwicklungsgesellschaft mbH&CoKG. Düsseldorf.

Lucas, R.E. (1988): On the Mechanics of Economic Development, In: Journal of Monetary Economics, Vol. 22, S. 3-42.

Lübbe-Wolf, G. (1993): Vollzugsprobleme der Umweltverwaltung, In: Natur und Recht, Nr. 5, S. 217-229.

Lührs, M. (1997): Technische Überprüfungen an WKA, In: Bundesverband Windenergie (Hrsg.) (1997): Windkraftanlagen 1997 - Marktübersicht. Osnabrück. S. 101-104.

Maas, C. (1987a): Einfluß des Abwasserabgabengesetzes auf Emissionen und Innovationen, In: Zeitschrift für Umweltpolitik und Umweltrecht, Nr. 1, S. 65-85.

Maas, C. (1987b): Innovation und Umweltschutz in Betrieben der Textilveredelungsindustrie, Ergebnisse einer postalischen Befragung, Diskussionspapier Nr. 113. TU-Berlin.

Maas, C. (1990): Determinanten betrieblichen Innovationsverhaltens. Theorie und Empirie. Berlin.

MacKenzie, D. (1992): Economic and Sociological Explanation of Technical Change, In: Coombs, R./ Saviotti, P./ Walsh, V.: Technological Change and Compnay Strategies: Economic and Sociological Perspectives. London. S.25-48.

Malaman, R. (1996a): Technological Innovation for Sustainable Development: Generation and Diffusion of Industrial Cleaner Technologies. Nota di Lavoro 66.96. Fondazione Eni Enrico Mattei. Mailand.

Malaman, R. (1996b): After the age of abatement technologies? Technological innovation and cleaner technologies, In: Hemmelskamp, J. et al.: Enhancing Cleaner Production I. Workshop-Paper for the 1996 Greening of Industry Network Conference, Heidelberg 24.-27. November 1996.

Mansfield, E. (1985): How Rapidly Does New Industrial Technology Leak Out?, In: Journal of Industrial Economics, Nr. 2, S. 217-223.

Mansfield, E./ Schwartz, M./ Wagner, S. (1981): Imitation Costs and Patents: An Empirical Study, In: The Economic Journal, Nr. 91, S. 907-918.

Marchetti, C. (1980): Society as a Learning System: Discovery, Invention, and Innovation Cycles Revisted, In: Technological Forecasting and Social Change, Vol. 18, S. 267-282.

Matthies, H.G. et al. (1995): Study of Offshore Wind Energy in the EC. Brekendorf.

Matthies, H.G./ Nath, C. (1995): Möglichkeiten für Offshore-Windparks in Deutschland, In: Winkra-Recom (Hrsg.): Tagungsband „Deutscher Kongreß Erneuerbare Energie '95". S. 181-191.

Metcalfe, S. (1989): Evolution and Economic Change, In: Silberston, A.: Technology and Economic Progress. London. S. 54-85.

Meyer, N. (1997): Implications of Danish Regulatory Policies for Technologies Supporting Sustainable Energy Developments. Vortragspapier für den Workshop „Regulation and Innovative Activities", Wien, 24.-25. Februar 1997.

Meyer-Krahmer, F./ Schmoch, U. (1993): Die Innovationsproblematik aus Sicht der angewandten Innovationsforschung, In: Ifo-Studien. Zeitschrift für empirische Wirtschaftsforschung, Nr. 3-4, S. 191-219.

Meyer-Renschhausen, M. (1990) Ökonomische Effizienz und politische Akzeptanz der Abwasserabgabe, In: Zeitschrift für Umweltpolitik und Umweltrecht, Nr. 1, S. 43-66.

Mez, L. (1997): The German Electricity Reform Attempts: Reforming Co-optive Networks, In: Midttun, A.: European Electricity Systems in Transition: A comparative analysis of policy and regulation in Western Europe. Amsterdam, S. 231-252.

Michaelis, P. (1992): Umweltpolitik und technologisches Anpassungsverhalten im End-of-Pipe-Fall. Institut für Weltwirtschaft an der Universität Kiel. Kieler Arbeitspapiere Nr. 540.

Michaelis, P. (1996): Ökonomische Instrumente in der Umweltpolitik: Eine anwendungsorientierte Einführung. Heidelberg.

Miersch, M. (1994): Fallen Federn durch Rotoren, In: Greenpeace Magazin, Nr. 1, S. 51.

Milliman, S.R./ Prince, R. (1989): Firm Incentives to promote Technological Change in Pollution Control, In: Journal of Environmental Economics and Management, Nr. 17, S. 247-265.

MIP (1993): Mannheimer Innovationspanel. Daten der ersten Welle aus dem Jahre 1993. ZEW. Mannheim

Mitchell, C. (1995): The renewable NFFO - A review, In: Energy Policy, Nr. 12, S. 1077-1091.

Molly, J.-P. (1997): Technische Entwicklungspotentiale der Windenergie. Vortrag auf dem 24. FGW-Workshop „Windenergie im Jahre 2010 - Szenarien und Visionen". Kassel, 4.9.1997.

Molly, J.-P. (1997): Vierter Kurs „Netzeinspeisende Windenergieanlagen abgeschlossen", In: DEWI Magazin, Nr. 11, S. 81-82.

Müller, H. (1995): Versicherung von Windkraftanlagen, In: Commission of the European Union, DG XVII/ KfA/BEO (Hrsg.): Finanzierung von Windkraftanlagen. Dokumentation zum Workshop am 26.1.1995. Kassel. S. 37-42.

National Commission on the Environment (1993): Choosing a Sustainable Future. The Report of the National Commission on the Environment. Washington.

Nelson, R./ Winter S. (1977): In Search of a Useful Theory of Innovation, In: Stroetman, K.: Innovation, Economic Change and Technology Policies. Basel. S. 215-245.

Nelson, R./ Winter S. (1982): An Evolutionary Theory of Economic Change. Cambridge (MA).

Nicklisch, F. (1992): Umweltschutz und Haftungsrisiken - Rechtsfragen der Umwelt-, Gentechnik- und Abfallhaftung, In: Wagner, G.R.: Ökonomische Risiken und Umweltschutz. München. S. 291-302.

Niedersächsisches Ministerialblatt (1992): Wirtschaftsförderfonds - ökologischer Bereich - Förderrichtlinien, In: Niedersächsisches Ministerialblatt, Nr.36 vom 11. November. S. 1382-1385.

Niedersächsisches Ministerialblatt (1993): Leitlinie zur Anwendung der Eingriffsregelung des Niedersächsischen Naturschutzgesetzes bei der Errichtung von Windenergieanlagen. Nr. 29 vom 22. September. S. 923-926.

Niedersberg, J. (1996): Der Beitrag der Windenergie zur Stromversorgung. Frankfurt a.M.

NIW/DIW/FhG-ISI/ZEW (1995): Zur technologischen Leistungsfähigkeit Deutschlands. Bericht an das Bundesministerium für Bildung, Wissenschaft, Forschung und Technologie. Endbericht. Hannover, Berlin, Karlsruhe, Mannheim.

Nohl, W. (1996): Windkraftanlage und Landschaftsbild - Bewertungsverfahren für Standortvergleich und Eingriffsermittlung, In: Fleckenstein, K.: Aktuelle Probleme der Windkraft in Deutschland. Essen. S. 173-210.

Nooteboom, B. (1994): Innovation and Diffusion in Small Firms. Theory and Evidence, In: Small Business Economics, Nr. 6, S. 327-347.

Norberg-Bohm, V./ Rossi, M. (1997): The Power of Incrementalism: Environmentally Induced Technological Change in the U.S. Pulp and Paper Industry. Environmental Technology and Public Policy Working Paper, MIT, Cambridge (MA).

Oates, W.E./ Palmer, K./ Portney, P.R. (1994): Environmental Regulation and International Competitiveness: Thinking About the Porter Hypothesis. Diskussion Paper 94-02, Resources for the Future. Washington.

OECD (Organisation für wirtschaftliche Zusammenarbeit und Entwicklung) (1985): Environmental policy and technical change. Paris.

OECD (Organisation für wirtschaftliche Zusammenarbeit und Entwicklung) (1991): Environmental Labelling in OECD Countries. Paris

OECD (Organisation für wirtschaftliche Zusammenarbeit und Entwicklung) (1992a): OECD Proposed Guidlines for Collecting and Interpreting Technological Innovation Data - Oslo Manual. Paris

OECD (Organisation für wirtschaftliche Zusammenarbeit und Entwicklung) (1992b): The OECD Environment Industry: Situation, Prospects and Government Policies. Paris.

OECD (Organisation für wirtschaftliche Zusammenarbeit und Entwicklung) (1992c): Technology and the Economy. The Key Relationships. Paris.

OECD (Organisation für wirtschaftliche Zusammenarbeit und Entwicklung) (1996): Draft of Revised Chapter IV of the Oslo Manual - Basic Definitions. DSTI/EAS/STP/NESTI (96)8/PART4. Paris.

OECD (Organisation für wirtschaftliche Zusammenarbeit und Entwicklung) (1997): OECD Manual - Proposed Guidlines for Collecting and Interpreting Technological Innovation Data. Paris

Ökologische Briefe (1996): Kaiser rechnet 1996 mit 3,8 Prozent Wachstum, Nr. 10, S. 15-16.

Olschowy, W. (1990): Externe Einflußfaktoren im strategischen Innovationsmanagement. Auswirkungen externer Einflußfaktoren auf den wirtschaftlichen Innovationserfolg sowie die unternehmerischen Anpassungsmaßnahmen. Berlin.

Orsenigo, L. (1991): The dynamics of competition in a science-based technology: the case of biotechnology, In: Foray, D./ Freeman, C.: Technology and the Wealth of Nations. London. S. 41-65.

Palic, M. (1996): Windstrom - ein Problem für die Elektrizitätsunternehmen, In: Fleckenstein, K.: Aktuelle Probleme der Windkraft in Deutschland. Essen. S. 47-62.

Pape, G. (1997): Die erste NTK 1500 in Deutschland liefert Strom, In: WindEnergieAktuell, Nr. 4, S. 33.

Pavitt, K. (1984): Sectoral patterns of technical change: Towards a taxonomy and a theory, In: Research Policy Nr. 13, S. 343-373.

Pearce, D.W./ Turner, R.K. (1990): Economics of natural resources and the environment. New York.

Perez, C. (1983): Structural change and the Assimilation of New Technologies in the Economic and Social System, In: Futures, Nr. 5, S. 357-375.

Perez, C. (1984): Structural change and assimilation of new technologies in the economic and social system, In: Freeman, C.: Design, Innovation and Long Cycles in Economic Development. London, S. 27-47.

Perez, C. (1985): Microelectronics, Long Waves and World Structural Change: New Perspectives for Developing Countries, In: World Develoment, Nr. 3, S. 441-463.

Peter, M. (1996): FEuD in der nicht-nuklearen Elekrtizitätswirtschaft 1994, Ergebnisse der VDEW-Umfrage, In: Elektrizitätswirtschaft, Heft 7, S. 378-381.

Pianta, M./ Sirilli, G. (1996): The evaluation of innovation policies: Evidence from the Italian innovation survey. Room document No.4, OECD Technology and Innovation Policy Group. Paris, 10-12.12.1996. ISRDS-CNR. Rom.

Pigou, A.C. (1920): The Economics of Welfare. London.

Pfirrmann, O. (1991): Innovation und regionale Entwicklung. Eine empirische Analyse der Forschungs-, Entwicklungs- und Innovationstätigkeit kleiner und mittlerer Unternehmen in den Regionen der Bundesrepublik Deutschland 1978-1984. München.

Pianta, M./ Sirilli, G. (1996): The evaluation of innovation policies: Evidence from the Italian innovation survey. Room document No. 4, OECD Technology and Innovation Policy Group. Paris, 10-12.12.1996. ISRDS-CNR. Rom.

Porter, M. E. (1996): America's Green Strategy, In: Welford, R./ Starkey, R.: Business and the Environment. London: Earthscan, S. 33-35.

Porter, M. E./ van der Linde, C. (1996a): Green and Competitive: Ending the Stalemate, In: Welford, R./ Starkey, R. (Hrsg.): Business and the Environment. London. S. 61-77.

Porter, M. E./ van der Linde, C. (1996b): Toward a New Conception of the Environment-Competitiveness Relationship, In: Journal of Economic Perspectives, Nr. 4, S. 97-118.

Radke, V. (1996): Ökonomische Aspekte nachhaltiger Technologie. Zur Bedeutung unterschiedlicher Ausprägungen des technischen Fortschritts für das Konzept des Sustainable Developments, In: Zeitschrift für Umweltpolitik und Umweltrecht, Nr. 1, S. 109-128.

RAL (Deutsches Institut für Gütesicherung und Kennzeichnungen e.V.) (1993): Umweltzeichen. Produktanforderungen, Zeichenanwender und Produkte. St. Augustin.

Rat der Europäischen Gemeinschaften (1993): Verordnung (EWG) Nr. 1836/93 des Rates vom 29. Juni 1993 über die freiwillige Beteiligung gewerblicher Unternehmen an einem Gemeinschaftssystem für das Umweltmanagement und die Umweltbetriebsprüfung, In: Amtsblatt der Europäischen Gemeinschaften (L168), 10.7.1993.

Rave, K. (1995): Unterstützung der Exportaktivitäten der schleswig-holsteinischen Windkraftanlagen-Hersteller durch die Landesregierung, In: Husumer Wirtschaftsgesellschaft mbh (Hrsg.): Husum Wind'95, Husum. S. 108-112.

Rehfeldt, K. (1997a): Windenergienutzung in der Bundesrepublik Deutschland: Stand 31.12.1996, In: DEWI Magazin, Nr. 10, S. 14-23.

Rehfeldt, K. (1997b): Windenergienutzung im internationalen Vergleich, In: DEWI Magazin, Nr. 11, S. 24-29.

Rehfeldt, K. (1997c): Windenergienutzung in der Bundesrepublik Deutschland. Stand 30.6.1997, In: DEWI Magazin, Nr. 11, S. 12-23.

Rehfeldt, K. (1997d): Windenergienutzung im internationalen Vergleich, In: DEWI Magazin, Nr. 11, S. 24-29.

Rehfeldt, K./ Schwenk, B. (1997): Wo bleibt die Kostenreduktion durch die Megawattklasse?, In: DEWI Magazin, Nr. 10, S. 63-70.

Reinhard (25.8.1997): Fachgespräch, Bundesministerium für Wirtschaft. Bonn.

Rennings, K./ Brockmann, K.L./Koschel, H./ Bergmann, H./ Kühn, I. (1996): Nachhaltigkeit, Ordnungspolitik und freiwillige Selbstverpflichtung. Heidelberg.

Requate, T. (1995): Incentives to adopt new technologies under different pollution-control policies, In: International Tax and Public Finance, 2, S. 295-317

Requate, T./ Unold, W. (1997): On the Incentives to Adopte Advanced Abatement Technology - Will the True Ranking Please Stand up?. Diskussionsschriften der Wirtschaftswissenschaftliche Fakultät, Nr. 251. Universität Heidelberg

Rösch, R./ Bräuer, W. (1997): Möglichkeiten und Grenzen von Joint Implementation im Bereich fossiler Kraftwerke am Beispiel der VR China. ZEW-Dokumentation Nr. 97-03. Mannheim.

Rogers, E.M. (1995): Diffusion of Innovations. 4. Auflage. New York.

Romer, P.M. (1990): Endogenous Technological Change, In: Journal of Political Economy, Vol. 98, S. 71-102.

Ronning, G. (1991): Mikroökonometrie. Heidelberg.

Rosenberg, N. (1974): Science, Invention and Economic Growth, In: Economic Journal, Vol. 84, S. 90-108.

Rosenberg, N. (1982a): Perspectives on Technology. Cambridge (MA).

Rosenberg, N. (1982b): Inside the back box. Technology and economics. Cambridge (MA).

Rosenberg, N. (1994a): Exploring the Black Box: Technology, economics, and history. Cambridge (MA).

Rosenberg, N. (1994b): Energy Efficient Technologies: Past and Future Perspective, In: Curzio, A.Q./ Fortis, M./ Zoboli, R.: Innovation, Resources and Economic Growth. Berlin. S. 63-82.

Rosenberg, N./ Frischtak, C.R. (1984): Technological innovation and long waves, In: Freeman, C.: Design, Innovation and Long Cycles in Economic Development. London. S. 5-26.

Rothwell, R. (1992): Industrial innovation and government environmental regulation: Some lessons from the past, In: Technovation, Nr. 7, S. 447-458.

Rothwell, R./ Gardiner, P. (1988): Re-Innovation and Robust Designs: Producer and User Benefits, In: Journal of Marketing Management, Nr. 3, S. 372-387.

Rottmann, H. (1995): Das Innovationsverhalten von Unternehmen: eine ökonometrische Untersuchung für die Bundesrepublik Deutschland. Frank-
furt/M.

Ryll, A. (1990): Struktur und Entwicklung der Umweltschutzausgaben: Investi-
tionen, Umweltkapitalstock und laufende Ausgaben, In: Zimmermann,
K./ Hartje, V.J./ Ryll, A.: Ökologische Modernisierung der Produktion.
Berlin. S. 83-134.

Sahal, D. (1985): Technological guideposts and innovation avenues, In: Research
Policy, Nr. 2, S. 61-82.

Schafft, P. (1994): Windenergieanlagen in der Umgebung landschaftsprägender
Kulturdenkmale, In: Zeitschrift für Denkmalpflege in Schleswig-
Holstein, Nr. 1, S. 23-28.

Scherer, F.M. (1983): The Propensity to Patent, In: International Journal of Industrial Organisation, Nr. 1, S. 107-128.

Schiffer, H.W. (1992): Einführung einer CO2-/Energiesteuer?, In: Wirtschaftsdienst, Nr. 7, S. 362-367.

Schmidt, F. (12.8.1997): Fachgespräch mit F. Schmidt, ZEW, Forschungsbereich
Unternehmensbesteuerung. Mannheim

Schmölling, J./ Spilok, K./ Pohle, H. (1997): Politische Rahmenbedingungen für
den betrieblichen Umweltschutz. Vortragspapier für das Management-
Symposium „Produktion und Umwelt" des Fraunhofer Instituts für Ar-
beitswirtschaft und Organisation. Stuttgart, 5. November.

Schmookler, J. (1966): Invention and Economic Growth. Cambridge (MA).

Scholl, G. (1994): Produktpolitik im internationalen Vergleich, In: Hellenbrandt,
S./ Rubik, F.(Hrsg.): Produkt und Umwelt: Anforderungen, Instrumente
und Ziele einer ökologischen Produktpolitik. Marburg. S. 65-90.

Scholz, R. (1997): Der Wind - Windmessungen, In: Bundesverband Windenergie
(Hrsg.) (1997): Windkraftanlagen 1997 - Marktübersicht. Osnabrück.
S. 89-91.

Schot, J./ Hoogma, R./ Elzen, B. (1994): Strategies for shifting technological
systems: The Case of the automobile system, In: Futures, Nr. 10,
S. 1060-1076.

Schubert, M. (1997): Die Ära der Innovationen ist beendet, In: Wind Energie
Aktuell, Nr. 10, S. 31.

Schumpeter, J.A. (1987): Theorie der wirtschaftlichen Entwicklung. Eine Untersuchung über Unternehmergewinn, Kapital, Kredit, Zins und den Kon-
junkturzyklus. 7. Auflage. Berlin.

Schwenk, B: (1994): Ökonomische Untersuchungen bei Windparkinvestitionen. Diplomarbeit an der Fachhochschule Wilhelmshaven.

Seeger, S. (1993): Die Gewinnerzielungsabsicht - ein unmögliches Tatbestandsmerkmal, In: Raupach, A./ Uelner, A.: Ertragsbesteuerung: Zurechnung, Ermittlung, Gestaltung. München. S. 37-50

Siebke, J. (1995): Preistheorie, In: Bender, D. et al.: Vahlens Kompendium der Wirtschaftstheorie und Wirtschaftspolitik. München. S. 61-121.

Skea, J./ Pavitt, K./ Hartwell, G./ Ikwue, T. (1995): Factors affecting the diffusion of clean technology. Report to Economic and Social Research Council. Award Reference L320253047. Programme on Environmental Policy and Regulation, Science Policy Reserach Unit, University of Sussex. Brighton.

Solow, R.M. (1957): Technical Change and the Aggregate Production Function, In: Review of Economics and Statistics, Vol. 39, S. 312-320.

Solsberg, L. (1997): Energy Challenges and Opportunities for Action, In: OECD (Hrsg.): Sustainable Development: OECD Policy Approaches for the 21st Century. Paris.

Someren, T.C.R., van (1994): Erfahrungen mit der Einführung von Umweltmanagementsystemen in den Niederlanden, Umwelt, Nr. 2, S. 47-51.

SRU (Rat von Sachverständigen für Umweltfragen) (1994): Umweltgutachten 1994 - Für eine dauerhaft-umweltgerechte Entwicklung. Deutscher Bundestag, Drucksache 12/6995 vom 8.3.1994.

SRU (Rat von Sachverständigen für Umweltfragen) (1996): Umweltgutachten 1996 - Zur Umsetzung einer dauerhaft-umweltgrechten Entwicklung. Wiesbaden.

Stahel, W.R. (1994): Langlebigkeit und Mehrfachnutzung - Wege zu einer höheren Ressourcen-Effizienz, In: Hellenbrandt, S./ Rubik, F.(Hrsg.): Produkt und Umwelt: Anforderungen, Instrumente und Ziele einer ökologischen Produktpolitik. Marburg. S. 189-209.

Statistisches Bundesamt (Hrsg.) (1993): Statistisches Jahrbuch 1993. Wiesbaden.

Statistisches Bundesamt (Hrsg.) (1993): Volkswirtschaftliche Gesamtrechnungen. Fachserie 18, Reihe 2. Wiesbaden.

Statistisches Bundesamt (Hrsg.) (1996): Investitionen für Umweltschutz im Produzierenden Gewerbe 1993. Fachserie 19, Reihe 3. Wiesbaden.

Statistisches Bundesamt (div. Jgg.): Produzierendes Gewerbe, Fachserie 4, Reihe 3.1. Stuttgart.

Staudt, E./ Kriegesmann, B./ Schroll, M. (1993): Innovation und Regulation - Gesetzesfolgenabschätzung am Beispiel des Chemikaliengesetzes. Berichte aus der angewandten Innovationsforschung Nr. 126 des Instituts für angewandte Innovationsforschung. Bochum.

Stein, C. (1995): Öffentliche Finanzierungshilfen für Windkraftanlagen, In: Commission of the European Union, DG XVII/ KfA/BEO (Hrsg.): Finanzierung von Windkraftanlagen.. ISET-Kassel. S. 45-56.

Stein, C. (26.8.97): Fachgespräch mit C. Stein, Deutsche Ausgleichsbank, Bonn.

Steinberg, R./ Allert, H.-J./ Grams, C./ Scharioth, J. (1991): Zur Beschleunigung des Genehmigungsverfahrens für Industrieanlagen. Baden-Baden.

Stephan, G. (1987): Umweltstandards und Ablösung von Techniken. Habilitationsschrift. Universität Heidelberg.

Stephan, G./ Ahlheim, M. (1996): Ökonomische Ökologie. Berlin.

Stevenson, R. (1996): Wind Energy Success Stories Wales Regional Report. Final Report for National Wind Power. Dulas Ltd.. Machynlleth.

Strebel, H. (1991): Integrierter Umweltschutz - Merkmale, Voraussetzungen, Chancen, In: Kreikebaum, H. (Hrsg.): Integrierter Umweltschutz - Eine Herausforderung an das Innovationsmanagement. Wiesbaden. S. 3-16.

SV-Gemeinnützige Gesellschaft für Wissenschaftsstatistik mbH (Hrsg.) (div. Jgg.): Forschung und Entwicklung in der Wirtschaft. Essen.

Taschner, H.C./ Frietsch, E. (1990): Produkthaftungsgesetz und EG-Produkthaftungsrichtlinie. München.

Theißen, A. (1987): Innovationen und Umweltschutz in Betrieben der Giessereiindustrie. Ergebnisse von Betriebsbefragungen. Diskussionspapier No. 115. TU-Berlin.

Thomas, S. (1997): The British Market Reform: a Centralistic Capitalist Approach, In: Midttun, A.: European Electricity Systems in Transition: A comparative analysis of policy and regulation in Western Europe. Amsterdam. S. 41-89.

Tietenberg, T. (1994): Market-Based Mechanisms for Controlling Pollution: Lessons from the US, In: Sterner, T. (Hrsg.): Economic Policies for Sustainable Development. Dortrecht. S. 20-45.

Tipke, K./ Lang, J. (1996): Steuerrecht. 15.Auflage. Köln.

Tischler, K. (1994): Umweltökonomie. München.

Troja, M. (1997): Zulassungsverfahren, Beschleunigung und Mediation: Ansätze zur Verbesserung konfliktträchtiger Verwaltungsentscheidungen im Umweltbereich, In: Zeitschrift für Umweltpolitik und Umweltrecht, Nr. 3, 317-342.

UBA (Umweltbundesamt, Hrsg.) (1994): Das Umweltverhalten der Verbraucher - Daten und Tendenzen. Texte 75/94. Berlin

UBA (Umweltbundesamt, Hrsg.) (1997): Nachhaltiges Deutschland. Wege zu einer dauerhaft umweltgerechten Entwicklung. Berlin

Umwelt (1994) Umweltfreundliche Bleigewinnung, Nr. 6, S. 240-241.

Utterback, J.M./ Abernathy, W.J. (1975): A Dynamic Model of Process and Product Innovation, In: Omega, Nr. 6, S. 639-656.

Utterback, J.M./ Suarez, F.F. (1993): Innovation, competition and industry structure, In: Research Policy, Nr. 1, S. 1-21.

Van Erp, F./ Midden, C./ Westra, C./ Wiedemann, P. (1996): The Influence of Public Participation on the Attitude of Local Inhabitants towards Wind Energy Developments in Germany, In: Zervos, A./ Ehmann, H./ Helm, P.: 1996 European Union Wind Energie Conference, Göteborg, Schweden, Felmersham. S. 181-184.

VCI (Verband der Chemischen Industrie) (1993): Beseitigung von Innovationshemmnissen. Dokumentation. Frankfurt a.M.

VDMA-Kopiergeräte (12/1994): Gespräch mit VDMA-Kopiergeräte 12/1994, Frankfurt a.M.

Verband der Lackindustrie e.V.(div. Jgg.): Jahresberichte 1993, 1994 und 1995. Frankfurt a.M.

Vergragt, P.J./ Groenewegen, P./ Mulder, K.F. (1992): Industrial Technological Innovation: Interrelationships between Technological, Economic and Socialogical Analyses, In: Coombs, R./ Saviotti, P./ Walsh, V.: Technological Change and Company Strategies: Economic and Sociological Perspectives. London, S. 226-247.

Vergragt, P.J./ Jansen, L. (1993): Sustainable technological development: the making of a Dutch long-term oriented technology programme, In: Project Appraisal, Nr. 3, S. 134-140.

Voss, G. (1995): Folgen ökologisch motivierter Energiesteuern, In: Hohmeyer, O. (Hrsg.): Ökologische Steuerreform. ZEW-Wirtschaftsanalysen, Band 1. S. 53-70.

Walter, J. (1989): Innovationsorientierte Umweltpolitik bei komplexen Umweltproblemen. Heidelberg.

Walz, R./ Gruber, E./ Hiessl, H./ Reiß, T. (1992): Neue Technologien und Ressourcenschonung. Abschlußbericht des Fraunhofer-Instituts für Systemtechnik und Innovationsforschung an das BMFT. Karlsruhe.

Weeg, R. (1996): Steuerarten bei der Windenergienutzung, In: Wind Energie Aktuell, Nr. 6, S. 16-18.

Weimann, J. (1991) Umweltökonomik. Eine theorieorientierte Einführung. 2.Auflage. Berlin.

Weizsäcker, E.U. v./ Lovins, A.B./ Lovins, L.H. (1995): Faktor vier. Doppelter Wohlstand - halbierter Verbrauch. München.

Wendorf, G. (1994): Pioniervorteile durch umweltfreundliche Produktinnovationen. Diskussionspapier 18. Fachbereich 14 der Technischen Universität Berlin.

Wiesc, A./ Albinger, J./ Kaltschmitt, M./ Fahl, U./ Voß, A. (1994): Windenergie-Nutzung. Arbeitsbericht Nr. 19, Akademie für Technikfolgenabschätzung in Baden-Württemberg. Stuttgart.

Witt, U. (1987): Individualistische Grundlagen der evolutorischen Ökonomik. Tübingen

Witt, U. (1993): Evolutionary Economics. Hants.

Wobben, A. (13.10.1997): Fachgespräch mit A. Wobben, Enercon GmbH, Aurich.

Wolff, H./ Becher, G./ Delpho, H./ Kuhlmann, S./ Kuntze, U./ Stock, J. (1991): FuE-Kooperationen von kleinen und mittleren Unternehmen. Evaluation der BMFT-Maßnahmen auf diesem Gebiet. Prognos AG, Basel und FhG-ISI. Karlsruhe.

Wong, V./ Turner, W./ Stoneman, P. (1995): Marketing Strategies and Market Prodpects for Environmenatlly Friendly Consumer Products. Warwick Business School. Coventry.

Wruk, Hans-Peter (1993): Erfahrungen aus der ökologischen Schwachstellenanalyse nach dem B.A.U.M.-Modell und Vergleich mit dem Öko-Audit, In: Umwelt-Wirtschafts-Forum, Nr. 3, S. 58-62.

Wünsche, A. (12.8.1997): Fachgespräch mit A. Wünsche, ZEW, Forschungsbereich Unternehmensbesteuerung. Mannheim

Zimmermann, H./ Wohltmann, M./ Hansjürgens, B. (1996): Umweltabgaben und Innovation. Berlin.

Zimmermann, K. (1990): Umweltpolitik und integrierte Technologien: Der Quantitäts - Qualitäts Trade - off, In: Zimmermann, K./ V.J. Hartje/ A. Ryll: Ökologische Modernisierung der Produktion. Strukturen und Trends. Berlin. S. 199-249.

Zundel, S./ Robinet, K. (1994): Förderinstrumente und wirtschaftliche Entwicklung. Gutachten des Instituts für ökologische Wirtschaftsforschung im Auftrag des Büros für Technikfolgenabschätzung des Deutschen Bundestages. Berlin.

Zydat, C./ Thebing, S. (1997): Förderung von Windkraftanlagen 1997, In: Bundesverband Windenergie (Hrsg.) (1997): Windkraftanlagen 1997 - Marktübersicht. Osnabrück. S. 105-109.

Druck:          Strauss Offsetdruck, Mörlenbach
Verarbeitung:   Schäffer, Grünstadt